U0530440

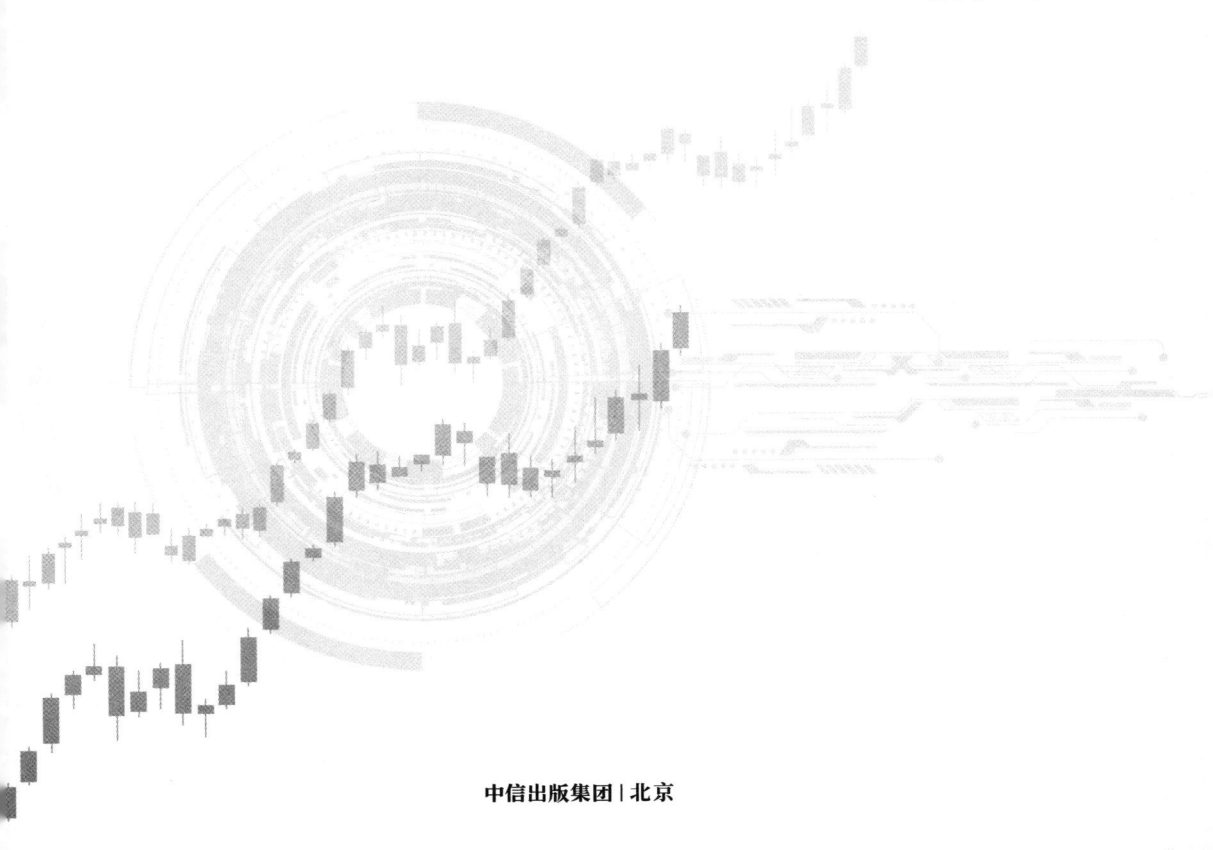

登陆科创板

科创企业上市指引与案例解析

朱英娴
杜嘉诚 编著

中信出版集团 | 北京

图书在版编目（CIP）数据

登陆科创板：科创企业上市指引与案例解析 / 朱英娴，杜嘉诚编著. -- 北京：中信出版社，2020.8
ISBN 978-7-5217-1936-9

Ⅰ.①登… Ⅱ.①朱…②杜… Ⅲ.①创业板市场—上市公司—案例—中国 Ⅳ.①F279.246

中国版本图书馆CIP数据核字(2020)第096866号

登陆科创板——科创企业上市指引与案例解析

编　　著：朱英娴　杜嘉诚
出版发行：中信出版集团股份有限公司
　　　　　（北京市朝阳区惠新东街甲4号富盛大厦2座　邮编 100029）
承　印　者：天津仁浩印刷有限公司

开　　本：787mm×1092mm　1/16　　印　张：25　　字　数：348千字
版　　次：2020年8月第1版　　印　次：2020年8月第1次印刷
书　　号：ISBN 978-7-5217-1936-9
定　　价：78.00元

版权所有·侵权必究
如有印刷、装订问题，本公司负责调换。
服务热线：400-600-8099
投稿邮箱：author@citicpub.com

序
Preface

近年来，新一代信息技术、高端装备、新材料、新能源、节能环保和生物医药等领域的创新，层出不穷。美国对中国企业的打压和技术封锁，印证了"把科技发展主动权牢牢掌握在自己手里"的重要性和紧迫性。科技的发展，需要相应资本市场的强力助推，2019年7月推出科创板，正逢其时。

科创板是在运用新的监管哲学和制度框架重塑资本市场。科创板制度改革的核心主要有两个方面：一是打破行政审批思维，真正落实以信息披露为核心的股票发行注册制改革；二是建立与之配套的交易、持续监管、并购重组、再融资、退市等制度和法律责任安排。科创板不仅承担着为科创企业提供融资平台的功能，也是在为资本市场改革探路，它通过不断探索总结，为主板、创业板、新三板等其他市场提供借鉴，把好市场入口、中间监管和出口关，以增量带动存量，实现市场化的优胜劣汰。

任何改革都不可能一蹴而就，更不会一劳永逸，新的实践会不断面临新的问题，需要众多的参与者一起思考研究，不断调试和完善。此书是作者对科创板各项制度的一些思考和认识。

此书对科创板规则进行了深入解读，可以帮助读者准确理解科创板拟上市企业在股票发行、上市、信息披露、退市和投资者保护等各环节的制度安排。此书还从招股说明书、保荐工作报告和补充法律意见书等公开披露资料中归纳总结了科创企业申请上市中常见的重点和难点问题。

  此书深入剖析了正反面案例，提出了切实可行的应对策略。它案例丰富，实用性强，对拟上市公司、中介机构和投资者有很好的参考价值。

朱武祥

清华大学经济管理学院　公司金融学教授

前言
Foreword

2018年11月5日，国家主席习近平在上海举行的首届中国国际进口博览会开幕式上宣布，将在上海证券交易所设立科创板并试点注册制。① 掷地有声的话音刚落，"科创板""注册制"迅速升温为金融经济领域的热词。经过短短的200多天的筹备，2019年6月13日，万众瞩目的科创板开板仪式正式召开，市场见证"科创板速度"，中国资本市场迎来历史性时刻。截至2020年4月末，科创板上市公司总数增至100家，它吸引了一批具有关键核心技术、科技创新能力突出的企业。科创板作为资本市场制度创新和改革的试验田，平稳运行，有序扩容。

当今世界创新活动进入新的密集期，新一轮科技革命正在引发科技创新范式的变革和全球创新格局的重构。大国博弈背后是科技实力的较量，现实表明，涉及国家安全和发展战略的核心技术，不可能依靠简单的技术购买或与他人合作一蹴而就，不掌握核心技术，迟早会被别人"卡脖子"，所谓基础不牢，地动山摇。科创板定位于面向世界科技前沿、经济主战场、国家重大需求

---

① 重磅！习近平在世博会开幕式上宣布这些开放举措［OL］. 人民网，2018-11-05.

的科技创新能力突出的企业，它对落实创新驱动和科技强国战略，补齐资本市场对科技创新服务不足短板，激发科技这一生产力要素在未来的产业发展、金融改革乃至社会变革中的活力，具有重要意义。

设立科创板并试点注册制不是简单地增加一个市场板块，而是真正落实以信息披露为核心的证券发行注册制，架起金融资本与科创要素的互助桥梁，以此带动资本市场的全面深化改革。科创板具有发行审核注册制、上市标准多元化、发行定价市场化、交易机制差异化、持续监管有针对性及退市制度从严化六大亮点，具体来说，该领域制度创新主要核心包括：一是注册制题中之义在于将实质性审核功能还权给市场，发挥市场在配置资源中的作用，注册制的试行有严格标准和程序，在受理、审核、注册、发行、交易等各个环节会更加注重信息披露的真实全面、上市公司质量，更加注重激发市场活力、保护投资者权益；二是通过建立市场化、专业化的股票发行价格形成机制和发行承销机制，尊重市场规律，明确和稳定市场预期，强化市场约束机制，落实相关各方的责任和以信息披露为本的监管，厘清政府与市场的权责边界；三是通过设置投资者适当性要求和建立以机构投资者为主体的询价、定价与配售机制，逐步改变市场投资者结构和市场参与者生态，提高市场运作的专业化、机构化水平和成熟度，促进新兴资本市场向成熟资本市场转型；四是加强法治化建设，提高违法成本，加大监管执法力度，形成透明、严格、可预期的法律和制度条件。

同时，应该清醒地认识到，既然是"试验田"就会经历风雨，不会是一马平川的坦途，旧思维的惯性和新概念的涌现会交织在一起，带来新问题，例如，证监会、证券交易所和中介机构的角色定位是什么，中介机构职权和责任如何界定，如何建立行之有效的信息披露制度，如何处理试行注册制和严格落实违法惩罚制度的关系、投融资功能与风险管理功能的关系，如何实现科创板与创业板等其他板块之间错位发展等问题。

科创板市场各方都应敬畏市场、敬畏规则，理性、包容，形成规范、透明、开放、有活力、有韧性的共同体。通过科创板的设立，引导资金加速流向优质、有创新力的企业，助力企业转型升级，打造引领行业变革的"硬核"新技术和新产品，真正重塑资本市场的健康生态，翻开中国资本市场全面深化改革崭新的一页。

本书从设立科创板并试点注册制的使命入手，总结科创板上市企业案例的审核标准和实践经验，提出应对策略，并对科创板的重大制度进行介绍和评析，力求让读者深刻理解科创板，对拟上市企业、中介机构及投资者等具有重要参考价值。

目录
Contents

第一部分　科创板创设使命与期待

第一章　科创板创设历程与背景 / 003
　　第一节　科创板创设历程回顾 / 003
　　第二节　科创板的三个维度 / 007

第二章　市场化与法治化视野下的科创板 / 017
　　第一节　市场化导向 / 017
　　第二节　法治化导向 / 021

第三章　注册制改革 / 024
　　第一节　正确理解注册制 / 024
　　第二节　国际经验借鉴：美国和中国香港的注册制 / 026
　　第三节　探索符合中国国情的注册制 / 030

第二部分　科创板发行上市审核

第四章　发行上市条件审核 / 035

　　第一节　科创板发行条件审核 / 035

　　第二节　科创板上市条件审核 / 038

　　第三节　科创企业估值 / 046

第五章　信息披露审核 / 050

　　第一节　问询式审核 / 051

　　第二节　分行业审核 / 053

　　第三节　电子化审核 / 053

第六章　审核组织架构和流程 / 056

　　第一节　组织架构 / 056

　　第二节　审核流程 / 060

第三部分　发行上市审核要点与案例分析

第七章　公司历史沿革与股权变更 / 067

　　第一节　股东出资 / 067

　　第二节　股权转让与新增股东 / 077

　　第三节　股权代持 / 085

　　第四节　国有企业及集体企业改制 / 091

　　第五节　对赌协议 / 094

　　第六节　并购重组 / 100

　　第七节　整体变更 / 105

第八节　红筹架构 / 111

第九节　三类股东 / 126

第十节　员工持股平台 / 133

第八章　技术创新能力 / 139

第一节　核心技术 / 139

第二节　研发投入 / 150

第三节　知识产权 / 156

第九章　业务规范与会计信息 / 163

第一节　持续经营 / 163

第二节　经营资质 / 169

第三节　经销商模式 / 171

第四节　客户集中度 / 175

第五节　环保问题 / 179

第六节　重大违法行为 / 183

第七节　税务问题 / 186

第八节　政府补助 / 194

第九节　股份支付 / 206

第十节　外协加工 / 217

第十一节　收入与毛利率 / 220

第十二节　会计差错更正 / 224

第十章　公司治理与独立性 / 228

第一节　控股股东与实际控制人 / 228

第二节　董监高及核心员工 / 250

第三节　关联交易 / 264

第四节　同业竞争 / 274

第五节　对外担保 / 281

第六节　资金占用 / 285

第四部分　科创板重大制度改革评析

第十一章　发行承销与交易机制评析 / 291

第一节　全面市场化询价机制 / 292

第二节　战略配售机制 / 298

第三节　绿鞋机制 / 301

第四节　保荐机构跟投机制 / 307

第五节　科创板交易特殊安排 / 310

第十二章　持续监管重大制度改革评析 / 317

第一节　股权激励 / 317

第二节　表决权差异安排 / 323

第三节　股份限售与减持 / 335

第四节　中介机构 / 341

第五节　信息披露 / 350

第六节　分拆上市 / 361

第七节　重大资产重组 / 370

第八节　退市制度 / 377

参考文献 / 387

第一部分
科创板创设使命与期待

  2018 年 11 月 5 日，在首届中国国际进口博览会开幕式上，国家主席习近平宣布，将在上海证券交易所设立科创板并试点注册制。2019 年 11 月 3 日，习近平主席在上海考察时指出，设立科创板并试点注册制要坚守定位，提高上市公司质量，支持和鼓励"硬科技"企业上市，强化信息披露，合理引导预期，加强监管。[①] 设立科创板并试点注册制作为资本市场制度体系改革的发力点、突破口，肩负着培育伟大科技企业的使命，它将激发科创企业的内生动力、成长潜力，让资本更好赋能科创企业，让市场各方共享科创红利，推进创新驱动和科技强国战略，助推中国经济高质量发展。

---

① 习近平在上海考察时强调 深入学习贯彻党的十九届四中全会精神 提高社会主义现代化国际大都市治理能力和水平［OL］. 新华网，2019 - 11 - 03.

| 第一章 |

科创板创设历程与背景

2019年7月22日上午9点30分,伴随开市锣声的响起,福光股份、华兴源创等首批25只科创板股票在上海证券交易所上市交易,科创板正式开市。回望来路,"一个意见"①、"两个办法"②、几十个配套制度措施、149家申报企业、259天……自2018年11月中央宣布设立科创板至正式开市,科创板改革之速、力度之大,令各界惊叹。

第一节 科创板创设历程回顾

一、战略新兴板探索

2013年9月,上海证券交易所(以下简称"上交所")启动了设立新兴板的相关研究工作。2014年5月,《国务院关于进一步促进资本市场健康发展的若干意见》发布并明确提出,增加证券交易所市场内部层次。设立新兴板有利于拓展资本市场广度和深度,提高新兴产业企业融资效率,从资本市场层面落实国家创新驱动发展战略,推动产业结构调整和经济转型升级。2015年

---

① "一个意见"指的是2019年1月28日发布的《关于在上海证券交易所设立科创板并试点注册制的实施意见》。
② "两个办法"指的是2019年3月1日发布的《科创板首次公开发行股票注册管理办法(试行)》《科创板上市公司持续监管办法(试行)》。

6月，《国务院关于大力推进大众创业万众创新若干政策措施的意见》印发，提出推动在上交所建立战略新兴产业板，定位于服务规模稍大、相对成熟的战略新兴产业企业。

战略新兴板设想的总体建设思路是，围绕蓝筹股市场建设，在注册制改革总体框架下，进行市场内部分层，新设独立市场板块，实施差异化制度安排，具体如下：一是新设独立市场板块。新设与主板并行的独立市场板块，不仅可以快速形成产业和市场聚焦效应，还能推动主板、中小板、创业板、新三板及区域性股权市场等协同发展，完善多层次资本市场体系。二是支持不同类型的企业在新兴板上市。新兴板采用与主板差异化的上市财务标准体系，设置"市值—净利润—收入""市值—收入—现金流""市值—收入""市值—权益"4套以市值为核心的财务标准，允许达不到盈利要求的新兴产业企业上市融资，增强新兴板市场包容度，丰富拟上市企业的上市选择。根据新兴板发展情况，待时机成熟时，以境外互联网上市公司为代表的新兴产业企业（包括可变利益实体架构与双层股权结构的企业），将可以通过存托凭证等创新方式纳入新兴板主体范围。三是实施差异化的制度安排。采用更为市场化、更具包容性的4套上市财务标准，并且在投资者适当性管理、上市公司持续监管、市场监察等方面实施不同的制度安排，以适应新兴板上市公司在业务模式、核心竞争力、公司治理等方面的特殊性，更好地发挥新兴板与主板的功能。四是探索建立内部转板机制。在证监会关于不同层次市场之间转板机制的总体安排下，遵循企业自愿原则，允许符合主板上市条件的新兴板上市公司转到主板上市。通过这种内部转板机制，打造企业蓝筹成长路径，也为跨市场转板积累经验，加强不同层次资本市场之间的有机联系。

新兴板在即将落地之时，却遭遇2016年初中国股市深度回调。在市场低迷不振、震荡下行的形势下，推出新兴板很有可能导致主板、中小板、创业板市场再度大失血，形成利空因素，对市场造成负面冲击，这无异于雪上加霜。最终，筹备了3年的新兴板被移出全国人大"十三五"规划纲要草案，这一尝试折戟沉沙。虽然最终并没有成功实施，但设立新兴板的方向和目标是建设性的，这为设立科创板的提出奠定了基础。

二、《证券法》授权

2015年12月27日，《全国人民代表大会常务委员会关于授权国务院在实施股票发行注册制改革中调整适用〈中华人民共和国证券法〉有关规定的决定》（以下简称《授权决定》）通过，授权国务院对拟在上海证券交易所、深圳证券交易所上市交易的股票的公开发行，调整适用《中华人民共和国证券法》（以下简称《证券法》）关于股票公开发行核准制度的有关规定，实行注册制度，具体实施方案由国务院做出规定，报全国人大常委会备案。《授权决定》实施期限为两年，于2018年2月28日到期。

鉴于多层次市场体系建设在交易者成熟度、发行主体、中介机构和询价对象定价自主性与定价能力，以及大盘估值水平合理性等方面，还存在不少与实施注册制改革不完全适应的问题，故需要进一步探索完善。从外部环境看，欧美发达国家金融市场虽相对成熟但也积累了一定泡沫和风险，已经有调整的征兆，这给我国实施注册制改革时间窗口的选择带来了不确定性。为了使继续稳步推进和适时实施注册制改革于法有据，保持工作的连续性，避免市场产生疑虑和误读，并为修订《证券法》进一步积累实践经验，2018年2月，第十二届全国人民代表大会常务委员会第三十三次会议决定：《授权决定》施行期限届满后，期限延长两年至2020年2月29日。这为科创板试点注册制改革提供了法律依据。

三、存托凭证的推出

创新企业存托凭证（CDR）的推出，是迎接境外发行的优质中国战略创新企业回归中国资本市场的重要尝试。近些年来，大批新经济下的互联网企业迅速成长，它们对资本市场的诉求与当时国内资本市场的制度准备并不匹配，这样一来，导致以阿里巴巴、腾讯、京东等为代表的一批境内优秀科创型企业选择红筹模式境外上市，演绎着"国内赚钱、境外分红"的模式，使得中国投资者未能及时享受到与这些优质企业共同成长的发展红利。随着越来越多的科创型企业崛起，在中国向高质量经济增长转型的背景下，推出 CDR 日益形成共识。

2018 年 3 月 30 日，证监会《关于开展创新企业境内发行股票或存托凭证试点若干意见的通知》发布，从顶层设计、指导思想、试点企业选取原则、CDR 发行制度设计、信息披露和投资者保护等方面对国内试行 CDR 做出具体安排。

四、科创板正式亮相

2018 年 11 月 5 日，在首届中国国际进口博览会上，习近平宣布将在上海证券交易所设立科创板并试点注册制，向全世界显示了中国继续深化改革的决心。此后，科创板的推进速度超出预期，6 个月的时间，从提出设立到政策落地到"开门迎客"，再到对首批申报企业的问询，科创板及试点注册制高效的进展让市场充满期待。这充分彰显了科创板作为新设立的板块承担着服务实体经济、服务新型业态、深化资本市场改革的重要使命。

科创板的战略定位是服务拥有关键核心技术、科技创新能力突出、具有较强成长性的企业，为其提供成熟、规范的资本市场。科创板不仅是能够增强资本市场对实体经济包容性的新兴板，也是从发行、上市、交易、信息披露、退市等各个环节进行制度创新的试验场。设立科创板是落实创新驱动和科技强国战略、推动高质量发展、支持上海国际金融中心和科技创新中心建设的重大改革举措，是完善资本市场基础制度、激发市场活力和保护投资者合法权益的重要安排。总之，设立科创板不是一个简单的"板"的增加，它的核心在于制度创新与改革，在于更好地为经济高质量发展服务。

第二节　科创板的三个维度

一、政治维度

中国改革开放 40 多年来取得了伟大的成绩。截至 2018 年底,近 14 亿人口,改革开放历经 40 年,中国国内生产总值年均实际增长 9.5%,深刻改变了世界的政治经济格局。同时,中国又处在一个"船到中流浪更急,人到半山路更陡"的阶段,即"危和机同生并存"的时期。经济全球化遭遇波折,多边合作受到冲击,国际金融市场震荡,特别是中美贸易摩擦给一些企业生产经营、市场预期带来不利影响。经济转型阵痛使多方面临严峻挑战,周期性、结构性问题叠加,局面复杂。中国只有继续深化改革、扩大开放、简政放权并使之扎实推进、落到实处,才能激发市场主体活力,顶住下行压力。科创板的政治使命主要体现在以下方面:

第一,支持上海国际金融中心和科创中心建设,推动上海自由贸易试验区改革向纵深发展。历史经验表明,全球或区域金融中心的形成和发展,与一个国家或地区的产业发展、经济崛起程度高度相关,也与各类金融资源的集聚密不可分,在此过程中,资本市场发挥着不可替代的牵引和带动作用。高度发达的资本市场创新活跃、开放透明、机制灵活,往往是资金、信息、人才等各类资源高度汇聚的地方,能够为国际金融中心建设吸引培育一大批优秀的企业、专业的中介机构以及全球化的机构投资者。科创板围绕金融为科技助力,科技为金融赋能,使更多的市场主体得到培育,推动科创产业发展,激发金融集聚力,实现科创与金融的紧密联系,让上海国际金融中心和科创中心实现融合互动、双轮驱动。

第二,站在国家战略层次,加快长江三角洲区域一体化发展。长三角地区是我国经济发展最活跃、开放程度最高、创新能力最强的区域之一,是中国第一大经济圈,已跻身六大世界级城市群。伴随设立科创板并试点注册制,长三角地区经济转型与一体化发展将得到资本市场的强力支持。借助科创板，长三角地区可以进一步强化其比较优势，积极推进新能源汽车产业群、半导体产业群和生物医药产业群的科创型企业在科创板发行上市，做大做强优势产业；加快建设该地区资本市场服务基地，联结该地区专业的资本服务机构，提供对接资本市场的服务渠道；培育优选科创板上市企业后备军，推动本土更多科创企业发展壮大，推动该地区资本市场发展，为科技创新企业提供持续动力，助推该地区实现更高质量一体化发展。

第三，坚定实施科技强国战略，在"卡脖子"领域持续发力。2004—2018年，中国R&D（研究与开发）经费内部支出及增长率稳中有升（如图1-1所示）。经过40多年的改革开放，中国早已发展成为制造业大国，但在高科技产品的生产制造领域还缺乏核心竞争力。在美国，上市公司市值排名靠前的主要是以微软、亚马逊、谷歌等科技类公司为主（如表1-1所示），而我国的上市公司在全球市值排名靠前的企业中，科技类公司比例非常低。历史上因为科技创新而实现经济领跑的例子不胜枚举，囿于技术落后而发展乏力的教训更是数不胜数。特别是作为世界最大经济体的美国，已经对我国展开了贸易、信息、技术、金融甚至体制等多维度的战略性压制。一些外国实体出于非商业目的，违背市场规则和契约精神，对中国企业采取封锁、断供和其他歧视性措施，严重损害了中国企业的正当权益。中国摆脱核心技术受制于人的需求越来越迫切，只有科技这块"骨头"足够硬，才有机会站起来与国际巨头平等对话。在2018年5月28日召开的中国科学院第十九次院士大会、中国工程院第十四次院士大会上，国家主席习近平指出，"实践反复告诉我们，关键核心技术是要不来、买不来、讨不来的"；"在关键领域、卡脖子的地方下大功夫，集合精锐力量，作出战略性安排，尽早取得突破"。①

---

① 习近平在中国科学院第十九次院士大会、中国工程院第十四次院士大会上的讲话［OL］.新华网，2018-05-28.

第一章 | 科创板创设历程与背景

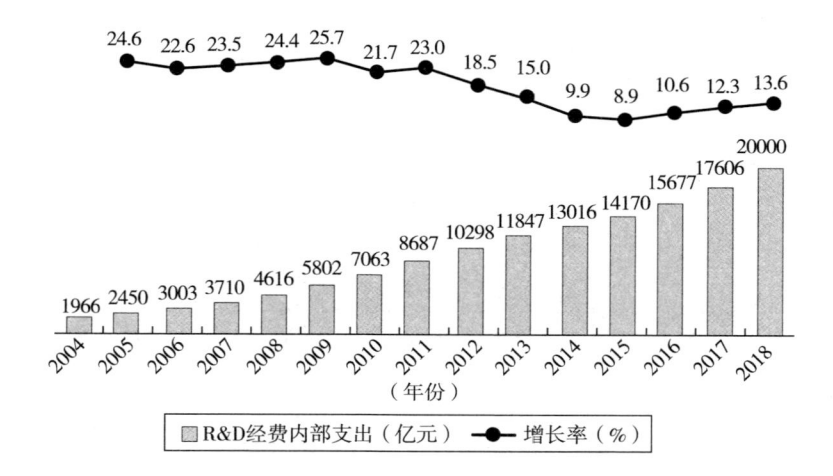

```
         24.6  22.6  23.5  24.4  25.7  21.7  23.0  18.5  15.0   9.9   8.9  10.6  12.3  13.6
                                                                                       20000
                                                                                17606
                                                                         15677
                                                                  14170
                                                           13016
                                                    11847
                                             10298
                                      8687
                               7063
                        5802
                  4616
            3710
      3003
 2450
1966

2004  2005  2006  2007  2008  2009  2010  2011  2012  2013  2014  2015  2016  2017  2018
                                         （年份）

        □ R&D 经费内部支出（亿元）   —●— 增长率（%）
```

图 1-1　2004—2018 年中国 R&D 经费内部支出及增长率
资料来源：中国科技统计年鉴。

表 1-1　美国 2009 年与 2019 年市值排名前二十的公司对比

排名	2009 年 3 月 9 日			2019 年 4 月 30 日		
	公司	行业	市值（亿美元）	公司	行业	市值（亿美元）
1	埃克森美孚	能源	3 190.81	微软	信息技术	10 007.64
2	沃尔玛	日常消费	1 863.60	亚马逊	可选消费	9 484.87
3	微软	信息技术	1 346.92	苹果	信息技术	9 245.44
4	宝洁	日常消费	1 294.84	Google	信息技术	8 287.21
5	强生	医疗保健	1 288.87	伯克希尔-哈撒韦	金融	5 328.67
6	美国电话电报公司（AT&T）	电信服务	1 280.03	摩根大通	金融	3 768.60
7	雪佛龙	能源	1 168.26	强生	医疗保健	3 759.83
8	IBM（国际商业机器公司）	信息技术	1 120.03	Visa（维萨）	信息技术	3 593.43
9	伯克希尔-哈撒韦	金融	1 117.83	埃克森美孚	能源	3 396.65
10	Google（谷歌）	信息技术	917.16	沃尔玛	日常消费	2 948.55
11	可口可乐	日常消费	896.93	美国银行	金融	2 907.61
12	辉瑞	医疗保健	851.93	宝洁	日常消费	2 670.87
13	思科	信息技术	795.00	万事达	信息技术	2 597.15

续表

排名	2009年3月9日			2019年4月30日		
	公司	行业	市值（亿美元）	公司	行业	市值（亿美元）
14	通用电气	工业	783.16	思科	信息技术	2 462.94
15	威瑞森电信	通信服务	743.66	迪士尼	传媒娱乐	2 462.20
16	苹果	信息技术	740.14	威瑞森电信	通信服务	2 365.21
17	雅培	医疗保健	720.92	雪佛龙	能源	2 287.04
18	百事公司	日常消费	712.94	英特尔	信息技术	2 285.06
19	甲骨文	信息技术	698.90	AT&T	电信服务	2 255.31
20	英特尔	信息技术	698.03	辉瑞	医疗保健	2 254.59

独角兽公司数量是衡量一个国家新经济发展的风向标。根据知名市场研究机构CB Insights统计，截至2019年5月底，我国独角兽公司数量为91家，仅次于美国位居世界第二。瑞士信贷中国研究团队在2019年5月27日发布的报告中指出，中国独角兽公司大多集中于消费类行业，旨在应用科技提升消费服务质量，但与此同时，处于上游的基础研发投入仍然不足。在全球价值链重塑背景下，我国做大做强有全球竞争力的高科技企业的迫切性提高了。美国独角兽企业以面向企业用户（to B）为主，偏技术驱动，而中国依然处于面向个人消费者（to C）的独角兽公司发展的黄金时代，偏消费驱动。在中国，互联网、电商、线上线下结合（O2O）、游戏类企业在独角兽企业中占据绝对主导地位；而在美国，人工智能、大数据、机器人、软件行业企业独角兽数量占绝对优势。中国大部分独角兽公司是用技术来解决生活中的问题，使用技术，但不创造技术。

未来，中国科创企业将面临融资市场化和创新自主化，即产业的发展将由依靠补贴优惠等政策转向更多依靠市场化的直接融资，通过以市场换技术、以资金买技术、以挖人才造技术等方式转向自主研发和迭代创新。科创板聚焦高新技术和战略新兴产业，将加快推动科技创新和新经济发展，为中国在新一轮的技术革命和产业变革中争夺更多话语权。

二、经济维度

习近平指出:"我们必须把创新作为引领发展的第一动力。"① 我国经济已从高速增长转为中高速增长,面对这种经济新常态,创新是关键。近年来,我国技术创新意识和创新能力不断提升(如图 1-2 和图 1-3 所示)。但是,我国创新发展水平仍然总体不高,对经济社会发展的支撑力不足,对经济增长的贡献率远低于发达国家水平。中美经贸摩擦将是长期存在的问题,贸易战的背后更多是科技领域的角力与竞赛。

科创板的推出,促使资本市场与科技创新更加深度融合,抓住新一轮科技革命和产业变革的重大机遇,将进一步提升科技创新能力,为经济转型升级提供强大驱动,推动产业迈向中高端,形成新的增长动力源。

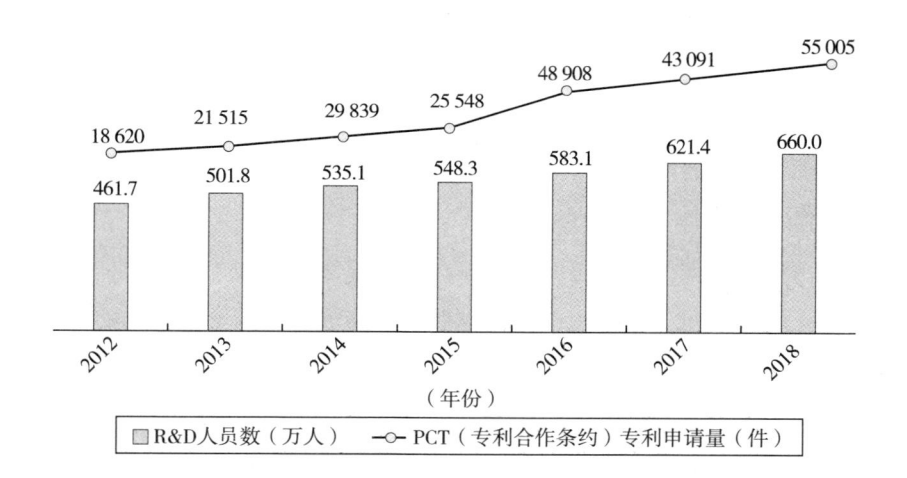

图 1-2　2012—2018 年中国 R&D 人员规模及 PCT 专利申请量

资料来源:世界知识产权组织统计数据库。

第一,科创板落实创新驱动和科技强国战略,推动新旧动能转换,促进经

---

① 习近平谈创新:必须把创新作为引领发展的第一动力 [N]. 人民日报,2016-03-03.

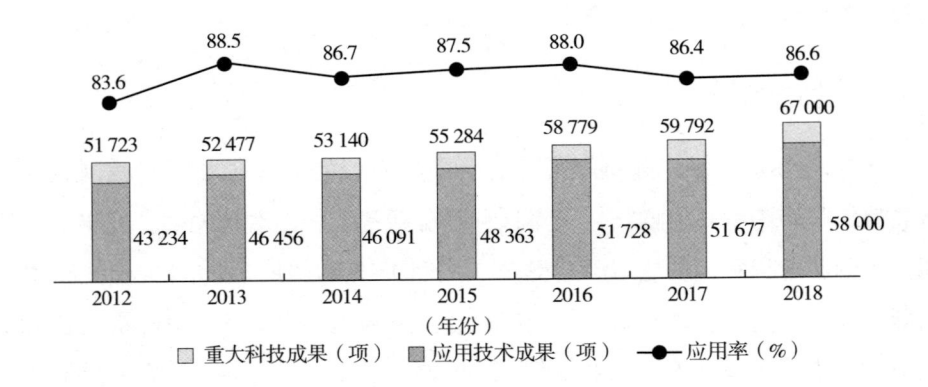

```
         83.6    88.5    86.7    87.5    88.0    86.4    86.6
        51 723  52 477  53 140  55 284  58 779  59 792  67 000

        43 234  46 456  46 091  48 363  51 728  51 677  58 000

         2012    2013    2014    2015    2016    2017    2018
                                 （年份）
        □ 重大科技成果（项）  ■ 应用技术成果（项）  ●─ 应用率（%）
```

图1-3　2012—2018年中国重大科技成果产出及应用规模

资料来源：中国科技统计年鉴。

济高质量发展。创新是把生产要素和生产条件的"新结合"引入生产体系的一种方式，它涉及技术创新、商业模式创新和组织管理创新，而技术创新无疑是其中最为核心的部分。可以说，每一次经济发展方式的转变，都是一个各要素重新组合的过程，也是一个创新驱动的过程。科创板上市公司很大程度上代表了中国经济中极具成长潜力的部分。应加快构建以企业为主体、市场为导向、产学研相结合的技术创新体系，使自主创新真正成为推动经济转型升级和建设科技强国的战略支点。

第二，科创板将金融资源向战略新兴产业聚拢，有助于服务实体经济。设立科创板之所以迫切，是因为中国经济已进入转型升级的关键期，但沪深两市传统的盈利估值模式和上市要求，将诸多科技创新企业融资需求拒之门外，不利于新兴产业中具备发展潜力的公司进一步发展壮大。目前，标准普尔500指数成份股中总市值排前三的行业为信息技术、可选消费、医疗保健，而沪深300指数成份股中占比前三的行业为金融、工业和能源。A股市场中，战略新兴产业参与度极低。从国外经验来看，在经济转型升级过程中，美国新一代的领袖级公司就有不少出自纳斯达克（NASDAQ），如思科、英特尔、甲骨文等。新兴产业公司代表着技术和产业发展的方向，也符合我国经济转型的导向，它们急需获得来自我国资本市场的支持。我国现行资本市场制度与新兴产业公司的需求之间存在不匹配之处，这类企业在国内资本市场上市这一环节遭遇了阻碍。这一阻碍既是国内资本市场发展的"痛点"，也是科创板发展的机遇所在。在顶层设计层面重塑市场规则，是运用资本市场的力量推进经济转型的重要尝试。同时，科创板利用制度创新使资本市场更开放、更国际化，可以避免优质企业绕道境外上市。

第三，提高民营经济成长动力，增强微观主体活力。科创板作为多层次资本市场中较灵活的部分，将成为促进民营企业发展的重要助推器，也将成为落实习近平在民营企业座谈会上重要讲话精神的示范板块。科创板作为长三角地区经济一体化的核心要素聚集板块，上海市要借助科创板设立的契机，进一步完善动产要素市场，增强上海证券市场辐射长三角、服务全国、影响世界的服务功能，为民营企业提供更加灵活有效的融资渠道。可以预见的是，科创板的推出将给国内高新技术、高成长的民营企业带来更多展示的机会，也将为它们快捷募集资金、快速推进科研成果资本化带来便利。

三、金融维度

习近平总书记在主持中央政治局第十三次集体学习时对深化金融供给侧结构性改革发表了重要讲话，深刻阐述了金融与经济共生共荣的关系。[①] 我国应深化金融供给侧结构性改革，平衡好稳增长和防风险的关系，精准有效处置重点领域风险，增强金融服务实体经济能力，坚决打好防范化解包括金融风险在内的重大风险攻坚战，推动金融业健康发展。科创板在金融领域的重要意义主要表现在以下方面：

第一，优化融资的结构，提高直接融资特别是股权融资的比例。根据中国

---

① 习近平在中共中央政治局第十三次集体学习时强调：深化金融供给侧结构性改革 增强金融服务实体经济能力［OL］. 央视网，2019 - 02 - 23.

人民银行发布的2018年社会融资数据，在社会融资增量方面，2018年对实体经济发放的人民币贷款增加15.67万亿元，同比多增1.83万亿元；企业债券净融资2.48万亿元，同比多2.03万亿元；地方政府专项债券净融资1.79万亿元，同比少2 110亿元；非金融企业境内股票融资3 606亿元，同比少5 153亿元。社会融资结构中，间接融资占比较高，直接融资占比较少且绝大部分都是债券融资。一个社会如果股权融资比重低，中小微企业在股权市场就很难融到资，更难通过贷款或发行债券融到资。科创板的设立意在对科创企业提供直接融资，缓解其融资难、融资贵问题。

科创板在制度设计上也要与我国私募股权市场相衔接。它为私募股权投资基金提供了新的退出渠道，促使私募股权投资市场成为推动科创型企业创立、成长、壮大的阶梯式资本市场服务平台。一方面，科创板要为私募股权投资市场提供股权投资的定价基准。资本市场对科创型企业及创新资产的定价能力在很大程度上反映了一国科技创新能力及资本市场的影响力。美国资本市场在全球具有广泛影响力，不仅仅在于其规模巨大，更在于其对科创型企业股票估值的科学合理性和稳定性。美国硅谷在互联网和新兴产业发展模式上的影响力，很大程度上在于其对科创类项目的科学评估能力。设立科创板的一个重要目标就是提高我国对科创项目、科创企业和知识产权的资本市场定价能力，提高资本市场的国际定价话语权。在二级市场上，通过对科创企业进行合理估值，能够更好地引导一级市场股权投资定价合理化，为中国私募股权投资基金和风险投资基金创造良好的市场环境。另一方面，要让私募股权投资机构和风险投资机构成为未来科创板投资者队伍中的重要组成部分。科创型企业估值方法特别，企业成长不确定性大，股权投资风险高，不适合一般个人投资者，所以对该类企业投资者必须实行严格的投资者适当性管理制度，要鼓励普通投资者通过购买基金的方式参与投资。发挥私募股权机构在科创板中的重要投资者作用，不仅能让私募股权投资机构实现有效快速退出，也便于科创型企业股权投资在一、二级市场的无缝衔接。

第二，防范化解金融风险，提高资本市场交易活力。作为金融供给侧结构性改革的重大举措，设立科创板对防范金融风险具有重要意义。过去影子银行、P2P（个人对个人）、非标、股权质押等融资模式滋生风险较大，自上而下的监管"去杠杆"调整后，资本市场亟须寻找全新渠道助力宽信用。由于科创板主要聚焦芯片、云计算等创新领域，推动符合要求的企业首次公开募股（IPO），因此这在一定程度上解决了资金向新兴高科技公司流动不足和缓慢的问题，开辟了吸引社会资本流向实体经济的高效途径，缓解了资金囤积银行体系或信托领域空转的风险等问题，从而实现了以市场方式向实体经济配置资源的目的。科创板的设立是利用新经济业态发展来化解经济结构上的矛盾，用发展的金融逻辑化解严峻的金融风险。

第三，补齐资本市场服务科技创新短板，完善多层次资本市场体系。多层次资本市场可以为不同发展阶段的企业提供差异化、便利化的融资服务，有助于构筑统一监管框架下的多元化管理模式，形成高效联通的格局，更好地发挥资本市场服务实体经济的重要作用。随着我国资本市场改革的有序推进，在科创板推出以前，我国已初步建立了多层次的资本市场，主要由场内交易市场和场外交易市场两部分构成，场内交易市场包含主板、中小板和创业板，场外交易市场包括全国中小企业股份转让系统（简称"新三板"）、区域性场外市场，如图1-4所示。

我国多层次资本市场体系中，仍然存在上市标准差异不够明显的问题，在功能定位上局部有所偏差，比如创业板在设立之初是为了支持无法在主板上市的创业型企业、中小企业和高科技产业企业融资上市，但在实际过程中不乏各类传统行业企业登陆该板块，这并不符合证监会提出的在创业板上市需满足"两高六新"（"两高"即成长性高，科技含量高；"六新"指新经济、新服务、新农业、新材料、新能源和新商业模式）的要求。中国科创板推出之后，将给很多发展速度快、成长空间大、受限于利润等指标的科技创新企业提供更好的融资支持，它将与主板、中小板、创业板和新三板等一起，形成更丰富、

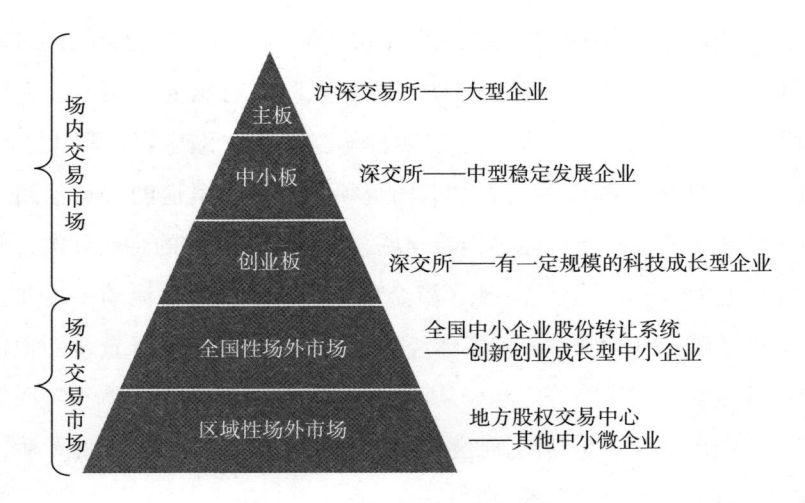

```
            主板          沪深交易所——大型企业
场
内         中小板         深交所——中型稳定发展企业
交
易
市         创业板         深交所——有一定规模的科技成长型企业
场
        全国性场外市场     全国中小企业股份转让系统
场                        ——创新创业成长型中小企业
外
交
易      区域性场外市场     地方股权交易中心
市                        ——其他中小微企业
场
```

图 1-4 中国多层次资本市场

多层次融资体系，更好地发挥资本市场对实体经济尤其是创新型经济的支持作用。

| 第二章 |

市场化与法治化视野下的科创板

设立科创板并试点注册制是一项十分复杂的系统性重大改革，从科创板创设之初就应保证它在市场化和法治化的轨道上运行。市场化，就是要发挥市场在资源配置中的决定性作用，做到平等竞争无歧视、进入退出无障碍，避免对股市进行不必要的行政干预；法治化，就是要建立健全资本市场制度规则的"四梁八柱"，做到有法必依、违法必究，使司法监管部门形成合力，严厉打击违法违规行为，依法保护投资者利益。市场化和法治化是打造资本市场升级版的双引擎，目的在于使各方更加敬畏市场、敬畏法治，使监管部门更加重视运用市场思维和法治手段规范证券市场秩序。

第一节 市场化导向

长期以来，我国资本市场的市场属性扭曲，惯于用行政手段调控。一、二级市场失衡，一级市场收益高、风险低，二级市场收益低、风险高，投资者热衷"打新"后到二级市场抛售，使得一级市场绩差股被爆炒，二级市场被抽血后又难以维持新股价格，"堰塞湖"与"三高一破"现象长期并存。投融资比例失衡，重融资、轻回报，重融资却难以注入实体经济，频繁、过度融资而较少分红，"铁公鸡"等现象屡见不鲜。投资者结构失衡，散户比例过高，成熟理性的长期投资没有得到应有的回报，长期投资者缺乏。上市与退市失衡，常态化、市场化退市机制尚未建立,退市指标过于偏重财务类指标。注册制改革的关键是理顺政府与市场的关系,让"无形之手"有序合理地引导证券化金融资源的流动和配置。市场化的核心是强化市场约束,建立以市场机制为主导的制度安排。

一、责权利配置市场化

责权利配置市场化关键在于落实好发行人的基础信用责任、中介机构的专业信誉责任、注册审核机关的忠实信任责任,强化自律管理、行政监管和司法惩戒三位一体的责任约束机制。发行人是信息披露的第一责任人,要依法充分披露投资者做出的价值判断和投资决策所必需的信息,所披露的信息必须真实、准确、完整;保荐人要诚实守信,勤勉尽责,对注册申请文件和信息披露资料进行全面核查验证,对招股说明书及所出具的相关文件的真实性、准确性、完整性负责;证券服务机构对其专业职责有关的内容及出具的文件的真实性、准确性、完整性负责,对与本专业相关的业务事项履行特别注意义务,对其他业务事项履行普通注意义务;上交所负责科创板股票发行上市审核,证监会负责科创板股票发行注册。证监会还要加强对上交所审核工作的监督,并强化新股发行上市事前事中事后的全过程监管。

二、企业进出市场化

科创板是资本与创新驱动结合的重要载体。从价值投资的视角评估企业,不能局限于企业的账面价值或当前价值,而是要把持续不断创造价值作为企业的核心竞争力。在这个过程中,资本方要通过资本赋能、资源赋能、管理赋能等方式,与企业共同打造"动态护城河"。在股票发行上市条件方面,科创板根据板块定位和科创企业特点,设置了多元、包容的股票发行上市条件,允许符合科创板定位、尚未盈利或者存在累计未弥补亏损的企业在科创板上市,以市值为关键指标,结合营业收入、净利润、研发投入、现金流等财务指标,允许符合相关要求的特殊股权结构［含可变利益实体（VIE）架构和红筹架构］企业在科创板上市。科创板退市制度要充分发挥市场的筛选机制，通过大浪淘沙的方式使真正创造价值的公司崭露头角，从而保证科创板上市公司整体的高质量。

三、审核市场化

为做到市场化、短周期的审核，一个重要的改变是形成以信息披露为核心的审核机制，即监管者只对信息披露进行审核，不对发行人的盈利能力和投资价值做出判断。为此，应建立健全以信息披露为核心的股票发行上市制度，逐步将现行发行审核条件中可以由投资者判断的事项转化为更加严格的信息披露要求，强化市场约束，强化中介机构的尽职调查义务和核查把关责任，切实发挥其作为信息质量"看门人"的作用。上交所遵循依法合规、公开透明、便捷高效的原则，将提高审核透明度，明确市场预期，加大审核中的专业问询力度，督促发行人真实、准确、完整地披露信息。同时，压严压实中介机构责任，督促保荐人及其他证券服务机构勤勉尽责，提高信息披露质量，便于投资者在信息充分的情况下做出投资决策。

四、发行市场化

实行市场化的发行承销机制，新股发行价格、发行规模和发行节奏主要通过市场化方式决定；实行更加市场化的基础制度安排，发挥专业机构投资者的投研能力和新股发行定价能力，建立以专业机构投资者为参与主体的询价、定价和配售机制，进一步发挥券商在发行承销中的作用，强化保荐机构的资本约束，压实保荐机构责任。另外，应充分发挥专业机构投资者在新股发行定价即市场化询价环节中的专业作用，促使科创板上市公司估值更加合理，提高新股发行定价效率，建立符合科创企业特点和投资者适当性要求的交易机制，提高价值发现效率。

五、持续监管市场化

在持续上市、并购重组、股权激励等环节,科创板进一步强化信息披露监管。根据科创板上市公司特点和投资者适当性要求,建立更加市场化的交易机制,放开涨跌幅限制,建立更加高效的并购重组机制。实行严格的退市制度,设置财务类、交易类强制退市指标,严格实行重大违法强制退市制度,使直接退市和快速退市成为科创板的一种常态。

六、运作机制市场化

根据上市规则的要求,科创板上市委员会将对上交所审核机构出具的审核报告、发行上市申请文件进行审议,通过合议形成审议意见。审核报告在前、申请文件在后,科创板上市委员会的首要职责是对初审的审核报告进行把关,明确企业是否符合科创板发行上市条件和信息披露要求,这意味着上市委员会的角色从"裁判员"变为"把关人",上会通过的企业并不等于是有监管审核机构背书的"好企业",尤其在审核的标准、过程、结果全面公开的情况下,监管审核的自由裁量空间将大幅压缩,多重审核的情况将减少。关于企业的实质性判断,则更多交给了保荐人、投资者等市场主体。

咨询委员会作为专家咨询机构,将侧重于为科创板建设以及发行上市审核提供专业咨询和政策建议,委员主要是从事高新技术产业和战略性新兴产业的人员、知名企业家、资深投资专家、科研院所专家学者等权威人士,他们为科创板建设、科技创新相关技术或产业化应用的先进性或领先性提供咨询意见,为审核工作提供专家支持。

自律委员会旨在通过行业自律规范科创板股票发行活动,引导市场形成良好预期。自律委员会成员包括以基金公司为代表的买方市场机构、以券商为代表的卖方市场机构以及上交所代表委员。作为科创板一级市场主要参与主体,自律委员会对市场环境和运行节点的洞察力更加敏锐,提供的咨询建议也更具针对性和代表性。其作为行业自律的约束组织，根据市场情况提出行业倡导建议，明确重要的行业参考标准，从而推动行业惯例的形成，营造并维护良好的市场生态。

总之，从核准制到注册制的改革对我国资本市场发展具有重大意义，它是真正把选择权交给市场。落实好注册制，核心是增强信息披露，提高透明度，最大限度减少不必要的行政干预，让投资者自主进行价值判断，更加关注公司未来成长，更加关注长期投资价值，让上市公司接受市场的严格选择，最终推出一批更优质的上市公司。

第二节 法治化导向

法治就是市场经济体制之"纲"，所谓纲举目张、牵一发而动全身，要在市场经济领域彰显法治的力量。完善的资本市场离不开法治，一流的法治水平才能造就一流的资本市场。

一、确保以信息披露为核心的股票发行民事责任制度安排落到实处

信息披露制度不健全、披露内容不完整是制约我国资本市场健康发展的一大障碍。高质量的信息披露能够突出科创企业的特色、亮点，也能够帮助投资者读懂科创企业，完善市场的合理定价功能。民事责任的追究是促使信息披露义务人尽责归位的重要一环，也是法律能否"长出牙齿"的关键。为此，应支持证券交易所审慎开展股票发行上市审核，保障证券交易所依法实施自律监管；严格落实发行人及其相关人员的第一责任，发行人的控股股东、实际控制人指使发行人从事欺诈发行、虚假陈述的，依法判令控股股东、实际控制人直接向投资者承担民事赔偿责任；严格落实证券服务机构保护投资者利益的核查把关责任，证券服务机构对会计、法律等各自专业相关的业务事项未履行特别注意义务，对其他业务事项未履行普通注意义务的，应当判令其承担相应法律

责任；准确把握保荐人对发行人上市申请文件等信息披露资料进行全面核查验证的注意义务标准，在证券服务机构履行特别注意义务的基础上，保荐人仍应对发行人的经营情况和风险进行客观中立的实质验证，否则不能满足免责的举证标准。对于不存在违法违规行为而单纯经营失败的上市公司，应严格落实《证券法》投资风险"买者自负"原则，引导投资者提高风险识别能力和理性投资意识。

二、稳步推进资本市场监管机制改革，明晰监管者角色定位

证监会作为证券市场的监管主体，其角色应当为证券市场的监管者，而不应是 IPO 和融资的审批者，其职责应该是制定市场的游戏规则，确保运行规则得到公平的执行，即依法监督市场行为、保护投资者合法权益、维护市场公平正义。要让监管真正到位，首先必须实施监管与审批权力的分离，以市场化原则推进证券市场行政审批制度改革，把上市审批权下放到交易所，将 IPO 审核权下放到沪、深交易所，并且切实发挥保荐人、承销商、独立董事等各类中介机构的职责和作用，尤其是要落实保荐人和承销商的责任，真正做到责、权、利对等。

三、维护市场秩序，依法提高资本市场违法违规成本

严厉打击干扰注册制改革的证券犯罪和金融腐败犯罪，维护证券市场秩序。依法从严惩治申请发行、注册等环节易产生的各类欺诈和腐败犯罪。对于发行人与中介机构合谋串通骗取发行注册，以及发行审核、注册工作人员以权谋私、收受贿赂或者接受利益输送的，依法从严追究刑事责任。压实保荐人对发行人信息的核查、验证义务，保荐人明知或者应当明知发行人虚构或者隐瞒重要信息、骗取发行注册的，依法追究刑事责任。依法从严惩治违规披露、不披露重要信息、内幕交易、利用未公开信息交易、操纵证券市场等金融犯罪行为。积极探索违法违规主体对投资者承担民事赔偿责任的构成要件和赔偿范

围。加大对涉及科创板行政处罚案件和民事赔偿案件的司法执行力度，使违法违规主体及时付出代价。

总之，要保证科创板健康发展，打造资本市场升级版和示范板，就必须运用法治思维和法治手段规范市场秩序，市场主体各尽其责，为科创板发展营造良好的法治环境。

| 第三章 |

注册制改革

结合我国实际情况和改革需求，科创板试点注册制既借鉴了美国以信息披露为核心的做法，又借鉴了中国香港上市吸收发行的做法，科创板在公开发行的信息披露、审查主体、审查内容、发行承销、中介责任和退市安排等方面做了大量创新尝试，为注册制的落地实施打下了坚实的制度基础。

第一节　正确理解注册制

注册制是以信息披露为核心，通过要求证券发行人真实、准确、完整地披露公司信息，使投资者可以获得必要的信息并对证券价值进行判断，最终做出是否投资的决策，证券监管机构对证券的价值好坏、价格高低不做实质性判断。

注册制发轫于美国。1929年美国经济大萧条后，美国联邦政府颁布了《1933年证券法》与《1934年证券交易法》，规定联邦政府对证券发行实施注册审查，没有采纳"实质监管"的证券发行核准制，而是确立了以"强制信息披露"为基础的证券发行注册制。目前，注册制已经成为境外成熟市场证券发行监管的普遍做法。当然，由于各个国家或地区发展历史、投资者结构、法治传统和司法保障等方面的情况存在较大差异，不同市场实施注册制的具体做法并不完全相同。

注册制的提出源于 4 个基本理念：一是股票发行的权利是法律赋予的而非政府授予的。也就是说，公司发行股票是一项固有权利，无须经过政府批准或经过授权。法律保障履行法定披露义务的发行公司参与市场，有接受市场选择检验的机会。二是证券监管部门对发行公司的申报材料只做形式审查。证券监管部门的职责是从形式和程序上保证发行公司信息尽可能充分公开，创造良好的市场机制和法治环境，但对发行公司及股票的价值等实质性问题不做审查和判断。投资者根据证券监管部门所保障充分披露的发行公司信息自行做出投资决策，"买卖自负"。三是坚持信息公开。通过强制性信息披露要求发行公司将所有与发行公司和发行股票相关的信息完全公开，不得有虚假、误导和重大遗漏。四是强调事后监管。强化违法的惩罚规则，落实严格的退市机制，为投资者保护提供系统机制保障，维护公平有序的市场环境。

我国现行发行审核制度是以发审委制度和保荐制度为核心的核准制。证券监管部门既是证券市场的"监管者"，又是"监护者"。证券监管部门力求通过事前干预，将质量差的公司拒于证券市场之外，以达到降低市场系统性风险和保护投资者的目的。实事求是地说，该项发行审核制度为我国资本市场逐步走向成熟发挥了重大作用，但其固有的弊端屡受批判。近年来，证券欺诈发行的案件时有发生，它们不仅削弱了政府公信力，而且严重损害了投资者利益，动摇了资本市场的诚信基石。

注册制改革是个复杂的系统工程，这一工程充满艰辛，走过弯路，有过波折。其探索发展历程如表 3-1 所示。

表 3-1　注册制探索发展历程

时间	相关事件
2013 年 11 月	党的十八届三中全会审议通过《中共中央关于全面深化改革若干重大问题的决定》，提出推进股票发行注册制改革，注册制改革首次被列入中央文件

续表

时间	相关事件
2015年12月	2015年12月9日，国务院常务会议通过了拟提请全国人大常委会审议的《关于授权国务院在实施股票发行注册制改革中调整适用〈中华人民共和国证券法〉有关规定的决定（草案）》，同月27日，国务院实施股票发行注册制改革的举措获得全国人大常委会授权，并计划于2016年3月起施行股票发行注册制
2016年3月	证监会在十二届全国人大四次会议记者会上表示，注册制不可单兵突进，研究论证需要相当长的一个过程。该发言意味着注册制暂缓，且需要配合其他政策实施，为"科创板＋注册制试点"埋下伏笔
2018年2月	证监会向全国人大常委会汇报注册制改革的情况，并指出目前资本市场实行注册制仍存在不少挑战，需要进一步探索完善，为了使继续稳步推进和适时实施注册制改革于法有据，保持工作的连续性，避免市场产生误读，并为修订《证券法》进一步积累实践经验，注册制授权期限延长到2020年2月
2018年11月	2018年11月5日，习近平在中国国际进口博览会上表示，将在上海证券交易所设立科创板并试点注册制。科创板及注册制试点再次被明确为国家重大任务；同月8日，证监会副主席表示，科创板及注册制一定要搞成

注册制和核准制最大的区别不在于审不审，而在于谁来审、如何审。对于注册制，不少人容易望文生义，认为证券发行审核机构只对注册文件进行形式审查，简单的备案登记后申请上市发行公司即可上市，对其不进行实质判断。注册制是包含发行监管与上市监管两套监管程序的监管制度。施行注册制不是放松监管，而是在放松管制、放松限制、减少行政干预的背景下加强监管。

第二节　国际经验借鉴：美国和中国香港的注册制

一、美国的注册制

美国注册制（Registration）是相对于豁免来说的，凡是不能豁免的就要注册，就要经过监管机构和交易所的严格审核，审核过程分为发行审核与上市审核。发行审核属于法定强制行为，其主体是美国证券交易委员会（SEC）及各州的证券主管部门；上市审核属于民事商业行为，其主体是交易所。这样安排的原因在于，发行审核注重充分的信息披露，对形式要件的要求较高，关注信息披露文件的格式、内容以及投资者的可理解性等；而上市审核中，由于存在交易所的品牌效应及投资者的后续交易，往往会有一些财务数据、股本规模等方面的要求。由不同的主体实施审核，权力与责任划分较为清晰，如图3-1所示。

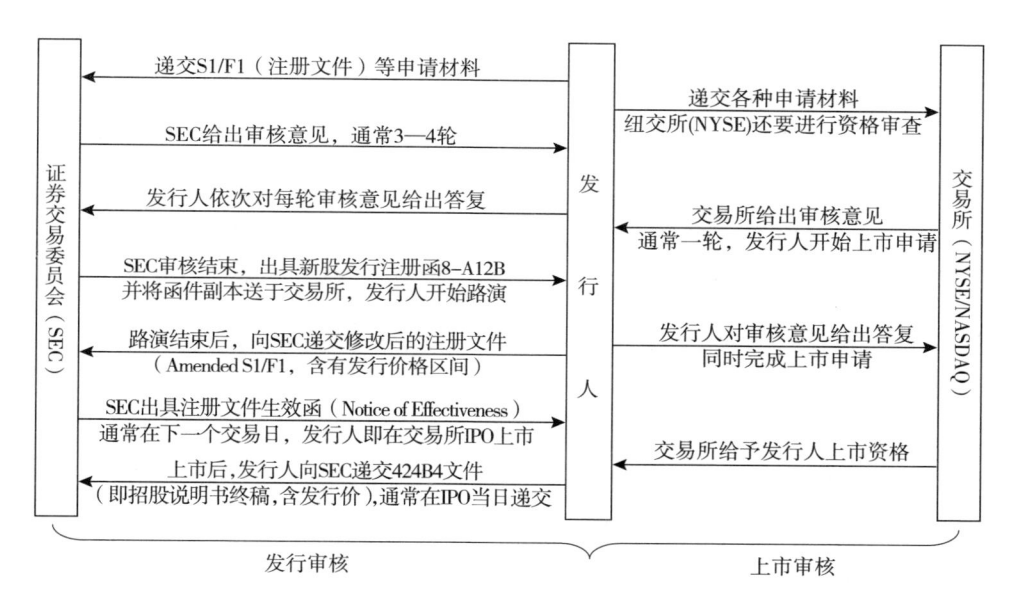

```
证券交易委员会（SEC）                    发行人                    交易所（NYSE/NASDAQ）
        ←── 递交S1/F1（注册文件）等申请材料 ──
                                           ── 递交各种申请材料 ──→
                                              纽交所(NYSE)还要进行资格审查
        ── SEC给出审核意见，通常3—4轮 ──→
        ←── 发行人依次对每轮审核意见给出答复 ──
                                           ←── 交易所给出审核意见 ──
                                              通常一轮，发行人开始上市申请
        ── SEC审核结束，出具新股发行注册函8-A12B ──→
           并将函件副本送于交易所，发行人开始路演
                                           ── 发行人对审核意见给出答复 ──→
                                              同时完成上市申请
        ←── 路演结束后，向SEC递交修改后的注册文件 ──
           （Amended S1/F1，含有发行价格区间）
                                           ←── 交易所给予发行人上市资格 ──
        ── SEC出具注册文件生效函（Notice of Effectiveness）──→
           通常在下一个交易日，发行人即在交易所IPO上市
        ←── 上市后，发行人向SEC递交424B4文件 ──
           （即招股说明书终稿,含发行价),通常在IPO当日递交

        ╰────── 发行审核 ──────╯        ╰────── 上市审核 ──────╯
```

图3-1 美国注册制下的发行上市审核程序

发行审核：由于美国为联邦制的宪政架构，美国发行审核准确来说是"双重注册制"，即证券公开发行一般必须在联邦与州两个层面同时注册，方可生效。联邦层面注册制以信息披露为主，州层面注册制普遍实行实质审核。为解决发行程序烦琐、效率低下问题，《1996年全国性证券市场促进法》出台。该法案规定，在纽交所、美国证券交易所、纳斯达克以及SEC认为上市标准达到了交易所标准的其他全国性证券交易所上市或授权上市的证券，豁免州层面的注册义务。这也就意味着，纽交所与纳斯达克申请上市公司IPO前的发行审核只需在联邦层面即美国证券交易委员会完成即可。

上市审核：美国的上市审核由交易所负责，必须以注册登记生效为前提。实践中，发行人会同时向 SEC 和交易所提交申请，申请文件的主要内容大致相同。但审核过程 SEC 与交易所相互独立，不会就出现的问题交换意见或进行协调。因此，交易所认为符合上市条件的企业，SEC 并不必然会批准注册登记；交易所也有权对已通过 SEC 发行审核的企业否决上市申请；发行人可以在通过发行审核而尚未上市前，自主选择适合的交易所。

在美国发行、上市分离独立机制下，发行人在基本完成注册时，会选择纽交所、纳斯达克和其他全国性的证券交易所上市。实践中，对于满足注册要求但是不符合纽交所、纳斯达克上市标准的公司证券，还可以到场外市场进行交易，从而一个竞争性、多层次的资本市场体系基本形成。

美国注册制之所以成熟有效，与完善的民事诉讼赔偿体系、刑事责任追究机制、大量的行政执法投入、高额的举报奖励等证券监管配套制度密不可分。

二、中国香港的注册制

在中国香港地区，IPO 基本不区分发行审核与上市审核。审核程序方面，发行与上市一体化，交易所扮演前线主导角色，香港证监会位居后端，进行形式审核。2003 年，香港证监会与港交所签订《上市事宜谅解备忘录》，将上市审核权转回给港交所。由此，香港地区的 IPO 实施"双重存档"制度，即发行人申请在港交所主板或创业板上市，需按照 A1 或 5A 表格向港交所提交申请材料，并在下一个交易日将申请材料副本提交至香港证监会，或者以书面形式授权港交所将申请材料副本提交至香港证监会，港交所负责发行审核与上市审核，如图 3-2 所示。由于发行与上市一体化，为降低审查人员主观裁量的影响和权力集中，港交所内设上市科、上市委员会和上市上诉委员会。具体负责部门是上市委员会，在实际审核操作中，上市委员会会将部分审核权限授予上市科。上市科负责预审硬性条件，关注申请人盈利、市值等指标是否符合上市条件，并以意见函形式反馈，预审合格后推荐到上市委员会，与上市科共同完成发行上市审核。上市委员会判断上市适当性要求，关注申请人是否符合主观性较强的适当性条件，经过聆讯做出决定。上市上诉委员会负责复合异议，如果发行人存在异议，可提请复核上市委员会决定。

```
发行人在审核前的准备工作重点：
1.发行人任命保荐人，需最晚在提交A1表格申请的2个月前
  签署委任协议；
2.发行人将申请材料A1表格向港交所提交；
3.港交所会将上述材料在"披露易"网站公开；
4.发行人或者港交所将申请材料副本向香港证监会递交。
```

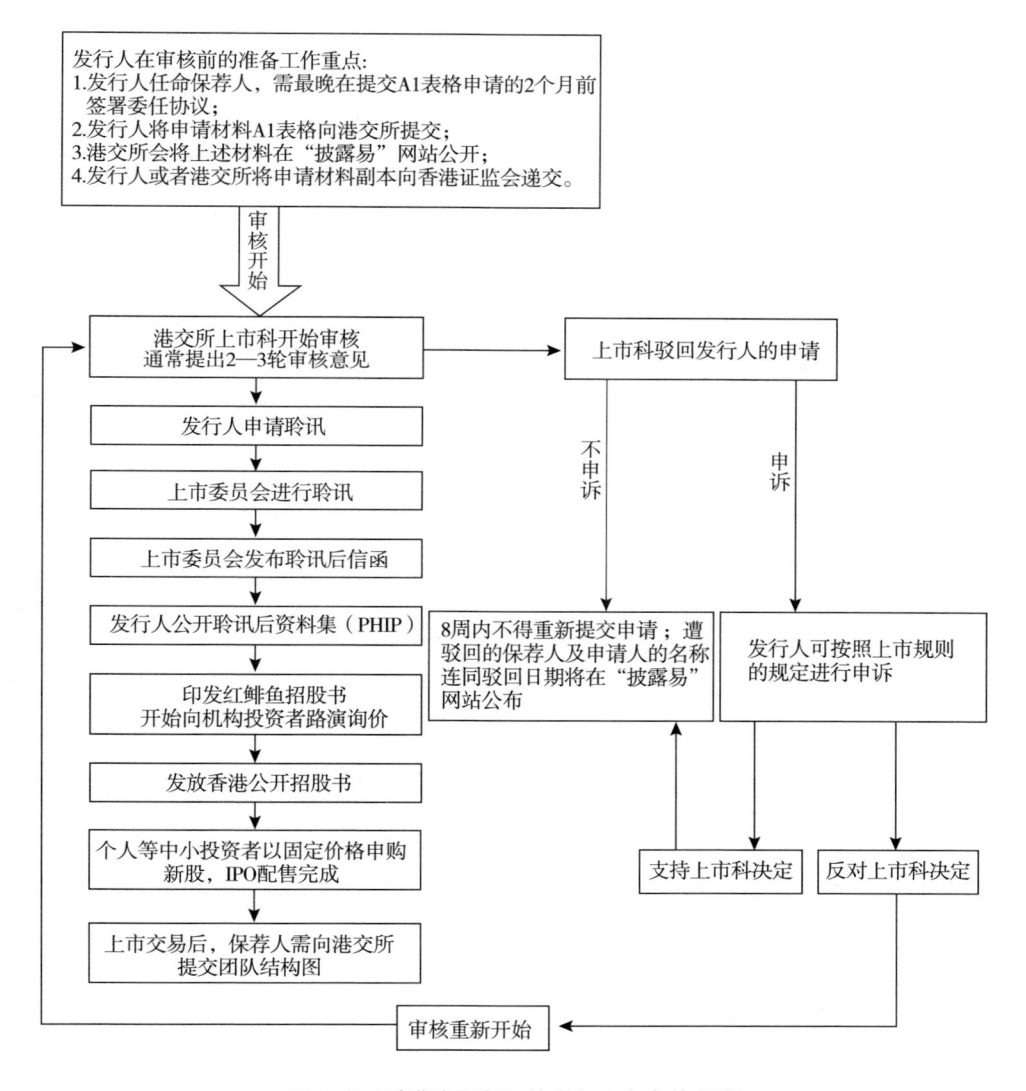

审核开始 ↓

- 港交所上市科开始审核 通常提出2—3轮审核意见
  - → 上市科驳回发行人的申请
    - 不申诉 → 8周内不得重新提交申请；遭驳回的保荐人及申请人的名称连同驳回日期将在"披露易"网站公布
    - 申诉 → 发行人可按照上市规则的规定进行申诉
      - 支持上市科决定
      - 反对上市科决定 → 审核重新开始
- 发行人申请聆讯
- 上市委员会进行聆讯
- 上市委员会发布聆讯后信函
- 发行人公开聆讯后资料集（PHIP）
- 印发红鲱鱼招股书 开始向机构投资者路演询价
- 发放香港公开招股书
- 个人等中小投资者以固定价格申购新股，IPO配售完成
- 上市交易后，保荐人需向港交所提交团队结构图

图 3-2　香港注册制下的发行上市审核程序

第三节　探索符合中国国情的注册制

　　科创板试点注册制借鉴了境外成熟资本市场的有关做法，将注册条件优化并精简为底线性、原则性要求，对证监会与上交所在实施股票发行注册中的职责做了明确划分，实现了审核标准、审核程序和问询回复的全过程公开，体现了注册制以信息披露为核心，让投资者进行价值判断的基本特征与总体方向。

　　上交所负责股票发行上市审核。上交所受理企业公开发行股票并上市的申请后，主要基于科创板定位，审核判断企业是否符合发行条件、上市条件和信息披露要求。审核工作主要通过问询方式展开。上交所审核通过后，将审核意见及发行人注册申请文件报送证监会，完成发行注册程序。

　　证监会主要承担以下3个方面的职责：一是负责科创板拟上市企业股票发行注册。注册工作不是重新审核、双重审核，更不是重回行政审核的老路，而是审查交易所发行审核内容有无遗漏，审核程序是否符合规定，以及发行人在发行条件和信息披露要求等重大方面是否符合规定，侧重于对上交所审核工作进行质量控制，督促发行人进一步完善信息披露内容。二是对上交所审核工作进行监督。除了通过注册程序监督上交所发行审核内容有无遗漏、审核程序是否符合规定外，证监会还可以持续追踪发行人的信息披露文件、上交所的审核意见，定期或者不定期地对上交所审核工作进行抽查或检查。三是实施事前事中事后全过程监督。在发行上市审核、注册和新股发行过程中，证监会发现发行人存在重大违法违规嫌疑的，可以要求上交所处理，也可以宣布其发行注册暂缓生效，或者暂停其新股发行，甚至撤销其发行注册，并针对违法违规行为采取行政处罚措施。

　　总之，由于我国证券市场发展时间较短，基础制度和市场机制尚不成熟，市场约束机制、司法保障机制等还不完善，科创板实施注册制，仍然需要负责股票发行注册审核的部门提出一些实质性要求，并发挥一定的把关作用。从证监会已同意的科创板注册企业流程来看，科创板借鉴了香港地区的注册制模式，以上市审核带动发行审核，与美国的发行、上市相分离不同。上交所在前期承担主要的问询、审核职责。上交所上市委员会不仅要对拟上市企业是否符合发行上市条件进行审核，还要对其是否符合发行注册条件进行预审核；预审核通过的，证监会在此基础上做出通过或者不予注册的决定。

第二部分
科创板发行上市审核

科创板发行注册，主要经过两个阶段：第一个阶段是上交所的发行上市审核阶段，第二个阶段是证监会的注册阶段。上交所对科创板拟上市公司股票的发行上市审核遵循依法合规、公开透明、便捷高效的原则，发行上市的条件更加包容，贯彻以信息披露为核心的审核理念，旨在更好地履行审核职责，使审核预期增强。上交所重点围绕与投资者价值判断和投资决策密切相关的信息，通过一轮或多轮问询，督促发行人及其中介机构真实、准确、完整地披露信息，努力问出一家"真公司"。随着科创板公司发行上市审核进入常态化，科创板上市企业有序供给，上交所将进一步聚焦财务交易真实性、信息披露重大性、风险揭示充分性、投资者决策有效性，进一步提高审核质量和效率。

第四章
发行上市条件审核

第一节 科创板发行条件审核

一、主体资格

科创板拟上市企业应是依法设立且持续经营3年以上的股份有限公司，应具备健全且运行良好的组织机构，相关机构和人员能够依法履行职责；有限责任公司按原账面净资产值折股整体变更为股份有限公司的，持续经营时间可以从有限责任公司成立之日起计算。

科创板发行条件审核重点关注拟上市企业持续经营能力，而非持续盈利能力。所谓持续经营是指企业法人的经营活动会延续下去，在可以预见的未来，不会遭遇清算、解散等变故而不复存在。我国主板市场一直以来都将企业可持续盈利能力作为能否发行上市的最重要的审核标准，持续盈利能力作为隐形指标如同套在拟上市企业头上的"紧箍咒"，构成其上市发行的一大阻碍。作为一项会计指标，持续盈利体现的是过去的经营成果，不代表未来成长，况且盈利指标容易加工粉饰，而科创企业定位在创新，核心在于关键技术，研发成本高，具有高度成长性。许多科创企业选择战略性亏损（如特斯拉、亚马逊），再者这类企业之所以要申请上市，本来就是为了能从资本市场获得融资支持，进而突破发展中资金瓶颈的制约。因此，在科创板发行条件审核中应舍去盈利指标。

二、财务规范

在财务规范方面,科创板拟上市企业要做到以下两点:一是财务报表的编制和披露须符合《企业会计准则》和相关信息披露规则的规定,在所有重大方面须公允地反映自身财务状况、经营成果和现金流量,并由注册会计师出具标准的无保留意见的审计报告;二是内部控制制度须健全且被有效执行,能够保证公司运行效率、合法合规和财务报告的可靠性,并由注册会计师出具无保留意见的内部控制鉴证报告。

三、业务完整

科创板拟上市企业须业务完整,具有直接面向市场独立持续经营的能力。一是资产完整,在业务及人员、财务、机构方面独立,与控股股东、实际控制人及其控制的其他企业间不存在对自身构成重大不利影响的同业竞争,不存在严重影响独立性或者显失公平的关联交易。二是主营业务、控制权、管理团队和核心技术人员稳定,最近两年内主营业务和董事、高级管理人员及核心技术人员均没有发生重大不利变化。三是控股股东和受控股股东、实际控制人支配的股东所持发行人的股份权属清晰,最近两年实际控制人没有发生变更,不存在可能导致控制权变更的重大权属纠纷。四是发行人不存在主要资产、核心技术、商标等方面的重大权属纠纷,不存在重大偿债风险及重大担保、诉讼、仲裁等或有事项,也不存在经营环境已经或者将要发生重大变化等对持续经营有重大不利影响的事项。

相对于主板、创业板对发行人相关同业竞争的零容忍,科创板的要求是发行人与控股股东、实际控制人及其控制的其他企业间不存在对发行人构成重大不利影响的同业竞争。同业竞争属于发行人独立性问题,而评价同业竞争是否对发行人构成重大不利影响的核心是,同业竞争是否影响发行人的独立性、持续经营能力。《公开发行证券的公司信息披露内容与格式准则第41号——科创板公司招股说明书》（以下简称《41号准则》）规定，发行人应分析和披露其与控股股东、实际控制人及其控制的其他企业间不存在对发行人构成重大不利影响的同业竞争，如存在与控股股东、实际控制人及其控制的其他企业从事相同、相似业务的情况，应当对不存在对发行人构成重大不利影响的同业竞争做出合理解释，要披露发行人防范利益输送、利益冲突及保持独立性的具体安排等。相比于主板、创业板，科创板规则的创新在于科创板并未完全禁止同业竞争，而是在突出发行人独立性的前提下，允许发行人对同业竞争做出合理解释，如不构成重大不利影响，则不会成为其上市的实质障碍。

对于关联交易，科创板给出的标准是不存在严重影响独立性或者显失公平的情形。这表明科创板对待关联交易将采取负面清单的做法，其核查的重点不在于从正面证明关联交易存在的必要性、交易条件的公允性，而是从反面排除那些不符合要求的关联交易。

在发行人公司管理团队和核心技术人员的稳定性方面，与其他板块要求发行人报告期内董事、高级管理人员没有发生重大变化的条件相比，科创板将"重大变化"变为"重大不利变化"，这更切合科创板拟上市企业经营团队的实际特点，更清晰地诠释了管理团队稳定不等于不变化，而是强调不能有不利的变化。在界定董事、高级管理人员及核心技术人员是否发生重大不利变化时，应当本着实质重于形式的原则，综合两方面因素分析：一是最近两年内的变动人数及比例，在计算人数比例时，以上述人员合计总数作为基数；二是上述人员离职或无法正常参与发行人的生产经营是否对发行人生产经营产生重大不利影响。以下两种情况原则上不构成重大不利变化：一是变动后新增的上述人员来自原股东委派或由发行人内部培养产生；二是管理层（不包括核心技术人员）因退休、调任等原因发生岗位变化。另外，如果最近两年内发行人的上述人员变动人数比例较大，或上述人员中的核心人员发生变化，进而对发行人的生产经营产生重大不利影响，应视为发生重大不利变化。

科创板对于股份权属是否清晰有新的界定标准，具体表现在：对于控股股东、实际控制人位于国际避税区且持股结构复杂并申请在科创板上市的企业，在对控股股东和受控股股东、实际控制人支配的股东所持发行人的股份权属是否清晰进行界定时，应当对设置此类架构的原因，合法性及合理性，持股的真实性，是否存在委托持股、信托持股，是否有各种影响控股权的约定，股东的出资来源等问题进行核查，说明发行人控股股东和受控股股东、实际控制人支配的股东所持发行人的股份权属是否清晰，以及说明发行人如何确保其公司治理和内部控制的有效性。允许发行人在上市过程中开展员工持股计划和期权激励计划。员工激励事项在以往上市实践中往往被谨慎、保守对待，企业尽量不在上市前激励或只进行简单的激励，以免在股权是否清晰的界定上节外生枝。而科创板明确允许公司在上市前存在尚未实施完毕的员工持股计划、期权激励计划，并明确规定了该等持股和期权激励计划应当符合的具体条件，使得各方有更明确的标准和预期。

四、规范运作

科创板拟上市企业的生产经营须符合法律、行政法规的规定，符合国家产业政策；最近3年内，发行人及其控股股东、实际控制人不存在贪污、贿赂、侵占财产、挪用财产或者破坏市场经济秩序的刑事犯罪，不存在欺诈发行、重大信息披露违法或者其他涉及国家安全、公共安全、生态安全、生产安全、公众健康安全等领域的重大违法行为；最近3年内，董事、监事和高级管理人员不存在受到证监会行政处罚，或者因涉嫌犯罪被司法机关立案侦查，或者涉嫌违法违规被证监会立案调查、尚未有明确结论意见等情形。

第二节 科创板上市条件审核

《上海证券交易所科创板上市规则》（以下简称《科创板上市规则》）为科

创板设置了多套上市标准。为增强科创板包容性，首次打破现行 A 股 IPO 标准——"必须盈利"的规定，建立起以市值为核心，结合净利润、营业收入、研发投入和经营活动产生的现金流量等财务指标的上市标准。根据 IPO 申请企业的类型，科创板分别就通用上市标准（同股同权）、表决权差异安排（同股不同权）及红筹企业设立了 3 类企业的 IPO 标准。

拟上市企业作为发行人应当结合自身财务状况、公司治理特点、发展阶段以及上市后的持续监管要求等方面，审慎选择适当的上市标准。在此过程中，保荐机构应当提供专业指导，审慎推荐，并在上市保荐书中就发行人选择的上市标准逐项说明适用理由，比如对预计市值指标，应当结合发行人报告期外部股权融资情况、可比公司在境内外市场的估值情况等进行说明。

科创板上市委员会召开审议会议前，发行人因更新财务报告等情形导致不再符合申报时选定的上市标准，需要变更为其他标准的，应当及时向上交所提出申请，说明原因并更新相关文件；不再符合任何一项上市标准的，可以撤回发行上市申请。保荐机构应当核查发行人变更上市标准的理由是否充分，就发行人新选择的上市标准逐项说明适用理由，并就发行人是否符合上市条件重新发表明确意见。

一、科创属性

准确把握科创板定位是科创板建设的基础，是企业登陆科创板的"头道工序"。《关于在上海证券交易所设立科创板并试点注册制的实施意见》（以下简称《科创板实施意见》）明确指出了科创板的定位："在上交所新设科创板，坚持面向世界科技前沿、面向经济主战场、面向国家重大需求，主要服务于符合国家战略、突破关键核心技术、市场认可度高的科技创新企业。重点支持新一代信息技术、高端装备、新材料、新能源、节能环保以及生物医药等高新技术产业和战略性新兴产业，推动互联网、大数据、云计算、人工智能和制造业深度融合，引领中高端消费，推动质量变革、效率变革、动力变革。"《科创板实施意见》提出了重点支持的六大领域，并指出具体行业范围由上交所发布并适时更新。这一安排，就是充分考虑到了科技发展和产业格局的迅速变化。

在执行层面把握科创板定位，行业属性是重要参考，但更重要的是企业科技创新能力。在判断一个具体企业是否符合科创板定位时，不可简单对照行业范围，也不可简单对照上市条件，而是要充分关注企业是否拥有突出的科技创新能力。

依据《上海证券交易所科创板企业上市推荐指引》指导发行人和保荐机构重点对照"六个是否"评估企业科技创新能力，可以得出科创板企业的内涵：一是围绕自主核心技术，即是否掌握具有自主知识产权的核心技术，核心技术是否权属清晰，是否国内或国际领先，是否成熟或者存在快速迭代的风险。二是围绕研发体系，即是否拥有高效的研发体系，是否具备持续创新能力，是否具备突破关键核心技术的基础和潜力，包括但不限于研发管理情况、研发人员数量、研发团队构成及核心研发人员背景情况、研发投入情况、研发设备情况、技术储备情况。三是围绕研发成果，即是否拥有市场认可的研发成果，包括但不限于与主营业务相关的发明专利、软件著作权及新药批件情况，独立或牵头承担重大科研项目情况，主持或参与制定国家标准、行业标准情况，获得国家科学技术奖项及行业权威奖项情况。四是围绕竞争优势，即是否具有相对竞争优势，包括但不限于所处行业市场空间和技术壁垒情况，行业地位及主要竞争对手情况，技术优势及可持续性情况，核心经营团队和技术团队竞争力情况。五是围绕经营成果，即是否具备技术成果有效转化为经营成果的条件，是否能够形成有利于企业持续经营的商业模式，是否能够依靠核心技术形成较强成长性，包括但不限于技术应用情况、市场拓展情况、主要客户构成情况、营业收入规模及增长情况、产品或服务盈利情况。六是围绕战略方向，即是否服务于经济高质量发展，是否服务于创新驱动发展战略、可持续发展战略、军民融合发展战略等国家战略，是否服务于供给侧结构性改革。

实践中，如何评价企业的科创属性，判断企业"科创成色"和"科创含量"高低，是难题，也客观存在发行人和保荐机构申报时对是否符合科创板定位有顾虑、有关科创板定位评估和核查的形式及内容不统一、审核中与科创板定位相关内容的问询过严过细等问题。在总结了科创板受理企业1年时间里的实践经验后，证监会发布了《科创属性评价指引（试行）》（以下简称《评价指引》），上交所发布了《上海证券交易所科创板企业发行上市申报及推荐暂行规定》（以下简称《暂行规定》），《上海证券交易所科创板企业上市推荐指引》同时废止。这是对科创板坚守定位、支持鼓励"硬科技"企业上市的进一步明确，是回应市场各方希望简化、优化评估科创属性的积极举措，具体表现在：一是细化科创板重点服务的行业领域范围，涵盖了新一代信息技术、高端装备、新材料、新能源、节能环保、生物医药等高新技术企业和战略新兴产业；其他符合科创板定位的深度应用科技创新领域的企业，如金融科技、科技服务等，只要符合常规指标，或者符合例外情形之一，也属于科创板服务范围，体现出科创板在服务科创企业方面具有广泛性和包容性。

第一，《评价指引》和《暂行规定》增强科创属性的透明度和申报便利性。科创属性的指标体系采用"常规指标+例外条款"的结构，包括3项常规指标和5项例外条款（见表4-1）。企业如同时满足3项常规指标，即可认为具有科创属性；如不同时满足3项常规指标，但是满足5项例外条款中的任意一项，也可认为具有科创属性。同时，上交所要求申报时发行人提交的专项说明和保荐机构出具的专项意见符合具体的申报示范格式，重点突出、简便易行。市场各方可以对企业的科创属性做出快速判断，审核机构也将着重围绕科创属性评价指标体系来问询，无须耗费大量时间审核，审核将更快捷，降低信息披露成本，提高发行上市审核效率。

表 4-1　科创属性评价指标体系

指标类型	具体内容
常规指标（同时满足则可认定为具有科创属性）	1. 最近 3 年研发投入占营业收入比例 5% 以上，或最近 3 年研发投入金额累计在 6 000 万元以上； 2. 形成主营业务收入的发明专利 5 项以上； 3. 最近 3 年营业收入复合增长率达到 20%，或最近 1 年营业收入金额达到 3 亿元。 采用《上海证券交易所科创板股票发行上市审核规则》第 22 条规定的上市标准，申报科创板的企业可不适用上述第 1 项指标中关于"营业收入"的规定；软件行业不适用上述第 2 项指标的要求，研发占比应在 10% 以上
例外条款（满足任意一项则可认定）	1. 发行人拥有的核心技术经国家主管部门认定具有国际领先水平、引领作用或者对于国家战略具有重大意义； 2. 发行人作为主要参与单位或者发行人的核心技术人员作为主要参与人员，获得国家科技进步奖、国家自然科学奖、国家技术发明奖，并将相关技术运用于公司主营业务； 3. 发行人独立或者牵头承担与主营业务和核心技术相关的"国家重大科技专项"项目； 4. 发行人依靠核心技术形成的主要产品（服务），属于国家鼓励、支持和推动的关键设备、关键产品、关键零部件、关键材料等，并实现了进口替代； 5. 形成核心技术和主营业务收入的发明专利（含国防专利）合计 50 项以上

第二，《评价指引》和《暂行规定》体现科创企业广泛性和包容性。指标体系中的 5 项"例外条款"是对 3 项"常规指标"的进一步补充，此设计保留了一定的弹性空间，这是根据当前我国科技产业领跑企业少、跟跑企业多，"小而美"企业多的现实情况做出的。《暂行规定》对《科创板实施意见》中重点支持和推动的行业做了进一步细化，明确了对其他符合科创板定位的深度应用科技创新领域的企业，如金融科技、科技服务等，也纳入科创板服务范围，科创板在服务科技创新方面具有更多的广泛性和包容性。另外，《评价指引》和《暂行规定》的发布和实施并未关闭暂不符合科创属性指标体系的科创企业的申报通道。鼓励科创属性明显、科创指标短期可达标的企业申报科创板。《评价指引》明确指出，谨慎客观评估认为自身符合科创板定位，且科创属性短期内能够达到本指引相关支持和鼓励要求的，在做出详细说明并提供充分、合理的理由和依据后，可以先行提出科创板发行上市申请，上交所将根据

科技创新咨询委员会的专家意见，做出审核判断。

第三，《评价指引》和《暂行规定》兼顾审核的高效和审慎原则，厘清压实各方责任。指标体系便于市场各方对企业的科创属性做出快速判断，也为审核机构明确了具体标准，具有较高的可操作性。《暂行规定》对发行人如何开展科创属性和科创板定位的自我评估、保荐机构如何开展专项核查等重点事项做出了制度规定，制定了统一的示范格式，提升了申报效率。同时，明确了发行上市审核中有关科创板定位问询和相关信息披露要求，进一步厘清了发行人、保荐机构及审核机构对企业科创属性判断的相关责任，压实了中介机构的责任，有利于推动市场信用体系的建立。

二、上市标准

科创板采取差异化的 5 套市值指标，以契合不同规模和发展阶段的企业需要，相对主板、创业板，大幅提升了上市条件的包容度和适应性，构建了更加科学合理的上市指标体系，尤其是满足了已经拥有相关核心技术、市场认可度高的科创企业上市需求。在市场和财务条件方面，引入预计市值指标，与收入、现金流、净利润和研发投入等财务指标进行组合，目的在于鼓励满足要求的科创企业尤其是在关键领域通过持续研发投入已突破核心技术或取得阶段性成果、拥有良好发展前景但财务指标各异的各类科创企业上市，具体上市标准如表 4-2 所示。

表 4-2　科创板通用企业上市标准

序号	指标类型	预计市值	其他要素
1	市值+盈利	≥10 亿元	两年盈利且累计净利润≥5 000 万元，或者 1 年盈利且营业收入≥1 亿元
2	市值+收入+研发投入占比	≥15 亿元	最近 1 年营业收入≥2 亿元，且最近 3 年累计研发投入占最近 3 年累计营业收入的比例≥15%
3	市值+收入+经营活动现金流	≥20 亿元	最近 1 年营业收入≥3 亿元，且最近 3 年经营活动现金流净额累计≥1 亿元

续表

序号	指标类型	预计市值	其他要素
4	市值+收入	≥30 亿元	最近 1 年营业收入≥3 亿元
5	市值+技术优势	≥40 亿元	主要业务或产品需经国家有关部门批准，市场空间大，目前已取得阶段性成果。医药行业企业需至少有一项核心产品获准开展二期临床试验，其他符合科创板定位的企业需具备明显的技术优势并满足相应条件

科创板普通企业 5 套上市标准层层递进，又各有侧重，预计市值成为硬指标。标准一，预计市值门槛为 10 亿元，核心关注点是盈利能力；标准二，预计市值门槛达到 15 亿元，核心关注点是研发投入；标准三，预计市值门槛达到 20 亿元，核心关注点是经营性现金流；标准四，预计市值门槛跃升至 30 亿元，要求最近 1 年营业收入在 3 亿元以上，核心关注点是市场占有规模；标准五，预计市值标准达到 40 亿元，对产品研发进展和市场空间提出具体要求，核心关注点是市场前景和核心技术能力。由于科创板存在拟上市企业在询价过程中预计市值未达到门槛而发行终止的情形，因此出于谨慎性考虑，绝大多数企业选择风险较低的标准。

三、表决权差异安排适用标准

表决权差异安排，是指发行人依照《公司法》第 131 条的规定，在一般规定的普通股之外，发行拥有特别表决权的股份（以下简称"特别表决权股"）。每一股特别表决权股拥有的表决权数量大于每一股普通股拥有的表决权数量，其他股东权利与普通股相同。明确允许存在表决权差异安排的企业在科创板上市，为成长性科技创新企业解决管理层股东控制权与公司上市融资之间的矛盾提供了新的解决方案，是我国资本市场对于"特别表决权机制"的首次实践。发行人具有表决权差异安排的，市值及财务指标应当至少符合下列标准中的一项：预计市值不低于人民币 100 亿元；预计市值不低于人民币 50 亿元，且最近 1 年营业收入不低于人民币 5 亿元。

四、红筹企业适用标准

2018 年 6 月上旬，证监会发布《存托凭证发行与交易管理办法（试行）》及《试点创新企业境内发行股票或存托凭证并上市监管工作实施办法》。随后，沪深交易所于同年 6 月 15 日又分别发布试点创新企业上市交易配套业务规则，至此，我国存托凭证制度规则框架初见雏形。但存托凭证制度自设立至今，尚未有成功的市场案例出现，其中复杂的上市规则和严格的审核标准等因素使得红筹企业境内上市融资依旧困难重重。对于红筹企业回归境内资本市场，此次科创板新规释放出积极的信号。红筹企业具体标准如下：（1）已在境外上市的大型红筹企业，只要市值不低于 2 000 亿元，没有其他要素要求。（2）尚未在境外上市的红筹企业，其一，估值不低于 200 亿元，要求最近 1 年营业收入不低于 30 亿元；其二，预计市值不低于 100 亿元，须营业收入快速增长，拥有自主研发、国际领先技术，在同行业竞争中处于相对优势地位；其三，预计市值不低于 50 亿元，除要求营业收入快速增长，拥有自主研发、国际领先技术，在同行业中处于相对优势地位外，还须满足最近 1 年营业收入不低于 5 亿元的条件，如表 4-3 所示。

表 4-3 红筹企业适用标准

序号	企业类型	市值/估值	其他要素	
1	已在境外上市的大型红筹企业	市值≥2 000 亿元	—	
2	尚未在境外上市的大型红筹企业	市值≥200 亿元	最近 1 年营业收入≥30 亿元	
3		预计市值≥100 亿元	—	营业收入快速增长，拥有自主研发、国际领先技术，在同行业竞争中处于相对优势地位
4		预计市值≥50 亿元	最近 1 年营业收入≥5 亿元	

第三节　科创企业估值

一、常用企业估值方法

公司估值方法通常分为相对估值法与绝对估值法。目前，这两种估值方法有各自的优缺点，详见表4-4。

表4-4　企业常用估值方法的优缺点

类型	名称	优点	缺点
相对估值法	市盈率模型（P/E，PE=P/EPS）	计算简便，考虑了公司的经营风险和未来收益预期，以及公司、行业的成长性	EPS（每股收益）受会计报表编制和企业生命周期变化的影响较大，盈利为负的企业无法使用
	市净率模型（P/B，PB=P/BPS）	每股净资产通常为正且每股收益相对更稳定	无法准确衡量无形资产的价值，不适用于净资产规模小的企业，不适用于公司成长性测算
	市销率模型（P/S，PS=P/SPS）	营业收入指标不会为负值，适用范围较广，销售收入相对净利润和净资产精确度更高	营业收入不能反映企业创造价值的能力，对于成本波动较大的企业预测精度较低
	PEG（市盈率相对盈利增长比率）模型（PEG=PE/G）	更好地考虑了企业的成长性，可以优化对高市盈率企业的估值	忽视企业当前的盈利能力，不能对亏损企业进行估值，企业未来增长率不易准确估计
	企业价值倍数法（EV/EBITDA）	排除了折旧摊销、税率和资本结构的影响，更注重主营业务收入	不适用固定资产变化快的企业，计算较为复杂，忽略了企业的成长性
绝对估值法	股利贴现模型（DDM）	理论非常完善，模型设定也很简便，在数据精确时模型解释力很强	现实中股利和公司的内在价值关联性不确定，部分公司常年不发放股利，成长性好的公司可能会减少股利、增加留存收益用于扩大投资
	现金流贴现模型（DCF）	现金流是现代公司经营中关注的重点，通过自由现金流估计避免了股利带来的问题	现金流和加权平均资本成本的估计都可能会有误差，长期来看，贴现率的偏差会对估值造成较大的影响

二、科创企业估值难点

科创企业在技术、模式、业态等方面具有创新性，其中绝大多数成立时间不长，无形资产占比高，收入在成长期往往呈爆发性增长，普遍处于技术迭代快、行业变化快的环境中，经营风险较高。从开始研发投入到样品问世，到批量化的市场试销，再到规模化经营，科创企业时时会面对市场的惊险跳跃，盈利、现金流等指标的变化极不确定。科创企业正是由于具有以上特征导致对其估值难度变大，缺乏估值所需参考的市场数据。采用绝对估值法需要对未来现金流进行预测，但科创企业由于面对新兴市场，历史数据时间累积少，市场容量、成长性等相关数据缺失，而且技术研发、市场环境等面临高度不确定，所以预估现金流难度大。由于科创企业所处的新兴行业细分领域多、商业模式差异大、上市公司少，难以找到适合的类比公司，无法得到合理可靠的估值倍数，因此，采用相对估值法也不适合。

三、科创企业估值与企业生命周期

科创企业处在不同企业生命周期阶段，适用的估值方法差异较大。（1）初创期阶段，科创企业研发投入巨大，业绩起伏大且常处于亏损状态，尚未形成清晰的商业盈利模式，财务指标无法客观反映企业的价值，通常使用用户数、市场空间、市场占有率、流量等非财务指标衡量企业价值，主要的估值方法为历史交易法、可比交易法。（2）成长期阶段，随着产品或技术逐渐得到市场认可，企业收入快速增长，逐步扭亏为盈，商业模式逐渐清晰，如果科创企业尚未达到盈亏平衡点，可以采用基于收入的估值方法（P/S、EV/S），基于自由现金流的估值方法（P/FCF、EV/FCF），基于税息、折旧及摊销前利润的估值方法（EV/EBITDA），当科创企业跨越盈亏平衡点并仍保持较高的增速时，还可以使用基于盈利和增长率的估值方法（PEG）。（3）成熟期阶段，科创企业的产品营收、现金流和利润趋于稳定，可采用市盈率（P/E）估值法和现金流贴现模型，长期稳定分红的科创企业还可采用股利贴现模型（DDM）。处于成熟期的科创企业由于产品或业务的发展遭遇瓶颈，往往会尝试多元化经营，探索一些前沿的业务，因此，具有多个业务且处于不同发展阶段、盈利水平不同，无法适用单一估值方法。分部估值法（SOTP）可对企业的不同业务单元进行独立估值，最后加权汇总得出总估值，因此适用于此类多元化科创企业。（4）衰退期阶段，收入及利润出现下滑，财务状况恶化，现金流急剧萎缩。企业的清算价值或账面价值是较为可靠的估值参考。当然，衰退期的企业基本上被排除在科创板之外。

四、科创企业估值与行业特征

估值方法与科创企业行业特征息息相关，如表4-5所示。从资产属性来看，重资产行业由于产生较大的折旧摊销，净利润可能无法准确反映公司经营情况，EV/EBITDA是比较好的替代方法；如公司拥有大量固定资产且账面价值相对稳定，则适合用P/B对公司进行估值。相应地，资产相对较轻的行业就更适合用P/E、PEG模型等估值方法；从行业周期性来看，强周期行业由于盈利、现金流在周期不同阶段极不稳定，不适合使用P/E、P/FCF（股价/自由现金流）、DCF等估值方法，而应采用波动较小的市净率指标；弱周期行业对于大部分估值方法都比较适用；从行业资产结构来看，企业价值系列指标由于考虑了企业资本结构的差异，在可比企业负债率差异较大的情况下，使用该系列指标更为合适。

表4-5 科创企业行业特征与主要估值方法

估值方法	资产属性		行业周期性		备注
	重资产	轻资产	强周期	弱周期	
P/S（市销率模型）	√	√	√	√	在P/E、P/B适用的情况下，该指标准确度较低

续表

估值方法	资产属性		行业周期性		备注
	重资产	轻资产	强周期	弱周期	
EV/S（市售率模型）	√	√	√	√	可比公司资本结构差异较大的公司
P/E、PEG 模型		√		√	
EV/EBITDA	√			√	可比公司资本结构差异较大的公司
P/B	√		√		
P/FCF、EV/FCF（股价/自由现金流，企业价值/自由现金流）	√	√		√	
DCF、DDM	√	√		√	

第五章
信息披露审核

注册制的核心是信息披露。通过监管机构的审核和中介机构的专业把关，企业被督促真实、准确、完整、及时地披露信息，投资者根据自身经验和风险承受能力，对股票的投资价值自主做出判断。发行人是信息披露第一责任人，在科创板上市的企业须满足信息披露的要求，信息披露的总体要求除了主板原有的"老三性"，即真实性、准确性、完整性外，还增加了"新三性"要求，即充分性（披露程度）、一致性（内容是否前后一致、是否具有内在逻辑性）、可理解性（内容是否简明易懂、是否便于一般投资者阅读和理解）。科创板信息披露以投资者需求为导向，贯穿上市审核、发行承销以及上市后监管全过程。

科创板在信息披露内容方面，通过《41号准则》、审核问答等强化相关信息披露内容要求。以招股说明书为例，提高信息披露的有效性与投资者决策相关性，改变以往烦冗却流于形式的信息披露方式；专设投资者保护章节，对投资者保护提出了细化要求，如限售承诺、稳定股价措施、股份回购承诺、填补回报安排、利润分配政策等；对特殊事项，如尚未盈利、表决权差异、VIE架构等，明确相关披露要求。

科创板在信息披露机制方面，扩大预先披露范围，除了招股说明书，申报企业还需披露发行保荐书、上市保荐书、审计报告、法律意见书，以及问询回复情况；通过一轮或多轮问询督促发行人充分披露与投资者投资决策相关的重要信息，问询及回复及时公开，使投资者清楚审核关注问题和风险点。

科创板在信息披露责任方面，细化落实发行人、中介机构等市场主体关于信息披露的法定责任，强化信息披露监管，加大对信息披露违规行为的处罚力度。

第一节　问询式审核

凡是申请在科创板上市的企业，提交申请资料后，科创板上市委员会将基于申请材料，提出一些问题，企业须充分回答这些问题。监管机构通过发行上市审核问询的方式，遵循"全面问询、突出重点、合理怀疑、压实责任"的原则，针对突出问题予以督促说明，以提高科创板试行注册制下的信息披露质量。作为督促拟上市企业和中介机构充分履行信息披露义务的重要环节，发行上市审核问询能够针对申报企业突出问题，敦促发行人进行信息完善和改进。监管机构在问询过程中要保持合理怀疑，对存在矛盾的相关资料重点关注，要求申报公司做出解释说明，并提供充分依据，力求通过问询实现信息的充分、真实、准确披露。

审核流程在上交所网站全程公开，企业和公众均可以看到相关信息，这对企业是一种无形的压力。只有优质的企业才可以经得起一系列问询，并给出令人信服的回答，如果企业在某方面存在短板或问题，将大概率地在这一环节暴露于众。审核问询是对企业信息的充分挖掘，有利于企业深入认识相关问题，有利于投资者更加全面详细地了解拟上市企业。在发行上市前巨大的信息披露压力下，一些准备滥竽充数的企业将知难而退，这将有效减少审核的工作量，也有利于从源头上保护投资者利益。从上交所问询函的问题类型与结构来看，其覆盖了招股说明书中包括财务、法律、行业等不同层面的全部内容，同时对信息披露是否充分、一致、可理解等方面进行了评价。在此基础上，上交所对所受理企业的研发团队情况、核心技术水平、业务发展能力、与同行业可比公司的竞争优劣势对比等信息进行重点关注，以保证其科创属性契合科创板定位。上交所坚持审慎的问询态度，以防范欺诈发行、虚假陈述等违法行为，并针对中介机构把关不严的情况进行约谈，严格履行"看门人"职责。木瓜移动、和舰芯片、诺康达都曾是科创板考场出现的"弃考"案例，科创属性不足、控制权独立性存疑、关联关系不清等问题，成为这3家公司在科创板上市路上的"绊脚石"。3起撤单释放出一个明确的信号，高效透明的审核流程会给予企业严格的市场检验，科创板拒绝浑水摸鱼、蒙混过关。

和以往核准制不同，注册制下的审核问询监管方式更加强调发行人在信息披露中的第一责任和中介机构的审慎核查责任。问询制度让申报过程不再是非黑即白的，富有弹性的反馈机制有利于缓解拟上市企业的盲目"包装"，减少企业的发行成本、负担和压力，缩减企业在上市申报受理过程中冗长反复的时间耗费。

从信息披露质量角度看，一问一答机制更能使受理企业针对潜在问题抽丝剥茧，还原问题的真相。通过公开透明的审核问询，督促申报企业真实、准确、充分地进行信息披露，让"讲故事""炒概念"等投机行为无处遁形，让申报企业在澄清疑问的同时接受公众投资者监督。这有效提高了监管效率和信息披露质量，有利于充分保障投资者对真实完整信息的知情权，并基于此做出理性的投资判断。

从披露效率的角度来看，灵活高效的问询制度大大缩短了反馈周期，监管机构针对发行人和中介机构理解深度不够、执行力度不够等问题能够及时给予纠正规范，提出精简强化的针对性建议，更加体现出金融服务实体经济的资本市场改革理念。

2019年6月，上交所启动了科创板发行上市保荐业务的现场督导工作。现场督导是试点注册制下问询式审核的补充，有助于压严压实保荐机构的把关责任，旨在督促保荐机构勤勉尽责，提高科创板拟上市企业公开发行信息披露质量。科创板包容性制度的"友好"，并不意味着对"犯规"和"问题"的容忍，更不意味着降低对合法合规性、财务真实性等方面的要求和标准。

第二节 分行业审核

考虑到科创企业所涉行业特征明显，上交所将对科创板申报上市企业探索实施分行业审核制度，即结合发行人的具体行业特征和行业主要风险，进行有针对性的审核。上交所发行上市审核机构可以根据需要，就发行上市申请文件中与发行人业务与技术相关的问题，比如企业是否具有科创属性、是否符合技术发展趋势，以及发行人披露的行业现状、技术水平和发展前景涉及的专业性、技术性问题，向上交所科技创新咨询委员会进行咨询，并在审核问询中加以参考。为与科创板分行业审核的架构相匹配，咨询委员会采取分行业咨询的模式，各行业委员的数量根据各行业企业拟发行上市工作的实际需要进行配备。

以美国SEC为例，其11个发行审核办公室就是按照行业划分的，如信息技术和服务、消费品、金融服务等行业。各办公室审核人员由具有执业经验的律师和会计师担任。由于各办公室的审核工作都聚焦于某个行业，审核人员积累了丰富的行业经验，有利于提高行业审核的专业水准，提高审核效率，保证审核质量。

借鉴美国经验，科创板可通过开展行业研究培训、在审核中学习和积累行业知识等方式，提高审核人员对行业的理解。每家拟上市企业至少由法律、会计专业各一名人员进行审核，审核人员除了对企业法律、会计问题进行判断外，将结合具体行业特征，督促发行人从财务与非财务、定性与定量、价值与风险等多角度为投资者提供决策信息。

第三节 电子化审核

《科创板首次公开发行股票注册管理办法（试行）》和《上海证券交易所

科创板股票发行上市审核规则》分别规定，证监会与交易所建立全流程电子化审核注册系统，实现电子化受理、审核，以及发行注册各环节实时信息共享，并满足依法向社会公开相关信息的需要；上交所发行上市审核实行电子化审核，申请、受理、问询、回复等事项通过发行上市审核业务系统办理。上交所表示，除现有的科技评价系统、金融文本比对系统、金融文本处理系统外，后续上交所将整合以上工具，搭载规章制度、案例分享等，继续完善科创板审核工作平台，汇集外部有效数据，从审核实际工作出发，切实提升审核工作效率。

对于科创板的全流程电子化审核注册，可以强化审核结果的确定性，便于社会监督，稳定市场预期。通过全流程电子化改造，所有申报信息都将数字化（包括工作底稿电子版也需要同步上传），信息的流转和公开都是在线上进行的，信息的提取和公开将更加及时（甚至可以做到实时）便利。当然，科创板的全流程电子化审核注册的意义还不止于此。

首先，全流程电子化审核注册符合科创板的定位。在上交所新设科创板，目的主要是服务科技创新企业；重点支持新一代信息技术、高端装备、新材料、新能源、节能环保以及生物医药等高新技术产业和战略性新兴产业，推动互联网、大数据、云计算、人工智能和制造业深度融合。科创板的上市企业，科技含量高，对这类企业经营状况和盈利能力的识别，往往要通过更加数字化、动态化、立体化的方式去实现，这不是利用平面的纸质材料就能胜任的。科创板需要以更加科技化的方式去迎接和服务科创企业。

其次，全流程电子化审核注册代表了未来中国资本市场的发展方向。科创板承担"试验田"的角色，代表未来中国资本市场的方向，理应具有前瞻性和创造性。全流程电子化审核注册的意义不仅在于优化流程本身，更重要的是通过流程沉淀了数据和在数据基础上产生了各种可能性。未来的资本市场，数据本身就是最重要的资源。基于大数据，资本市场可以更智能、更准确地反映价值和生成价格。

最后，全流程电子化审核注册开启了智能监管科技之门。除了使融资更加便利，科创板试点注册制还必须兼顾市场监管的有效性和投资者合法权益的保护。面对更加复杂的风险形势和科创板的新特点，依靠人的监管必然面临瓶颈，借助科技的智能监管必然是大势所趋。近年来，证监会和交易所在监管科技方面已经有了许多卓有成效的探索，而从发行注册阶段就开始使用的电子化技术将为智能监管提供良好的基础条件。

第六章
审核组织架构和流程

第一节　组织架构

在整体组织架构层面，上交所除了设立独立的审核部门，负责审核发行人公开发行并上市的申请之外，还设置了上市委员会和咨询委员会，分别负责上市审查及业务、技术、政策咨询。两个委员会与交易所审核机构分工协作，共同完成企业审查工作。上交所的发行上市审核职责由上交所发行上市审核机构与上市委员会共同承担。发行上市审核机构主要承担审核职责，上市委员会则侧重于通过会议合议等形式，对发行上市审核机构出具的审核报告以及申请文件进行审议，发挥其监督作用。

一、上市委员会

根据《上海证券交易所科创板股票上市委员会管理办法》的相关规定，上市委员会的主要职责如下：对上交所发行上市审核机构出具的审核报告以及发行上市申请文件进行审议，就发行上市审核机构提出的是否同意发行上市的初步建议，提出审议意见；对发行人提出异议的上交所不予受理、终止审核决定进行复审，提出复审意见；对上交所发行上市审核机构及相关部门提交咨询的事项进行讨论，提出咨询意见；对上市委员会年度工作进行讨论、研究。

上市委员会依照法律法规独立履行职责，不受任何机构和个人的干扰。同时，上交所将负责上市委员会事务的日常管理，为上市委员会及委员履行职责提供必要的条件和便利，并对上市委员会及委员的工作进行考核和监督。上市委员会定位是上市工作审议、监督、咨询和复审机构。上市委员会核心职责系对企业上市申请提出审议意见，作为上交所做出决定同意企业上市与否的关键依据。上市委员会还将监督发行上市审核机构的审核行为，审核机构和上市委员会的双重审核提升了上交所的工作质量。

上市委员会委员主要由上交所以外的专家和上交所相关专业人员组成，委员人数30—40名。上市委员会委员每届任期两年，可以连任但最长不超过两届。具体管理办法见表6-1。

表6-1 上市委员会管理办法

T-7个工作日前	委员通知	上市委员会秘书处将下列材料以电子文档的形式发送给拟参会委员：（1）会议时间、地点、拟审议发行人名单等；（2）发行上市审核机构出具的审核报告；（3）发行上市申请文件、审核问询以及回复；（4）上交所认为需要提交上市委员会审议的其他材料
	会议公告	上交所公布审议会议的时间、拟参会委员名单、审议会议涉及的发行人名单等，同时通知发行人及其保荐人
T-5个工作日前	发行人及保荐人回避申请	发行人、保荐人及其他相关单位和个人认为拟参会委员与审议事项存在利害冲突或者潜在利害冲突，可能影响委员独立、客观、公正履行职责，应当向上交所提出要求有关委员予以回避的书面申请，并充分说明委员回避理由
	回避事项处理	上交所将核实书面回避申请；经核实理由成立的，相关委员应当回避，上交所将及时告知申请人。 上市委员会委员、发行人、保荐人及其他相关单位和个人未在规定时间内向上交所提交有关回避申请，但上市委员会委员存在应当回避情形的，上交所可以决定相关委员回避。 因回避或者缺席导致参会委员人数不符合规定的，上交所将安排其他委员参加会议，并及时公告；难以及时安排其他委员参加会议的，上交所可以取消该次审议会议
T-4个工作日前	问询问题	拟参会委员将拟问询问题提交上市委员会秘书处

续表

T-3个工作日前	参会委员回复	上市委员会委员收到会议通知后，确认出席会议的，应当签署声明与承诺函，并于会议召开前提交上市委员会秘书处。委员因回避、不可抗力、意外事件或者其他特殊情形不能出席会议的，应当将回避或缺席申请提交上市委员会秘书处
	问询问题	上市委员会秘书处将问询问题告知发行人及其保荐人
T日前	重大事项处理	审议会议召开前，发生重大事项，对发行人是否符合发行条件、上市条件或者信息披露要求产生重大影响的，上交所可以取消该次审议会议，并在上述事项处理完毕后再行召开审议会议
		上市委员会审议会议后至股票上市交易前发生重大事项，对发行人是否符合发行条件、上市条件或者信息披露要求产生重大影响的，经上交所发行上市审核机构重新审核后，发行人可以再次提请上市委员会审议
T日	审核人员汇报	上交所发行上市审核机构的审核人员就提交审议的审核报告和是否同意发行上市的初步建议向上市委员会进行汇报
	委员发表意见	审核人员汇报完毕后，参会委员应当根据委员工作底稿，就审核报告的内容和发行上市审核机构提出的是否同意发行上市的初步建议发表意见，可以要求审核人员就有关问题进行解释说明
	聆讯	审议会议过程中，参会委员可以在拟提出问询问题的范围内，向发行人代表及保荐人代表询问并要求其回答
	形成合议意见	审议会议应当全程录音录像，形成会议纪要，并由参会委员签字确认。上交所于审议会议结束当日，在上交所网站公布审议意见及问询问题
	提交工作底稿	参会委员应当于审议会议结束时当场向上市委员会秘书处提交委员工作底稿，列明关注的主要问题、对中介机构履职情况的意见和建议等内容。委员工作底稿的内容不得与其在审议会议上的审议情况不一致
	表决意见	审议意见为同意发行上市的，上交所结合审议意见，向证监会报送同意发行上市的审核意见及发行上市申请文件，并通知发行人及其保荐人。审议意见为不同意发行上市的，上交所结合审议意见，做出终止发行上市审核的决定
T+N个工作日	上市委员会意见落实	审议意见为同意发行上市，但要求发行人补充披露有关信息或者要求保荐人、证券服务机构补充核查的，由上交所发行上市审核机构通知发行人及其保荐人、证券服务机构予以落实。发行人补充披露或保荐人、证券服务机构补充核查后，上交所发行上市审核机构将有关落实情况通报参会委员，无须再次提请上市委员会审议。上交所结合审议意见，向证监会报送同意发行上市的审核意见及发行上市申请文件，并通知发行人及其保荐人

二、科技创新咨询委员会

设置科技创新咨询委员会的主要目的是为科创板相关工作提供专业咨询、政策建议,特别是科创企业通常具有极强的专业性和前瞻性,为把握该类企业的技术特点,咨询委员会将根据相关行业特色、发展前景等为发行上市审核机构提供更为专业的咨询意见,具体管理办法见表6-2。

表6-2 科技创新咨询委员会管理办法

定位	专家咨询机构,负责向上交所提供专业咨询、人员培训和政策建议
委员构成	人数为40至60名,由从事科技创新行业的权威专家、知名企业家、资深投资专家组成,所有委员均为兼职
选聘方式	由上交所按照依法、公开、择优的原则予以选聘,可以商请有关部委、科研院校、行业协会等单位推荐委员人选
选任条件	1. 严格遵守国家法律法规,坚持原则,公正廉洁,恪守职业道德和诚信准则; 2. 从事科技创新行业的科学研究、企业经营、投资管理、政策制定等相关工作,熟悉相关方面的产业政策、前沿技术、发展前景、竞争态势等,在所在领域取得了突出成就,享有较高的社会声望; 3. 愿意且保证认真参与咨询委员会工作; 4. 上交所认为的需要符合的其他条件
任期	每届任期两年,可以连任
工作职责	就下列事项提供咨询意见: 1. 上交所科创板的定位以及发行人是否具备科技创新属性; 2.《上海证券交易所科创板企业上市推荐指引》等相关规则的制定; 3. 发行上市申请文件中与发行人业务和技术相关的问题; 4. 国内外科技创新及产业化应用的发展动态; 5. 上交所根据工作需要提请咨询的其他事项。 咨询委员会就以上第3项提供的咨询意见,供上交所发行上市审核机构问询参考
履职要求	1. 保证足够的时间和精力参与咨询委员会工作,勤勉尽责、诚实守信; 2. 保守在参与咨询委员会工作中获取的国家秘密、商业秘密和内幕信息,不得向任何第三方泄露工作相关内容; 3. 提供咨询意见的事项与自身利益相关或者可能存在利益冲突的,应当及时提出回避; 4. 不得利用咨询委员会委员身份谋取不正当利益或者进行业务宣传,不得接受咨询事项所涉企业的馈赠或者存在有损其公正履职的其他行为; 5. 与委员履行职责相关的其他规定

续表

履职方式	上交所通过召开会议、寄送书面函件等方式，向咨询事项对应的相关行业委员进行咨询
回避情形	1. 咨询委员会委员或者其亲属近两年内担任发行人或者保荐人的董事、监事、高级管理人员； 2. 咨询委员会委员或者其亲属、咨询委员会委员所在工作单位与发行人或者保荐人存在股权关系，可能影响其公正履行职责的； 3. 咨询委员会委员或者其亲属、咨询委员会委员所在工作单位近两年内与发行人存在业务往来，可能影响其公正履行职责的； 4. 咨询委员会委员或者其亲属担任董事、监事、高级管理人员的公司与发行人或者保荐人有利害关系，经认定可能影响其公正履行职责的； 5. 咨询委员会委员提供咨询意见前，与发行人、保荐人及其他相关单位或者个人进行过接触，可能影响其公正履行职责的； 6. 上交所认定的可能产生利害冲突或者咨询委员会委员认为可能影响其公正履行职责的其他情形。 以上所称亲属，包括咨询委员会委员的配偶、父母、子女、兄弟姐妹、配偶的父母、子女的配偶、兄弟姐妹的配偶
会议安排	每年至少召开一次全体会议，总结委员会年度工作情况，提出委员会工作计划、意见和建议

第二节 审核流程

一、申报阶段

1. 发行人内部决策程序：董事会对股票发行方案、募集资金使用可行性等事项做出决议，并提请股东大会批准。股东大会对公开发行股票的种类和数量、发行对象、定价方式、募集资金用途、发行前滚存利润的分配方案、决议的有效期、授权董事会办理本次发行具体事宜等事项做出决议。

2. 预沟通：在提交申请文件前，发行人、保荐人对于重大疑难、无先例事项等涉及交易所业务规则理解与适用的问题，或者对审核问询存在疑问需要与交易所进行沟通的，可以通过上交所的发行上市审核业务系统进行咨询或通过该系统预约当面咨询。

3. 保荐及申报程序：发行人聘请保荐人进行保荐，制作申请文件，并向上交所申报（主板、创业板等是向证监会申报）。

二、受理审核阶段

1. 受理：上交所收到申请文件 5 个工作日内，做出是否受理的决定。发行人应当在受理申请当日，在上交所网站预先披露招股说明书等相关文件。上交所决定不予受理的（如发行人存在因违法违规被采取限制资格、限制业务活动，一定期限内上交所不接受其出具的相关文件等相关措施尚未解除的），发行人可以在收到不予受理决定文件 5 个工作日内，向上交所申请复审。申请文件不符合申报要求的，发行人应当在 30 日内予以补正，诸如存在与上交所规定的文件目录不相符、签章不完整或者不清晰、文档无法打开等情形。

2. 保荐人报送工作底稿：上交所受理发行上市申请文件后 10 个工作日内，保荐人应以电子文档形式报送保荐工作底稿和验证版招股说明书。在拟上市企业上市后，保荐人需要制作持续督导工作底稿备查。

三、审核问询阶段

1. 上市审核中心审核：自受理之日起 20 个工作日内，发行上市审核机构通过书面形式对申请文件进行审核。发行上市审核机构可采用书面问询方式要求发行人及其保荐人、证券服务机构及时、逐项回复，并补充或者修改申请文件。回复不具有针对性或者信息披露不满足要求，或者发现新的事项的，发行上市审核机构自收到发行人回复起 10 个工作日内可以继续提出审核问询，进行多轮问询。发行上市审核机构还可以根据需要，采用约见问询和现场检查方式。审核机构认为不需要进一步问询的，将出具审核报告并提交给上市委员会。

2. 召开上市委员会审议会议：审议会议召开时，发行上市审核机构的审核人员就提交审议的审核报告和是否同意发行上市的初步建议向上市委员会进行汇报。汇报完毕后，参会委员就汇报内容发表意见，可以要求审核人员进行解释说明。会议召集人根据参会委员的意见及讨论情况进行总结，经合议按少数服从多数的原则，形成同意或者不同意发行上市的审议意见。

3. 出具审核意见：上交所结合上市委员会的审议意见，出具同意发行上市的审核意见或者做出终止发行上市审核的决定。发行人自收到交易所终止审核决定之日起 5 个工作日内，可以对终止审核的决定提请复审。交易所自收到复审申请 20 个工作日内组织召开复审会议，并且原审议会议委员，不得参加复审会议。复审期间原决定的效力不受影响。申请复审理由成立的，交易所做出予以受理或继续审核的决定；申请复审理由不成立的，将维持原决定，并通知发行人及其保荐人。交易所最终做出终止发行上市审核决定的，发行人可以自决定做出之日起 6 个月后，再次提出公开发行股票并上市申请。

4. 审核时限：原则上，上交所自受理之日起 6 个月内出具同意的审核意见或者做出终止发行上市审核的决定，其中，上交所审核时间不超过 3 个月，发行人及中介机构回复问询的时间总计不超过 3 个月。另外，中止审核、请示有权机关、落实上市委员会意见、实施现场检查等事项不计算在上述时限内。科创板审核问询程序如图 6-1 所示。

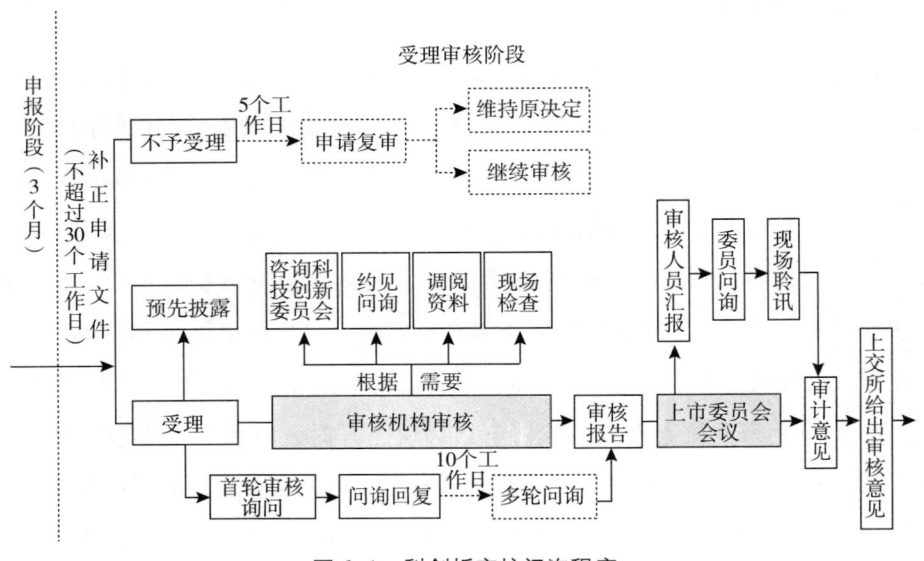

图 6-1 科创板审核问询程序

四、注册阶段

证监会将在 20 个工作日内对上交所的审核意见和发行人的申请文件进行形式审核，做出是否同意注册的决定。证监会重点关注交易所发行上市审核内容有无遗漏，审核程序是否符合规定，以及发行人在发行条件和信息披露要求等重大方面是否符合相关规定。证监会做出不予注册决定的，自决定做出之日起 6 个月后，发行人可以再次提出上市申请。证监会同意注册的决定自做出之日起 1 年内有效，发行人应当在注册决定有效期内发行股票，发行时点由发行人自主选择。注册过程如图 6-2 所示。

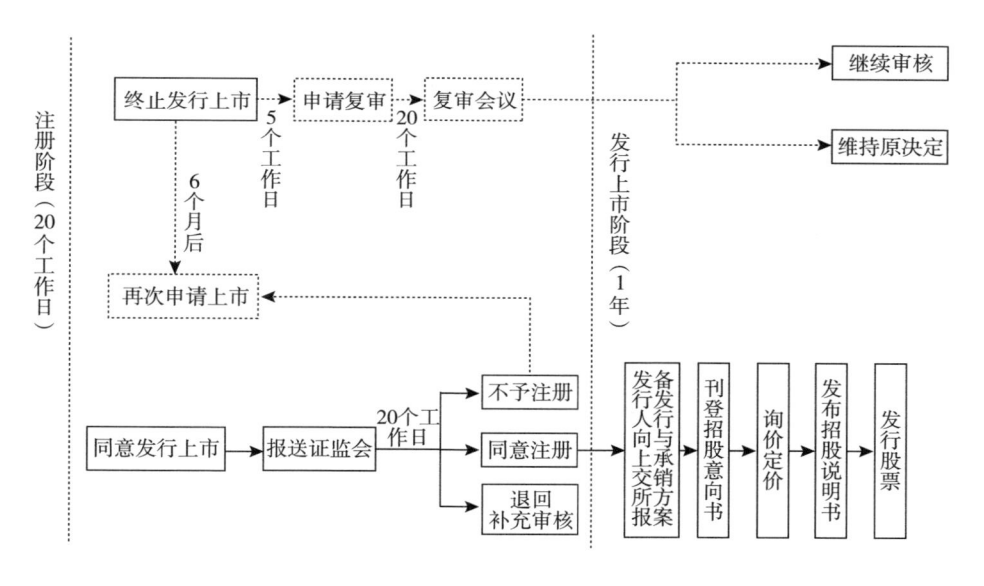

图 6-2 科创板注册阶段程序

五、发行承销阶段

证监会同意注册后，发行人与主承销商应当及时向上交所报备发行与承销方案。上交所 5 个工作日内无异议的，发行人与主承销商可依法刊登招股意向书，启动发行工作。招股说明书的有效期为 6 个月，自公开发行前最后一次签署之日起计算。发行人股票发行前应当在上交所网站和证监会指定网站全文刊登招股说明书，同时在证监会指定报刊刊登提示性公告，告知投资者网上刊登的地址及获取文件的途径。

第三部分
发行上市审核要点与案例分析

科创板实施注册制改革，坚持市场化的方向，秉承以信息披露为核心的监管理念，强化发行人和中介机构的责任。上交所对科创板股票的发行上市审核遵循依法合规、公开透明、便捷高效的原则，提高了审核透明度，明确了市场预期。根据科创板发行上市审核问询回复情况，可以发现，首轮问询比较全面、深入、具体，之后的问询聚焦重大、关键问题，注重揭示风险。本部分将对常见的问询进行归纳总结，通过案例点评的形式呈现上市审核的过程。

第七章
公司历史沿革与股权变更

第一节 股东出资

一、关注要点

真实有效的股东出资对于公司存续经营和债权人利益的保障有着重要意义。出资瑕疵通常指股东在公司设立或增加注册资本时，违反《公司法》《公司登记管理条例》等法律法规，影响股东出资充足性而构成的瑕疵。构成出资不实的主要原因包括：用于出资的非货币性资产的实际价值显著低于出资额，以非货币性资产出资但未办理财产转移手续，出资资产存在权属瑕疵，出资未及时到位等。保荐机构和发行人律师应当就出资瑕疵事项的影响，发行人或相关股东是否因出资瑕疵受到过行政处罚、是否构成重大违法行为，本次发行的法律障碍，本次发行是否存在纠纷或潜在纠纷，进行核查并发表明确意见。发行人应当充分披露存在的出资瑕疵事项、采取的补救措施，以及中介机构的核查意见。具体分析如下：

第一，非货币性出资资产未经评估作价。公司以非货币性资产出资应当依法评估作价。实践中，此方面存在瑕疵的情形包括：未经评估直接以非货币性资产购买价格或股东协商价格确定出资金额，虽然经过评估但所评估的出资资产与公司业务关联性不强，所评估价值虚高等。应对方法包括：聘请具备资质的评估公司对非货币性出资资产进行评估；根据相同或类似资产公开的报价单、新购资产购置合同、发票、报关单等文件复核出资资产价值是否公允；从稳健角度及股东出资公平性角度考虑，要求相关股东以现金补充出资。

第二，以非货币性资产出资但未办理财产转移手续。其主要存在两种情形：一是非货币性资产实际已经交付公司使用，但未办理权属变更手续；二是非货币性资产实际未交付公司使用，亦未办理权属变更手续。第一种情况公司需要说明未办理财产转移手续的原因及后续处理措施，若出资资产目前尚存在，发行人需办理完毕财产转移手续，若已经不存在则需要出具相关证明文件说明资产一直交付公司使用，同时由市场监管部门出具相关文件，证明就上述出资情形不会追究行政处罚责任。第二种情况则涉嫌虚假出资问题，需要补足出资并要求主管部门出具不追溯处罚文件。

《最高人民法院关于适用〈中华人民共和国公司法〉若干问题的规定（三）》（法释〔2014〕2号）第10条指出："出资人以房屋、土地使用权或者需要办理权属登记的知识产权等财产出资，已经交付公司使用但未办理权属变更手续，公司、其他股东或者公司债权人主张认定出资人未履行出资义务的，人民法院应当责令当事人在指定的合理期间内办理权属变更手续；在前述期间内办理了权属变更手续的，人民法院应当认定其已经履行了出资义务；出资人主张自其实际交付财产给公司使用时享有相应股东权利的，人民法院应予支持。出资人以前款规定的财产出资，已经办理权属变更手续但未交付给公司使用，公司或者其他股东主张其向公司交付并在实际交付之前不享有相应股东权利的，人民法院应予支持。"

第三，以知识产权出资。依据《公司法》第27条的规定，可用于出资的知识产权是"可以用货币估价"并"可以依法转让"的。知识产权出资，其实质是知识产权的转让。为了保证这种转让行为有效，出资人必须是该知识产权所有人或者是对该知识产权有权处分的人，否则可能造成出资行为无效。以知识产权出资应该注意以下事项：一是出资的知识产权是否属于职务发明；二是出资的知识产权转让的程序是否合法有效,是否经过评估并已交付公司占有和使用;三是出资的知识产权评估报告是否适当,评估价值是否真实合理;四是知识产权和公司主营业务是否紧密相关,后续是否会对公司业绩做出贡献。

二、案例解读

(一) 赛诺医疗

赛诺医疗科学技术股份有限公司(以下简称"赛诺医疗")是一家根植于中国,面向全球市场,专注于高端介入医疗器械研发、生产、销售的公司,初步建立了具有国际水平的研发、生产和运营体系,业务覆盖心血管、脑血管、结构性心脏病等介入治疗的重点领域。

已受理	已问询	上市委会议	提交注册	注册生效
2019-03-29	2019-04-10	2019-07-31	2019-09-04	2019-09-27
		通过①		

上交所在第一轮问询中指出,赛诺控股及发行人均经历多轮融资,且发行人历史上存在实物出资、无形资产出资等情形。赛诺控股于 2009 年 4 月将现金出资变更为设备出资,作价 208.84 万美元,2011 年以专利使用权对赛诺医疗进行出资。赛诺控股在回复中补充说明了历次实物及无形资产出资的情况,包括名称、来源、用途、使用年限、价值情况、是否经过评估、评估结果是否合理公允、是否为生产必需等;实际出资情况与验资报告是否存在差异;以专利使用权出资是否符合法律法规的规定。

1. 关于发行人由现金出资变更为实物出资的原因。

赛诺医疗科学技术有限公司(以下简称"赛诺有限",系赛诺医疗的前身)设立时,赛诺控股于 2007 年 8 月 6 日签署的《赛诺医疗科学技术有限公司章程》中明确,赛诺有限投资总额为 2 000 万美元,注册资本为 800 万美

---

① 此图表示公司申请上市发行时间表,余同。

元，出资方式为现金及设备，其中现金出资 678.5 万美元，占注册资本的 84.81%，设备出资相当于 121.5 万美元，占注册资本的 15.19%。赛诺有限的商务主管部门天津经济技术开发区管理委员会于 2007 年 9 月 10 日下发的《关于外商独资成立赛诺医疗科学技术有限公司的批复》（津开批〔2007〕486号）也确认赛诺有限设立时总投资 2 000 万美元，注册资本为 800 万美元，其中现金出资占 84.81%，设备出资占 15.19%。因在实际设备采购中，设备费用为 142.4 万欧元（合计 208.84384 万美元），该设备由赛诺控股于 2008 年 4 月购置并于 2008 年 10 月完成报关手续，经天津海关验货放行，故此，赛诺有限根据赛诺控股上述设备采购的实际情况，相应变更了初始出资方式中设备出资和现金出资的金额、比例说明。2009 年 3 月 23 日，赛诺控股做出股东决定，赛诺有限召开 2009 年第一届第一次董事会，指出公司设立时约定注册资本以 678.5 万美元现金以及 121.5 万美元设备出资，同意相应修改出资方式为现金出资 591.15616 万美元，设备出资 208.84384 万美元，并相应修改了公司章程。天津经济技术开发区管理委员会于 2009 年 4 月 2 日下发《关于同意赛诺医疗科学技术有限公司增加经营范围等事项的批复》（津开批〔2009〕131号）同意赛诺有限变更出资方式为"注册资本 800 万美元，其中现金出资 591.16 万美元，占注册资本的 73.89%，设备出资 208.84 万美元，占注册资本的 26.11%"，并同意赛诺有限于 2009 年 3 月 23 日签署的公司章程修正案。

发行人回复，上述出资方式变更符合公司当时股东设备采购实际情况，并已依法履行内部决策流程、修改公司章程并取得商务主管部门的审批同意，完成了相应工商变更登记，符合相关法律法规的要求。

2. 关于发行人历次实物及无形资产出资的情况。

（1）2009 年 7 月，赛诺控股完成对赛诺有限的设备出资 208.84 万美元。

根据发行人提供的资料并经核查，赛诺控股于 2009 年 7 月对赛诺有限的实物出资系其在法国购入的生产设备，根据北京建信资产评估有限责任公司出具的资产评估报告，设备具体情况如表 7-1 所示。

表 7-1　法国购入的生产设备情况

设备名称	原产地	数量	购置日期	购进价格（万欧元）	安装调试费率	账面价值（万美元）	成新率	评估值（万美元）
喷涂机	法国	1	2008年4月	73.00	5%	107.56	100.00%	107.56
eG 配液机	法国	1	2008年4月	25.45	4%	37.50	100.00%	37.50
喷涂配液机	法国	1	2008年4月	13.95	5%	20.55	100.00%	20.55
eG 涂层机	韩国	1	2008年4月	30.00	3%	43.22	100.00%	43.22

注：表中数据按照评估基准日美元对欧元的中间汇率 1.4033∶1 进行折算。

上述设备由赛诺控股于 2008 年 4 月购置，并于 2008 年 10 月完成报关手续。该等设备于 2009 年 6 月组装调试后投入使用，在评估基准日前该等设备按在建工程核算，至评估基准日时试运转良好，且投入使用时间较短，未进行折旧。出资设备评估值较账面价值无增值。

北京国研会计师事务所有限公司于 2009 年 6 月 30 日出具《验资报告》（国研验字〔2009〕第 0089 号），赛诺有限已收到赛诺控股缴纳的相当于 208.84 万美元的第六期设备出资，该设备价值已经北京建信资产评估有限责任公司评估确认，并于 2009 年 6 月 30 日办理了财产转移手续。

综上，本次实物资产出资评估作价公允合理，出资实物系赛诺有限支架生产中的关键设备，确为生产必需，其已及时办理了财产转移手续，实际出资情况与验资报告不存在差异。

（2）2011 年 12 月，赛诺控股完成对赛诺有限的专利使用权出资，作价 1 300 万美元。

2010 年 12 月 30 日，赛诺控股出具股东决定，同意赛诺有限投资总额增加至 9 000 万美元，注册资本增加至 3 000 万美元，新增注册资本 2 200 万美元中现金出资为 900 万美元，无形资产出资为 1 300 万美元。赛诺控股出具股东声明，决定将被授权使用的专利技术使用权转让给赛诺有限作为无形资产出资并作价 1 300 万美元，该项专利技术名称为"具有附加在电移植底涂层上的可生物降解释放层的药物洗脱支架"（专利公开号：CN101346156A）。

经核查，赛诺控股用于出资的无形资产系其于2007年6月1日与医疗公司AlchiMedics签署的《产品开发、技术转让及许可协议》获得的技术及授权，赛诺控股合计出资953万欧元向AlchiMedics购买用于医用植入体的可生物降解药物释放层设计及生产技术，并获得永久性的在中国区域使用相关专利的授权许可，赛诺控股有权将该等专利授权许可以分授权的形式授予其控股子公司使用。

北京中金浩资产评估有限责任公司于2011年1月21日出具《"具有附加在电移植底涂层上的可生物降解释放层的药物洗脱支架"发明专利技术评估报告书》（中金浩评报字〔2011〕第040号），对上述用于出资的赛诺控股所持"具有附加在电移植底涂层上的可生物降解释放层的药物洗脱支架"发明专利中国区域的独占使用权截至评估基准日（2010年12月31日）的价值按照收益现值法进行评估，该项专利在中国区域的独占使用权的投资价值为8 620.56万元人民币，折合1 301.67万美元。

北京宏信会计师事务所有限公司于2011年11月9日出具《验资报告》（宏信验字〔2011〕C026号），对赛诺有限新增注册资本进行了审验，截至2011年10月26日，赛诺有限已收到赛诺控股缴纳的注册资本1 450万美元。其中，货币出资150万美元，已于2011年10月26日缴存到公司资本金账户；无形资产出资1 300万美元，这部分对应的"具有附加在电移植底涂层上的可生物降解释放层的药物洗脱支架"发明专利在中国区域的独占使用权已于2010年12月30日投入公司使用，实际出资1 301.67万美元，多出的1.67万美元作为资本公积。连同前期累计出资，赛诺有限3 000万美元的注册资本已全部实缴到位。

上述专利独占使用权投入公司使用后，该等技术主要用于载药支架生产过程中配置涂层溶液和涂层生产，为公司载药支架的研发、生产和销售奠定了技术基础。

因出资当时上述专利独占使用权系按照收益现值法评估,为确保上述评估结果不存在高估的情形,公司聘请开元资产评估有限公司对前述的无形资产出资进行追溯评估,并于 2016 年 9 月 30 日出具《赛诺医疗科学技术有限公司历史出资的无形资产市场价值追溯评估报告》(开元评报字〔2016〕515 号),以 2010 年 12 月 31 日作为评估基准日,采用收益法进行追溯评估,评估结果为 8 650 万元,按照中国人民银行授权的中国外汇交易中心公布的 2010 年 12 月 31 日银行间外汇市场人民币汇率中间价 1 美元兑人民币 6.6227 元折算,评估值为 1 306.11 万美元,高于当时协商作价的金额。

综上,此次增资赛诺控股以所持"具有附加在电移植底涂层上的可生物降解释放层的药物洗脱支架"发明专利中国区域的独占使用权出资,评估作价公允合理,符合赛诺有限当时的现实需要,该等技术为公司载药支架的研发、生产和销售奠定了技术基础且产生了较大的经济效益,实际出资情况与验资报告不存在差异,对赛诺有限占有、正常使用该等专利并获取收益未产生任何不利影响和障碍;上述专利使用权出资作价经开元资产评估有限公司追溯评估确认不存在高估的情形。

(3)对于增资涉及的赛诺控股所持"具有附加在电移植底涂层上的可生物降解释放层的药物洗脱支架"发明专利中国区域的独占使用权出资的合法性,具体论证如下:一是当时适用的《公司法》(2005 年 10 月 27 日修订并于 2006 年 1 月 1 日起施行),对于可用作出资的财产范围做出了开放性的规定:"股东可以用货币出资,也可以用实物、知识产权、土地使用权等可以用货币估价并可以依法转让的非货币财产作价出资;但是,法律、行政法规规定不得作为出资的财产除外。"据此,可以理解并认为,非货币财产只要符合"可以用货币估价"和"可以依法转让"这两个要件且不属于《公司注册资本登记管理规定》中列举的不得作为出资的财产,即可用来作为对公司的出资;二是专利的使用许可权具备知识产权出资标的物的一般适格要求,包括确定性、有益性、可转让性和货币可估计性;三是上海浦东新区、宁波、丹东和湖南等地都曾经出台过鼓励以知识产权使用权出资的地方性规定；四是我国司法判例中，不乏专利使用权或知识产权出资的效力获得审判机关确认的案例；五是国内 A 股市场上也早有包含专利使用权出资情形的过会上市先例。

（二）上海美迪西

上海美迪西生物医药股份有限公司（以下简称"上海美迪西"）是一家综合性的生物医药研发服务公司。公司在上海建立了一个集化合物合成、化合物活性筛选、结构生物学、药效学评价、药代动力学评价、毒理学评价、制剂研究和新药注册为一体的符合国际标准的综合技术服务平台。

已受理	已问询	上市委会议	提交注册	注册生效
2019-04-23	2019-04-14	2019-09-20	2019-09-25	2019-10-12

通过

招股说明书等申请文件披露，发行人设立时，美国美迪西以高新技术出资 672 万元。保荐机构在第一轮回复查阅了上海美迪西自设立以来的工商档案，设立时的验资报告，政府部门出具的项目评估合格的函和高新技术成果认定证书，会计师事务所出具的专项审核报告，以及实际控制人 CHUN-LIN CHEN（陈春麟）、陈金章与陈建煌、美国美迪西及其他股东出具的关于美国美迪西高新技术出资事项的承诺函等文件，查阅了发行人董事会、监事会及股东大会的相关会议材料，通过中国裁判文书网、中国执行信息公开网等对发行人是否存在技术纠纷的情形进行检索查询，并对 CHUN-LIN CHEN 进行了访谈。

根据上海市人民政府颁布的《上海市促进高新技术成果转化的若干规定》（沪府发〔2000〕55 号），高新技术成果作为无形资产的价值占注册资本比例可达 35%，且高新技术成果作为无形资产投资的价值，可经具有资质的评估机构评估，也可经各投资方协商认可并同意承担相应连带责任，同时出具协议书。美国美迪西以高新技术成果出资符合当时有效的《上海市促进高新技术成果转化的若干规定》，并已得到有关部门的批准。考虑到美国美迪西以高新技术出资未履行评估手续，为防范可能产生的出资风险，发行人第一大股东陈金章已向发行人捐赠 790.59 万元（扣税后为 672 万元），该次货币捐赠已经发行人第一届董事会第五次会议、第一届监事会第五次会议以及 2016 年第三次临时股东大会审议通过，并已履行相关程序。美国美迪西及其股东 CHUN-LIN CHEN 已出具承诺函，对于该次以高新技术出资可能带来的违约或损失将承担全部赔偿责任，发行人实际控制人 CHUN-LIN CHEN、陈金章及陈建煌已出具承诺函，对于该次以高新技术出资可能带来的违约或对公司及其他股东造成的损失将承担连带赔偿责任，发行人其他现有股东已出具承诺函说明美国美迪西以高新技术出资不存在风险或潜在纠纷的情形。

保荐机构得出结论，认为美国美迪西以高新技术出资符合上海市相关政策的规定，该次出资后续已通过货币捐赠补足并由实际控制人及美国美迪西出具了承担连带责任的承诺函，补救措施充分，出资不存在纠纷或者潜在纠纷。发行人律师也认为，美国美迪西以高新技术出资虽未按《公司法》要求进行评估作价，但替代程序符合公司注册地的地方相关规定，并已依法履行了股东会决议、验资等手续，办理了工商变更登记。因此，美国美迪西此次以高新技术出资事项不存在重大违法违规行为，不构成此次发行上市的实质性障碍。发行人实际控制人以货币方式全额补足高新技术出资事项对发行人可能造成的潜在风险，补救措施充分；补救措施已取得全体股东的确认，不存在纠纷或潜在纠纷。

上交所在第二轮问询中继续追问关于美国美迪西以高新技术出资未履行评估手续的事宜，要求发行人进一步说明美国美迪西以高新技术出资未履行评估手续但由陈金章出资的原因，是否存在代持股份的情形，陈金章与美国美迪西高新技术、CHUN-LIN CHEN 之间是否存在纠纷或者潜在纠纷，有无其他安排。

发行人解释，公司设立时由美国美迪西以高新技术出资，美国美迪西已按照合同约定履行出资义务，且已获得相关主管部门的批准，美国美迪西的出资义务及程序均已履行完毕。美国美迪西以高新技术出资已取得公司当时股东南京长江、济南唯特奇、杭州同济、四川恒博、上海美迪亚、苏州同济和宁波江东的协议认可，公司现有股东已出具承诺函，书面确认美国美迪西已履行完出资义务。美国美迪西无须补充履行出资义务。但是，由于美国美迪西以高新技术出资未履行评估手续，为防范此次出资可能存在的潜在风险，经公司股东充分讨论并经大股东陈金章同意，由陈金章独立向公司捐赠790.59万元（扣税后为672万元）。陈金章、CHUN-LIN CHEN已于2017年4月4日出具书面声明，说明此次货币捐赠系陈金章的真实意思表示，系无偿捐赠，无附加任何条件，系以其自有资金出资，陈金章与美国美迪西及其实际控制人CHUN-LIN CHEN之间不存在委托持股、受托持股或其他特殊安排，陈金章与CHUN-LIN CHEN及其他股东之间未因此次捐赠产生任何债权债务关系；自上海美迪西设立以来，陈金章与CHUN-LIN CHEN、美国美迪西各自持有的公司股份权属明晰，不存在纠纷或潜在的股权纠纷，不存在委托持股、受托持股或其他安排的情形。

案例点评

中介机构及监管部门往往会重点关注股东出资的真实性和有效性，出资时权属是否清晰，出资后是否完成权属转移，是否依法履行评估、验资、移交等法定程序，以及以专利技术或机器设备等特定资产出资的事项是否与公司业务开展具有关联等。若有出资瑕疵应尽快采取置换或补足出资、完善出资手续、重新聘请有资质中介机构补充评估验资程序、由公司全体股东出具无争议确认、相关股东出具承诺书、有权行政管理机构出具证明等措施。上述两个案例从用以出资的非货币资产的来源、所有权归属、是否存在权利负担、价格公允性、与发行人主营业务的关联性、在发行人处的实际使用情况等方面进行了解释说明，值得借鉴。

第二节　股权转让与新增股东

一、关注要点

股权清晰、稳定是企业上市申报的基本要求。通过股权转让满足股东之间不同的利益诉求，是否合法合理、真实公允至为关键。监管机构的关注点主要是转让原因、转让价格和转让对象。具体而言，主要关注：股权转让是否是双方真实意思表示，是否存在股份代持或其他利益输送安排，是否存在法律争议或潜在纠纷；转让公司股权是否履行了相应的程序，受让款的来源是否合法；股权转让涉及国有股东的，是否已经履行了相应的审批、评估、备案等法定程序，是否存在瑕疵、纠纷或国有资产流失的情形；是否符合境内外法律规定，是否存在违反外汇、税收相关规定的情况等。

第一，IPO 申报前引入新股东，也就是所谓的突击入股，应重点关注商业合理性、中介机构腐败、利益输送等问题。对 IPO 前通过增资或股权转让发生股权变动的，保荐机构、发行人律师应主要考察上市申报前一年新增的股东，全面核查发行人新股东的基本情况、产生新股东的原因、股权转让或增资的价格及定价依据，股权变动是否是双方真实意思表示，是否存在争议或潜在纠纷，新股东与发行人其他股东、董事、监事、高级管理人员、本次发行中介机构负责人及其签字人员是否存在亲属关系、关联关系、委托持股、信托持股或其他利益输送安排，新股东是否具备法律、法规规定的股东资格。发行人在招股说明书进行信息披露时，须满足招股说明书信息披露准则的要求，如新股东为法人，应披露其股权结构及实际控制人；如新股东为自然人，应披露其基本信息；如新股东为合伙企业，应披露其基本情况及普通合伙人的基本信息。另外，在最近一年末资产负债表日后增资扩股引入新股东的，IPO 申报前发行人须增加一期审计。

股份锁定方面，控股股东和实际控制人持有的股份在上市后须锁定 3 年；申报前 6 个月内进行增资扩股的，新增股份的持有人应当承诺：新增股份自发行人完成增资扩股工商变更登记手续之日起锁定 3 年。在申报前 6 个月内从控股股东或实际控制人处受让的股份，应比照控股股东或实际控制人所持股份进行锁定。控股股东和实际控制人的亲属所持股份应比照该股东本人进行锁定。

资金来源方面，监管机构应关注发行人是否存在代持问题和资金来源合法性。对于代持问题，有的企业为平衡各方利益，将股份送给相关利益方，而实际出资人可能是控股股东，这就可能存在利益输送问题；有的控股股东可能为了提前套现，会让关联方代持部分股权，因此重点关注出资人是否有出资实力，是否是真实出资。对于资金来源合法性，如果出资资金源于借款，应当提供真实有效的借款协议，如果出资资金源于自有资金，一般会要求股东出具资金来源的合法合规说明，避免出现洗钱、抽逃出资、非法集资等触犯法律法规的情形。

第二，IPO 申报后，通过增资或股权转让产生新股东的，原则上发行人应当撤回发行上市申请，重新申报。但股权变动未造成实际控制人变更，未对发行人控股权的稳定性和持续经营能力造成不利影响，且符合下列情形的除外：新股东产生系因继承、离婚、执行法院判决或仲裁裁决、执行国家法规政策要求或由省级及以上人民政府主导，且新股东承诺其所持股份上市后 36 个月之内不转让、不上市交易（继承、离婚原因除外）。在核查和信息披露方面，发行人申报后产生新股东且符合上述要求无须重新申报的，应比照申报前一年新增股东的核查和信息披露要求处理。除此之外，保荐机构和发行人律师还应对股权转让事项是否造成发行人实际控制人变更、是否对发行人控股权的稳定性和持续经营能力造成不利影响进行核查并发表意见。

二、案例解读： 杰普特

深圳市杰普特光电股份有限公司（以下简称"杰普特"）是一家由留学归国博士共同创办的高新技术企业，主要从事光纤激光器、高端智能装备和光纤器件的研发、生产、销售和技术服务。

已受理	已问询	上市委会议	提交注册	注册生效
2019-04-04	2019-04-14	2019-09-05	2019-09-12	2019-09-29

通过

（一）上交所问询事项

1. 请发行人说明申报前一年引入新股东的基本情况、引入新股东的原因、增资的价格及定价依据，股权变动是否是双方真实意思表示，是否存在争议或潜在纠纷，新股东与发行人其他股东、董事、监事、高级管理人员、本次发行中介机构负责人及其签字人员是否存在亲属关系、关联关系、委托持股、信托持股或其他利益输送安排，新股东是否具备法律、法规规定的股东资格。

2. 请在招股说明书中披露发行人报告期间增资及转让价格确定的依据，短期内增资及转让价格差异较大的原因，股权增资或转让是否存在纠纷或潜在纠纷。

（二）发行人回复要点

1. 发行人对申报前一年引入新股东的基本情况、原因、增资价格及定价依据以表格形式回复，如表7-2所示。

表7-2 发行人IPO申报前一年引入新股东情况

序号	事项	引入新股东情况	增资/转让原因	增资/转让价格	定价依据
1	2018年9月，增资至6 822.0432万元	引入新股东人才一号、松禾成长、北京澹朴、瑞莱乐融、苏州新麟、杭州紫洲、紫金港三号	为满足公司未来主营业务持续发展所需的运营资金，提升公司的盈利能力和抗风险能力，提高市场占有率和品牌影响力	45.91元/股	参考瑞华会计师事务所出具的《深圳市杰普特光电股份有限公司审计报告》（瑞华审字〔2018〕48490001号）经审验的发行人截至2017年12月31日的净资产、净利润，并综合考虑公司经营业务发展情况以及未来预期盈利状况，以公司投前估值约30亿元为基础协商定价

续表

序号	事项	引入新股东情况	增资/转让原因	增资/转让价格	定价依据
2	2018年9月，股份转让	引入新股东厦门中南	转让方上海清源及瑞莱欣茂出于内部资金压力及投资人收益回报考虑转让所持股份，且受让方看好公司未来发展	45.91元/股	参考公司2018年9月增资价格，并综合考虑公司经营业务发展情况以及未来预期盈利状况，以公司2018年9月增资投前估值约30亿元为基础协商定价
3	2018年10月	张义民转让股份	张义民因个人资金需要，转让所持有的发行人股份	38.73元/股	以发行人2018年9月增资投前估值30亿元的84.35%为基础协商定价
		引入新股东中电中金，增资至6 927.6432万元	为满足公司未来海外研发布局运营资金投入的需要，提升公司的盈利能力和抗风险能力	46.60元/股	以公司投前估值31.79亿元为基础，并综合考虑公司经营业务发展情况以及未来预期盈利状况协商定价
4	2018年11月，股份转让	引入新股东日照龙萨	转让方西藏翰信及赣州和泰出于收益回报考虑转让部分公司股份，且受让方看好公司未来发展	45.91元/股	参考公司2018年9月增资价格，并综合考虑公司经营业务发展情况以及未来预期盈利状况，以公司2018年9月增资投前估值约30亿元为基础协商定价
5	2019年1月，股份转让	引入新股东黄淮	实际控制人黄治家向家族成员转让股权	0.20元/股	近亲属间股份转让，此次转让价格主要基于黄治家在发行人整体变更时就相应股份负担的个人所得税成本

上述股权变动均系双方真实意思表示，不存在争议或潜在纠纷。发行人关于新股东与发行人其他股东存在的亲属关系、关联关系回复如表7-3所示。

表7-3 发行人新股东与发行人其他股东存在的亲属关系、关联关系

序号	新股东姓名/名称	关系
1	黄淮	发行人控股股东、实际控制人、董事长黄治家之子
2	人才一号	人才一号执行事务合伙人深圳市红土人才投资基金管理有限公司的控股股东为发行人现有股东深创投,发行人股东深圳力合的主要股东之一深圳市引导基金投资有限公司(持股20%)作为有限合伙人持有人才一号28.50%的出资额
3	松禾成长	发行人股东松禾创业直接持有松禾成长3.34%的出资额,发行人股东光启松禾的执行事务合伙人深圳市松禾资本管理合伙企业(有限合伙)直接持有松禾成长3.64%的出资额,松禾成长执行事务合伙人与松禾创业及光启松禾、松禾一号的执行事务合伙人受同一主体控制
4	北京澹朴	北京澹朴及发行人股东宁波澹朴的执行事务合伙人同为北京澹复投资管理中心(普通合伙)
5	苏州新麟	发行人股东清源时代直接持有苏州新麟10.08%的出资额;苏州新麟、无锡清源、上海清源的执行事务合伙人同受深圳清源投资管理股份有限公司间接控制
6	杭州紫洲	紫金港三号的执行事务合伙人深圳市紫金资本管理有限公司作为有限合伙人持有发行人股东紫金港创新99%的出资额,且持有杭州紫洲执行事务合伙人杭州紫金港投资管理有限公司95%的股权
7	紫金港三号	
8	中电中金	此次发行、上市的保荐机构通过其全资子公司中金资本运营有限公司持有中电中金执行事务合伙人中电中金(厦门)电子产业股权投资管理有限公司51%的股权,中金资本运营有限公司持有中电中金0.89%的合伙企业份额

除此以外,发行人新股东与发行人其他股东、董事、监事、高级管理人员、此次发行中介机构负责人及其签字人员不存在亲属关系、关联关系、委托持股、信托持股或其他利益输送安排;并且所有新股东均具备法律、法规规定的股东资格。

2. 保荐机构和发行人律师根据发行人所做说明,核查了发行人提供的全套工商登记(备案)材料、相关增资协议、股份转让协议、付款凭证、股东大会会议决议、验资报告等文件,并对发行人控股股东、实际控制人黄治家及相关股东进行了访谈确认,尽管发行人在报告期内各增资及股份转让价格存在

一定差异，但该等差异具有合理的原因，且依据充分。发行人在报告期内增资及转让价格依据如表7-4所示。

表7-4 报告期内发行人增资及转让价格情况

基本情况	增资/转让价格	定价依据	与前次增资/转让价格差异原因
2016年3月，黄治家、刘健与张义民签订《股权转让协议》，黄治家将其持有的杰普特有限（系发行人前身）3.50%的股权以1 540万元转让给受让方张义民，刘健将其持有的杰普特有限0.50%的股权以220万元转让给受让方张义民	34.77元/注册资本	此次股权转让价格系各方在预估杰普特有限2016年主营业务利润及公司发展前景的基础上，经各方协商确定，对应公司整体估值为4.4亿元	2015年12月，东海瑞京增资价格为32.4元/注册资本，在预估杰普特有限2016年主营业务利润及公司发展前景的基础上，此次转让价格略有上升
2017年5月，发行人向深创投、西藏翰信、赣州和泰、紫金港、宁波澹朴及清源时代增发股份共计5 338 983股，增资后，发行人的股本变更为65 338 983元	19.67元/股	此次增资价格系各方在预估发行人2017年主营业务利润及未来预期盈利状况的基础上，经各方协商确定，对应公司整体估值为12.85亿元	随着公司产品结构的不断优化，公司更高功率的光纤激光器和各类高端智能装备业务取得较大突破，产品档次不断提升。发行人逐步进入快速发展期，因此估值大幅提升。但因公司于2016年4月由杰普特有限整体变更为杰普特股份有限公司，公司股本总额大幅提升，因此在估值大幅提升的情况下，每股增资价格有所下降
2017年6月，发行人股东前海瑞莱（代表前海瑞莱新三板1号基金）将持有的占比1.1199%的股份以11 514 031.2元转让给瑞莱欣茂	15.74元/股	此次股份转让价格系双方在考虑公司发展前景基础上参考2017年5月其他投资者对发行人的增资价格，经协商确定	此次股份转让价格较同期增资价格略有降低，系因当时前海瑞莱新三板1号基金、东海专项资管计划对发行人的股权投资回报已达到预期且希望通过出让发行人股份以尽快实现相应收益。据此，前海瑞莱（代表前海瑞莱新三板1号基金）、东海瑞京（代表东海专项资管计划）经与受让方协商，确定了股份转让价格

续表

基本情况	增资/转让价格	定价依据	与前次增资/转让价格差异原因
2018年9月，发行人向人才一号、松禾成长、深创投、北京澹朴、瑞莱乐融、苏州新麟、杭州紫洲及紫金港三号增发股份共计2 881 449股，增发后，发行人的股本变更为68 220 432元	45.91元/股	此次增资价格系在瑞华会计师事务所出具的《深圳市杰普特光电股份有限公司审计报告》（瑞华审〔2018〕48490001号）经审验的发行人截至2017年12月31日的净资产、净利润基础上，预估发行人2018年主营业务利润及未来预期盈利状况，经各方协商确定，对应公司整体估值约为30亿元	此次增资价格较2017年5月增资价格大幅提高，系因随着公司产品结构的不断优化，更高功率的光纤激光器和各类高端智能装备的不断成熟，产品档次不断提升，且发行人2017年主营业务收入较2016年主营业务收入有大幅增加，所以公司估值较2017年5月有较大提升
2018年9月，上海清源将其持有的653 452股股份以30 000 000元的价格转让给厦门中南，瑞莱欣茂将其持有的731 700股股份以33 595 564元的价格转让给厦门中南	45.91元/股	此次股份转让价格系双方在考虑公司发展前景基础上参考2018年9月其他投资者对发行人的增资价格，经双方协商确定，对应公司整体估值约为30亿元	此次股份转让价格与2018年9月增资价格一致
2018年10月，张义民将其持有的2 400 000股股份以9 294.54万元的价格转让给中电中金	38.73元/股	此次股份转让价格系以发行人2018年9月增资投前估值30亿元的84.35%为基础，经双方协商定价	此次股份转让价格较2018年9月增资价格略有降低，系因当时张义民个人资金需要，经与中电中金协商，在发行人2018年9月投前估值约30亿元的基础上，确定的股份转让价格
2018年10月，发行人向中电中金增发股份共1 056 000股，增发后，发行人的股本变更为69 276 432元	46.60元/股	此次增资价格系以公司投前估值31.79亿元为基础，并综合考虑发行人2018年主营业务利润及未来预期盈利状况，经双方协商确定	此次增资价格略高于2018年9月增资价格，系因2018年9月增资对象为发行人老股东及其关联机构，价格略有优惠，且中电中金持续看好发行人的未来发展，经双方协商确定增资价格

续表

基本情况	增资/转让价格	定价依据	与前次增资/转让价格差异原因
2018年11月，西藏翰信将其持有的508 475股股份以23 344 087元的价格转让给日照龙萨，赣州和泰将其持有的381 356股股份以17 508 054元的价格转让给日照龙萨	45.91元/股	此次股份转让价格系双方在考虑公司发展前景基础上参考2018年9月其他投资者对发行人的增资价格，经双方协商确定，对应公司整体估值约为30亿元	此次转让价格较2018年10月增资价格低，系因西藏翰信、赣州和泰于2018年7月开始与日照龙萨就转让发行人股份事宜进行接洽，在转让双方于2018年9月签订股份转让协议时，发行人尚未与中电中金就增资价格达成一致，因此日照龙萨与西藏翰信、赣州和泰仅可在发行人2018年9月增资价格的基础上，综合考虑公司经营业务发展情况以及未来预期盈利状况协商定价；同时，转让方西藏翰信及赣州和泰出于收益回报考虑，希望尽快出让发行人部分股份以实现相应收益，各方基于此进行协商定价
2019年1月，黄治家将其持有的3 150 000股股份以630 001元的价格转让给黄淮	0.20元/股	此次股份转让为近亲属间转让，转让价格主要基于黄治家在发行人整体变更过程中就相应股份负担的个人所得税成本	

案例点评

过往存在新增股东与多次股权转让的公司会被问询机构重点关注。杰普特通过列表方式进行回复，将主要业务、发展战略、新增股东的详细情况、认购价格的计算标准及方法等方面加以说明，客观分析了投资定价背后不存在关联关系和利益输送渠道。发行人通过预期业绩差异、资金需求的紧迫性、市场认可程度等方面论证商业合理性，清晰明确，一目了然。

第三节　股权代持

一、关注要点

股权代持，又称委托持股、隐名持股、股权挂靠，是指实际出资人（即被代持人）与名义出资人（即代持人）以协议或其他形式约定，由名义股东以自身名义代实际出资人行使股东权利、履行股东义务，由实际出资人履行出资义务并享有投资权益的一种权利义务安排。监管机构要求发行人股权清晰，控股股东和受控股股东、实际控制人支配的股东持有的发行人股份不存在重大权属纠纷。

无论显名股东和隐名股东是否存在纠纷，确定真实的股权代持情况是需要的，可以通过查阅显名股东和隐名股东的委托持股协议并向双方确认，或者查明隐名股东是否实际出资以及隐名股东是否实际享有股东权益来判断。如果代持关系成立，显名股东和隐名股东没有签署委托持股协议，可以由显名股东出具所持股权实际归属情况的说明，明确股权的实际归属，并声明对代持股权无异议。公司实际出资是股东资格形成的基础，因此需要关注隐名股东的出资资金从哪儿来，来源是否合法，资金是借贷资金还是自有资金。如果隐名股东出资的资金是借贷资金，那么就需要借款人确认，明确借款人对代持股权不存在争议或权利主张。

对于存在委托持股的，常见关注要点包括：委托持股的具体情况（原因、程序、解除过程、合法合规性、税务问题等）；解除股权代持支付对价是否公允，是否存在潜在纠纷风险；是否涉及股份支付问题；委托持股对公司股权结构稳定性的影响；委托持股是否存在实际违反竞业禁止条款，是否存在损害第三方利益的行为；对于控股股东、实际控制人在国际避税区设立且持股结构复杂的，应当对发行人设置此类架构的原因、合法性及合理性、持股的真实性、是否存在委托持股和信托持股、是否存在影响控股权的约定、股东的出资来源等问题进行核查，核实发行人控股股东和受控股股东、实际控制人支配的股东所持发行人的股份权属是否清晰，以及发行人确保其公司治理和内控有效性的措施，并发表核查意见。

股权代持解除通常有 3 种方式：一是显名股东将所代持的股权转让给隐名股东或其控制的主体，进行股权还原，该方式类似于股东对外转让股权，需要履行有限公司内部决议程序，其他股东有优先购买权；二是隐名股东将实际出资额转让给显名股东，使显名股东成为实际股东；三是显名股东将所代持的股权转让给隐名股东指定的主体。通常情况下，显名股东从指定股权受让主体取得股权转让价款后，再转付给隐名股东，此方式类似于股东对外转让股权。最终，股权代持关系的解除要达到拟上市企业股权清晰的要求。另外，应由所有股东出具书面承诺，确认他们为公司实际股东和最终持有人，所持公司股份权属完整，没有质押、冻结、重大权属纠纷或其他限制性第三人权利，股东权利行使没有障碍和特别限制，不存在委托持股、信托持股或其他类似安排的情形。

二、案例解读

（一）睿创微纳

烟台睿创微纳技术股份有限公司（以下简称"睿创微纳"）是领先的、专业从事非制冷红外成像与 MEMS（微机电系统）传感技术开发的国家高新技术企业，具有完全自主知识产权，致力于专用集成电路、红外热成像探测器芯片及 MEMS 传感器设计与制造技术开发，为全球客户提供性能卓越的红外热成像、非接触测温与 MEMS 传感技术解决方案。招股说明书（申报稿）显示，睿创微纳前身睿创有限于 2009 年 12 月 11 日由自然人孙仕中、尚昌根出资设立，注册资本为 1.5 亿元，其中孙仕中认缴出资 1 亿元，以货币形式实缴出资

6 667 万元；尚昌根认缴出资 5 000 万元，以货币形式实缴出资 3 333 万元。

已受理	已问询	上市委会议	提交注册	注册生效
2019-03-22	2019-03-29	2019-06-11	2019-06-13	2019-06-14

通过

睿创微纳存在股权委托代持问题，上交所在第一轮审核问询中要求发行人披露说明股权代持的背景情况，包括：代持原因、代持协议的主要内容、是否是通过代持规避相关法律法规等；该等股权代持是否彻底清理，清理过程是否符合法律法规的规定，是否是双方真实意思表示，是否存在纠纷或潜在纠纷；发行人目前是否仍存在股份代持、信托持股等情形，发行人实际控制人马宏与郑加强、彭佑霞等是否存在其他协议安排，马宏直接或间接持有的发行人股份权属是否清晰。

保荐机构和律师查验了发行人股本演变过程中涉及部分股东代他人持有股权的相关资料，包括置备于市场监督机关的档案、有关转股凭证、实际资金缴付凭证、股东出具的说明等，并就涉及股权代持的问题向相关股东进行了访谈，结果如下：股权代持的原因包括公司设立需要、自身工作需要、亲属内部安排等，原存在各方之间的股权代持关系已终止，该等代持已被彻底清理；原有股权代持及解除代持关系的过程均系各方真实意思表示，解除代持过程所采用的转让股权方式履行了必要的法律程序，符合法律法规的相关规定；股权代持关系形成及解除过程中涉及的睿创有限其他股东未对代持行为提出异议，股权代持及解除代持过程不存在纠纷或潜在纠纷。

比如，对孙仕中、尚昌根代方平持股过程及原因说明如下：孙仕中及尚昌根名下所持有的睿创有限股份的所有权一开始便归方平所有，对应的投资款项全部为方平所提供，孙仕中和尚昌根仅为所持股权的名义股东，未实际投入资金，所有的投资及转让行为均是根据方平的指令实施。孙仕中、尚昌根和方平均已确认上述代持关系，并确认代持关系自 2010 年 3 月已解除，各相关方未因股权代持行为产生任何争议和纠纷。根据方平就上述股权代持行为进行的说明，孙仕中、尚昌根与方平系朋友关系。睿创有限是在烟台开发区政府招商引资政策下在烟台市设立的，2009年底，为了便于睿创有限尽快成立，而方平仍在外地工作，因此方平选择通过孙仕中、尚昌根代其办理了睿创有限的设立手续。方平前往烟台工作后解除了股权代持关系，以个人名义直接持股。由于股权代持时间较短，各方在代持过程中未签署股权代持协议。

保荐机构和律师查验了发行人的股东名册以及全体股东入股的资金凭证及协议等资料，并就发行人股东所持股份的所有权是否清晰等事宜对发行人全体股东实施了核查；在对发行人实际控制人马宏与郑加强、彭佑霞进行访谈过程中，他们均确认，除已披露情形外，不存在其他协议安排。同时，马宏做出承诺，其直接持有及间接持有的发行人股份的所有权均无争议，所持发行人股份权属清晰。

（二）安集科技

安集微电子科技（上海）股份有限公司（以下简称"安集科技"）主营业务为关键半导体材料的研发和产业化，产品包括不同系列的化学机械抛光液和光刻胶去除剂，它们主要应用于集成电路制造和先进封装领域。

已受理	已问询	上市委会议	提交注册	注册生效
2019-03-29	2019-04-11	2019-06-05	2019-06-11	2019-07-01

通过

该公司的股东存在股权代持情况，主板、创业板、中小板在发行上市申报前都要求发行人解除股权代持情况，此次科创板允许公司带着股权代持问题上会并成功过会，体现了科创板的包容性。根据安集科技招股说明书的披露，安集科技无实际控制人，控股股东为一家设立于开曼的控股型公司 Anji Microelectronics Co., Ltd（以下简称"Anji Cayman"），其直接持有安集科技56.64%的股份。Anji Cayman 现有8名股东，其第二大股东为北极光（Northern Light Venture Capital Ⅱ, Ltd.），北极光持有 Anji Cayman 22.06%的股份，间接持有安集科技 12.49% 的股份。北极光代 3 家投资基金 NLSF II、NLVF II、NLPF II（以下合称"NL II Funds"）持有 Anji Cayman 的股份。NLPF II 为 NL II Funds 的唯一普通合伙人，持有 NL II Funds 1% 的权益，其他 40 名有限合伙人持有 NL II Funds 99% 的权益；北极光为 Northern Light Partners II L. P.（北极光有限合伙）的唯一普通合伙人，也是 NL II Funds 的最终普通合伙人。自然人 Feng Deng、Yan Ke 及 Jeffrey David Lee 分别持有北极光 90%、5% 及 5% 的股份。

发行人及其中介机构主要从以下 5 个方面论证了股权代持问题。一是股权代持人北极光出具说明，存在上述代持的原因是为了提高决策效率，便于项目管理和优化操作流程。根据境外律师事务所出具的确认意见，北极光作为 NL II Funds 股份代持人，代 NL II Funds 持有 Anji Cayman 的股份；股份代持人协议管辖和执行适用美国特拉华州法律，未违反美国的法律法规；股份代持人协议明确规定 NL II Funds 是 Anji Cayman 股份的受益人。2019 年 6 月 25 日，北极光将代持 Anji Cayman 股份还原至实际持有人 NLSF II、NLVF II、NLPF II。其中，北极光和 NLSF II、NLVF II、NLPF II 均由 Feng Deng 控制。二是代持股份还原过程合法有效。根据律师事务所出具的确认意见，北极光与 NLSF II、NLVF II、NLPF II 签署的《终止协议》适用美国特拉华州法律，对协议各方是合法有效的，未违反美国的法律法规。根据北极光和 NLSF II、NLVF II、NLPF II 分别出具的股份代持还原承诺函，此次股份代持还原履行了相应的内部决策程序，还原过程合法有效。根据律师事务所出具的 Anji Cayman《尽职调查报告》，Anji Cayman 合法有效存续，此次代持股份还原后的股东已根据开曼群岛法律登记在股东名册上，北极光代持解除过程未违反开曼群岛法律法规。三是代持股份还原不存在其他利益安排，不存在税务风险等潜在风险。根据北极光和 NLSF II、NLVF II、NLPF II 出具的承诺文件，北极光代持解除通知，北极光与 NLSF II、NLVF II、NLPF II 所签署的《终止协议》及相关内部决策文件，此次代持股份还原不存在其他利益安排，Anji Cayman、北极光、

NLSFⅡ、NLVFⅡ、NLPFⅡ之间不存在争议或纠纷。此次代持股份还原不涉及对价支付，代持各方未从还原代持安排中获利，还原代持安排并不会给 NL Ⅱ Funds 和北极光带来应税所得。NL Ⅱ Funds 和北极光并未自还原代持安排中获得任何税收利益，无论此次安排是否发生，NL Ⅱ Funds 和北极光未来间接转让中国居民企业安集科技股权所产生的中国预提所得税潜在税负水平一致，还原代持安排不是以规避中国企业所得税纳税义务为目的。四是根据律师事务所于 2019 年 6 月 27 日出具的 Anji Cayman《尽职调查报告》，北极光代持解除不涉及开曼群岛纳税义务，另根据律师事务所于 2019 年 6 月 26 日出具的确认意见，北极光与 NLSFⅡ、NLVFⅡ、NLPFⅡ签署的《终止协议》适用美国特拉华州法律，代持解除不是一项应税交易，不会产生美国联邦所得税法下的纳税义务。五是北极光和 NLSFⅡ、NLVFⅡ、NLPFⅡ出具了因股份代持而产生的纳税承诺以及根据中国国家税务总局上海市浦东新区税务局出具的暂未发现有欠税、偷逃税款和重大违反税收管理法规的情形税务证明。

安集科技控股股东是在离岸金融中心注册的投资控股型公司，对其进行股权代持核查显然是必要的。安集科技的股东存在代持未被要求清理，主要原因在于代持股份是发行人的间接股份，不影响对发行人控股股东的认定，控股股东持有的发行人股份权属依然清晰；代持基于基金内部的管理机制，有合理性；代持行为存在真实性；代持行为在公司所属司法管辖地是合法有效的，并且不存在争议和纠纷等问题。

案例点评

安集科技对股权代持的原因进行了说明，包括代持背景，代持原因，代持协议的主要内容，是否通过代持规避相关法律法规，代持对发行人的实际控制权认定的影响，代持的清理情况，发行人是否仍存在股份代持，权属是否清晰。还原被代持股权本身也是解释的过程。科创板对股权代持并没有采取强制性一刀切的清理方式，发行人只要对代持背景做出说明，证明代持合法有效，权属清晰，就符合《科创板首次公开发行股票注册管理办法（试行）》第12条的有关规定，不会构成上市障碍。如果公司股东涉及的股权代持符合真实性、合法性和合理性等要求，并不会产生潜在的纠纷或诉讼；同时，如果清理股权代持需要支付较高的资金和时间成本，那么可以考虑不清理而寻求合理化解释。不过，为了避免审核不确定性风险，建议拟上市企业清理股权代持，达到监管机构对拟上市企业股权清晰的要求。

第四节　国有企业及集体企业改制

一、关注要点

如果发行人是由国有企业、集体企业改制而来的或历史上存在挂靠集体组织经营的企业，若改制过程中法律依据不明确、相关程序存在瑕疵或与有关法律法规存在明显冲突，原则上发行人应在招股说明书中披露相关部门就改制程序的合法性以及是否造成国有或集体资产流失出具的意见。国有企业、集体企业改制过程不存在上述情况的，保荐机构、发行人律师应结合当时有效的法律法规，分析说明有关改制行为是否经相关部门批准、法律依据是否充分、履行的程序是否合法以及对发行人的影响等。发行人应在招股说明书中披露相关中介机构的核查意见。

如果发行人是由国有企业改制而来的，若改制过程中法律依据不明确、相关程序存在瑕疵或与有关法律法规存在明显冲突，原则上发行人应取得省级以上国有资产管理部门或省级以上人民政府就改制程序的合法性、是否造成国有资产流失出具的确认意见，并在招股说明书中披露相关文件的主要内容。上交所对该类发行人还须关注股权变动转让的原因、合法合规性，相关资产权属是否清晰，是否履行了相应的决策程序，所涉及的评估、备案、批复、确认等文件是否完备有效，未履行相关程序的原因，招拍挂程序作价是否公允，交易过程是否存在纠纷或潜在纠纷，是否存在国有资产流失的问题。

如果发行人是由集体企业改制而来的，若改制过程中法律依据不明确、相关程序存在瑕疵或与有关法律法规存在明显冲突，原则上发行人应取得由省级人民政府就改制程序的合法性、是否造成集体资产流失等事项出具的确认意见，并在招股说明书中披露相关文件的主要内容。对历史上存在挂靠集体组织经营的企业，其应取得相关部门的确认意见。

二、案例解读：交控科技

交控科技股份有限公司（以下简称"交控科技"）成立于 2009 年 12 月，是国内第一家掌握自主 CBTC（基于通信的列车自动控制）系统核心技术的高科技公司。其面向公众提供高效、可靠、低耗能的轨道交通控制设备以及全生命周期的技术服务，是轨道交通信号解决方案领域的领跑者。

已受理	已问询	上市委会议	提交注册	注册生效
2019-03-29	2019-04-10	2019-06-17	2019-06-19	2019-07-04
		通过		

交控科技招股说明书披露，2014 年 8 月，爱地浩海、北交联合与发行人签订了增资协议。此次增资导致交大创新、交大资产的持股比例下降。根据《企业国有资产评估管理暂行办法》第 6 条的相关规定，非上市公司国有股东股权比例变动的，应当履行国有资产评估程序。但发行人前述增资未履行国有资产评估及备案程序，存在程序上的瑕疵。2016 年 4 月 20 日，北京市国资委签发《北京市人民政府国有资产监督管理委员会关于北京交控科技股份有限公司国有股权管理有关问题的批复》，对发行人股权结构进行了确认。相关股权转让程序是否合法合规、是否造成国有资产流失等引起上交所关注。

国有资产流失是上市的红线，触碰不得。发行人交控有限（系交控科技股份有限公司前身）对增资履行程序所需遵守的法规进行了罗列，如《公司法》关于公司增加注册资本系股东会决议事项，国务院国有资产监督管理委员会发布的《企业国有资产评估管理暂行办法》、北京市国资委发布的《北京市企业国有资产评估管理暂行办法》，国务院国有资产监督管理委员会发布的《关于加强企业国有资产评估管理工作有关问题的通知》、财政部印发的《国有资产评估项目备案管理办法》等。从召开临时股东会，审议同意爱地浩海及北交联合增资交控有限，修订公司章程，到资产评估有限公司出具大资产评估报告，再到北京市人民政府国有资产监督管理委员会对上述增资的评估事项进行核准批复，最后，北京市工商局丰台分局向交控有限核发了变更后的营业执照。另外，京投公司、交大资产、交大创新出具的说明函指出，2014 年北京爱地浩海科技发展有限公司、北交联合投资管理集团有限公司对北京交控科技有限公司的增资程序合法合规，未造成国有资产流失。

中介机构通过核查交控有限 2014 年股权变动的股东会决议、公司章程、增资协议、工商变更文件、营业执照、《北京交控科技有限公司增资扩股项目资产评估报告》（大正海地人评报字〔2014〕第 247A 号）、《北京市人民政府国有资产监督管理委员会关于对北京交控科技有限公司增资扩股资产评估项目予以核准的批复》（国资产权〔2014〕217 号），并查询相关法律法规，判断发行人 2014 年增资程序的合法合规性。最终得出结论，上述增资程序合法合规，未导致国有资产流失。

案例点评

随着国企改革加速推进，越来越多的科创板上市国有企业将充当先锋的角色，有望在科创板的"试验田"中为国企改革探索出更多可复制、可推广的经验。拟上市企业在上市申报过程中，其在历史沿革中存在的国企改制问题容易引起关注。国有企业改制是一个系统工程，改制涉及的主体多，面对复杂的改制程序，审核机构必须抓住要点，关注构成上市实质性障碍的法律瑕疵，做到有备无患。对于涉及国有股权的事宜，发行人须严格遵守有关部门及当地政府国有企业管理相关法律法规，办理审批、确认、备案、登记等相关手续；对于历史沿革中存在的瑕疵，发行人须详细披露相关程序及文件；确保取得有关部门批准文件，履行国有股转持义务，保证国有股权转让符合法律程序，程序完备、定价公允，不存在国有资产流失情况。

如果由于历史原因未履行国有资产评估报告备案事项该如何应对？深圳微芯生物科技有限责任公司的回复值得借鉴。该公司2006年注册资本及股东变更事宜未履行国有资产评估报告备案事项，对此其解释是：企业历史沿革中涉及国有股权变动的情况，已经清华大学、中华人民共和国教育部及中华人民共和国财政部审核，由中华人民共和国财政部审定《企业国有资产产权登记表》并出具《财政部关于批复清华大学所属深圳微芯生物科技股份有限公司国有股权管理方案的函》，已被采取有效弥补措施，该等情况未损害国有资产权益，不构成此次发行的法律障碍。

第五节　对赌协议

一、关注要点

对赌协议主要存在于私募股权投资中，投融资双方在协议中约定一定的条件，如果约定的条件出现，由投资方行使估值调整权利，以弥补因高估企业自身价值的损失；如果约定的条件未出现，则由融资方行使一种权利，以补偿自身因企业价值被低估的损失。双方约定的这种机制被称为"估值调整机制"。按对赌标的不同，对赌可分为股权对赌、现金对赌和优先权对赌等。股权对赌可能导致股权结构不稳，控制权变更；现金对赌可能导致资金占用、大额分红等问题；优先权对赌中，如果一方获得优先利润分配权、剩余财产优先分配权、超比例表决权、董事会一票否决权等，则可能损害中小投资者的利益。

科创板的拟上市企业均是科技创新企业，技术的研究和发展前景都具有不确定性。在融资时，投资方与企业自身对企业估值往往存在差异，需要约定对赌协议的可能性很大。在《上海证券交易所科创板股票发行上市审核问答（二）》（以下简称《科创板审核问答（二）》）中，上交所对于科创板发行人在引入私募股权投资基金、风险投资基金等机构投资时约定估值调整机制即对赌协议，较以往主板等板块发行上市的审核有了一定的放宽。《科创板审核问答（二）》首先明确了科创板发行人处理对赌协议的基本原则是要清理对赌协议，但同时也对清理对赌协议有一定的放宽。该文件规定，同时满足以下 4 项要求的对赌协议可以不清理：

第一，发行人不作为对赌协议的当事人。一种情形是投资者与目标公司之间对赌是否有效。以 2012 年 11 月 "甘肃世恒有色资源再利用有限公司、香港迪亚有限公司与苏州工业园区海富投资有限公司、陆波增资纠纷案" 为例，最高人民法院认为，投资者与目标公司之间的补偿条款如果使投资者可以取得相对固定的收益，则该收益会脱离目标公司的经营业绩，直接或间接地损害公司利益和公司债权人利益，对赌协议是无效的；但如果目标公司股东对投资者的补偿承诺不违反法律法规的禁止性规定，则对赌协议是有效的。对科创板发行人而言，如果发行人是对赌协议的当事人，投资机构的收益脱离发行人的经营业绩，可能损害公司利益和公司债权人利益，且发行人成功上市，对赌失败后公司利益的受损可能导致科创板市场上的投资者承受风险。另外一种情形是发行人作为对赌担保方，目标公司不直接作为对赌责任的义务人，仅作为股东担保人为股东履行对赌义务提供连带责任保证或承担补充赔偿责任。这种情况下，发行人作为担保人，是否属于对赌协议的当事人，即如果对赌协议中约定发行人承担连带担保责任，发行人在申请上市的过程中是否可以保留具有此类条款的对赌协议或担保协议？对于公司作为担保人的对赌协议，最高人民法院认为，此类对赌协议是有效的。

在 2018 年的 "强静延与曹务波等股权转让纠纷再审案" 中，最高人民法院认为，《公司法》第 16 条之立法目的，是防止公司大股东滥用控制地位，出于个人需要因为个人债务而由公司提供担保，从而损害公司及公司中小股东权益。该案所涉担保条款虽系曹务波代表瀚霖公司与强静延签订，但是3 000万元款项并未供曹务波个人投资或消费使用，亦并非完全出于曹务波个人需要，而是全部打入瀚霖公司资金账户，供瀚霖公司经营发展使用，有利于瀚霖公司提升持续盈利能力。这不仅符合公司新股东强静延的个人利益，也符合公司全体股东的利益，瀚霖公司本身是最终的受益者。即使确如瀚霖公司所述并未对担保事项进行股东会决议，但是该担保行为有利于瀚霖公司的经营发展需要，并未损害公司及公司中小股东权益，不违背《公司法》第16条之立法目的。因此，认定瀚霖公司承担担保责任，符合一般公平原则。最高人民法院做出上述判决的价值取向在于，鼓励交易、尊重当事人意思自治、保障商事交易的程序正义。公司承担连带保证责任的对赌协议虽然在司法裁判中被认定是有效的，但目标公司对大股东回购义务承担连带责任，实质上会导致以公司的财产承担责任，对公司、公司债权人、投资者而言，存在的风险相比于发行人直接作为对赌协议的当事人没有实质性减弱。目标公司可能作为连带责任保证人以共同诉讼人的身份参与到案件诉讼中。因此，如果对赌协议或相关配套协议中约定发行人为股东的对赌责任提供连带责任保证，清理相关对赌协议或相关配套协议也许是更稳妥的选择。

第二，对赌协议不存在可能导致公司控制权变化的约定。该要求源自《科创板首次公开发行股票注册管理办法（试行）》第12条中"控股股东和受控股股东、实际控制人支配的股东所持发行人的股份权属清晰，最近两年实际控制人没有发生变更，不存在导致控制权可能变更的重大权属纠纷"的规定。股份权属不清晰、控制权不稳定容易构成企业上市的实质性障碍。投资者与科创板拟上市企业的股东、实际控制人对赌，应尽量避开股权调整/稀释型、股权回购型、股权激励型的对赌协议，结合上市规则谨慎设计适当的对赌条款。

第三，对赌协议不与市值挂钩。市值是科创板一项重要的上市指标，若对赌协议与市值挂钩，容易加大市值被操纵的风险。一味追求唯市值化的经营，会使企业产生重市值、轻业务的问题。此外，科创板对股价的涨跌幅限制放宽到了20%，意味着上市企业的市值波动将更大，对赌协议与市值挂钩将增加对赌协议的风险性，不利于企业保持稳定性。

第四，对赌协议不存在严重影响发行人持续经营能力或者其他严重影响投资者权益的情形。本项要求属于兜底条款，与前3项不同，会严重影响发行人持续经营能力或严重影响投资者权益的对赌协议已被列入需要清理的范围。

二、案例解读

（一）博瑞医药

博瑞生物医药（苏州）股份有限公司（以下简称"博瑞医药"），是研发驱动型的高科技制药公司，致力于研发及生产原创性新药和高端仿制药。

已受理	已问询	上市委会议	提交注册	注册生效
2019-04-08	2019-04-22	2019-08-27	2019-09-11	2019-10-12

通过

发行人的实际控制人与投资方存在对赌协议，且存在以发行人作为对赌义务方的情况，最初各方约定对赌协议在发行人申报上市时"中止"，但未获得上交所认可，后各方补充约定所有对赌协议立即"终止"且自始无效，3轮问询终获认可，具体情况如下：

第一轮问询中，上交所询问发行人在历史沿革中是否存在发行人、控股股东、实际控制人与其他股东的对赌协议。发行人答复，2015年9月与2018年11月，中金佳泰、红杉智盛等投资方与发行人的实际控制人签署对赌协议，约定如发行人未完成上市，投资方有权要求发行人及其实际控制人回购股份。2019年3月，发行人与投资方签署补充协议，约定对赌协议自发行人向证监局提交上市辅导验收申请之日起中止，并自完成上市之日起终止且自始无效，但在撤回上市或上市被否时自动恢复效力。保荐机构和发行人律师提出，发行人历史沿革中存在发行人、控股股东、实际控制人与其他部分股东签订对赌协议或类似条款的情形，但相关条款已经中止，并自发行人完成上市之日起终止且自始无效。

第二轮问询中，上交所再次就对赌协议提出问询。根据首轮问询回复，博瑞医药存在多份对赌协议，上交所要求公司以列表方式，简明披露发行人、控股股东、实际控制人与其他股东的对赌协议约定和执行情况。

第三轮问询中，上交所再度要求发行人说明是否所有对赌协议或对赌条款已经被彻底清理，发行人所有曾签署的对赌协议的对赌各方之间是否存在纠纷或潜在纠纷，以及对赌协议相关事项对此次发行上市的影响。博瑞医药回复称，对赌、回购、估值调整或类似条款已全部终止，不存在发行人作为对赌条款当事人的情形，不存在对赌条款可能导致发行人控制权变化的情形，不存在对赌条款与市值挂钩的情形，不存在严重影响发行人持续经营能力或者其他严重影响投资者权益的情形。在与投资方先进制造、国投创新对赌时，公司向投资方承诺，公司2016年、2017年、2018年3个会计年度的税后净利润分别不低于3 000万元、4 800万元和8 000万元。对于对赌触发情况，博瑞医药表示，上述对赌条款约定的利润承诺及补偿事宜虽已触发，但先进制造、国投创新、健康一号、健康二号、南京道兴均未就利润承诺及补偿事宜向发行人及袁建栋、钟伟芳、博瑞创投提出任何申请或主张，且不存在发行人及袁建栋、钟伟芳、博瑞创投按照对赌条款约定履行补偿义务的情形。协议各方就上述利润承诺及补偿条款的履行事宜，未产生任何纠纷。

（二）铂力特

西安铂力特增材技术股份有限公司（以下简称"铂力特"）成立于2011年7月，是中国领先的金属增材制造技术全套解决方案提供商。铂力特业务范围涵盖金属3D打印、工艺设计开发、软件定制化产品等，构建了较为完整的金属3D打印产业生态链。

| 已受理 | 已问询 | 上市委会议 | 提交注册 | 注册生效 |
| 2019-04-04 | 2019-04-16 | 2019-06-26 | 2019-06-27 | 2019-07-01 |

通过

铂力特及其实际控制人在申请上市前与投资机构签有对赌协议，约定了股份回购、股份转让限制、优先增资权、最优惠待遇等对赌条款；同时，实控人与发行人其他部分股东亦签有对赌协议，约定实控人在依照前述对赌协议履行回购义务后，其他部分股东对实控人负有补偿义务。铂力特与博瑞医药的不同点在于，前者在充分地解释对赌协议符合《科创板审核问答（二）》的4项要求情况下，对协议的终止保留了恢复条件。申报IPO前，铂力特对上述两份对赌协议均进行了清理，但在与相关当事人协议终止对赌条款的同时，保留了效力恢复条款，即在"申请材料未被受理，或申请材料被铂力特撤回，或中止审查超过12个月，或申请被中国证券监督管理委员会/上海证券交易所终止审查或不予注册或否决，以及因其他原因导致铂力特未能上市"的情况下，铂力特实控人的回购义务以及其他部分股东对实控人的补偿义务将恢复效力。保荐机构和发行人律师主要基于4项理由：一是发行人为对赌协议的签署方，但未负协议中约定的义务且不是协议责任的承担方，因此，发行人不是对赌协议的当事人。二是发行人的实际控制人拥有银行存款、多处价值较高的房产及其他公司股权等个人财产，足以覆盖履行股份回购义务所需资金，并且履行股份回购义务后其持股比例将会增加。三是对赌协议已经终止（在撤回上市后恢复效力），即在上市审核期间均已经终止，发行人的实际控制人不承担股份回购义务，对赌协议不会导致发行人的控制权发生变化。四是对赌协议以发行人是否成功上市为触发条件，且未约定与发行人市值相关的内容，对赌协议未与发行人市值挂钩；对赌协议仅在发行人不能成功上市时触发，如果发行人成功实现上市，则对赌协议终止且不可恢复，不会对发行人持续经营能力或者投资者权益构成严重影响。

上述效力恢复条件的设置模式为"上市重大负面事件+时限"。上市重大负面事件包括申请材料未被受理、申请材料被发行人撤回、终止（中止）审查、不予注册或否决等。按照"上市重大负面事件＋时限"模式设置的效力恢复条件一旦触发，发行人基本已丧失上市可能。铂力特能够保留"效力恢复条款"，固然在于其符合"四项豁免条件"的形式要件，更在于"效力恢复条款"触发时发行人已上市无望，已不再适用"四项豁免条件"等证监会相关规定。

案例点评

尽管上交所关于发行人在发行上市申请前清理对赌协议明确提出"四项豁免条件"，但出于谨慎性考虑，建议发行人在发行上市申请前最好彻底清理对赌协议。从尽可能兼顾投资机构权益与减少上市障碍的角度出发，可以尝试在清理对赌协议的同时设置效力恢复条款，但应尽量采用"上市重大负面事件＋时限"模式设置效力恢复条款，同时还应确保其他已终止的对赌条款至少符合"四项豁免条件"的形式要件。如发行人确需保留对赌条款，则应当从充分保障对赌协议独立性的角度设计或改造对赌条款，切实做到对赌条款不约束发行人，对赌义务的触发不与发行人的有关状况挂钩，对赌条款的执行不需要发行人的参与。

第六节 并购重组

一、关注要点

发行人在报告期内发生业务重组，要根据被重组业务与发行人是否受同一控制分别进行判断。如为同一控制下的业务重组，应按照《证券期货法律适用意见第3号》相关要求进行判断和处理。如为非同一控制下的业务重组，通常包括收购被重组方股权或经营性资产、以被重组方股权或经营性资产对发行人进行增资、吸收合并被重组方等行为方式。发行人、中介机构可关注以下因素：重组新增业务与发行人重组前的业务是否具有高度相关性，如属同一行业、生产类似技术产品、属上下游产业链等；业务重组行为发生后，发行人实际控制人对公司控制权掌控能力的影响；被合并方在资产总额、资产净额、营业收入或利润总额等方面占发行人重组前的比例；业务重组行为对发行人主营业务变化的影响程度等。

实务中，通常按以下原则判断非同一控制下业务重组行为是否会引起发行人主营业务发生重大变化：对于重组新增业务与发行人重组前业务具有高度相关性的，被重组方重组前一个会计年度末的资产总额、资产净额或前一个会计年度的营业收入或利润总额，达到或超过重组前发行人相应项目100%的，则视为发行人主营业务发生重大变化；对于重组新增业务与发行人重组前业务不具有高度相关性的，被重组方重组前一个会计年度末的资产总额、资产净额或前一个会计年度的营业收入或利润总额，达到或超过重组前发行人相应项目50%的，则视为发行人主营业务发生重大变化；对于重组新增业务与发行人重组前业务具有高度相关性的，被重组方重组前一个会计年度末的资产总额、资产净额或前一个会计年度的营业收入或利润总额，达到或超过重组前发行人相应项目50%，但不超过100%的，通常不视为发行人主营业务发生重大变化。但是，为了便于投资者了解重组后的整体运营情况，原则上发行人重组后运行满12个月后方可申请发行；12个月内发生多次重组行为的，重组对发行人资产总额、资产净额、营业收入或利润总额的影响应累计计算。

对于发行人报告期内发生的业务重组行为，发行人应在招股说明书中披露业务重组的原因、合理性以及重组后的整合情况，并披露被收购企业收购前一年的财务报表。保荐机构应当充分关注发行人业务重组的合理性、资产的交付和过户情况、交易当事人的承诺情况、盈利预测或业绩对赌情况、人员整合情况、公司治理运行情况、重组业务的最新发展状况等。

二、案例解读

（一）华熙生物

华熙生物科技股份有限公司（以下简称"华熙生物"）是以透明质酸微生物发酵生产技术为核心的高新技术企业，拥有用微生物发酵法生产透明质酸的核心知识产权，透明质酸产业化规模位居国际前列。该公司凭借微生物发酵和交联两大技术平台，建立了从原料到医疗终端产品、功能性护肤品、食品的全产业链业务体系，服务于全球的医药、化妆品、食品制造企业以及医疗机构及终端用户。

已受理	已问询	上市委会议	提交注册	注册生效
2019-04-10	2019-04-18	2019-08-27	2019-08-30	2019-09-29
		通过		

发行人及其子公司于 2018 年 6—9 月相继收购了境内公司山东海御、华熙医疗器械、北京海御 100％ 的股权，境外生物医药公司 Revitacare100％ 的股权、Medybloom 50％ 的股权，以及香港勤信相关资产及业务，其中境外收购均履行了发改委、商务部规定的境外直接投资审核程序，上述收购构成同一控制下的内部重组。上交所要求华熙生物保荐机构、申报会计师事务所对上述情况进行核查，说明重组定价的公允性和会计处理的合规性，并说明核查依据、范围和过程，给出核查意见。

保荐机构和申报会计师事务所的核查依据、范围及过程具体如下：（1）核查华熙生物和被收购方山东海御、华熙医疗器械、北京海御、Revitacare、Medybloom 以及香港勤信的资料，如公司章程、合同或出资协议、工商登记证明、实际出资证明、股东会及董事会会议记录和决议等，核实最终控制人是否为同一方。（2）核查同一控制下的时间长度。核查在合并日之前，参与合并各方山东海御、华熙医疗器械、北京海御、Revitacare 以及香港勤信受最终控制方赵燕的控制时间是否在 1 年以上（含 1 年），并了解合并方管理层是否有出售合并后报告主体的意图或计划,从而判断合并后的主体是否能够依然处于最终控制方的控制下。(3)通过查阅股东大会审议通过的合并合同(协议),判断合并方确定的合并日是否与有关影响控制权转移的条款不符。(4)获取国家有关主管部门批准文件,获取工商管理局股权变更证明。(5)获取支付合并对价的资料,如银行流水单、股权转让的资金支付日期凭证及相关原始凭证等,核查它们与有关股权收购对价支付条款是否一致,判断是否对控制权的转移构成障碍。(6)获取公司在合并日后有权力主导被投资单位的相关活动并影响其可变回报的证据。(7)取得评估机构出具的评估报告,核实评估方式、主要参数及依据。(8)对合并日的被合并方财务数据和合并账务处理进行检查。(9)对照《企业会计准则》《证券期货法律适用意见第3号》的相关规定核查相关事宜。

经核查,保荐机构和申报会计师事务所认为:被重组企业与发行人业务相关或相似,重组具有商业合理性,并有利于提高发行人的独立性、资产完整性,不会导致发行人主营业务发生重大不利变化;发行人收购山东海御100%的股权、华熙医疗器械100%的股权、北京海御100%的股权、Revitacare 100%的股权及香港勤信相关资产和业务的事项,属于同一实际控制人下的企业合并事项;发行人收购Medybloom 50%的股权事项,属于同一实际控制人下的非企业合并事项;发行人在本次收购过程中,关于同一控制下的企业合并与非企业合并事项的会计处理,符合《企业会计准则》的相关规定;收购完成后,被收购方在发行人的统一管理下开展经营活动,达到了收购及重组目的;除收购华熙医疗器械100%的股权因公司刚成立,主要资产为现金且规模较小,按净资产作价外,此次重组的重要资产均履行了审计评估程序,交易作价公允;发行人收购Medybloom 50%的股权属非企业合并事项,重组规模较小,未达到提供备考报表的要求。

（二）佰仁医疗

北京佰仁医疗科技股份有限公司（以下简称"佰仁医疗"）成立于2005年。公司是国内技术领先、专注于动物源性植介入医疗器械研发与生产的高新技术企业，产品应用于心脏瓣膜置换与修复、先天性心脏病植介入治疗以及外科软组织修复。公司已获准注册10个Ⅲ类医疗器械产品，其中人工生物心脏瓣膜（牛心包瓣、猪主动脉瓣）、肺动脉带瓣管道、瓣膜成形环、心胸外科生物补片等产品为国内首批获准注册的同类产品。

已受理	已问询	上市委会议	提交注册	注册生效
2019-04-15	2019-04-25	2019-08-26 通过	2019-09-03	2019-11-07

佰仁医疗招股说明书披露，2017年8月3日，佰仁有限（系佰仁医疗前身）召开股东会，形成如下决议：同意收购长春佰奥辅仁90%的股权。其中包括北京佰奥辅仁、张玉清、朱迅、金森分别持有的长春佰奥辅仁150万元、10万元、10万元、10万元的出资，本次股权收购价格为1元/单位出资额。上交所要求发行人说明：发行人收购长春佰奥辅仁的定价是否合理，除实际控制人外的少数股东均以1元/单位出资额转让的原因；对照《证券期货法律适用意见第3号》，核查上述兼并收购有关定价的公允性和会计处理的合规性以及报告期主营业务是否发生重大变化。

发行人回复：根据中水致远资产评估有限公司开具的《资产评估报告》（中水致远评报字〔2017〕第010115号），资产基础法下长春佰奥辅仁截至2017年5月31日股东全部权益的市场价值为－69.39万元。本次股权转让价格对应长春佰奥辅仁估值200万元，高于经评估股东全部权益价值，主要考虑长春佰奥辅仁未来协助公司进行原材料采购的重要性，且具备发展前景，公司综合考虑并经各方协商后以出资额作价，定价合理。

长春佰奥辅仁自设立起即为实际控制人控制的企业，此次收购长春佰奥辅仁是基于其协助发行人进行核心原材料采购的重要性以及未来发展前景而做出的收购决定，有利于提高发行人的资产完整性，收购价格合理；此次收购按同一控制下合并进行会计处理，长春佰奥辅仁合并前的净损益计入非经常性损益并单独列示，符合会计准则相关规定；此次收购整合系同一控制下的资产业务整合，长春佰奥辅仁在合并前即 2016 年度末的资产总额及 2016 年营业收入、利润总额均不超过发行人当期相关指标的 50%，且已运行一个会计年度以上，因此发行人主营业务没有发生重大变化。

保荐机构履行了如下核查程序：查阅了长春佰奥辅仁工商资料，取得了发行人与长春佰奥辅仁、长春皓月签署的相关业务协议，访谈了发行人生产负责人，查阅了《资产评估报告》，取得了股权转让协议及转让价款支付记录等文件，对照《证券期货法律适用意见第 3 号》进行了分析。

案例点评

上述案例中，发行人对报告期内发生的业务重组的原因、合理性以及重组后的整合情况进行了说明。重组标的应当符合科创板定位，所属行业应当与科创公司所属行业相同或者处于上下游，且与科创公司主营业务具有协同效应。中介机构从发行人业务重组的合理性、交易实施的必要性、交易方案的合规性、交易安排的合理性、交易价格的公允性、业绩承诺和补偿的可实现性等角度进行了核查论证。

第七节　整体变更

一、关注要点

有限责任公司为了使业绩能够连续计算，早日满足公司申报上市要求，通常会采取将有限公司整体变更为股份有限公司的方式。部分科创企业因前期技术研发、市场培育等方面投入较大，在有限责任公司整体变更为股份有限公司前，存在累计未弥补亏损。此类发行人可以依照发起人协议，在履行董事会、股东会等内部决策程序后，以不高于净资产金额折股，通过整体变更设立股份有限公司的方式解决以前累计未弥补亏损的问题，持续经营时间可以从有限责任公司成立之日起计算。整体变更时存在累计未弥补亏损，或者因会计差错更正追溯调整报表而致使整体变更时存在累计未弥补亏损的，发行人可以在完成整体变更的工商登记注册后提交发行上市申请文件，不受运行 36 个月的限制。

发行人应在招股说明书中充分披露其由有限责任公司整体变更为股份有限公司的基准日未分配利润为负的形成原因，该情形是否已消除，整体变更后的变化情况和发展趋势，与报告期内盈利水平变动的匹配关系，对未来盈利能力的影响，整体变更的具体方案及相应的会计处理、整改措施（如有），并充分揭示相关风险。

针对部分申请科创板上市的企业尚未盈利或最近一期存在累计未弥补亏损的情形，在信息披露方面科创板对其主要有以下特别要求：

一是原因分析。尚未盈利或最近一期存在累计未弥补亏损的发行人，应结合行业特点分析并披露该等情形的成因，例如：产品仍处于研发阶段，未形成实际销售；产品尚处于推广阶段，未得到客户广泛认同；与同行业公司产品相比，产品技术含量或品质仍有差距，未产生竞争优势；产品产销量较小，单位成本较高或期间费用率较高，尚未体现规模效应；产品已趋于成熟并在报告期内实现盈利，但由于前期亏损较多，导致最近一期仍存在累计未弥补亏损；其他原因。发行人还应说明尚未盈利或最近一期存在累计未弥补亏损是偶发性因素导致，还是经常性因素导致。

二是影响分析。发行人应充分披露尚未盈利或最近一期存在累计未弥补亏损对公司现金流、业务拓展、人才吸引、团队稳定性、研发投入、战略性投入、生产经营可持续性等方面的影响。

三是趋势分析。尚未盈利的发行人应当披露有关未来能否实现盈利的前瞻性信息,对其产品、服务或者业务的发展趋势、研发阶段以及达到盈亏平衡状态时主要经营要素需要达到的水平进行预测,并披露相关假设基础;存在累计未弥补亏损的发行人应当分析并披露在上市后的变动趋势。披露前瞻性信息时,发行人应当声明其假设的数据基础及相关预测具有重大不确定性,提醒投资者进行投资决策时应谨慎使用。

四是风险因素。尚未盈利或最近一期存在累计未弥补亏损的发行人,应充分披露相关风险因素,包括但不限于:未来一定期间无法盈利或无法进行利润分配的风险,收入无法按计划增长的风险,研发失败的风险,产品或服务无法得到客户认同的风险,资金状况、业务拓展、人才引进、团队稳定、研发投入等方面受到限制或影响的风险等。未盈利状态持续存在或累计未弥补亏损继续扩大的,发行人应分析触发退市条件的可能性,并充分披露相关风险。

五是投资者保护措施及承诺。尚未盈利或最近一期存在累计未弥补亏损的发行人,应当披露依法落实保护投资者合法权益规定的各项措施,还应披露本次发行前累计未弥补亏损是否由新老股东共同承担以及已履行的决策程序。尚未盈利企业还应披露其控股股东、实际控制人和董事、监事、高级管理人员、核心技术人员按照相关规定做出的关于减持股份的特殊安排或承诺。

发行人存在累计未弥补亏损的,应重点关注的情形包括:披露股改基准日未分配利润为负的原因,该情形是否已经消除,整体变更后的变化情况和发展趋势,与报告期内盈利水平变动的匹配关系,对未来盈利能力的影响,整体变更为具体方案及相应的会计处理、整改措施;整体变更事项是否经董事会、股东会表决通过,相关程序是否合法合规,改制中是否存在侵害债权人合法权益情形,是否与债权人存在纠纷,是否已完成工商登记注册和税务登记等相关程序,整体变更相关事项是否符合法律法规的规定;整体变更的会计处理、会计差错更正是否符合《企业会计准则》的规定；股改合并报表净资产数低于母公司净资产数，是否构成出资不实；披露本次发行前未弥补亏损是否由新老股东共同承担，新老股东按什么比例承担及相应依据；母公司盈利，合并报表存在未弥补亏损的情况下，如上市公司分红，是否符合《公司法》相关规定。

二、案例解读：瀚川智能

苏州瀚川智能科技股份有限公司（以下简称"瀚川智能"）是一家专注于智能制造研发、设计、生产、销售及服务的高新技术企业。公司专注于精密小型产品制造领域，为客户提供柔性、高效的智能制造装备整体解决方案。

已受理	已问询	上市委会议	提交注册	注册生效
2019-04-04	2019-04-16	2019-06-26	2019-06-28	2019-07-03

通过

根据招股说明书披露，发行人瀚川有限整体变更设立为股份有限公司时，存在累计未弥补亏损2 551.66万元。

1. 上交所要求发行人披露：由有限责任公司整体变更为股份有限公司的基准日未分配利润为负的形成原因，该情形是否已消除。发行人回复，到瀚川有限整体变更设立为股份有限公司时，母公司未分配利润为－2 551.66万元。瀚川有限整体变更为股份公司时存在未分配利润为负的情况，主要原因是瀚川有限为进行产品研发和业务拓展投入了大量的研发、人员成本，但前期产生的收入不足以覆盖同期支出所致。母公司报表层面，发行人历史形成的未弥补亏损已在报告期内通过公司经营产生的净利润得到填补，上述未分配利润为负的情形已消除。

2. 上交所要求发行人披露整体变更后的变化情况和发展趋势，与报告期内盈利水平变动的匹配关系。发行人回复，整体变更完成后，公司基本财务情况如表7-5所示。

表7-5 发行人公司基本财务情况 （单位：万元）

项目	2018.12.31/2018年度（合并）	2017.12.31/2017年度（合并）	2018.12.31/2018年度（母公司）	2017.12.31/2017年度（母公司）
总资产	48 729.13	30 975.64	31 195.19	17 192.78
净资产	18 720.20	11 506.74	14 288.59	9 898.53
未分配利润	8 270.59	1 692.42	4 058.09	30.67
营业收入	43 601.76	24 384.91	19 972.64	8 272.46
净利润	7 111.36	3 282.68	4 474.91	1 634.41

公司整体变更为股份有限公司后，得益于前期市场积累和技术沉淀，发行人市场地位和产品竞争力不断提升，规模效应进一步凸显，盈利能力持续增强。经核查，发行人整体变更后的业务变化情况和发展趋势与报告期内盈利水平变动情况一致。

3. 上交所要求发行人披露对未来盈利能力的影响，整体变更的具体方案及相应的会计处理，并充分揭示相关风险。发行人回复：

（1）对未来盈利能力的影响。公司整体变更为股份有限公司后，受益于前期的市场累积和技术沉淀，公司经营业绩得到进一步提升，盈利能力持续增强，且历史形成的未弥补亏损已通过公司经营产生的净利润得到填补。因此，公司整体变更时存在未分配利润为负的情形，不会对公司未来持续盈利能力产生重大不利影响。

（2）整体变更的具体方案及相应的会计处理。2017年11月，瀚川有限召开股东会，审议通过了公司整体变更为股份有限公司的方案。瀚川有限以截至2017年8月31日净资产9 477.99万元为基础，折股为8 100万股（每股面值1元），溢价部分全部计入资本公积。

4. 上交所要求保荐机构和发行人律师核查。上交所要求中介机构根据《上海证券交易所科创板股票发行上市审核问答》（以下简称《科创板审核问答》）的相关规定，对下列事项进行核查并发表意见：整体变更相关事项是否经董事会、股东会表决通过，相关程序是否合法合规；改制中是否存在侵害债权人合法权益的情形，是否与债权人存在纠纷；是否已完成工商登记注册和税务登记相关程序，整体变更相关事项是否符合《公司法》等相关规定。

2017年11月，瀚川有限先后召开董事会和股东会，审议通过相关《审计报告》以及《资产评估报告》，同时决定将瀚川有限整体变更设立为股份有限公司。2017年12月8日，发起人共同签署了《发起人协议》，以瀚川有限整体变更的方式共同发起设立股份有限公司。2017年12月11日，中介机构出具了《验资报告》，对瀚川有限整体变更的出资进行了审验。2017年12月11日，公司召开创立大会，全体发起人审议并一致通过了《关于股份公司筹办情况的工作报告》《关于股份公司设立费用的报告》《关于制定股份公司章程的议案》等与股份公司设立相关的议案。2017年12月27日，此次整体变更完成了工商变更登记手续。经核查，发行人整体变更相关事项已经董事会、股东会表决通过，相关程序合法合规；瀚川有限系通过整体变更方式设立股份有限公司，整体变更后，发行人的注册资本显著增加。同时，根据《发起人协议》、创立大会决议及发行人说明，瀚川有限的全部债权、债务由瀚川智能承继，不存在通过自身资产的调整或者企业间资产转移等行为侵害债权人合法利益的情形，与债权人不存在纠纷或潜在纠纷。经核查，发行人在改制中不存在侵害债权人合法权益的情形，与债权人不存在纠纷；整体变更相关事项符合《公司法》等相关规定。2017年12月27日，瀚川智能就整体变更事宜在江苏省工商行政管理局办理了变更登记手续。根据《江苏省政府办公厅关于实行"三证合一"登记制度的实施意见（试行）》（苏政办发〔2014〕102号）的相关规定，工商、质监、国税、地税数据共享、并联审批、限时办结、核发一照，无须办理税务登记。

公司发起人签署的《发起人协议》系各发起人的真实意思表示，符合有关法律、法规和规范性文件的规定；公司创立大会的召开程序及所议事项、决议符合相关法律法规和规范性文件的规定；发行人的设立履行了审计、评估、验资及必要的内部决策程序，且履行了变更登记等手续；发行人的设立程序、资格、条件、方式等也均符合《公司法》等法律、法规和规范性文件的规定。

保荐机构及发行人律师查阅发行人工商档案、营业执照、《发起人协议》、发行人整体变更相关的会议文件、审计报告和财务报表、评估报告和验资报告等资料文件，取得了发行人出具的说明，并查询了国家企业信息公示系统、裁判文书网、中国执行信息公开网。

案例点评

在上述案例中，发行人就存在累计未弥补亏损披露了股改基准日未分配利润为负的原因，整体变更后的变化情况和发展趋势，与报告期内盈利水平变动的匹配关系，对未来盈利能力的影响，整体变更具体方案及相应的会计处理、整改措施。整体变更事项经董事会、股东会表决通过，相关程序合法合规，改制中不存在侵害债权人合法权益的情形以及与债权人存在纠纷的情形，已完成工商登记注册和税务登记等相关程序，整体变更相关事项符合法律法规。公司整体变更为股份有限公司后，受益于前期的市场累积和技术沉淀，公司经营业绩得到进一步提升，盈利能力持续增强，且历史形成的未弥补亏损已通过公司经营产生的净利润得到填补。

第八节 红筹架构

一、关注要点

红筹架构是指中国境内的公司（不包含港澳台地区）在境外设立离岸公司，然后将境内公司的资产注入或转移至境外公司，实现境外控股公司海外上市融资目的的结构。境内企业采用的可变利益实体架构中，境外特殊目的公司并不直接收购境内经营实体的股权,而是通过境内单独设立的外商独资企业(WFOE)与境内经营实体签订一系列合同或协议,典型的合同包括:排他性的技术支持合同,战略咨询服务合同,有形资产租赁合同,商标、技术等无形资产许可合同,以及投票权代理协议,购买期权协议,财务支持协议,股权质押协议等。在一揽子合同或协议安排下,境外特殊目的公司通过 WFOE 为境内经营实体提供垄断性咨询、管理和技术支持等服务,从而以"服务费"的方式获得境内经营实体的大部分经济利益。同时,境外特殊目的公司还通过合同或协议安排,取得境内经营实体全部股权的优先购买权、质押权和投票表决权、经营控制权,从而间接实现境外离岸公司对境内经营实体企业的控制。结合红筹架构搭建与拆除的操作流程,需要特别关注外汇监管事项、涉税事项以及 VIE 特别事项。

(一)外汇监管事项

外汇监管事项主要包括:红筹架构搭建以及后续融资、返程投资及红筹架构拆除过程中的外汇初始登记、变更登记及注销登记,可能的外汇处罚情况,以及各环节所涉及进出境资金的来源及外汇合规性。根据《国家外汇管理局关于境内居民通过境外特殊目的公司融资及返程投资外汇管理有关问题的通知》(汇发〔2005〕75 号)、《国家外汇管理局关于境内居民通过特殊目的公司境外投融资及返程投资外汇管理有关问题的通知》(汇发〔2014〕37 号,以下简称"37 号文")等规定,境内居民自然人通过个人特殊目的公司进行返程投资应当办理外汇登记,若在未办理外汇登记的情形下存在涉嫌套汇行为和外汇出境行为,可能会对上市产生实质性障碍,在特定情形出现时,境内居民自然人还应当办理外汇变更登记及注销登记。同时,根据 37 号文、《外国投资者境内直接投资外汇管理规定》(汇发〔2013〕21 号)和《直接投资外汇业务操作指引》(汇发〔2015〕13 号)等的规定,返程投资设立的外商投资企业就整个存续期间内的重大事项(包括外汇资金出入境事项),需要进行相应登记。企业拆除红筹架构回归中国证券市场之前应做外汇登记/补登记而未做的事项会成为其历史沿革方面的法律瑕疵，但是否会成为上市的障碍有一定的不确定性。为了减少发行审核过程中的风险，凡涉及上述登记事项的个人或法人，应尽最大可能与当地外汇管理部门取得沟通并办理补登记，减小前期不合规事项对境内拟上市主体可能造成的不利影响。红筹企业境外融资或募集资金进行返程投资时，主要是通过向 WFOE 或合资企业增资或提供股东贷款的方式，因此资金的入境及其结汇需要遵守相关规定，尤其是有关外汇资本金结汇规定及外债登记监管规定。此外，公司在红筹架构拆除过程中需要向拟退出的境外投资人支付转让价款/回购价款，对于此类出境资金的来源及其价款汇出时预提扣缴事宜，其也需要遵守相应的监管规定。

（二）涉税事项

涉税事项主要包括红筹架构搭建及拆除过程中涉及的境内外投资人的所得税/预提税缴纳问题，以及因拆除红筹架构导致有关企业变更为非外商投资企业时其已享受的外资税收优惠的返还问题。红筹回归过程中涉及的税务事项集中在两个方面：一是外商投资企业的性质变为内资或外资持股比例低于25%后，其之前享有的所得税优惠的处理；二是拆除过程中发生股权转让所得的纳税处理。对于拆除红筹架构的企业，其之前作为外商投资企业享有的税收优惠，应当根据其变更之后的企业性质（外资或内资）和外资持股比例（大于或小于25%）的情况分别对待。在做出外商投资企业之前享有的税收优惠不予补缴的判断性结论时应当有明确的依据，如外商投资企业系按照外资优惠外的其他优惠政策（如高新产业优惠、经济特区优惠）享有税收优惠，或者拆除红筹架构后外商投资企业的外资持股比例仍不低于25%，否则该外商投资企业将存在返还税收优惠的风险。同时，在红筹架构的搭建和拆除过程中，涉及相关主体的股权在不同股东之间频繁变化的情况，而股权转让时转让对价的确定关乎所得税的缴纳。在确定股权转让对价时，应遵循公平交易原则，合理确定交易价格。

（三）特殊事项

相较于采取直接持股模式的红筹企业回归，采取协议控制模式的红筹企业回归的特殊事项主要涉及控制协议的履行及解除情况，以及相关特殊目的公司的注销。在协议控制模式下，如果控制协议未得到实际履行，即完全控制境内运营实体（OPCO）的利润、相关资产未被转移至外商投资企业，则以 OPCO 作为境内拟上市主体，独立性、盈利情况符合上市要求的可能性较大；如果控制协议得到了实际履行，则 OPCO 的利润以服务费用等方式转移至红筹企业，而 OPCO 一般没有或只有很少的利润，这将导致它难以满足上市条件；而通过控制协议取得利润的外商投资企业，因为其利润是在关联交易的背景下获得的，且该外商投资企业并不直接拥有实际运营的各要素，缺乏独立性和完整性，故该外商投资企业也难以满足上市要求。在这种情况下，在控制协议解除后，境内拟上市主体至少需要运营 3 年以上才有可能上市。从避免同业竞争及可能产生的潜在纠纷的角度出发，除了境内拟上市主体及其并表范围内的企业以外，原来红筹架构下的其他特殊目的公司通常都会被要求注销，若在申请发行时保留部分特殊目的公司，需要进一步说明保留的原因及合理性。

（四）重大变更

红筹回归过程中涉及的实际控制人、管理层事项主要是指境内拟上市主体的实际控制人及管理层在报告期内是否发生重大变更。根据《科创板首次公开发行股票注册管理办法（试行）》的规定，发行人最近 3 年（创业板及科创板为两年）内实际控制人没有发生变更，董事、高级管理人员没有重大变化是首发上市的基本条件之一，如不满足，发行人将面临审核不通过的风险。但在红筹架构搭建的过程中，红筹企业可能尚未考虑后期上市问题，红筹企业可能存在没有保持实际控制人、管理层一致的问题。因此，在红筹回归的过程中，企业应尽量保持境内拟上市主体实际控制人不变更及管理层不要发生重大变化，以免造成上市时间的延迟。

红筹回归过程中涉及的资产、业务事项主要包括境内拟上市主体资产、业务的独立性，以及境内拟上市主体业务在报告期内是否发生了重大变更。部分红筹企业在境外设了独立的销售体系从事境外销售，该境外销售体系与境内拟上市主体属于并行关系而非隶属关系，如仅以境内部分上市，因境内部分不拥有境外销售体系的权益，因此存在资产及业务不完整、不独立的隐患。无论设立境外销售公司的初衷是为何，为实现资产、业务的独立，一般会在上市前将境外的相关公司纳入上市架构。比较可行的做法是由境内拟上市主体并购境外销售公司的股权，因该等并购发生在同一实际控制人内部，属于同一控制下的合并行为，编制合并会计报表时可使用追溯调整的原则。根据《证券期货法律适用意见第 3 号》的规定，在同一控制下的企业重组，如果被重组方重组前一个会计年度末的营业收入或利润总额达到或超过重组前发行人相应项目的 100%，则应在重组后运行一个年度后才可申请发行，在满足前述条件的情形下，发行人的主营业务还应未发生变更。境内拟上市主体同时应就收购境外销售公司事项办理商务部门、发改部门及外汇部门相应的手续。

二、案例解读：华熙生物

已受理	已问询	上市委会议	提交注册	注册生效
2019-04-10	2019-04-18	2019-08-27	2019-08-30	2019-09-29

通过

华熙生物招股说明书披露，2018 年 4 月 16 日，实际控制人赵燕 100% 直接和间接持股的境内公司华熙昕宇向发行人增资人民币 30 000 万元，增资价格为人民币 1 元/注册资本，增资完成后，华熙昕宇的持股比例从 0 变为 77.16%，发行人控股股东由香港勤信变更为华熙昕宇，实现了实际控制人直接通过境内主体对发行人的控制。2018 年 6 月至 2019 年 3 月，香港勤信经过多次股权转让，将其持有的所有发行人股权转让给各境内外投资者、控股股东控制的其他企业的员工持股平台、发行人员工持股平台等。至此,发行人红筹架构拆除。

1. 上交所要求发行人说明境外架构拆除前发行人股东是否涉及返程投资,以及需要办理的外汇登记手续是否符合外汇管理法律法规的规定。

华熙生物回复:境外架构拆除前,实际控制人赵燕通过其设立的境外特殊目的公司 Aim First(目标一号)、Grand Full(大全)及其下属企业香港勤信,通过返程投资间接持有发行人100%的股权。根据《国家外汇管理局关于境内居民通过特殊目的公司境外投融资及返程投资外汇管理有关问题的通知》(汇发〔2014〕37号)等相关法律法规的规定,实际控制人赵燕已就上述境外投资及返程投资事宜办理完外汇登记手续,符合外汇管理相关的法律法规规定。

2. 上交所要求发行人说明境外架构拆除前后的股权结构,平移后相关股权一一对应的关系,各股东直接或间接持有发行人的股权比例是否存在重大差异,如存在,请说明原因。

华熙生物回复:开曼华熙私有化完成后,赵燕100%间接持有开曼华熙的股权,不存在其他股东持有开曼华熙的股份及将开曼华熙股权一一平移至境内的情形。境外架构拆除过程中,首先通过境内主体华熙昕宇的增资,将发行人的股权架构由赵燕通过境外主体持股100%,变更为赵燕通过香港勤信持股22.84%及通过华熙昕宇持股77.16%,合计仍持股100%。此后,通过其他境内外股东增资、受让老股及员工入股等方式,其他境内外股东合计持股34.1368%,香港勤信所持发行人股份已全部对外转让,赵燕仅通过境内主体华熙昕宇间接持有发行人65.8632%的股份,但其他境内外股东持股不属于自开曼华熙平移股权的情形,无一一对应的关系。

3. 上交所要求说明发行人股东注册地的情况,对于设立在国际避税区且持股层次复杂的股东,说明发行人设置此类架构的原因、合法性及合理性、持股的真实性、是否存在委托持股与信托持股、是否有各种影响控股权的约定、股东的出资来源等,发行人如何确保公司治理和内控的有效性。

华熙生物回复:截至本回复报告签署之日,发行人境外股东的名称、持股比例及注册地点如表 7-6 所示。

表 7-6 发行人境外股东基本情况

序号	境外股东名称	持股比例	注册地点
1	Fortune Ace（财富爱思）	1.8020%	开曼群岛
2	West Supreme（西方至上）	1.3416%	英属维尔京群岛（BVI）
3	Luminescence（发光公司）	1.1634%	中国香港
4	Sunny Faithful（阳光诚）	1.0727%	中国香港
5	Sino Rock Star（西诺明星）	0.4510%	中国香港
6	FC Venus（福尼斯）	0.2266%	开曼群岛

上述境外股东设置的多层次境外股权架构，是境外投资者对境内股权投资惯常采用的股权架构，符合当地法律规定，具有合理性；上述境外投资者已提供相应文件，确认其持股真实性及其不存在委托持股、信托持股或各种影响控股权的约定。该等股东的出资来源皆为自有资金。

上述境外股东合计持股比例为 6.0573%，且仅有 West Supreme 提名一名董事参与发行人董事会日常事务，其余境外股东未提名董事、监事，也不存在其指定人选被任命为高管职务，因此上述境外股东的存在未对实际控制人对于发行人的有效公司治理和控制造成重大影响。

4. 上交所要求发行人说明境外架构拆除时，是否履行了必要的决策程序。

公司回复，境外架构拆除过程中，履行了以下内部决策程序：

（1）2018 年 4 月，增资及企业类型变更。2018 年 4 月 1 日，华熙福瑞达（系发行人前身）股东香港勤信做出股东决定，同意华熙昕宇向华熙福瑞达增资人民币 30 000 万元；增资完成后，公司的注册资本增加至人民币 38 880 万元；并将公司类型由有限责任公司（港澳台地区法人独资）变更为有限责任公司（港澳台地区公司与境内公司合资）。2018 年 4 月 1 日，华熙昕宇与香港勤信签订新的公司章程。

（2）2018年6月，增资及股权转让。2018年5月18日，华熙福瑞达做出股东决定，同意股东香港勤信将其持有的公司1.1634%的股权转让给Luminescence，转让价格为1 500万美元；同意在进行股权转让的同时，增加公司注册资本，公司注册资本由38 880万元增加至43 043.7444万元，新增注册资本由赢瑞物源、天津润美、天津华绣、天津熙美、天津润熙、天津玉熙、百信利达缴纳。同日，华熙福瑞达做出董事会决议，同意上述转让及增资。2018年5月31日，合资各方签署华熙福瑞达的公司章程。

（3）2018年12月，香港勤信转让股权给天津文徽。2018年12月7日，华熙福瑞达召开董事会并做出决议，全体董事一致同意香港勤信将其持有的华熙福瑞达0.3075%的股权转让给天津文徽。同日，全体股东就上述股权变更事宜签署了《公司章程》。

（4）2019年2月，股权转让及企业类型变更。2019年1月15日，华熙福瑞达召开董事会并做出决议，全体董事一致同意：香港勤信将其持有的华熙福瑞达16.5186%的股权分别转让给国寿成达等新股东；同意公司类型由有限责任公司（港澳台地区公司与境内公司合资）变更为中外合资企业；同意通过新的公司章程。同日，全体股东就上述股权转让事宜签署了《公司章程》。

（5）2019年3月，股权转让。2019年2月，华熙福瑞达召开董事会并做出决议，全体董事一致同意：香港勤信将其持有的华熙福瑞达2.6408%的股权分别转让给West Supreme等新股东；华熙昕宇将其持有的华熙福瑞达3.8333%的股权分别转让给天津德熙等新股东；通过新的公司章程。同月，全体股东就上述股权转让变更事宜签署了《公司章程》。

5. 上交所要求发行人说明境外架构拆除的估值作价情况，定价是否公允，是否存在利益输送；资金出入境及税收缴纳情况，是否符合外汇、税收相关规定，是否履行了必要的审批程序，是否存在争议或潜在纠纷。

公司回复，境外架构拆除中涉及的历次估值作价如下：

（1）2018年4月，华熙昕宇向华熙福瑞达增资3亿元。华熙昕宇、香港勤信及发行人，均为实际控制人赵燕100%最终持股的企业，因此华熙昕宇按照人民币1元/注册资本的价格向发行人增资，实质上属于发行人100%原股东的增资行为，增资前后发行人的最终股东未发生变化，均为赵燕100%间接持股，增资价格合理，不存在违反相关法律法规，或损害其他股东利益的情况，不存在利益输送。因为此次增资为境内居民企业增资，不涉及资金出入境或外汇管理审批，不涉及企业所得税缴纳，符合中国外汇、税收相关法律法规的规定。

（2）2018年6月，华熙福瑞达股权变动及增资。

①7家企业向华熙福瑞达增资。此次增资价格经增资各方协议确定，属市场化定价，定价公允，最终确认投后估值为78.05亿元，不存在利益输送关系。此次增资为境内企业对发行人增资，增资价款均系在境内缴付，不涉及资金出入境，不涉及企业所得税缴纳。此次增资行为符合中国外汇、税收相关法律法规的规定。

②香港勤信向Luminescence转让华熙福瑞达1.1634%的股权。此次股权转让价格为转让双方自行协商确定，属市场化定价，定价公允，考虑到香港勤信存在股权转让的税收成本，因此，股权转让的估值确定为81.93亿元，略高于同期增资的投后估值，不存在利益输送关系。上述股权转让为非居民企业之间转让境内股权，转让价款均在境外支付，不存在资金出入境情况；香港勤信已在境内足额缴纳应承担的股权转让企业所得税，此次股权转让符合中国外汇、税收相关法律法规的规定。

（3）2018年12月，华熙福瑞达股权变动。

此次股权转让价格，经转让方及受让方自行协商，参照2018年6月的股权变动价格作价，发行人企业估值为78.05亿元，定价合理，不存在利益输送关系。香港勤信已足额缴纳了股权转让的企业所得税；此次股权转让所涉及的转让价款涉及资金出境，已由天津文徵办理完购付汇手续并将资金汇入香港勤信的境外账户。此次股权转让符合中国外汇、税收相关法律法规的规定。

（4）2019年2月，香港勤信转让发行人股权。

此次股权转让价格，是经转让方及受让方自行协商确定的，为市场化定价，发行人企业估值为150亿元，定价公允，不存在利益输送关系。此次股权转让过程中，香港勤信应缴纳的企业所得税均已由受让方代扣代缴或由转让方自行缴纳完毕。此次股权转让符合中国外汇、税收相关法律法规的规定。

（5）2019年3月，华熙福瑞达股权变动。

此次股权转让定价与2019年2月的股权转让定价同期确定，是经转让方及受让方自行协商确定的，发行人企业估值为150亿元，该等定价为市场化定价，定价公允，不存在利益输送关系。此次股权转让过程中香港勤信应缴纳的企业所得税，均已由转让方自行缴纳完毕；此次股权转让均为非居民企业之间转让境内股权，转让价款均在境外支付，不涉及资金出入境情况。此次股权转让符合中国外汇、税收相关法律法规的规定。2019年3月1日，华熙福瑞达就上述事项办理了工商变更登记手续，并取得济南高新区市场监管局换发的营业执照。2019年3月4日，济南市投资促进局出具了《外商投资企业变更备案回执》（鲁外资济高备字201900038号），对上述股权转让事宜进行了备案。

上述境外架构拆除过程中所涉及的各次股权转让及增资事项，均办理了工商变更登记手续，定价公允，不存在利益输送，履行了相关的决策及审批程序，符合外汇、税收等相关法律法规规定，不存在争议或潜在纠纷。

6. 上交所要求发行人说明境外架构拆除资金流转的路径，相关资金来源是否合法合规，如涉及借款，相关股东款项是否偿还完毕，是否影响发行人股权结构及控制权的稳定性。

发行人回复，境外架构拆除过程中的相关资金来源合法合规，均不涉及借款，不影响发行人股权结构及控制权的稳定性，具体情况如下：

（1）2018年4月，华熙昕宇向华熙福瑞达增资3亿元。该笔资金来源为华熙昕宇自有资金，资金流转路径为自华熙昕宇的银行账户汇入华熙福瑞达的银行账户，不涉及资金出入境。

（2）2018年6月，华熙福瑞达股权变动及增资。赢瑞物源、天津润美、天津华绣、天津熙美、天津润熙、天津玉熙、百信利达已向华熙福瑞达足额缴纳了此次增资款，各增资方此次增资的资金来源均为自有资金，不涉及借款，资金流转路径为自各境内增资方银行账户汇入发行人的境内银行账户，不涉及资金出入境。Luminescence已就此次股权转让向香港勤信支付1 500万美元，该笔资金来源其自有资金，其资金流转路径为自Luminescence的境外银行账户汇入香港勤信的境外银行账户。该股权转让为非居民企业之间的转让，转让价款均在境外支付，不存在资金出入境情况。

（3）2018年12月，华熙福瑞达股权变动。天津文徽已向香港勤信支付2 159.78万元股权转让款，该笔资金来源为其自有资金，不涉及借款，其资金流转路径为自天津文徽的境内银行账户汇入香港勤信的境外银行账户。此次股权转让所涉及的转让价款涉及资金出境，并已由天津文徽办理完购付汇手续，并已将资金汇入香港勤信的境外银行账户。

（4）2019年2月，华熙福瑞达股权变动。香港勤信已收到Fortune Ace、Sino Rock Star、艾睿思医疗、安岱汇智、丰川弘博、共青城博仁、国寿成达、汇桥弘甲、珠海金镒铭、信石神农、安徽中安、中金佳泰支付的此次交易价款。此次交易中上述各受让方的资金来源均为自有资金，不涉及借款，其资金流转路径为自各受让方的境内外银行账户汇入香港勤信的境外银行账户。香港勤信与Fortune Ace及Sino Rock Star的股权转让为非居民企业之间转让，转让价款均系在境外支付，不涉及资金出入境情况；其余10家的股权转让所涉及的转让价款涉及资金出境，并已由受让方办理完购付汇手续，并已将资金汇入香港勤信的境外银行账户。

（5）2019年3月，华熙福瑞达股权变动。香港勤信已就此次股权转让收到FC Venus、Sunny Faithful及West Supreme支付的交易价款。此次交易中上述各受让方的资金来源均为自有资金，不涉及借款，其资金流转路径为自各受让方的银行账户汇入香港勤信的境外银行账户。此次股权转让均为非居民企业之间转让，转让价款均系在境外支付，不涉及资金出入境情况。

7. 上交所要求发行人说明境外架构拆除后 Valuerank Holdings（价值级别控股，以下简称"Valuerank"）、Farstar Enterprises（富雅公司，以下简称"Farstar"）、华熙美塑、华熙御美、Pando Group（庞度集团，以下简称"Pando"）等境外公司不纳入境内上市体系并且不予注销的原因，是否存在与发行人经营相同或相似业务的情形。公司回复如下：

（1）Valuerank、Farstar、美塑投资、华熙美塑（BVI）正在进行注销的准备工作，Valuerank、Farstar 没有开展任何实际业务运营，实际控制人计划逐步注销 Valuerank、Farstar。因相关境外公司需要自下而上逐级注销，而 Valuerank、Farstar 的子公司香港勤信、富雅投资等正在注销过程中，因此将在香港勤信、富雅投资注销完成后，方可启动 Valuerank、Farstar 的注销工作。华熙美塑（BVI）及美塑投资没有开展任何实际业务运营，其子公司 Bloomage Meso Holdings S. A.（布玛控股）已完成企业注销，华熙美塑（BVI）及美塑投资的注销程序即将启动。待注销的公司情况如表 7-7 所示。

表 7-7　发行人待注销的公司情况

公司名称	注册地	注销启动时间
香港勤信	中国香港	2019 年 3 月，不再持有发行人股份即开始启动注销程序
富雅投资	中国香港	2018 年 11 月，转让其持有的日本合资公司股权后，已启动注销程序
Valuerank	英属维尔京群岛（BVI）	香港勤信注销后将启动注销程序
Farstar	英属维尔京群岛（BVI）	富雅投资注销后将启动注销程序
美塑投资	中国香港	子公司 Bloomage Meso Holdings S. A. 已注销，即将启动注销程序
华熙美塑（BVI）	英属维尔京群岛（BVI）	美塑投资注销后将启动注销程序

(2) 华熙御美（BVI）、御美投资、Pando 保留的原因。

华熙御美（BVI）、御美投资、Pando 目前主要为控股平台公司，华熙御美（BVI）直接或通过 Pando 及御美投资投资了 4 家以色列公司，分别为 Brighttonix（明毒公司）、Innogen（因根公司）、Fintech（金科公司）及 EVA Ltd.（伊娃公司）。上述 4 家以色列公司不受发行人控制且主营业务与发行人不构成同业竞争，具体情况如下：Fintech 为从事创新金融科技业务的公司，与发行人不构成同业竞争；EVA Ltd. 主营业务为研发、生产和销售皮肤检测、分析仪器，与发行人主营业务存在明显差异。根据御美投资与 EVA Ltd. 签署的协议，御美投资不参与公司具体经营活动，且持股比例为 18.40%，为公司第三大股东，不形成对该公司的控制，故与发行人不构成同业竞争；Brighttonix 主营业务为研发、生产和销售牙齿美白仪器，产品根据射频原理，对牙齿起到美白作用，与发行人主营业务存在明显差异。根据 Pando 与 Brighttonix 签署的协议，Pando 只委派一名董事，不参与公司具体经营活动，且持股比例为 31.58%，低于 Oded Ron Edoute（融多公司）和 Orit Ron Edoute（融易公司，以下简称"Oded & Orit"）合计 39.10% 的持股比例，且 Oded&Orit 亦持有 Pando 11.50% 的股权。Oded（欧的）和 Orit（欧瑞）为以色列国籍的自然人，系夫妻关系，为该企业一致行动人、实际控制人。故开曼华熙不形成对 Brighttonix 的控制，Brighttonix 与发行人不构成同业竞争；Innogen 主营业务为研发、生产和销售与生发相关的设备及产品，利用射频原理，使消费者通过使用生发消耗品辅助刺激头发的生长，与发行人主营业务存在明显差异。根据相关协议，华熙御美（BVI）一方只委派一名董事，不参与具体经营活动。Oded 和 Orit 夫妇直接持有 Innogen 40.73% 的股权，为 Innogen 第一大股东及实际控制人。故开曼华熙不形成对 Innogen 的控制，Innogen 与发行人不构成同业竞争。华熙御美（BVI）、御美投资、Pando 除投资上述以色列公司外并无其他经营业务，不存在与发行人经营相同或相似业务的情形。实际控制人已出具书面承诺，承诺该等主体未来不会从事与发行人业务相同或相似的业务。

8. 上交所要求发行人说明海外架构搭建、存续及解除是否符合境内外外汇、税务等法律法规的规定。公司回复如下：

（1）海外架构搭建的具体过程。

2004年5月30日，正达科技与Aim First签署了《股权转让协议》，约定正达科技将其持有的山东福瑞达的50%的股权以人民币315万元的价格全部转让给Aim First，山东福瑞达实现资产出境，完成了海外架构的搭建。此次股权转让价格系以山东正源和信有限责任会计师事务所于2004年3月28日出具的《山东福瑞达生物化工有限公司整体资产评估项目资产评估报告书》（鲁正信评咨字〔2004〕第1401号，评估基准日为2003年12月31日）中确定的福瑞达生物2003年度利润分配后的净资产值的50%为依据确定的；正达科技就此次股权转让产生了648 660.2元人民币投资收益，并已经在2004年度的企业所得申报缴纳过程中，将上述投资收益计入正达科技的企业所得应纳税所得额中，统一申报缴纳了企业所得税，符合境内外外汇、税务等相关法律法规的规定。

（2）海外架构存续的具体过程。

①开曼华熙境外上市前海外架构的重组。2005年1月7日，Valuerank在英属维尔京群岛注册成立。2008年4月10日，股东由Aim First变更为开曼华熙，自此开曼华熙持有该公司100%的股权。2005年3月18日，Farstar在英属维尔京群岛注册成立。2008年4月10日，股东由Newgrand（新中大）变更为开曼华熙，自此开曼华熙持有该公司100%的股权。2005年7月1日，Aim First、美国福瑞达分别与Valuerank、Farstar签订股权转让协议，协议约定Aim First、美国福瑞达分别将所持有的山东福瑞达50%的股权、25%的股权转让给Valuerank、Farstar。2008年4月10日，Aim First、Newgrand分别与开曼华熙签订股权转让协议，协议约定Aim First、Newgrand分别将所持有的Valuerank、Farstar 100%的股权转让给开曼华熙。同时，开曼华熙分别向Aim First、Newgrand发行66 600股、33 300股普通股作为对价。至此，开曼华熙通过Valuerank 和 Farstar 分别持有山东福瑞达 61% 和 30.5% 的股权，山东福瑞达其他 8.5% 的股权由福瑞达集团持有，完成境内资产出境并搭建境外上市基本架构。

②开曼华熙境外上市。2008 年 10 月 3 日，开曼华熙启动全球发售并成功在港交所主板上市交易，证券代码为 0963.HK。开曼华熙发行股份总数为 7 800 万股，占发行后全部股份的 25%。全球发售完成后，开曼华熙已发行总股份数变为 31 200 万股。

③开曼华熙退市。2017 年 6 月至 2017 年 11 月期间，开曼华熙收到港交所关于同意开曼华熙退市的批准文件，开曼华熙的退市方案经特别股东大会审议通过后取得了开曼群岛大法院批准，并最终于 2017 年 11 月 1 日撤销了其于港交所的上市地位。

（3）海外架构的解除。

私有化完成后，实际控制人启动了发行人红筹架构拆除工作，主要通过华熙昕宇向发行人增资，向外部投资人等其他股东转让香港勤信持有的发行人股权，实现了海外架构的拆除工作。

（4）海外架构搭建、存续及解除的合规情况。

发行人在海外架构搭建、存续及拆除过程中，履行了内部决策、外部审批等程序，已缴纳相应税款，办理了相应的外汇登记及注销程序，符合相应的税收、外汇管理等相关法律法规的规定；发行人实际控制人赵燕已就上述海外架构搭建、存续直至拆除过程中华熙昕宇向发行人增资、发行人的控股股东由香港勤信变更为华熙昕宇所涉及的境外投资及返程投资事宜办理完外汇登记手续，符合相关外汇管理法律法规的规定；发行人已经就上述海外架构搭建、存续直至拆除过程中发行人外商投资企业基本信息的变更、注销办理完相应的外汇登记手续；境外律师事务所已就海外架构的境外存续情况出具了法律意见书。上述境外公司均系依据当地法律合法设立及有效存续，其设立、存续及历次变更均符合当地法律包括当地税务相关法律的规定和要求。

综上所述，发行人海外架构搭建、存续及解除的过程合法合规，并不存在境内外外汇、税务等相关法律法规项下的重大违法违规情形。

保荐机构、发行人律师履行了以下核查程序：①核查了华熙昕宇与发行人签署的《增资协议》、增资款缴款凭证、发行人于华熙昕宇增资前后的验资报告、双方的股权结构、华熙昕宇2018年度《审计报告》、工商档案、内部决议文件、外部审批文件；②核查了发行人提供的外汇业务登记凭证等外汇登记文件；③核查了实际控制人赵燕提供的《境内居民个人境外投资外汇登记表》等外汇登记文件；④核查了海外架构拆除过程中发行人的工商内档、历次股权转让协议/出资及权益转让协议、内部决议文件、外部审批文件、评估报告、转让支付凭证、完税凭证及税款支付凭证；⑤核查了境外律师事务所就海外架构搭建、存续及拆除过程中合法合规性（包括股权转让及税务）的法律意见书；⑥取得发行人及其实际控制人出具的私有化资金来源说明、境外公司股权结构说明、历次股权转让无利益输送的说明；⑦取得了发行人境外股东关于设立、股权架构、实际控制人等的说明性文件及相关商业登记文件。

案例点评

红筹企业需要考虑自身的业务战略、资本战略和现有投资者的具体情况，以及不同资本市场的特点来设计和确定具体的上市方案。拟回归企业应根据自身情况量身定制红筹架构拆除方案，避免因未妥善处理而给红筹企业后期境内上市造成障碍。

第九节　三类股东

一、关注要点

三类股东，是指契约型私募基金、资产管理计划和信托计划。三类股东以契约为载体，通过合同保证股东权利的行使，其委托代理关系的本质可能被认定为"委托持股"。三类股东非独立的法律主体，出资人信息缺乏权威的、持续的、公示性的来源，只能由管理人提供，其实际出资人隐藏在契约背后，导致中介机构较难独立完成穿透式核查。另外，三类股东出资人购买、转让或赎回份额十分便利，在 IPO 审核过程中，可能存在三类股东到期兑付以及份额或收益权转让等情形，导致实际出资人时刻处于变化之中，中介机构对三类股东的持续核查较为困难。部分三类股东存在多层嵌套、杠杆不清、非法从事资产管理业务等问题，导致对出资人和资金来源很难穿透核查。基于三类股东管理人、产品及出资人相分离的特点，如果不能保证全面核查，可能引发潜在风险，导致利益输送更加便利。

针对不同的三类股东，对应的金融监管部门应通过穿透，以核查最终的投资者是否为合格投资者，风险资产信披是否到位，具体而言，包括：

第一，私募基金（契约型基金）的穿透核查。根据 2014 年 8 月 21 日实施的《私募投资基金监督管理暂行办法》（证监会令第 105 号）第 13 条第 2 款规定，以合伙企业、契约等非法人形式通过汇集多数投资者的资金直接或间接投资于私募基金的，私募基金管理人或私募基金销售机构应当穿透核查最终投资者是否为合格投资者，并合并计算投资者人数。但是，符合本条第（一）、（二）、（四）项（即社会公益基金、基金业协会备案的投资计划、投资于所管理私募基金的私募基金管理人及其从业人员、证监会规定的其他投资者）规定的投资者投资私募基金的，不再穿透核查最终投资者是否为合格投资者和合并计算投资者人数。

第二，信托计划的穿透核查。根据《中国银监会办公厅关于进一步加强信托公司风险监管工作的意见》（银监办发〔2016〕58 号）的规定，各银监局要督促信托公司按穿透原则向上识别信托产品最终投资者，不得突破合格投资者各项规定，防止风险蔓延；同时，按穿透原则向下识别产品底层资产，资金最终投向应符合银保、证各类监管规定和合同约定，将相关信息向投资者充分披露。

第三，资产管理计划的穿透核查。根据《证券期货经营机构私募资产管理业务运作管理暂行规定》（证监会公告〔2016〕13号），证券期货经营机构及相关销售机构不得违规销售资产管理计划，不得存在不适当宣传、误导欺诈投资者以及以任何方式向投资者承诺本金不受损失或者承诺最低收益等行为，包括但不限于以下情形[①]：向非合格投资者销售资产管理计划，明知投资者实质不符合合格投资者标准，仍予以销售确认，或者通过拆分转让资产管理计划份额或其收益权、为投资者直接或间接提供短期借贷等方式，变相突破合格投资者标准。

三类股东受到穿透原则的严格监管并获得相应监管部门的认可或许可，一方面能保证投资者合格，另一方面能保证资金的投向符合监管要求。三类股东只有在符合相应金融监管部门要求的前提下，才可能作为IPO股东进行适格性审查。

在三类股东可以公示且可持续穿透的基础上，中介机构应独立、充分、持续核查以下方面：

（1）三类股东设立的合法性，即核查三类股东是否依法设立且按有关监管规定办理了登记备案程序；

（2）三类股东法律关系建立的有效性，即核查资产管理合同、信托合同或基金合同的签署是否为当事人真实意思表示，约定是否明确，是否存在导致合同无效的情形；

（3）合同条款中各方权利、义务的约定是否明晰，委托财产的范围是否明确，特别关注委托人转让份额及退出的约定以及三类股东的存续期，避免因三类股东的终止及清算导致拟上市公司股权结构发生重大变化；

（4）三类股东的规范运作，即核查三类股东是否存在越权交易的投资行为，日常运作、信息披露等事项是否符合相关法律、法规、规章、规范性文件

---

① 原规定列明了11类情形，此处只列了与本文相关的第5类，其他情形略。

及合同的约定；

（5）三类股东资金来源的合法性，即穿透核查三类股东实际出资人的资金来源，是否涉及通过委托、信托或相关安排代他人持有相关权益；

（6）三类股东的关联关系，即穿透核查三类股东实际出资人的适格性，防止不适格主体通过三类股东规避；

（7）出资人中是否存在拟上市公司控股股东、实际控制人、董监高或其他关联方等，避免隐藏关联方进行利益输送；

（8）资产管理人管理的其他产品，即关注三类股东与其管理人和管理人名下其他产品的关系，核查是否存在利益输送或利益冲突等；

（9）三类股东对拟上市公司股权结构稳定性的影响，基于三类股东的实际出资人可自由转让股权与退出，关注三类股东的股权变更对拟上市公司控制权和股权结构稳定性的影响；

（10）影响股权结构和权属的纠纷和潜在纠纷，即核查三类股东的实际出资人、管理人与拟上市公司及其关联方之间是否存在纠纷或潜在纠纷，是否可能对拟上市公司的股权结构或股东权属状态产生不利影响。

二、案例解读： 西部超导

西部超导材料科技股份有限公司（以下简称"西部超导"）2003年成立于西安经济技术开发区。公司主要从事高端钛合金材料、超导产品和高性能高温合金材料研发、生产和销售。公司是我国高端钛合金棒丝材、锻坯主要研发生产基地之一；是目前我国低温超导线材商业化生产领先企业，具备铌钛锭棒、超导线材、超导磁体的全流程生产能力；也是我国高性能高温合金材料重点研发生产企业之一。

已受理	已问询	上市委会议	提交注册	注册生效
2019-04-15	2019-04-25	2019-06-20	2019-06-24	2019-07-01

通过

西部超导股东共计456名，其中三类股东共计18家，均系西部超导于股转系统非公开发行股票或做市交易形成，其中3家为2015年7月定向发行股票形成，15家为做市交易形成。上交所要求西部超导说明有关三类股东的核查及披露情况。

发行人回复：

1. 发行人的控股股东、实际控制人、第一大股东不属于三类股东，发行人的控股股东系西北有色金属研究院。该院系国有独资企业，其资产隶属于陕西省财政厅（实际控制人）。

2. 发行人的三类股东依法设立并有效存续，已纳入国家金融监管部门有效监管，并已按照规定履行审批、备案或报告程序，其管理人也已依法注册登记，发行人的18家三类股东均已办理了私募投资基金备案登记或基金专户产品备案登记。其管理人均已办理私募投资基金管理人登记手续，或取得了中国证券监督管理委员会核发的从事特定客户资产管理业务或受托投资管理业务的批复。其中，"鑫沅资产－海通证券－安徽金瑞投资集团有限公司"在基金业协会登记备案的产品名称为"鑫沅资产金瑞1号专项资产管理计划"，主要是因为基金公司特定客户资管计划开立定向资管专用证券账户的，证券账户名称应为基金公司特定客户资管计划名称，且单一客户的为"基金管理公司简称－托管人简称－委托人名称"。该股东的管理人鑫沅资产管理有限公司持有《经营证券期货业务许可证》，可从事特定客户资产管理的业务。

3. 三类股东的过渡期安排。发行人的所有三类股东合计持有发行人股票4 250 000股，持股比例合计1.0705%。发行人的三类股东持股数量较小，且尚未获取到有关过渡期安排方面资料的1家三类股东持有发行人股票1 000股，持股比例合计0.00025%，持股数量及比例极小。因此，发行人三类股东的过渡期安排对发行人的生产经营、股权稳定、实际控制人等事项均无重大影响。《关于规范金融机构资产管理业务的指导意见》（银发〔2018〕106号，以下简称《指导意见》），主要规范资产管理业务发展不规范、多层嵌套、刚性兑付、规避金融监管和宏观调控等问题。在该意见实施后，按照"新老划断"原则设置过渡期,确保平稳过渡。过渡期至2020年底,对提前完成整改的机构,给予适当监管激励。对此,西部超导三类股东的管理人中,有16家出具了《关于过渡期整改计划的承诺函》,承诺经自查,管理的上述产品不存在不符合《指导意见》规定的情形。若在后续检查中发现管理的资产管理产品存在不符合《指导意见》规定的情形,将采取整改措施。1家无须进行整改。整改的措施如表7-8所示。

表7-8　发行人资产管理产品整改情况说明

1	在过渡期内(2020年底前),不新增不符合《指导意见》规定的资产管理产品,在过渡期结束后,不再发行或者续期违反《指导意见》规定的资产管理产品
2	若产品存在多层嵌套的情形,在产品存续期内,通过转让持有的产品份额或者清算等方式尽快处理多层嵌套问题
3	若产品存在份额分级的情形,将协商调整合同约定,使产品的分级比例符合规定,并完成重新备案,不会存在转委托给劣后级投资者的情形
4	有固定期限的不合规产品,原则上到期终止,持有未到期资产的,可予以展期,但展期后产品到期日不得晚于2020年底,无固定期限的不合规产品,应压缩产品规模,择机使产品于过渡期内提前结束
5	过渡期内具备整改可行性的存量产品,过渡期内完成整改产品期限长于过渡期且不具备整改可行性的产品,产品提前结束
6	建立"私募资产管理业务规范整改台账",按时报送证监局,并于每月更新和监测整改进度

4. 根据已获取部分资料的三类股东所提供的产品合同、权益人信息表、出资证明等文件,西部超导的控股股东、实际控制人、董监高及其亲属、此次发行的中介机构及其签字人员,不存在直接或间接在三类股东中持有权益的情形。西部超导的董事、监事和高级管理人员已出具声明,此次发行的中介机构及其签字人员已出具声明,西部超导的18家三类股东中已有14家出具了声明。

5. 对发行人三类股东已做出合理安排,可确保其符合现行锁定期和减持规则要求。西部超导股权结构中存在的18家三类股东不属于西部超导控股股东、实际控制人,或持股5%以上的股东。根据《公司法》第141条的规定,公司公开发行股份前已发行的股份,自公司股票在证券交易所上市交易之日起

1年内不得转让。《上海证券交易所上市公司股东及董事、监事、高级管理人员减持股份实施细则》关于特定股东减持，即大股东以外的股东，减持所持有的公司首次公开发行前股份、上市公司非公开发行股份的规定包括：特定股东减持，采取集中竞价交易方式的，在任意连续90日内，减持股份的总数不得超过公司股份总数的1%；特定股东减持，采取大宗交易方式的，在任意连续90日内，减持股份的总数不得超过公司股份总数的2%；特定股东减持，采取协议转让方式的，单个受让方的受让比例不得低于公司股份总数的5%，转让价格下限比照大宗交易的规定执行，法律、行政法规、部门规章、规范性文件及上交所业务规则另有规定的除外。西部超导的三类股东不存在持股总数超过公司股份总数1%的情况，也均未出具过关于减持股份或稳定股价的相关承诺，因此，不受现有减持规则的限制。

6. 关于固定期限产品等情况的处理。18家三类股东中，有3种情况：一是存在固定期限产品，且产品存续期限届满的，如无合同约定或补充约定，产品进入清算期；二是已进入清算期产品；三是产品有效期至2020年12月。由于存在无法流通变现的财产（如股东持有的西部超导股票已于股转系统暂停转让，或未来上市后其持有的西部超导股票处于限售期，无法流通变现），在所有财产实现完全流通变现之前，管理人无法完全完成清算工作，实质上产品将持续处于存续状态。对此，除对产品进行展期或协商推迟清算外，管理人必须为产品进行多次清算，即向投资者兑付部分具有流动性的资产变现后的投资回报，并继续持有无法流通变现的资产，实质上产品仍有效存续。三类股东持有的西部超导股份不会因为产品处于清算期发生变动，西部超导的股权结构不会因此受到不利影响。三类股东的管理人在产品合同中揭示了包括产品流通性在内的投资风险，或约定了清算条款，如：本基金持有多个未能按期变现投资标的的，管理人可按本条款约定进行多次变现及清算。另外，为确保股东的存续安排符合现行锁定期与减持规定的要求，管理人承诺：对于存在需要展期情形的，首先尽最大可能完成对产品的展期或再次展期；如产品因不可展期，或展期后，产品存续期届满，导致不能够满足产品存续至西部超导首次公开发行及上市后锁定期的要求，则不对该产品持有的西部超导股份进行清算，上述清算行为将在西部超导上市、锁定期限依法结束且按照上市后减持规则等相关法律法规规定的要求全部退出西部超导后进行。因产品延长清算期，导致投资者产生异议，或由此产生投资者与管理人之间的纠纷，管理人不会因此向西部超导和/或西部超导实际控制人追偿。

7. 关于未按要求提供全部有关核查资料的三类股东的股份回购承诺。5 家三类股东未按西部超导及其保荐机构和律师的要求提供全部有关核查资料。上述 5 家三类股东合计持有西部超导股份 96 000 股。针对未按要求提供全部有关核查资料的三类股东，天汇科技（西部超导职工或原职工设立的持股平台）出具承诺函：若因上述 5 家三类股东持有的股份产生纠纷导致西部超导不符合上市相关要求或因其他原因导致上述 5 家三类股东不能持有西部超导股份的，本公司将与上述 5 家三类股东协商以合理价格购买其持有的西部超导股份。

第十节　员工持股平台

一、关注要点

在招股说明书中，经常见到员工通过平台间接持有主体公司的股权，该种形式的平台可称为员工持股平台。科创板关于员工持股计划的要求如下：

（一）工会及职工持股会持股的规范要求

考虑到对发行人控股权权属清晰的发行条件要求，发行人控股股东或实际控制人存在职工持股会或工会持股情形的，应当予以清理。对于间接股东存在职工持股会或工会持股情形的，如不涉及发行人实际控制人控制的各级主体，发行人不需要清理，但应予以充分披露。对于工会或职工持股会持有发行人子公司股份，经保荐机构、发行人律师核查后认为不构成发行人重大违法违规的，发行人不需要清理，但应予以充分披露。

（二）自然人股东人数较多的核查要求

对于历史沿革涉及较多自然人股东的发行人，保荐机构、发行人律师应当核查历史上自然人股东入股、退股（含工会、职工持股会股权清理等事项）是否按照当时有效的法律法规履行了相应程序，入股或股权转让协议、款项收付凭证、工商登记资料等法律文件是否齐备，并抽取一定比例的股东进行访谈，就相关自然人股东股权变动的真实性、所履行程序的合法性，是否存在委托持股或信托持股情形，是否存在争议或潜在纠纷发表明确意见。对于存在争议或潜在纠纷的，保荐机构、发行人律师应就相关纠纷对发行人控股权权属清晰稳定的影响发表明确意见。发行人以定向募集方式设立股份公司的，中介机构应以有权部门就发行人历史沿革的合规性、是否存在争议或潜在纠纷等事项的意见作为其发表意见的依据。

（三）员工持股计划信息披露要求与核查要求

发行人首发申报前实施员工持股计划应当符合的要求。发行人首发申报前实施员工持股计划的应当体现增强公司凝聚力、维护公司长期稳定发展的导向，建立健全激励约束长效机制，有利于兼顾员工与公司长远利益，为公司持续发展夯实基础。原则上应当符合下列要求：一是发行人实施员工持股计划，应当严格按照法律、法规、规章及规范性文件要求履行决策程序，并遵循公司自主决定、员工自愿参加的原则，不得以摊派、强行分配等方式强制实施员工持股计划。二是参与持股计划的员工，与其他投资者权益平等，盈亏自负，风险自担，不得利用知悉公司相关信息的优势，侵害其他投资者合法权益。员工入股应主要以货币出资，并按约定及时足额缴纳。按照国家有关法律法规的规定，员工以科技成果出资入股的，应提供权属证明并依法评估作价，及时办理财产权转移手续。三是发行人实施员工持股计划，可以通过公司、合伙企业、资产管理计划等持股平台间接持股进行，并建立健全持股在平台内部的流转、退出机制，以及股权管理机制。参与持股计划的员工因离职、退休、死亡等原因离开公司的,其间接所持股份权益应当按照员工持股计划的章程或相关协议约定的方式处置。

员工持股计划符合以下要求之一的,在计算公司股东人数时,按一名股东计算;不符合下列要求的,在计算公司股东人数时,穿透计算持股计划的权益持有人数。(1)员工持股计划要遵循"闭环原则",员工持股计划内的人员所持股份不在公司首次公开发行股票时转让,并承诺自上市之日起至少有 36 个月的锁定期。在发行人上市前及上市后的锁定期内,员工所持相关权益拟转让退出的,只能向员工持股计划内员工或其他符合条件的员工转让。锁定期后,员工所持相关权益拟转让退出的,按照员工持股计划章程或有关协议的约定处理;(2)倘若员工持股计划未按照"闭环原则"运行,员工持股计划应适用于公司员工,并应依法设立、规范运行,且已经在基金业协会依法依规备案。发行人应在招股说明书中充分披露员工持股计划的人员构成、是否遵循"闭环原则"、是否履行登记备案程序、股份锁定期等内容。保荐机构及发行人律师应当对员工持股计划是否遵循"闭环原则"、具体人员构成、员工减持承诺情况、规范运行情况及备案情况进行充分核查,并发表明确的核查意见。

对于员工持股计划的豁免。根据《科创板上市规则》的有关规定,发行人控股股东和实际控制人所持股份自发行人股票上市之日起 36 个月内不得转让。对于发行人没有或难以认定实际控制人的,为确保发行人股权结构稳定、正常生产经营不因发行人控制权发生变化而受到影响,要求发行人的股东按持股比例从高到低依次承诺其所持股份自上市之日起锁定 36 个月,直至锁定股份的总数不低于发行前 A 股股份总数的 51%。位列上述应予以锁定 51% 股份范围的股东,符合下列情形之一的,不适用上述锁定 36 个月的规定:员工持股计划内的持股人;持股 5% 以下的股东;非发行人第一大股东且符合一定条件的创业投资基金股东。其中,"符合一定条件的创业投资基金股东"是指符合《私募基金监管问答——关于首发企业中创业投资基金股东的认定标准》的创业投资基金。

二、案例解读

（一）晶丰明源（闭环运作）

上海晶丰明源半导体股份有限公司（以下简称"晶丰明源"）成立于2008年10月，是国内领先的模拟和混合信号集成电路设计企业之一，在通用LED（发光二极管）照明、高性能灯具和智能照明驱动芯片技术方面和市场方面均处于领先水平。

已受理	已问询	上市委会议	提交注册	注册生效
2019-04-02	2019-04-15	2019-08-26	2019-08-27	2019-09-10

通过

上海晶哲瑞作为员工持股计划的实施主体，其合伙协议约定了合伙人出资份额的流转与退出机制，其运作符合"闭环原则"；上海晶哲瑞是以公司核心员工为主组成的持股平台，除间接合伙人李建华、胡黎琴、秦岌等人未在公司处任职外，其他自然人合伙人均在公司任职。上交所在发行人问询中要求发行人补充：员工持股计划中，上海晶哲瑞已建立的员工持有的相关出资份额的流转、退出机制和出资份额管理机制是否符合《科创板审核问答》中关于"闭环运作"的规定，如不符合，请穿透计算股东人数并在招股说明书补充披露。

根据《上海晶哲瑞企业管理中心（有限合伙）有限合伙协议》及相关附属文件（以下统称"合伙协议"）以及上海晶哲瑞出具的承诺函，公司现行员工持股计划已建立的员工持有的相关出资份额的流转、退出机制和出资份额管理机制符合《科创板审核问答》中关于"闭环运作"的规定条件，公司现有员工持股计划是按照"闭环原则"在运行，具体如下：根据公司现有参与员工持股计划的人员出具的确认函，持股员工知悉并自愿遵守合伙协议的各项约定，员工持股计划不存在虚假陈述、出资不实、股权管理混乱等情形。同时，秦岌、李建华、胡黎琴、胡黎瑛也已做出承诺，其通过宁波沪蓉杭作为上海晶哲瑞有限合伙人，间接持有发行人股份期间，自愿遵守员工持股计划设定的相关出资份额的流转、退出机制和出资份额管理机制。由此，秦岌等4人通过宁波沪蓉杭成为上海晶哲瑞有限合伙人的情形不会影响员工持股计划已建立的相关出资份额的流转、退出机制和出资份额管理机制的执行，其员工持股计划符合"闭环原则"所规定的条件。

（二）上海美迪西（非闭环运作）

已受理	已问询	上市委会议	提交注册	注册生效
2019-04-03	2019-04-14	2019-09-20	2019-09-25	2019-10-12

通过

上交所在问询中要求发行人补充披露员工持股计划是否遵循"闭环原则"，是否履行登记备案程序，股份锁定期是否符合要求。

发行人回复：上海美迪西员工持股计划未执行"闭环原则"。员工持股平台未以非公开方式向投资者募集资金，未委托基金管理人进行管理，不属于《私募投资基金监督管理暂行办法》等规定的私募投资基金，无须办理私募投资基金备案；公司员工持股平台美熹投资、美澜投资、美劲投资所持股份的锁定期为12个月，美甫投资所持股份的锁定期为36个月，符合《公司法》等法律法规的规定。

案例点评

遵循"闭环原则"有助于股权激励对象较多的公司有效规避实际受益股东人数超限的问题，稳定公司登陆科创板前后的股权结构。要准确把握"闭环原则"操作要点：

一是员工持股计划内人员所持股份不在公司首次公开发行股票时转让，并承诺自上市之日起至少有36个月的锁定期。为使员工持股计划遵守锁定期要求，可以采取独立承诺函的形式，由持股平台出具承诺保障上述锁定期；或者以持股平台合伙协议的形式，由各合伙人在对持股平台存续期及转让平台份额限制进行明确约定；或者以股东大会决议的形式，持股平台做出需遵守锁定期的承诺。

二是发行人上市前及上市后的锁定期内，员工所持相关权益拟转让退出的，只能向员工持股计划内员工或其他符合条件的员工转让。锁定期内，员工所持权益拟"转让退出"的（包括合伙人与公司终止劳动关系需要退出的情形，以及在职员工主动退出股权激励的情形），权益的受让方只能是公司的员工。为保证权益流转的可控性，可以约定由发行人、发行人的实际控制人或持股平台的执行事务合伙人/普通合伙人指定受让该权益的员工。需要注意的是，锁定期内员工持有的权益拟转让退出的，应当、只能、必须转让给员工持股计划内的员工或符合条件的其他员工，而不是在同等条件下"优先"转让给员工持股计划内的员工或符合条件的其他员工。

三是锁定期满后，员工所持相关权益拟转让退出的，按照员工持股计划章程或有关协议的约定处理。股份锁定期满后，公司的股份已经充分流通，可不再对持股平台的权益受让方范围设置强制约束，允许根据员工持股计划章程或有关协议的约定转让。为保持员工持股平台股权结构的纯粹性，更有利于激励效果的实现，强化对员工持股平台的控制，减少股权纠纷，在股份锁定期满之后，最好约定持股平台的权益流转受让方仍限于公司员工范围内。

"闭环原则"并非员工持股计划必须遵循的强制性规范，仅仅是员工持股计划穿透计算的原则。如果员工持股计划由员工参与，依法设立、规范运行，并且已经在基金业协会依法依规备案，那么也可以将员工持股计划按一名股东计算。员工持股计划不符合"闭环原则"，并不必然影响公司上市，只是在计算股东人数时应穿透至作为激励对象的员工。如公司股东穿透计算的总体结果（包括但不限于员工持股计划的穿透计算）不超过200人，则对公司上市不会产生影响。"闭环原则"要件中，只有"上市前已遵循内部转让规则"系基于过往事实的核查，其余要件均系面向未来的安排与承诺。因此，在经核查确认上市前已遵循内部转让规则的情形下，公司与员工持股平台可以对未来安排与承诺做出选择，比如员工持股平台希望上市锁定期短于3年，则可主动选择不适用"闭环原则"。

第八章
技术创新能力

第一节 核心技术

一、关注要点

科创板主要服务于符合国家战略、突破关键核心技术、市场认可度高的科技创新企业。核心技术包括知识产权、专有技术、特许经营权等形式，在对核心技术进行核查时应当注意技术形式的特点，其中应当重点核查核心技术的权属及许可使用情况。发行人的主要经营成果来源于依托核心技术的产品或服务，具体而言是指：一是发行人能够坚持科技创新，通过持续的研发投入积累形成核心技术。二是发行人主要的生产经营能够以核心技术为基础，将核心技术进行成果转化，形成基于核心技术的产品服务。如果企业核心技术处于研发阶段，其主要研发投入均应当围绕该核心技术及其相关的产品服务。三是核心技术的判断要结合发行人所处行业的国家科技发展战略和政策、整体技术水平、国内外科技发展水平和趋势等因素。

公司核心技术的先进性可从以下5个方面论证：一是如实披露自身企业核心技术的具体内容，通过披露具体技术参数或指标量化分析领先水平的认定依据，公司研发支出的金额及占营收比重，核心技术人员简历及具体科研成果，公司拥有的知识产权及获得的相关资质认证或荣誉等。二是完整展示公司在不同发展阶段对相关技术的掌握及投入的资源，重点阐述公司对当前公司核心技术的研究和应用情况。三是列明目前国内外的最高技术和主流技术以及未来的技术进展方向，公司与目前最高技术的差距，结合同行业竞争对手情况说明自身技术的独特性及竞争优势，针对目前技术差距拟采取的措施及可行性。四是内部的研发体系是否健全、完善、高效，结合核心研发人员的背景情况、研发设备情况及技术储备情况、研发内控制度、研发项目的进程及投入情况等进行综合论证。五是从专家意见、鉴定证书、第三方权威报告、各项荣誉、科研项目经验、用户的应用证明、产品所适用的项目的先进性等进行论证。

发行人信息披露规则要求发行人应在招股说明书中披露以下信息：报告期内通过核心技术开发产品（服务）的情况，报告期内核心技术产品（服务）的生产和销售数量，核心技术产品（服务）在细分行业的市场占有率；报告期内营业收入中，发行人依靠核心技术开展生产经营所产生收入的构成、占比、变动情况及其原因等。

二、案例解读

（一）鸿泉物联

根据招股说明书，杭州鸿泉物联网技术股份有限公司（以下简称"鸿泉物联"）成立于2009年，自设立以来，鸿泉物联以"降低交通运输的代价"为企业使命，致力于利用人在回路的智能增强驾驶技术、人工智能技术和大数据技术，研发、生产和销售智能增强驾驶系统和高级辅助驾驶系统等汽车智能网联设备，主要应用于商用车（载货汽车、客车、专项作业车等）领域。核心技术为人在回路的智能增强驾驶技术、基于人工智能的商用车辅助驾驶技术、专项作业车智能感知与主动干预技术、商用车大数据与云平台技术。

已受理	已问询	上市委会议	提交注册	注册生效
2019-03-28	2019-04-09	2019-09-09	2019-09-19	2019-10-16
		通过		

第一轮问询中,上交所关于产品和核心技术的关注要点包括:产品与募投的匹配性,行业地位与产品定位,产品使用是否属于国家强制产品,数据公信力,是否符合科创板定位。

发行人就以上问题做出以下回复:通过解释"智能增强驾驶系统"行驶记录仪在软、硬件的匹配关系,说明数据采集、分析及反馈等环节是如何逐步提升产品价值的,具体如下:根据行业系统以发行人自主设计的深度学习框架HQNN为基础开发的人工智能模块,对终端、摄像头、传感器采集到的影像和信息进行识别、分析,针对专项作业车驾驶运营中存在的安全隐患,实现车辆状态识别、驾驶员身份及分神识别、盲区行人车辆识别等功能,使驾驶员和行人在交通事故发生前得到预警,降低交通事故发生率,相关功能的有效性和稳定性处于行业领先地位,利用协会统计数据和预测市场占有率加以佐证;对于公司产品在节能减排方面所产生效果的数据来源及其是否具备公信力,发行人罗列数据文章说明受到了政府管理部门、社会和行业学术期刊的认可,通过节油、节省维修费用等来说明公司技术具有先进性(见表8-1)。

表8-1 鸿泉物联科创板定位说明

序号	定位标准	是否符合	说明
1	是否掌握具有自主知识产权的核心技术	是	发行人掌握的具有自主知识产权的核心技术包括人在回路的智能增强驾驶技术、基于人工智能的商用车辅助驾驶技术、专项作业车智能感知及主动干预技术、商用车大数据与云平台技术等
	核心技术是否权属清晰	是	核心技术权属清晰,并取得了相关专利、软件著作权
	是否国内或国际领先	是	发行人针对商用车的智能增强驾驶技术和针对专项作业车的辅助驾驶技术,处于国内领先地位
	是否成熟或者存在快速迭代的风险	是	发行人已将人工智能和大数据技术成熟应用于智能网联汽车行业,并不断推动行业技术升级与迭代

续表

序号	定位标准	是否符合	说明
2	是否拥有高效的研发体系	是	发行人拥有稳定的研发团队、创新的研发组织架构和面向客户的集成式研发体系，2018年末研发人员占比达49.29%，研发投入占比15.98%
	是否具备持续创新能力	是	发行人每年均在新的应用领域开发新客户，并不断推出新产品与新功能。发行人拥有深厚技术储备与快速创新能力，已有13项发明专利进入实质性审查阶段
	是否具备突破关键核心技术的基础和潜力	是	发行人拥有浙江省省级高新技术企业研发中心（鸿泉智能车联网研究院），在研项目取得了阶段性研发成果
3	是否拥有市场认可的研发成果	是	发行人取得了28项专利、86项软件著作权，承担了浙江省"基于车联网云服务平台的V2X（车对外界的信息交换）工程车智能车载管理系统"研发项目，参与制定了多地渣土车高级辅助驾驶系统技术标准，获得多项国家、省市科学技术奖项
4	是否具有相对竞争优势	是	发行人属于新兴的商用车智能网联行业，市场空间广阔，具有很强的技术壁垒，作为行业先行者，发行人处于行业领先地位，技术优势明显，核心经营团队和技术团队竞争力强，报告期内平均综合毛利率49.47%，高于行业平均水平
5	技术成果是否有效	是	发行人利用商用车智能化和网联化两大技术路径开发
	是否具备转化为经营成果的条件	是	推出智能增强驾驶系统和高级辅助驾驶系统两大核心产品，形成规模化、产业化应用
	是否形成有利于企业持续经营的商业模式	是	发行人形成了稳定的商业模式，网联化产品进入了陕汽、北汽福田、苏州金龙、安徽华菱、北奔、三一重工等大型整车厂，智能化产品覆盖深圳、厦门、长沙、天津、上海等核心城市渣土车项目
	是否依靠核心技术形成较强成长性	是	发行人报告期内智能增强驾驶系统营业收入CAGR（复合年增长率）为38.09%，高级辅助驾驶系统营业收入CAGR为83.38%，远高于同行业可比公司增长速度
6	是否服务于经济高质量发展	是	发行人智能增强驾驶系统产品为车主减少了车辆损耗、降低了油耗，使整车厂提高了全生命周期管理能力；高级辅助驾驶系统能减少交通事故发生率，提高城市管理水平和改善市容环境，服务于经济高质量发展
	是否服务于创新驱动发展战略、可持续发展战略、军民融合发展战略等国家战略	是	国家顶层设计将智能网联汽车定义为战略发展方向，产业政策密集出台，符合创新驱动发展战略；节能减排、尾气排放数据收集等功能服务于可持续发展战略
	是否服务于供给侧结构性改革	否	—

第二轮问询中，针对发行人在招股说明书中的披露，即高级辅助驾驶系统由终端、摄像头、传感器和人工智能模块组成，发行人的商用车辅助驾驶技术，通过盲区监视系统，非恶劣天气条件下自测准确率可达95.2%；通过驾驶员监视系统对不良驾驶状态进行预警，采用SDMS（智能数据管理平台）专用摄像头时，系统自测准确率可达90.4%，但发行人采购原材料中未披露对摄像头、传感器的采购。上交所请发行人说明：（1）公司核心技术与物联网行业主流技术是否契合，与同行业可比公司技术路线是否相符。（2）高级辅助驾驶系统工艺流程中的核心部件与核心附件的具体内容，是对外采购还是自行生产。（3）报告期内高级辅助驾驶系统成本的具体构成明细及供应商情况，供应商如为经销商的，应披露最终供应商或说明货品来源，并据此分析高级辅助驾驶系统生产中核心技术在工艺环节中的体现，与此相对应的专利或非专利技术的情况。（4）售出的商用车辅助驾驶技术相关产品进行监视的准确率情况，同行业主要企业的类似产品的准确率为多少，发行人商用车辅助驾驶技术是否具有先进性，在行业中所处水平。

发行人回复：（1）发行人所处的智能网联汽车行业（即车联网行业），属于物联网行业的细分子行业。根据工信部、国家标准化管理委员会联合发布的《国家车联网产业标准体系建设指南》系列文件（包括总体要求、智能网联汽车、信息通信和电子产品与服务等），得出车联网产业的技术路径。发行人紧密围绕智能网联汽车的两大技术路径，主要产品包括：代表智能化技术路径的高级辅助驾驶系统和代表网联化技术路径的智能增强驾驶系统、人机交互终端、车载联网终端。发行人核心技术、主要产品与智能网联汽车行业主要技术路径契合，与同行业可比公司路线相符。（2）发行人高级辅助驾驶系统主要由终端、摄像头、传感器和人工智能模块组成。其中，终端、摄像头和传感器为硬件部分，主要核心部件为终端，由发行人自行设计、生产，摄像头和传感器由发行人自外部采购，在采购的原材料中统一作为组件列示；人工智能模块为软件部分，为核心附件，由发行人自主开发。（3）发行人对报告期内高级辅助驾驶系统成本的具体构成明细及供应商情况进行了列表说明，分析了高级辅助驾驶系统生产中核心技术在工艺环节中的体现，与此相对应的专利或非专利技术的情况如表 8-2 所示。（4）发行人自测准确率较高，符合有关部门的技术标准，在商用车高级辅助驾驶领域，目前并无权威的第三方评测机构对行业内企业所提供的产品进行评测。市场上同行业主要企业类似产品的准确率均由企业自行发布，且均为自测准确率，无权威第三方评测机构数据。由于发行人与同行业主要企业在测试时选取的硬件设备性能、所处的测试环境等因素存在差异，造成测试结果横向不可比。

表 8-2　高级辅助驾驶系统生产中核心技术具体对应的专利或非专利技术情况

核心技术	对应硬件/软件	对应专利	对应非专利
基于人工智能的商用车辅助驾驶技术	人工智能模块	车辆移动监控实现装置专利；一种车辆载重状态识别方法和系统、一种车辆举升状态识别方法和系统等 6 项在审专利	浙江鸿泉基于安卓系统的车载终端辅助驾驶系统软件
专项作业车智能感知与主动干预技术	终端、摄像头、传感器	拆机立即锁机实现装置等 5 项专利；基于车载设备的车辆发动机启停状态检测方法及装置、基于车载设备的车辆发动机启停状态检测方法及装置等 9 项在审专利	鸿泉渣土车车辆安全监控终端软件、鸿泉渣土车车辆数据实时分析系统软件等 3 项软件著作权

保荐机构履行了如下核查程序：对企业管理层、研发部门、产品部门、市场部门进行了访谈；对杭州电子科技大学、同济大学、浙江大学相关行业专家、教授进行了交流访谈；走访主要客户并进行访谈；获取了国家相关部门的产业政策文件；查阅行业研究报告、协会数据、发展政策等公开信息。

第三轮问询中，上交所指出发行人主要客户采购同类产品的其他供应商情况，发行人产品与竞争对手产品的技术先进性、价格对比情况，发行人未做充分说明。要求发行人进一步说明公司主要产品智能增强驾驶系统、高级辅助驾驶系统的主要客户采购同类产品的其他供应商情况，一汽解放、东风汽车、中国重汽等主要整车厂同类产品的供应商情况，公司高级辅助驾驶系统应用城市其他大型车队同类产品的供应商情况，以表格形式逐项对比说明公司与上述供应商及国家要求安装的行驶记录仪在产品参数、性能、数据采集项目、准确率、使用年限、销售价格、收费方式等方面的差异，行驶记录仪应具有的基本功能，公司核心技术对行驶记录仪基本功能的具体提升。

发行人在问询回复中披露了同业可比公司启明信息、雅迅网络、南斗六星、国脉科技、优耐特、上海航盛、西安电子工程研究所的准确率（包括定位精度和定位时间）和性能综合评价，并表明上述信息取自交通部中国交通通信信息中心定期发布的《全国道路货运车辆公共监管与服务平台动态监控服务商评价结果及终端质量统计情况》，在此基础上得出"发行人产品准确率、性能评价在同上线数量级别的产品中处于领先地位"的结论。

保荐机构履行了如下核查程序：对发行人主要客户进行访谈，了解其向其他供应商采购同类产品的情况；通过市场公开信息查询、访谈相关人员，了解一汽解放、东风汽车、中国重汽等主要整车厂同类产品供应商情况；查阅中华人民共和国国家标准《汽车行驶记录仪》（GB/T 19056—2012）、《道路运输车辆卫星定位系统北斗兼容车载终端技术规范》（JT/T 794—2011）等国家法规规定；对发行人核心技术人员、销售人员进行访谈。

从2019年4月9日到6月12日，鸿泉物联经历了上交所的3轮问询和回复，上交所的问询步步深入，针对性强，督促发行人说清楚、讲明白，努力问出一个真公司，企业必须过得了"刨根问底"式问询这一关。

(二) 泰坦科技

泰坦科技业务聚焦于科研创新"实验室场景"，是以科研试剂、科研仪器及耗材、实验室建设及科研信息化服务三大产品体系为基础，为科研工作者、分析检测和质量控制人员提供一站式科研产品与集成配套服务的科学服务综合提供商。

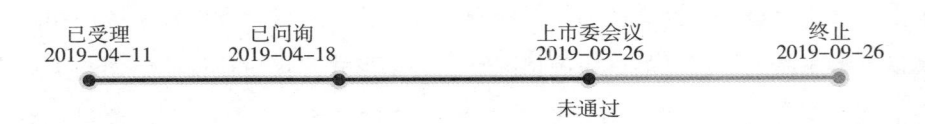

已受理	已问询	上市委会议	终止
2019-04-11	2019-04-18	2019-09-26	2019-09-26
		未通过	

2015年12月15日，泰坦科技挂牌新三板，2019年4月转战科创板，并于2019年7月31日经历了短暂的发行中止。挂牌期间泰坦科技的经营规模并不大，2015—2018年4年，泰坦科技营业收入分别为2.68亿元、4.09亿元、6.64亿元和9.26亿元，净利润分别为1 510.34万元、1 585.13万元、3 830.52万元、5 966.70万元。2019年上半年，泰坦科技实现营业收入5.20亿元（不含税），比2018年同期增长24.69%，收入增长主要来源于优势区域的老客户做深和新区域、新客户的拓展，同期实现归属挂牌公司股东的净利润2 573.89万元，比2018年同期增长12.94%。2016年、2017年、2018年及2019年上半年，公司销售第三方品牌产品的收入占总收入的比例分别为52.16%、48.80%、46.01%及46.80%。近一半收入来自销售第三方品牌产品，公司就有了经销商性质，淡化了自主创新。

上市委员会关注的第一个问题是：发行人对业务模式和业务实质的披露。其在审核中关注到：（1）发行人将自己定位为"基于自主核心产品的专业技术集成服务商"，"以核心产品技术为基础，开发出具有市场竞争力的产品，并为创新研发、生产质控实验室提供科学服务一站式技术集成解决方案"，但未能清晰披露"专业技术集成"的内涵、与通常理解的"技术集成"的差别以及是否属于一站式网络销售的一种方式。（2）报告期内，发行人各期主营业务收入中93%来自科研试剂和科研仪器及耗材的产品销售，其中，报告期内该部分销售收入中超过50%以上为直接采购第三方品牌产品后直接对外销售，发行人未充分说明"专业技术集成"在经营成果中的体现。（3）对于自主品牌产品，发行人全部采用OEM（Original Equipment Manufacturer，通常指贴牌生产）方式生产。针对OEM，发行人目前仅有两人负责OEM厂商现场的工艺指导与品质管控，部分产品由发行人提供原材料后委托OEM厂商进行分装加工，部分产品通过直接采购 OEM 厂商成品贴牌后对外销售。发行人未充分说明"专业技术集成"在上述业务模式中的体现。

上市委员会关注的第二个问题是：发行人核心技术及其先进性和主要依靠核心技术开展生产经营的情况。其在审核中关注到：（1）招股说明书披露，发行人的核心技术包括生产类核心技术和技术集成服务类核心技术。其中，对于生产类核心技术，发行人认为由于产品种类繁多，核心技术并不对应单一具体产品，更多体现在为客户提供针对性强的技术集成产品和服务方面；技术集成服务类核心技术，主要包括用户数据采集及分析技术、化合物信息处理技术、智能仓储物流技术，与一般互联网企业和物流企业相比，发行人在网络建设与平台开发、相关平台提供产品种类和数量、平台的浏览量情况以及仓储物流配送方式等方面并不具有明显的竞争优势。（2）发行人生产环节外包，销售的产品既有自有品牌产品，又有直接外购的第三方品牌产品，招股说明书未充分披露发行人所列举的生产类核心技术和技术集成服务类核心技术在发行人主要产品和服务中的具体应用，且未清晰披露相关技术在境内外同行业发展水平中所处位置及核心技术先进性的具体表征和创新性。（3）2016—2018 年 3 年，发行人披露的"核心技术相关的产品和服务收入"分别为 24 320.64 万元、40 420.97 万元和 59 313.27 万元，其中，特种化学品（含自主品牌和第三方品牌产品）的销售收入金额为 15 007 万元、27 242 万元和 39 440 万元，占比在 60% 以上。发行人未能充分披露将第三方品牌产品中"销售给生产商的特种化学品"收入作为"与核心技术相关的产品和服务收入"的原因及合理性。此外，作为主要核心技术产品的特种化学品（含自主品牌和第三方品牌产品）在报告期内也就是 2016—2018 年 3 年的毛利率分别为 10.72%、13.09% 和 11.74%，大幅低于发行人主营业务整体毛利率，发行人未能充分披露其核心技术的先进性。

上市委员会经审议认为：发行人未能准确披露业务模式和业务实质，未能准确披露其核心技术及其先进性和主要依靠核心技术开展生产经营的情况，发行人此次发行上市申请文件信息披露不符合《科创板首次公开发行股票注册管理办法（试行）》第 5 条、第 34 条及第 39 条的规定；不符合《上海证券交易所科创板股票发行上市审核规则》第 15 条、第 19 条等规定。

泰坦科技被否决的主要原因是招股书披露的重要信息与实际情况差距大，比如：自称"基于自主核心产品的专业技术集成服务商"，自称掌握"生产类核心技术"，但近半收入来自第三方品牌产品的销售；申请文件多处采用打破国外巨头垄断、实现部分产品国产替代、进口替代等表述夸大其词。在整个问询环节，一共进行了 4 轮问询。从科研费用的情况来看，其报告期内收入较大，毛利率较低，研发费用较低，从多维度体现出贸易公司的特征，与科创板定位的企业特征不符。

（三）博拉网络

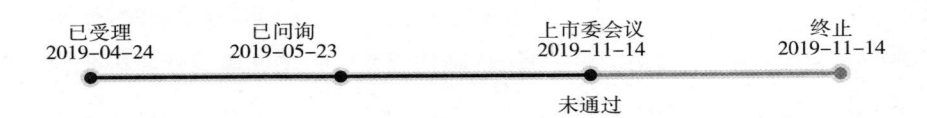

已受理	已问询	上市委会议	终止
2019-04-24	2019-05-23	2019-11-14	2019-11-14
		未通过	

博拉网络是企业大数据服务提供商，基于自主研发的数字商业大数据云平台，通过"大数据＋技术产品＋应用服务"的业务模式，为企业客户提供技术开发服务和大数据应用服务（主要包括数据分析咨询、数据采集和管理、增值运营服务，以及大数据在数字营销、电子商务、客户关系管理等应用场景的行业解决方案），帮助实体企业构建大数据资产和智能应用平台，实现以数据为驱动力的数字化转型升级。

根据上交所发布的《关于终止博拉网络股份有限公司首次公开发行股票并在科创板上市审核的决定》，上交所科创板上市审核中心在审核问询中重点关注了两大事项。

第一，公司对其业务模式和业务实质的披露。

公司并未充分披露大数据在其提供的大数据营销及运营、数字媒体投放、电商及其他三类服务中的应用过程及具体表征，未能清晰、准确地披露其为企业提供大数据服务全过程的相关内容。上交所认为，公司定位为企业大数据服务提供商的依据披露不充分，披露的业务模式未充分体现其大数据服务提供商的定位。此外，报告期各期，博拉网络"大数据应用服务"的收入占主营业务收入的比重分别为 65.20%、70.50%、80.35%、90.04%，公司主营业务由大数据营销及运营、数字媒体投放、电商及其他三类业务组成。其中，数字媒体投放业务分为提供广告运营服务和提供充值服务两种，充值、运营操作、广告投放等均通过第三方平台实现，但博拉网络并未充分披露该业务如何应用了大数据、应用了何种大数据。

除了信息披露方面的漏洞，公司 2018 年与上海衣页信息科技有限公司及广州信翔信息科技有限公司签署了《媒体平台推广合作合同》，约定向其提供腾讯朋友圈广告平台代充值服务，未约定提供运营服务，博拉网络披露，对提供充值服务的客户按净额法确认收入，但对上述两家公司按照提供运营服务以全额法确认收入，涉及收入金额为 3 221.96 万元，占主营业务收入的比重为 10.54%，与其合同约定及收入确认政策不一致。

博拉网络的主营业务中，还有一块是电商及其他业务，主要包括"荣事达"品牌炊具系列产品在京东商城自营平台的独家经销，根据授权向京东商城销售从北京润泰嘉尚商贸有限公司所采购的美妆商品，以及作为 Oracle（甲骨文）金牌代理服务商向华油阳光（北京）科技股份有限公司等客户销售 Oracle 数据库服务。

上交所认为，博拉网络没有充分披露该等业务与大数据应用之间有何联系、如何运用了大数据，因此判定公司将电商及其他业务披露为大数据应用服务与该等业务的相关销售合同内容和收入确认凭据不一致，该等业务实质披露不准确。

第二，公司对核心技术及其在主营业务中应用情况的披露。

关于核心技术，公司披露已拥有原始取得的软件著作权多达 95 项，拥有和申请了大数据及相关发明专利共52项，同时还拥有3项高新技术产品。不过，在风险提示项目下，博拉网络又披露，目前有31项正在申请的专利，是否能够获得授权存在不确定性。值得关注的是，公司已取得的21项发明专利全部是从第三方受让取得的，其与互联网和大数据主要核心技术相关的3项发明专利同样是受让取得。上交所在公告中称："发行人披露其核心技术为自主研发及具有技术先进性和技术优势的依据不充分。"

上交所认为，公司未充分披露其核心技术如何具体应用在各项业务，特别是数字媒体投放、电商及其他业务中，亦未能准确区分和披露自有数据、第三方数据及公开数据在大数据应用服务中的具体使用情况，发行人披露其"经营的各项服务（细分产品）均应用了大数据技术"依据不充分，依靠核心技术开展生产经营所产生收入的占比披露不准确。

综上，科创板上市委员会经审议认为，博拉网络的业务模式和业务实质、核心技术及技术先进性以及核心技术在主营业务中的应用情况披露不充分、不准确、不一致，不符合科创板相关业务规则的规定，最终上交所决定对该公司首次公开发行股票并在科创板上市的申请予以终止审核。

第二节 研发投入

一、关注要点

研发投入为企业研究开发活动形成的总支出。研发投入通常包括研发人员工资费用、直接投入费用、折旧费用与长期待摊费用、设计费用、装备调试费、无形资产摊销费用、委托外部研究开发费用、其他费用等。我国《企业会计准则》采用两阶段法（研究阶段与开发阶段）来界定资本化与费用化的基本区间。研究是指为获取并理解新的科学或技术知识而进行的独创性的有计划的调查。研究阶段基本上是探索性的，是为进一步开发活动进行资料及相关方面的准备，已进行的研究活动将来是否会转入开发、开发后是否会形成无形资产等均具有较大的不确定性。开发是指在进行商业性生产或使用前,将研究成果或其他知识应用于某项计划或设计,以生产出新的或具有实质性改进的材料、装置、产品等。相对于研究阶段而言,开发阶段应当是已完成研究阶段的工作,在很大程度上具备了形成一项新产品或新技术的基本条件。以上可以理解成,研究阶段实际上是对研发的调研阶段,对新的研究是否具有可行性的论证阶段,通过论证后的研究项目就可以进入开发阶段。研究的风险十分高,并且无法准确估量,所以不能记成资产,应当于发生时计入当期损益,作为管理费用,因此,研究阶段的投入都应当费用化。开发阶段,通过前期研究,此时将逐渐走向成熟,与研究活动相比,风险还是下降了不少,如果企业可以有效评估开发支出很可能能为公司未来带来经济效益的话,这些开发支出可以被记为无形资产。我国A股现行IPO审核体系对"研发支出资本化"问题选择谨慎保守态度,即发行人首发申报报告期内的研发支出,不论是否实际构成资本化条件,不鼓励进行资本化处理。由于科创板企业不可避免地存在着大量且按照《企业会计准则》可达到资本化条件的研发支出,研发支出资本化在科创板首发审核政策中面临松绑。

发行人内部研究开发项目的支出,应按照《企业会计准则——基本准则》《企业会计准则第6号——无形资产》等相关规定进行确认和计量。研究阶段的支出,应于发生时计入当期损益;开发阶段的支出,只有按规定在同时满足会计准则列明的条件时,才能确认为无形资产。在初始确认和计量时,发行人应结合研发支出资本化相关内控制度的健全性和有效性,对照《企业会计准则》规定的相关条件,逐条具体分析进行资本化的开发支出是否同时满足上述条件。在后续计量时,相关无形资产的预计使用寿命和摊销方法应符合《企业会计准则》规定,按规定进行减值测试并足额计提减值准备。

发行人存在研发支出资本化情况的,发行人应在招股说明书中披露:与资本化相关研发项目的研究内容、进度、成果、完成时间(或预计完成时间)、经济利益产生方式(或预计产生方式)、当期和累计资本化金额、主要支出构成,以及资本化的起始时点和确定依据等内容;与研发支出资本化相关的无形资产的预计使用寿命、摊销方法、减值等情况,并说明是否符合相关规定。另外,发行人还应结合研发项目推进和研究成果运用时可能发生的内外部不利变化、与研发支出资本化相关的无形资产规模等因素,充分披露相关无形资产的减值风险及其对公司未来业绩可能产生的不利影响。

二、案例解读

(一) 赛诺医疗

已受理	已问询	上市委会议	提交注册	注册生效
2019-03-29	2019-04-10	2019-07-31	2019-09-04	2019-09-27

通过

赛诺医疗招股说明书披露,发行人开发阶段的支出会予以资本化,并计入开发支出。待开发阶段完成后,该部分资本化支出将转入无形资产。公司的研发项目在产品成功完成首例人体临床试验时,方可作为资本化的研发支出;相关研发费用的资本化止于临床结束后,申请并获得医疗器械注册证时。

1. 上交所要求一。

上交所要求保荐机构、申报会计师事务所按照《科创板审核问答》问答7中的中介机构核查要求,就报告期内发行人的研发投入归集是否准确、相关数据来源及计算是否合规、发行人研发相关内控制度是否健全且被有效执行等事项进行核查并发表意见。

保荐机构、申报会计师事务所回复要点:对于公司研发投入归集、相关数据来源及计算情况,保荐机构及申报会计师事务所实施了如下核查程序:了解研发支出相关的内部控制流程并进行了运行有效性测试,包括有关研发支出列支的政策、用途和范围的规定、研发支出的审批等;访谈公司相关高级管理人员,了解公司研发支出归集和核算方法,获取并检查研发支出明细账及各项目研发支出的归集明细项目,评估其适当性;访谈公司相关高级管理人员和研发部门负责人，询问研发支出于报告期各期的波动原因及其合理性，关注是否存在将研发不相关的支出计入研发投入的情况；获取与研发项目相关的评审报告或证书以及管理层准备的可行性报告，评价相关项目商业应用及技术可行性分析的合理性；根据《企业会计准则》的要求，参考可获得的同行业可比信息，评估资本化条件制定的合理性，并检查内外部证据，了解其研究阶段和开发阶段的划分是否合理以及是否遵循了政策研发活动的周期及行业管理，并能一贯运用；询问相关研发人员，了解是否有开发项目中止，而使该项目不再满足开发支出的资本化条件；询问管理层对相关开发项目商业可行性的看法，并通过查阅与相关开发项目相关的市场研究报告，评价管理层对资产是否存在减值的判断过程是否恰当；通过对比历史业绩、管理层预测、可获得的可比公司和外部市场的数据，评价管理层在减值测试中采用的关键假设和判断；对研发支出中的人工成本、折旧与摊销进行实质性分析；在抽样基础上，检查与研发项目相关的合同、发票、付款单据等支持性文件，检查研究费用和开发支出的准确性，是否严格区分其用途、性质并据实列支，即研究阶段与开发阶段的划分依据是否完整、准确，是否存在将与研发无关的支出在研发支出中核算的情形；查阅公司每年的汇算清缴报告，获取并查看其报送给主管税务机关的《研发项目可加计扣除研究开发费用情况归集表》，与账面研发投入进行核对分析；复核在财务报表中有关开发支出的披露是否符合《企业会计准则》的要求。

经核查，保荐机构及申报会计师事务所认为：报告期内，在重大方面，公司对研发投入归集是准确的，相关数据来源及计算方式符合《企业会计准则》的相关要求。

对于公司研发相关内控制度健全及执行情况，保荐机构及申报会计师事务所实施了如下核查程序：了解研发流程财务报告内部控制的设计与执行，执行穿行测试，选取与财务报表相关的关键控制环节，如研发立项、研发支出审批、研发项目评审等，进行有效性测试。他们尤其关注了以下几个方面：公司是否建立了研发项目的跟踪管理系统，有效监控、记录各研发项目的进展情况,并合理评估技术上的可行性;公司是否建立了与研发项目相对应的人财物管理机制;公司是否已明确研发支出开支范围和标准,并得到有效执行;报告期内,公司是否严格按照研发开支用途、性质据实列支研发支出是否存在将与研发无关的费用在研发支出中核算的情形;公司是否建立了研发支出审批程序。经核查,保荐机构及申报会计师事务所认为:报告期内,公司在所有重大方面与研发相关的内控制度健全且被有效执行。

综上所述,报告期内,在重大方面,公司对研发投入归集是准确的,相关数据来源及计算方式符合《企业会计准则》及公司财务管理制度的相关要求;报告期内,公司在所有重大方面与研发相关的内控制度健全且被有效执行;符合《科创板审核问答》中问答7所涉及的相关要求。

2. 上交所要求二。

上交所要求保荐机构、申报会计师事务所按照《科创板审核问答》问答14中的中介机构核查要求,对研发支出资本化及相关会计处理进行核查并发表意见。

关于研究阶段和开发阶段的相关事宜,保荐机构及申报会计师事务所实施了如下核查程序:访谈公司相关高级管理人员,查阅研发相关的制度文件,了解研究阶段与开发阶段的划分节点、研发活动的流程、研发活动的周期及行业惯例等;针对研发相关的内部控制进行了解、穿行测试、控制测试等;针对报告期内资本化的研发项目,向公司了解研究阶段与开发阶段的划分依据;参考可获得的同行业可比信息,对比公司对于研发费用资本化的会计处理与目前同行业上市公司的会计处理是否存在重大差异。经核查,保荐机构及申报会计师事务所认为:公司研究阶段和开发阶段的划分合理,且与研发活动的流程相联系。公司遵循了正常研发活动的周期及行业惯例,并一贯运用,研究阶段与开发阶段划分的依据在重大方面已完整、准确披露。

关于研发支出资本化的相关事宜,保荐机构及申报会计师事务所实施了如下核查程序:访谈公司相关高级管理人员,查阅研发相关的制度文件,了解研究阶段与开发阶段的划分节点、研发活动的流程、研发活动的周期及行业惯例等；获取与研发项目相关的临床批件、评审报告、立项报告以及管理层准备的可行性报告，评价相关项目商业应用及技术可行性分析的合理性等；针对报告期内资本化的研发项目，向公司了解研究阶段与开发阶段的划分依据；参考可获得的同行业可比信息，对比公司对于研发费用资本化的会计处理与目前同行业上市公司的会计处理是否存在重大差异。经核查，保荐机构及申报会计师事务所认为：在重大方面，公司研发支出资本化的条件均已满足，且具有内外部证据支持。

关于研发支出的成本费用归集范围的相关事宜，保荐机构及申报会计师事务所实施了如下核查程序：了解研发支出相关的内部控制流程并进行了运行有效性测试，包括有关研发支出列支的政策、用途和范围的规定，研发支出的审批等；访谈公司相关高级管理人员，了解公司研发支出归集和核算方法，获取并检查研发支出明细账及各项目研发支出的归集明细，评估其适当性；访谈公司相关高级管理人员和研发部门负责人，询问研发支出于报告期各期的波动原因及其合理性，关注是否存在将研发不相关的支出计入研发投入的情况；对研发支出中的人工成本、折旧与摊销进行实质性分析；在抽样基础上，检查与研发项目相关的合同、发票、付款单据等支持性文件，检查研究费用和开发支出的准确性，是否严格区分其用途、性质并据实列支，即研究阶段与开发阶段的划分依据是否完整、准确，是否存在将与研发无关的费用在研发支出中核算的情形；查阅公司每年的汇算清缴报告，获取并查看其报送给主管税务机关的《研发项目可加计扣除研究开发费用情况归集表》，与账面研发投入进行核对分析。经核查，保荐机构及申报会计师事务所认为：在重大方面，公司研发支出的成本费用归集范围恰当，研发支出真实发生，且与相关研发活动切实相关。在重大方面，公司不存在为了申请高新技术企业认定及企业所得税费用加计扣除而虚增研发支出的情形。

关于研发支出资本化与可比公司的比较情况，保荐机构及申报会计师事务所参考可获得的同行业可比信息,将公司对于研发费用资本化的会计处理与同行业上市公司进行了对比分析。经核查,保荐机构及申报会计师事务所认为:公司研发支出资本化的会计处理与可比公司不存在重大差异。

综上所述,公司研究阶段和开发阶段的划分合理,且与研发活动的流程相联系;公司遵循了正常研发活动的周期及行业惯例,并一贯运用,研究阶段与开发阶段划分的依据已完整、准确披露;公司研发支出资本化的条件均已满足,且具有内外部证据支持;公司研发支出的成本费用归集范围恰当,研发支出真实发生,且与相关研发活动切实相关;公司不存在为了申请高新技术企业认定及企业所得税费用加计扣除而虚增研发支出的情形;符合《科创板审核问答》问答14所涉及的相关要求。

案例点评

科创板要求的拟上市企业科创属性决定了研发投入是必问的,但只要研发支出的资本化是谨慎、合理的,即使全部费用化会使企业由盈利转为亏损,也可以顺利注册。这就要求企业在确认资本化时点时,严格区分研发各阶段,找出强有力外部证明,做到成本归集清晰和符合行业惯例。

第三节 知识产权

一、关注要点

科创板强调核心技术,自主创新,知识产权是拟上市公司的重要竞争力及资产,其权属的独立性、完整性,是否存在瑕疵或潜在纠纷,是否存在重大不利变化风险等是上交所需要重点关注的问题。

本书通过对科创板已审核案例的反馈分析,总结在知识产权方面,监管机构关注的问题主要包括:

1. 知识产权的取得方式、法律状态及应用情况，是否存在权利提前终止、宣布无效等异常情况；知识产权的来源和取得过程是否符合相关法律法规的规定。

2. 控股股东和实际控制人控制的企业、发行人实际控制人及其关系密切的近亲属等关联方是否拥有、使用与发行人业务相关的商标或专利，是否影响发行人商标等资产的独立性；与发行人业务相关的商标、专利等知识产权是否均已实际纳入发行人。

3. 知识产权的转让方、转让时间、转让价格及定价公允性，转让时是否存在权利上的限制或约束。转让方与发行人及其控股股东、实际控制人、董监高、其他核心人员以及本次发行中介机构及签字人员，是否存在关联关系或其他利益关系。

4. 发行人是否存在合作开发的情况，若存在则应说明研发协议，包括合作专利的开发背景、研发人员聘用、研发费用投入、研发成果归属等约定，说明目前进展情况及对发行人技术的影响。

5. 是否存在商标、专利等知识产权许可第三方使用，若存在许可第三方使用的原因、背景及合理性，许可协议的主要内容，商标许可使用费及其确定依据，是否公允、该等许可是否在商标局等主管部门备案，被许可方与发行人及其关联方是否存在关联关系，是否存在共同的客户或供应商或者可能导致利益输送的其他情形。

6. 核心技术对第三方是否存在依赖，如果该等许可使用授权被终止对发行人的具体影响，发行人核心技术是否存在被近年国际、国内市场上其他技术替代、淘汰的风险。

7. 发行人核心技术是否存在侵权的情形；发行人是否存在知识产权方面的尚未了结的诉讼与潜在诉讼情况，如有，应进一步披露该等诉讼与潜在诉讼对于发行人持续经营能力的影响，包括但不限于涉及专利和诉讼专利的产品及其销售收入、净利润金额及其占比情况；是否存在其他第三方侵犯发行人知识产权的情形及应对措施。

8. 发行人是否存在对核心技术人员的依赖，是否与其他机构或研发人员存在纠纷及潜在纠纷；说明专利、核心技术是否涉及相关技术人员在原单位的职务成果，技术人员是否违反竞业禁止的有关规定，是否存在违反保密协议的情形，是否可能导致发行人的技术存在纠纷及潜在纠纷。

9. 发行知识产权质押是否办理质押登记手续，未办理质押登记手续的原因、是否符合双方合同约定，发行人是否因此承担法律责任；质押知识产权对发行人生产经营的重要程度，所担保债权的情况、是否存在逾期无法偿还导致质押权被实现的风险，知识产权质押是否对发行人生产经营造成不利影响。

10. 发行人是否制定了保护知识产权、防范技术泄密的内部制度及其执行情况。

二、案例解读

（一）申联生物医药

已受理	已问询	上市委会议	提交注册	注册生效
2019-04-02	2019-04-12	2019-07-31	2019-08-09	2019-09-20

通过

上交所在《关于申联生物医药（上海）股份有限公司首次公开发行股票并在科创板上市申请文件的第三轮审核问询函》中，要求发行人进一步说明与中国农业科学院兰州兽医研究所共同拥有专利的具体安排、权利或权益归属情况；发行人核心技术对共有专利是否存在依赖，发行人持续经营能力是否依赖于共有专利或相关单位，上述共有专利是否存在纠纷或潜在纠纷。

目前，在相关案例中，关于共有专利的常见回复如下：企业一般披露有关共有专利和转让专利的合同条款，形成原因，承诺不存在潜在纠纷，如果企业与共有专利方就专利使用有明确约定，可如实披露约定。若共有专利涉及核心技术，对企业生产经营影响较大，企业应通过商业谈判途径获得共有专利权的全部权属。若企业无法通过商业谈判的途径获得共有专利权的全部权属，则可以通过合同约定由企业享有该共有专利的独占实施权并承担专利权维持及专利权保护义务，其他共有专利权人享有合理的经济补偿。如可要求其他共有专利权人出具相关声明，证明发行人就共有专利的使用及收益权未受到限制。

（二）硕世生物

已受理	已问询	上市委会议	提交注册	注册生效
2019-04-22	2019-05-21	2019-10-16	2019-10-22	2019-11-07
		通过		

上交所对竞业限制问题同样会予以关注，主要包括股东、董监高及核心技术人员是否承担竞业禁止义务及是否违反竞业禁止协议，尤其对于相关人员曾任职于相同或相近行业公司的情况；核心技术是否存在权属纠纷或潜在纠纷的风险，如核心技术人员曾任职同行业公司，需关注其参与研发的公司技术权属是否清晰，是否存在侵犯第三方技术的潜在风险；存在核心技术人员离职的，需关注公司与离职核心技术人员之间的竞业禁止安排，以及人员离职对公司业务造成的影响。

根据硕世生物招股说明书披露，张旭与王国强等人同为发行人的联合创始人，张旭与公司管理团队成员王国强、董竟南等人均有凯普生物任职经历，张旭曾任凯普生物科学总监；2016年、2019年张旭两次出让公司股权，此次发行完成后，张旭的持股比例将下降至5%以下；2017年8月，张旭辞任公司董事。就前述情况，上交所要求发行人补充披露张旭离职和退出公司日常经营管理活动的真实原因及背景，张旭离职是否会对公司的持续经营产生重大不利影响以及公司是否与张旭签订相关的竞业禁止协议，张旭目前任职的国仟医疗科技（苏州）有限公司与公司主营业务是否类似，是否对公司业务构成影响或潜在影响。

发行人及中介机构要核查相关研发人员的工作履历，及其与发行人签署的劳动合同、保密协议等文件，并取得发行人、相关研发人员、原单位出具的书面说明，以证明发行人及其控股子公司已取得的专利、软件著作权、集成电路布图设计专有权等知识产权均不涉及该等在职研发人员在原单位的职务成果，该等在职研发人员不存在违反竞业禁止的有关规定、违反保密协议的情形，不存在可能导致发行人的技术存在纠纷及潜在纠纷的情形。特别是核心技术人员等关键人员不论携竞业禁止协议入职公司还是从公司离职，对公司的技术独立性、资产完整性和经营业务可持续性都将造成较大影响，应对其重点关注并对公司创始股东、董监高及核心技术人员的工作履历加以查验，排查可能存在的竞业限制情况。

案例点评

知识产权对于科创板企业的重要性不言而喻。上述案例回复要点包括：一是知识产权的转让、取得，须避免权属纠纷，确保已办理权属登记手续，涉及员工职务发明的知识产权，发行人需要说明其确定属于职务发明、所有权归属于公司，相关自然人承诺不会对此主张权利，知识产权转让/购买原因应该合理，应与公司的主要业务挂钩。二是知识产权的使用，对于公司知识产权的独立完整性进行一一核查，对第三方不存在重大依赖，确保授权使用费的公允性。三是未决知识产权诉讼，对于已产生的知识产权诉讼，可通过协商或者借助第三方与起诉者达成和解。如果不能达成和解，则须有效论证该纠纷是否会对公司造成重大不利影响，可以通过第三方机构论证不构成侵权，或者论证纠纷仅涉及公司部分不重要产品，对公司无实质不利影响。四是完善信息披露，如重要专利技术的取得方式及时间、数量、权属情况，知识产权关联交易或者重大依赖情况，报告期内知识产权的法律状态，有无质押、转移、许可、无效、终止等情况。

（三）晶丰明源

已受理	已问询	上市委会议	提交注册	注册生效
2019-04-02	2019-05-15	2019-08-26	2019-08-27	2019-09-10
		通过		

2019年7月23日，上交所科创板上市委发布公告称，因上海晶丰明源半导体股份有限公司（以下简称"晶丰明源"）在上市委审议会议公告发布后出现涉诉事项，根据相关规则规定，取消审议晶丰明源的发行上市申请，这成为科创板开市以来第一例因企业知识产权纠纷被取消审核的案例。

利用知识产权诉讼，尤其是利用专利诉讼作为阻碍竞争对手经营发展的主要策略，不同的企业会选择不同的时间点，像晶丰明源遇到的时间点就是上市前期，其竞争对手发动专利诉讼迫使晶丰明源暂时中止了上市进程。晶丰明源此次所涉及的诉讼主要是与竞争对手矽力杰之间的专利纠纷。据悉，针对矽力杰发起的晶丰明源发明专利侵权的诉讼，杭州市中级人民法院已于2019年7月19日立案受理，其中涉嫌侵权的专利就包括线性调光芯片专利。原告矽力杰认为，被告晶丰明源涉嫌未经原告矽力杰许可，擅自以生产经营为目的制造、销售、许诺销售侵权的线性调光芯片产品，侵害原告矽力杰的专利权。矽力杰在起诉中已向法院主张损害赔偿和相关禁令，责令被告晶丰明源停止侵权，赔偿原告损失。

监管部门对专利诉讼的态度有所软化，由于半导体行业专利战已经常态化，且这一领域专利诉讼呈现技术难度高、周期较长等特征，发起专利诉讼的企业还不排除是以干扰竞争对手成功上市为目的。作为科创板专利诉讼的第一案，晶丰明源积极应对，迅速在招股说明书上会稿中补充披露了相关诉讼影响，公司表示，杭州矽力杰三项专利之一的"可调光LED驱动电路"（ZL201410200911.9），已被国家知识产权局专利局复审和无效审理部宣告无效。公司已向杭州市中级人民法院提交申请，请求法院裁定驳回与该专利相关的起诉。至于其他两项专利，公司解释称，被控侵权产品与638号专利和115号专利（ZL201510320363.8、ZL201710219915.5）所采用的技术方案不一致，并不在上述专利权的保护范围。并且，杭州矽力杰所提起的三件专利，未触及公司的核心技术。诉讼涉及的相关产品收入占发行人营业收入较小，对公司利润贡献较低，对发行人产品销售及盈利能力影响较小。上市委要求晶丰明源说明两款涉诉产品是否属于公司研发的正在积极开拓市场的新产品，该专利诉讼案是否对公司的经营目标与产品方向构成影响，是否对公司发展智能LED照明驱动芯片构成不利影响。2019年8月26日，科创板上市委员会发布2019年第19次审议会议结果公告，同意晶丰明源首发上市申请。晶丰明源此次过会表明，只要未决诉讼未对公司构成重大影响，且上市主体及时充分进行信息披露以及风险提示，就不会对上市构成实质性障碍。

| 第九章 |

业务规范与会计信息

第一节 持续经营

一、关注要点

持续经营能力,是指公司基于报告期内的生产经营状况,在可预见的将来,不会遭遇清算、解散等变故而不复存在。对持续经营能力的判断,应结合行业发展趋势、市场竞争情况、公司核心优势、商业模式创新性、风险管理、主要客户及供应商情况、盈利情况等方面进行。发行人存在以下情形的,应重点关注是否影响发行人持续经营能力,具体包括:(1)发行人所处行业受国家政策限制或国际贸易条件影响存在重大不利变化风险;(2)发行人所处行业出现周期性衰退、产能过剩、市场容量骤减、增长停滞等情况;(3)发行人所处行业准入门槛低、竞争激烈,相比竞争者发行人在技术、资金、规模效应方面等不具有明显优势;(4)发行人所处行业上下游供求关系发生重大变化,导致原材料采购价格或产品售价出现重大不利变化;(5)发行人因业务转型的负面影响导致营业收入、毛利率、成本费用及盈利水平出现重大不利变化,且最近一期经营业绩尚未出现明显好转趋势;(6)发行人重要客户本身发生重大不利变化,进而对发行人业务的稳定性和持续性产生重大不利影响;(7)发行人由于工艺过时、产品落后、技术更迭、研发失败等原因导致市场占有率持续下降、重要资产或主要生产线出现重大减值风险、主要业务停滞或萎缩；（8）发行人多项业务数据和财务指标呈现恶化趋势，短期内没有好转迹象；（9）对发行人业务经营或收入实现有重大影响的商标、专利、专有技术以及特许经营权等重要资产或技术存在重大纠纷或诉讼，已经或者未来将对发行人财务状况或经营成果产生重大影响；（10）其他明显影响或丧失持续经营能力的情形。

二、案例解读

（一）致远互联

北京致远互联软件股份有限公司成立于2002年3月，专注于为组织级客户提供协同管理软件、解决方案和云服务，是集协同研究、软件研发、市场营销、渠道销售、支持服务于一体的协同管理全案服务商。上交所要求中介机构对发行人持续经营能力审慎发表明确核查意见，并督促发行人充分披露可能存在的持续经营风险。

已受理	已问询	上市委会议	提交注册	注册生效
2019-04-19	2019-05-17	2019-09-11	2019-09-23	2019-09-29

通过

中介机构从4个方面论述了发行人具有直接面向市场独立持续经营的能力：一是协同管理软件行业市场规模发展空间广阔。协同管理软件的开放性、扩展性、集成性及低成本快速交付、弹性部署，以及多样化、移动化应用特征，能够满足目前多数企业客户的需求，庞大的企业数量规模为协同管理软件市场发展奠定了基础，同时高效服务型政府建设也为协同管理软件在政府行业的发展提供了广阔的发展空间。二是公司在协同管理软件行业中处于领先地位。公司是协同管理软件行业领先的软件产品、解决方案与服务提供商，公司通过在协同管理软件领域的持续深耕，已在创新能力、产品技术、客群基础、市场品牌、营销体系、服务体系等方面构筑了领先优势。公司业务范围基本覆盖全国，下游客户涵盖了制造、建筑、能源、金融、电信、互联网及政府机构等众多行业及领域，并获得各行业知名客户的认可。公司经过多年的发展和积淀，不仅在协同管理软件领域拥有广泛的客户基础和丰富的实践经验，亦多次获得行业内各种权威机构颁发的荣誉和奖项，在行业内具有良好的品牌影响力及企业知名度。三是公司具有技术领先性与持续创新能力。发行人提供的协同管理软件产品服务中，使用与融合了包括云计算、移动互联、大数据等新一代信息技术，同时结合发行人产品技术不断的创新发展，形成了在协同技术平台、协同应用平台、协同移动平台等方面的核心竞争力。四是公司业务规模持续增长并制定了清晰可行的发展战略。报告期内，公司持续加强客户维护及拓展，主营业务收入均保持良好增长态势。未来，公司将抓住国家对软件产业的大力支持以及协同管理软件普及应用的行业契机，通过在产品技术、经营模式以及管理运营等方面的持续改善和创新，进一步增强产品技术竞争力，提升品牌影响力并健全营销服务网络和协同产业生态，同时完善公司治理结构，提高内控管理和业务运营水平，巩固和扩大公司在协同管理软件行业的领先优势。

综上所述，公司所处行业属于国家产业政策鼓励发展行业且具备良好的成长性，公司具有自主研发能力，建立了可以保证发行人持续成长的业务模式，具备有效的管理体系和成熟的管理团队，制定了清晰的发展战略和切实可行的发展规划，具备直接面向市场独立持续经营的能力。

（二）传音控股

传音控股致力于成为全球新兴市场消费者最喜爱的智能终端产品和移动互联服务提供者。自公司成立以来，传音控股一直着力为用户提供优质的以手机为核心的多品牌智能终端，并基于自主研发的智能终端操作系统和流量入口，为用户提供移动互联网服务。

登陆科创板

| 已受理 | 已问询 | 上市委会议 | 提交注册 | 注册生效 |
| 2019-03-29 | 2019-04-10 | 2019-07-23 | 2019-08-09 | 2019-09-06 |

通过

报告期各期，公司的营业收入分别为 1 163 675.75 万元、2 004 362.63 万元、2 264 588.12 万元。招股说明书披露，公司将紧密围绕"一带一路"建设和中非合作国家战略，抓住发展机遇，不断拓展海外市场和业务。

上交所要求发行人：（1）结合发展战略和业务拓展计划，补充披露管理人员境外管理的经验，如何应对规模扩张引发的管理风险，说明对境外子公司的内部控制是否健全有效。（2）补充披露报告期内收入增幅减缓的原因，说明影响报告期内经营业绩变化的主要因素。（3）结合招股说明书中列示的主要竞争对手华为、小米等进入非洲和印度等境外市场的计划，补充披露市场竞争对发行人市场份额、经营业绩、竞争优劣势等方面的影响，行业近3年的发展情况和未来发展趋势，目前的高市场占有率能否继续保持或进一步提高。（4）请保荐机构对上述事项核查并发表意见。请保荐机构及申报会计师事务所根据《科创板审核问答（二）》中问答13的规定，进一步就是否存在影响发行人持续经营能力的事项详细分析和评估，并发表明核查意见，督促发行人充分披露相关风险。

发行人回复一：公司自设立以来便聚焦于境外经营与运作，核心管理团队具备丰富的境外管理经验。公司管理团队深耕非洲多年，对于非洲及印度等新兴市场有着深刻的理解。公司管理团队始终积极参与海外业务的经营管理，通过梳理和完善海外管理流程，实施本地化管理模式，不断提高企业经营的综合能力。

近年来，公司一直处于高速发展阶段，通过不断开拓新兴市场，公司的资产规模及销售规模迅速扩大。针对规模扩大所带来的管理风险，公司从管理架构及机制、人才引进和培养等多方面采取措施。

在管理架构及机制方面，公司不断完善组织管理系统，针对不同地区的重点市场设立专门的管理团队，并从公司内部与当地市场选拔配备合适的人才，统筹协调对重点区域的整合、管理和监督，确保公司能够及时、准确掌握跨境运营中遇到的风险。同时，在公司人力资源部、财务部等部门安排对接海外重点区域的专职人员，对公司的内部控制及运营进行监督。

在人才引进和培养方面，公司自设立以来就高度重视本地化人才队伍的建设，长期吸收和培养当地人才。公司的生产、研发、采购、销售团队均包含大量的外籍本地员工，并在公司的生产经营中发挥着重要作用。同时，公司加大了对具有跨国企业工作经验人才的引进，形成了国际化人才梯队，并定期组织团队交流，加强团队融合。

在信息传递与交流方面，公司不断提高信息化管理水平。公司不断推进工作机制信息化、透明化，并且加大销售终端信息化建设。此外，公司每年举办多种活动加强海内外员工的信息交互。

在海外子公司的管理与规范方面，公司制定了健全有效的《子公司管理制度》，对子公司组织管理、财务管理、经营及投资决策管理、利润分配原则、人事、薪酬及福利管理、信息披露、监督审计、考核与奖罚等事项做出了明确规定，保证了境外子公司的规范、高效、有序运作，有效地控制了经营风险，提高了公司整体资产运营质量。

发行人回复二：报告期内，公司收入呈现逐年增长趋势。2017年至2018年，公司收入增速放缓，主要是因为2017年公司在稳定发展非洲市场的基础上，开拓印度、孟加拉国等东南亚地区，非洲、亚洲等地区市场的收入增长较快；2018年，印度市场竞争激烈，公司印度市场出货量增速减缓，从而导致公司2018年收入增速减缓。

发行人回复三：随着经济发展、人口增长以及通信基础设施的不断完善，以非洲、印度为代表的主要新兴市场是未来全球手机销量增长的主要来源。以华为、小米为代表的厂商通过设立地区部门、制定相关规划等方式逐渐加大对新兴市场的开拓力度，市场竞争日渐加剧。以非洲为代表的新兴市场空间广阔，庞大的人口规模、相对年轻的人口年龄结构以及高出全球平均水平的生育率将为行业长期提供大规模的潜在用户群体。随着当地经济水平的逐步提升和基础设施建设的逐渐完善，用户群体的需求不断增长，而且随着智能手机的逐渐普及，新兴市场移动互联网业务将蓬勃发展。广阔的行业市场空间与发展前景使得行业竞争对已具备规模化优势的品牌厂商的影响较小。

华为、小米等厂商此前已进入包括非洲在内的新兴市场，并占据了一定的市场份额。公司秉承"全球化视野、本地化执行"的理念，全力为以非洲为代表的新兴市场进行本土化产品研发和技术创新。公司已建立高度契合本地需求的研发体系、深度稳定合作的销售体系、多元化的品牌体系、完善的售后服务体系、本地化的人力资源，以及规模庞大的非洲本土化数据资源，在新兴市场形成了独特的竞争壁垒。此外，公司在非洲移动互联网业务领域拥有流量优势，形成了有效循环的商业生态。

综上，华为、小米等竞争对手进入非洲和印度等境外市场的计划对于公司的影响较小，在未来竞争中，公司将维持较高的市场占有率与品牌影响力。

经过多年的积累，公司已在品牌影响力、用户规模、技术创新、销售网络、供应链管控、售后服务等领域拥有突出的优势。公司对于非洲市场及用户群体有着深刻的洞察与理解，并积累了海量的非洲本土化数据资源。针对新兴市场，公司建立了本地化的消费者研究团队并覆盖了非洲及南亚各区域，高度契合本地需求进行产品规划和研发，同时通过国内外手机供应链深度定制元器件，实现本地化融合创新。公司的深肤色拍照、低成本快速充电等技术搭载于公司的手机产品中，受到市场的广泛认可。

通过多年的渠道建设，公司与非洲经销和零售资源进行了深度合作，并对重点国家及地区的销售网络进行了信息化升级和改造。信息电子化销售网络的升级改造是与经销商长期稳定合作关系的良好保证。在信息不发达且区域分散的非洲地区，经过多年的精耕细作，公司稳定的销售网络形成了独特的准入壁垒。同时，公司多品牌布局对用户群体的精准定位将为新兴市场良好的用户体验提供保障。此外，公司在移动互联网业务领域的领先优势将成为在公司未来竞争中维持市场占有率与品牌影响力的有力保证。

另外，中介机构回复：中介机构对上述问题进行了核查，具体如下：对公司管理层进行访谈，查阅公司管理制度及内部控制相关措施；了解公司所处行业有关国内和国外政策变化的情况，了解公司所处行业发展状况，公司于行业中所处地位及其变化，公司竞争优势和劣势，查询行业竞争对手公开资料等；了解公司行业上下游供求关系，原材料采购价格或产品售价变化情况，走访主要客户及供应商，了解重要客户的变化情况；了解公司主营业务变化情况，分析公司报告期内财务状况及经营成果的变化情况，评估业务数据和财务指标的变化对公司未来的影响；了解公司产品、生产工艺、技术更迭、研究开发等情况，现场查看公司境内外子公司生产、经营、资产情况；检查商标、专利、专有技术以及特许经营权等重要资产或技术是否存在重大纠纷或诉讼等方式；关注是否存在其他影响公司持续经营能力的事项。

案例评析

科创板监管规则从持续盈利能力向持续经营能力导向转变，甚至允许尚未盈利或存在累计弥补亏损的企业发行上市。确立将发行人应当具有持续经营能力作为对其发行上市考察的关键条件，发行人务必真实、全面、完整地披露公司与持续经营能力有关的各类信息。

第二节 经营资质

一、关注要点

经营资质是企业生产经营应具有的资格，是政府监管市场的重要手段。一是要关注发行人资质完备性，是否具有经营业务所需的全部资质、许可、认证、特许经营权等；二是业务的合法合规性，发行人不能存在无资质经营或超越资质经营的情形，特别是与主营业务相关的资质经营范围，是否存在资质被吊销或撤销的情况；三是有无资质即将到期，是否存在无法续期的风险，避免存在过期的资质，如果资质对主营业务有重要影响，要及时办理续期；四是要关注完善的信息披露，发行人应说明生产经营资质相应的审批主体、资质名称、资质编号、发证机关、授予日期、有效期、重要程度、子公司、分公司的资质等情况。

二、案例解读：博瑞医药

已受理	已问询	上市委会议	提交注册	注册生效
2019-04-08	2019-04-22	2019-08-27	2019-09-11	2019-10-12

通过

上交所要求中介机构核查发行人：是否已取得生产经营所必需的相关许可、资质、认证，产品是否取得了全部必需的批文，是否符合所必须遵守的国家、行业及地方标准规范，其具体情况及有效期，是否合法合规；部分即将到期的资质许可是否存在续期障碍，如存在，分析披露是否会对发行人的业务经营产生不利影响；国内销售的产品，是否按照相关规定取得了注册批件、认证证书等；产品出口的情况，发行人出口产品是否已按照原料药出口有关规定取得相应的资质、认证等；境外销售的产品，是否已按照当地法规取得资质、认证等；产品质量是否符合国家相关规定，是否因产品质量问题受到过主管机关处罚、警告或调查，是否存在产品质量纠纷。

保荐机构和发行人律师获取了发行人的药品生产许可证、药品 GMP（生产质量管理规范）证书、国内药品生产批件、出口欧盟原料药证明文件、对外贸易经营者备案登记表、中华人民共和国海关报关单位注册登记证书、欧盟

GMP 证书、日本 GMP 证书、韩国 GMP 证书、美国 EIR（现场检查确认函）报告、《排放污染物许可证》（苏园环排证字［20160060 号］）、《排污许可证延期审批意见》《排放污染物许可证》（苏园环排证字［20190100 号］）、《排放污染物许可证》（苏园环排证字［20180071 号］）、《排放污染物许可证》（苏园环排证字［20190084 号］）等文件，获取了发行人及其子公司所在地质量和技术监督管理部门出具的合规证明。

经核查，保荐机构和发行人律师认为：发行人及其子公司已取得生产所需要的必要境内经营许可或资质文件，相关经营许可、资质文件合法有效；发行人国内销售的产品已按照相关规定取得注册批件、认证证书，相关注册批件、认证证书合法有效；发行人出口产品已按照原料药出口有关规定取得相应的资质、认证，相关资质、认证合法有效；截至本回复出具之日，发行人部分即将到期的资质许可已完成续期手续；发行人境外销售的产品，已按照当地法规取得资质、认证；发行人的产品符合有关产品质量和技术监督标准，报告期内不存在因违反有关产品质量和技术监督方面的法律、法规而受到行政处罚的情形，亦不存在产品质量纠纷。

第三节　经销商模式

一、关注要点

经销是企业重要销售模式，企业利用经销商的渠道和资源，能实现销售的大幅增长。同时，由于经销商模式下可能存在收入确认政策差异性、利用关联经销商虚增销售收入等特殊因素，经销商模式往往会被监管机构重点关注。

监管机构针对经销商模式应当重点关注以下内容：（1）发行人经销商模式的占比、经销商的数量以及变动情况、经销商的区域分布是否合理、经销商的注册资本、经营资产是否与业务合作相匹配，以及终端客户同经销商地域的匹配性。境内外经销商的管理是否存在差异，如果存在差异，分析原因。（2）与经销商之间的合作模式、结算模式、退换货条款、各期实际退换货情况及主要原因、会计处理、发行人与经销商之间的合作模式（买断式交易、委托代销等），产品定价情况、买断式销售是否负有退换货条款，不同合作模式下经销商数量以及占比情况，经销商与最终客户之间的销售方式。（3）经销商具体业务模式及采取经销商模式的必要性，经销商模式下收入确认是否符合企业会计准则的规定，在经销商选取标准、日常管理、定价机制（包括营销、运输费用承担和补贴等）、物流（是否直接发货给终端客户）、退换货机制、销售存货信息系统等方面的内控是否健全并有效执行。（4）经销商采购产品最终销售的大致去向，经销商是否实现了最终销售，发行人是否存在对经销商向最终客户销售过程合法合规性的管理措施，是否存在信息管理系统可供查看经销商销售情况。（5）经销商是否存在大量个人等非法人实体，经销商是否为个体户，发行人是否同时向经销商及其实际控制人销售产品，经销商是否取得了发行人股权。（6）经销商和发行人是否存在实质和潜在关联关系，经销商是否专门销售发行人产品，经销商的终端销售及期末存货情况，报告期内经销商是否存在较多新增与退出情况，经销商回款是否存在大量现金和第三方回款。（7）经销商在经营过程中是否存在不正当竞争、商业贿赂等违法违规的情形。发行人或其工作人员是否存在因商业贿赂行为被立案调查、处罚或媒体报道的情况，发行人是否制定了防范商业贿赂的内部管理制度和有效措施及其执行情况。（8）经销商入股情况，经销商成立时间、注册资本、股权结构、与发行人合作年限等；发行人引进经销商股东的原因、合理性和必要性，入股价格及定价公允性；经销商入股前后，其与发行人之间执行的销售金额和单价变动情况，双方之间执行的销售价格、交易条件、信用政策与其他经销商的对比情况，交易价格是否公允，销售金额与最终客户的需求是否匹配，双方是否存在关联关系或最低采购量等特殊利益安排，经销商入股是否存在发行人对其利益输送的情形。

二、案例解读：华熙生物

已受理	已问询	上市委会议	提交注册	注册生效
2019-04-10	2019-04-18	2019-08-27	2019-08-30	2019-09-29

通过

发行人华熙生物招股说明书披露，其3类主要产品均存在直销和经销的销售模式。上交所要求保荐机构、发行人律师和申报会计师事务所详细核查经销商具体业务模式及采取经销商模式的必要性，经销商模式下收入确认是否符合《企业会计准则》的规定，发行人在经销商选取标准、日常管理、定价机制（包括营销、运输费用承担和补贴等）、物流（是否直接发货给终端客户）、退换货机制、销售存货信息系统等方面的内控是否健全并有效执行，经销商是否与发行人存在关联关系，对经销商的信用政策是否合理等。

保荐机构及申报会计师事务所实施了如下核查程序：（1）访谈发行人管理层及相关业务部门负责人，详细了解发行人业务模式、各销售模式下的销售流程、风险报酬转移的时点，核查发行人各销售模式下收入确认方法是否准确，是否符合《企业会计准则第14号——收入》的相关规定。（2）核查发行人销售业务相关的内部控制制度，查看发行人信息系统，对发行人不同销售模式下的销售循环执行穿行测试，对识别出的关键控制点进行控制测试。（3）了解企业的基本销售情况、销售模式以及采用经销商销售模式的原因和必要性，分析收入波动原因。（4）获取发行人各期的产品销售价格目录及各经销商产品销售单价，分析产品价格大额变动及不同经销商同一产品的价格差异原因，分析价格合理性。（5）计算不同业务模式、不同产品线于报告期各期的毛利率情况，分析其变化原因，核查发行人收入确认的真实性、完整性和准确性。（6）获取报告期内经销商销售合同，查阅有关客户收货以及与商品所有权有关的风险和报酬发生转移的关键条款（包括交货条款、退换货条款、收款条件、是否存在销售返利及销售退回），以检查发行人收入确认会计政策是否符合《企业会计准则》的规定。（7）比较同行业可比公司的收入确认政策，关注其经销销售收入会计政策与发行人是否存在重大差异。（8）对报告期内主要产品的毛利率进行比较分析，并与同行业可比公司毛利率水平进行比较，分析差异原因。（9）核查发行人报告期各期主要经销商销售收入变动情况，结合其资金规模、销售规模，分析是否与发行人对其销售收入相匹配，针对当期新增和减少的经销商分析变动原因，核查发行人收入确认的真实性。（10）对比报告期内主要经销商客户名单，分析报告期经销商数量变动及总体分布情况。（11）对所有经销商进行背景调查，从全国企业信用信息公示系统获取这些经销商的工商登记资料，并分析其是否合理。（12）通过函证方式对经销商客户的各期收入以及各期末发出商品、往来款余额等进行确认，各期发函金额占当期经销模式的比例分别为 71.54%、76.59% 及 89.06%，各期回函确认金额占当期经销模式的比例分别为 67.07%、70.83% 及 83.38%。（13）通过实地走访或电话、视频等方式，访谈报告期内 60 家经销商，了解经销商背景及其主营业务、与华熙生物的业务合作过程、定价情况、物流安排及运费承担、退换货情况，确认期末存货情况，以及是否存在存货大量积压、产品最终流向、法律纠纷、关联关系等；2016—2018 年 3 年，通过实地走访或电话、视频等方式相结合，访谈的经销商各年收入合计占当年经销模式收入的比例分别为 50.59%、58.36%、57.51%；对发行人及其关联方的银行资金流水进行核查；核查发行人对经销商管理的相关制度文件，就发行人经销商渠道管控、信息管理、授权管理的具体措施对发行人相关人员进行访谈；结合收入真实性核查，核查发行人销售模式以及对经销商的信用政策；核查与公司长期合作的经销商自采购后至下一次采购的周期，判断经销商的期末库存情况。

案例评析

经销商作为发行人的销售渠道，与发行人合作紧密，所以存在突击采购、压货等配合发行人财务造假的可能，因此受到审核部门的特别关注。论证经销商模式合理性的角度具体包括：企业客户众多，直销难以全面覆盖，经销可提高市场占有率，提升资金周转率；报告期内各主要经销商年度进货规模与其体量及历史业绩规模匹配，其实际控制人或负责人能够承诺确认其对发行人商品采购为其独立、自主、真实的市场交易行为，不存在应任何一方要求而蓄意囤积存货、协助发行人虚增收入或利润的情形；获取的同行业上市公司公开披露的信息能够佐证报告期内发行人主要经销商收入变动合理；经销商与发行人交易真实，价格公允，收入方式确认合理；发行人对主要经销商内控制度设计合理、执行有效；经销商保留适量符合行业惯例的安全库存；罗列前五大经销商销售金额及销售收入占比情况，发行人对经销商不存在依赖性等。

第四节　客户集中度

一、关注要点

客户集中度问题一直是上交所审核过程中的重大事项。如果客户过于集中，特别是单一大客户主营业务收入或毛利贡献占比超过50%，原则上应认定发行人对该单一大客户存在重大依赖，在发行条件判断上，应重点关注客户的稳定性和业务持续性，是否存在重大不确定性风险；如果客户过于分散，公司则面临获取新客户的能力被质疑的问题，应关注公司未来发展前景等。发行人存在客户集中度较高情形的，保荐机构应重点关注该情形的合理性、客户的稳定性和业务的持续性，督促发行人做好信息披露和风险揭示。

对于非因行业特殊性、行业普遍性导致公司客户集中度偏高的，保荐机构在执业过程中，应充分考虑该公司单一大客户是否为其关联方或者是否存在重大不确定性；该集中是否可能导致该公司未来持续经营能力存在重大不确定性。针对公司单一客户依赖问题，发行人除了要做好信息披露之外，还要重点解释公司大客户集中问题，说明发行人与该客户合作稳定，并不会对公司未来持续盈利能力产生影响，可以从公司与客户的合作历史、目前合作情况、未来可持续性、公司技术能力，以及客户是否对公司存在依赖、公司提供的商品或服务的可替代性、客户是否能在短期内找到替代的供应商等方面论述；或者能够证明发行人虽然对单一客户依赖超过50%，但是公司在不断开拓新客户，且新客户的数量及销售额都在稳步增加，并且即使排除该单一客户，公司仍然有独立面对市场的能力，未来的销售及利润能够不断持续增长，对公司持续经营能力不会造成重大影响。对于发行人由于下游客户的行业分布集中而导致的客户集中具备合理性的特殊行业（如电力、电网、电信、石油、银行、军工等行业），发行人应与同行业可比上市公司进行比较，充分说明客户集中是否符合行业特性，发行人与客户的合作关系是否具有一定的历史基础，是否有充分的证据表明发行人采用公开、公平的手段或方式独立获取业务，相关的业务是否具有稳定性以及可持续性，并予以充分的信息披露。

保荐机构如发表意见认为发行人客户集中不对持续经营能力构成重大不利影响的，应当提供充分的依据说明上述客户本身不存在重大不确定性，发行人已与其建立长期稳定的合作关系，客户集中具有行业普遍性，发行人在客户稳定性与业务持续性方面没有重大风险。发行人应在招股说明书中披露上述情况，充分揭示客户集中度较高可能带来的风险。

二、案例解读：迈德医疗

迈得医疗科技（上海）有限公司（以下简称"迈德医疗"），是一家集研发、生产、销售为一体的医疗器械公司。目前，公司的主打产品为射频消融治疗仪（RFG）及其配套附件——射频电极针，用于各种肿瘤的治疗，包括肝、肺、甲状腺、乳腺等器官及组织。公司自行开发的电极系列及治疗仪已获得CFDA（国家食品药品监督管理总局）认证，并已在国内取得10余项专利。

已受理	已问询	上市委会议	提交注册	注册生效
2019-05-10	2019-06-10	2019-09-11	2019-09-23	2019-10-28

通过

迈德医疗的招股说明书披露了报告期内前五大客户的销售金额及占比。发行人2017年披露的招股说明书显示，迈得医疗存在为客户上海宝舜医疗器械有限公司、江苏吉春医用器材有限公司借款提供担保的情形。上交所要求发行人说明报告期内主要客户的主要情况、合作历史、与发行人及其关联方是否存在关联关系，说明主要客户之间是否存在关联关系，简要披露并分析说明主要客户销售金额及占比发生变动、主要客户顺序发生变动的原因；结合行业状况、主要客户及产品的市场地位、相关合同条款，详细分析公司与主要客户交易的可持续性；补充说明与主要客户之间的定价方式、验收与结算条款、运输费用承担方式、质量保证条款，以及在报告期内是否发生变化；说明公司获取客户、取得订单的方式和途径，说明报告期内客户集中度及销售地区集中度增加的原因，披露相关风险；说明报告期内是否存在为直接或间接客户提供融资、垫资或担保行为，上述客户的具体情况、经营情况，是否有反担保安排。请中介机构说明核查方法。

保荐机构、发行人会计师的核查过程及核查依据如下：

1. 取得发行人报告期内的销售明细，了解公司的客户结构和具体销售金额，根据销售金额的排序（按受同一控制人控制的企业合并统计）选取报告期内的主要客户清单。

2. 取得和查阅公司与主要客户签订的销售合同，核查发行人与主要客户在合同中与约定的产品类别、销售价格、供货方式、验收与结算条款、运输费用承担方式、质量保证条款等内容的情况。

3. 对公司总经理、销售负责人、财务负责人进行访谈，了解公司与主要客户的交易背景、业务来源、价格确定方式、订单合同的签订方式、公司获取客户与取得订单的方式和途径。

4. 在国家企业信用信息公示系统（http：//www.gsxt.gov.cn）中查阅主要客户的工商基本情况及变更情况，了解主要客户的股东情况、成立时间、注册资本等情况，确认公司与主要客户之间不存在关联关系。

5. 查阅公司主要客户的企业网站信息、年报（如有），了解主要客户公开披露的经营情况、生产规模、未来的发展目标，分析公司对主要客户的销售金额与主要客户经营规模匹配的合理性。

6. 对财务负责人进行访谈，了解公司销售收入确认情况、发票及收款情况；获取公司报告期各期末的应收账款明细、期后回款情况，对主要客户期后回款的进行大额资金测试；抽取发行人部分订单及销售发票，核对主要客户收款情况。

7. 取得公司主要客户报告期内的销售收入、净利润、资产总额、自动化组装设备采购金额等数据的说明，抽取部分销售的记账凭证、销售合同、发票、出入库单等凭证，核查收入确认的真实性。

8. 了解公司为上海宝舜、江苏吉春提供担保的原因、过程，取得并查阅公司与上海宝舜、江苏吉春的销售合同、担保合同，上海宝舜与江苏吉春的财务报表和还款记录，核查担保事项的发生、解除的合理性；取得并查阅上海宝舜、江苏吉春的财务报表，了解这两家客户的经营情况。

9. 取得并核查发行人及其关联方（不含独立董事）的资金流水，将资金流水中的交易对手方清单与主要客户及其关联方清单进行核对。

10. 对发行人主要客户进行实地走访，合计走访25家客户，了解这些客户的住所及办公场所、法定代表人、注册资金、主要股东、主营业务、业务规模、与发行人的交易金额、订货方式和信用期限等，是否与发行人存在关联关系，与发行人的合作时间及双方合作机缘，是否与发行人发生过退货和纠纷等内容。另外，由客户签字确认与公司系正常业务往来，确认主要客户及其控股股东、实际控制人、董监高、核心技术人员与公司及其关联方、台州赛纳投资咨询合伙企业（有限合伙）及其全体合伙人、实际控制人之间不存在亲属关系、委托持股、信托持股等关联关系，不存在正常业务以外的其他交易及资金往来，亦不存在其他可能输送不当利益的情形。保荐机构、发行人会计师、发行人律师已经走访、函证确认的客户各期销售及占比情况如表9-1所示。

表9-1　发行人客户各期销售及占比情况

项目	2018年度	2017年度	2016年度
营业收入（万元）	21 489.57	17 338.90	13 943.06
走访客户的销售金额（万元）	20 440.31	13 573.86	13 000.94
走访客户的收入占比	95.12%	78.29%	93.24%
函证确认的销售金额（万元）	20 751.41	15 276.56	13 311.58
函证确认的收入占比	96.57%	88.11%	95.47%
走访、函证确认的销售金额（万元）	20 783.77	15 882.99	13 311.58
走访、函证确认的收入占比	96.72%	91.60%	95.47%

11. 查阅工信部、国家发改委、国家市场监督管理总局等政府网站公告的医用耗材、医用耗材智能装备相关的监管政策，核查行业监管政策对公司未来发展的影响；取得下游医用耗材行业的市场规模、对智能化装备采购需求等行业资料，核查公司所处行业的市场需求及变化趋势、公司与主要客户的交易可持续性。

12. 取得并查阅公司报告期末的在手订单的合同，取得并查阅公司正在洽谈而未签订合同的意向订单的清单、技术方案、报价方案，核查在手订单的真实性、意向订单的可实现性，分析公司业绩的可持续性。

第五节　环保问题

一、关注要点

环保问题随着国家环保政策的完善，已成为IPO审核重点关注的问题。保荐机构和发行人律师应对发行人的环保情况进行核查，包括：是否符合国家和地方环保要求，已建项目和已经开工的在建项目是否已履行环评手续，公司排污达标检测情况和环保部门现场检查情况，公司是否发生过环保事故或重大群体性的环保事件，有关公司环保的媒体报道，发行人有关污染处理设施的运行是否正常有效，有关环保投入、环保设施及日常治污费用是否与处理公司生产经营所产生的污染相匹配等。在对发行人进行全面系统核查的基础上，保荐机构和发行人律师应对发行人生产经营总体是否符合国家和地方环保法规和要求发表明确意见，发行人曾发生环保事故或曾因环保问题受到处罚的，保荐机构和发行人律师应对其是否构成重大违法行为发表意见。

发行人应当在招股说明书中披露：发行人生产经营中涉及环境污染的具体环节、主要污染物名称及排放量、主要处理设施及处理能力；报告期内发行人环保投资和相关费用成本支出情况，环保设施实际运行情况，报告期内环保投入、环保相关成本费用是否与处理公司生产经营所产生的污染相匹配；募投项目所采取的环保措施及相应的资金来源和金额等；公司生产经营与募集资金投资项目是否符合国家和地方环保要求，发行人若发生环保事故或受到行政处罚的，应披露原因、经过等具体情况，发行人是否构成重大违法行为，整改措施及整改后是否符合环保法律法规的有关规定。

二、案例解读：中国电器科学研究院

中国电器科学研究院股份有限公司（简称"中国电器科学研究院"）是国家首批转制科研院所，现隶属于中国机械工业集团有限公司。公司长期从事电器产品环境适应性基本规律与机制研究，致力于提升我国电器产品在不同的气候、机械、化学、电磁等复杂环境中的适应能力，提升电器产品质量。

已受理	已问询	上市委会议	提交注册	注册生效
2019-05-06	2019-06-03	2019-09-30	2019-10-08	2019-10-16
		通过		

发行人招股说明书披露，公司在进行质量技术服务检测过程中存在产生少量化学废液情况；智能装备业务以装备的智能化集成为主，生产过程中不会产生环境污染；环保涂料及树脂业务，在聚酯树脂的合成过程有少量废水、废气排放。根据审计报告，报告期内发行人计提的安全生产费分别为524.68万元、139.14万元、9.69万元及2.69万元，逐渐降低。

上交所要求发行人说明：是否受过环保部门的处分以及是否构成重大违法违规的情形；生产经营中涉及环境污染的具体环节、主要污染物名称及排放量、主要处理设施及处理能力；报告期内，发行人环保投资和相关费用成本支出情况，环保设施实际运行情况，报告期内环保投入、环保相关成本费用是否与处理公司生产经营所产生的污染相匹配；募投项目所采取的环保措施及相应的资金来源和金额等；公司生产经营与募集资金投资项目是否符合国家和地方环保要求；报告期内，发行人是否存在出现重大安全事故及受到相关处分、停工等情形；是否涉及危险化学品的运输、使用、存储，是否具有相关资质；上述安全生产费主要计提的标准及依据、在收入持续上升的情况下安全生产费逐年下滑的原因、相关安全生产费计提是否充分。请中介机构说明核查方法，发表核查意见。

保荐机构、发行人律师和申报会计师事务所履行了如下核查程序：取得报告期内发行人受环保部门处罚的行政处罚决定书、缴纳相关罚款的单据及整改后的检测报告；走访发行人受处罚子公司的主管环保机关，取得相关负责人员亲笔签名的访谈记录；取得报告期内发行人受安全监督管理部门处罚的行政处罚告知书、缴纳相关罚款的单据及整改文件；取得广州市花都区应急管理局出具的关于确认发行人安全生产相关行政处罚不属于重大违法违规行为的证明；取得发行人关于报告期内生产经营产生污染物及其处理方式的说明；取得发行人报告期内有关环保费用和环保设施支出的财务单据。

经核查，保荐机构、发行人律师认为：报告期内发行人共受到环保部门处罚两起，均不构成重大违法违规的情形，也不存在造成重大不良社会影响的情形；发行人质量技术服务检测和环保涂料及树脂业务涉及污染物排放，发行人通过对外采购和自建处理设备完成处理，报告期内环保设施运行正常，环保投资和相关费用的成本支出与处理公司生产经营所产生的污染相匹配；发行人募投项目所采取的环保措施及相应的资金来源合理，发行人生产经营与募集资金投资项目符合国家和地方环保要求；报告期内，发行人不存在重大安全事故及受到相关处分、停工等情形；发行人质量技术服务业务中虽存在使用少量危险化学品作为实验材料的情形，但由于用量未达到法定标准，无须取得危险化学品安全使用许可，而环保涂料及树脂业务已取得相应危险化学品的安全生产许可证，除上述情形之外，发行人其他业务均不涉及危险化学品的运输、使用、存储，也不需要相关资质；报告期内发行人因安全生产而发生的费用与营业收入基本匹配。2018年以前，发行人安全生产费科目用于核算安全生产相关费用，2018年后，发行人安全生产费计提依据《企业安全生产费用提取和使用管理办法》执行。发行人未对2018年以前安全生产费科目进行调整，主要是由于该调整并不影响成本费用及利润，重要性水平低，后续期间规范后已符合相关法律法规的要求，安全生产费计提合理。

经核查，申报会计师事务所认为：发行人在收入持续上升的情况下后两年安全生产费大幅下滑主要是因计提口径调整所致，对公司财务报表无重大影响；发行人补充披露的与安全生产相关的费用支出及各年变动情况与我们了解的情况基本一致。

案例点评

近几年来，国家和社会越来越重视环保问题，环保审查日趋严格。发行人要注意严格遵守有关环保行政法规，健全有关防范环保风险的内控制度并确保该制度得到有效执行，防止发生重大环保违法违规行为；与当地环保部门保持良好沟通，获取并整理、保存各类环保相关行政许可、行政审批、批复和验收材料；请权威环评机构或检测机构出具相关检测报告，保证污染物的排放方式、数量符合环保规定，可以自行进行无害的定期处理，无法处理的委托有能力的单位进行处理，尽到法律规定的废物处置义务；参考同行业上市公司，投入相当的环保资金和相关费用，安装并实际运行各种环保设施，使企业的生产规模、排污量、环保投入等3项数据相匹配。

第六节　重大违法行为

一、关注要点

《科创板审核问答》指明，最近3年内，发行人及其控股股东、实际控制人在国家安全、公共安全、生态安全、生产安全、公众健康安全等领域，存在以下违法行为之一的，原则上视为重大违法行为：被处以罚款等处罚且情节严重，导致严重环境污染、重大人员伤亡、社会影响恶劣等。有以下情形之一且中介机构出具明确核查结论的，可以不认定为重大违法：违法行为显著轻微、罚款数额较小，相关规定或处罚决定未认定该行为属于情节严重，有权机关证明该行为不属于重大违法。

衡量"重大违法行为"需要关注的3个要素，具体包括：一是罚款的金额，二是造成的后果，三是有权机关的证明。如果构成重大违法行为，建议拟上市公司主动延长申报期，将上述违法行为排除在报告期。在试行注册制的背景下，监管机关对科创板上市企业的披露要求更加严格。即便在情节轻微，罚款数额较低的情形下，仍须向监管机关就发行人违法违规行为是否构成重大违法对监管机关做出详细说明。论证不属于"情节严重"可以从处罚原因、事件始末、违法行为的性质、情节、主观恶意、罚款金额、整改措施、有权部门出具非重大违法违规证明等方面加以说明。

二、案例解读：宁波容百

宁波容百新能源科技股份有限公司是一家从事锂电池正极材料专业化研发与经营的跨国型集团公司，于 2014 年 9 月重组建立，是国际领先的动力电池正极材料制造商。

已受理	已问询	上市委会议	提交注册	注册生效
2019-03-22	2019-04-04	2019-06-19	2019-06-24	2019-06-30
		通过		

发行人招股说明书披露，报告期内，公司及子公司容百贸易、湖北容百存在无证销售危险化学品的经营行为。上交所要求发行人说明：发行人及子公司长期不办理经营资质的原因及合理性，是否属于重大违法违规行为，是否存在受到行政处罚风险。上交所要求保荐机构、发行人律师核查上述事项对发行人生产经营的影响，该等事项是否构成重大违法违规，是否对发行人发行上市构成实质性障碍，并发表明确意见。

关于发行人及其子公司存在未办理相关资质而销售危险化学品的具体原因，发行人补充披露如下：公司与湖北容百主要从事锂电池三元正极材料生产业务，并不专门从事相关原材料贸易业务。公司于 2017 年设立容百贸易专门负责原材料贸易业务，容百贸易成立后即开始着手申请《危险化学品经营许可证》，目前，容百贸易已经取得该等危险化学品经营资质。另外，由于公司与湖北容百报告期内从事该等原材料贸易业务属于偶发性交易且报告期每年度实际发生交易笔数、金额均较少，公司及子公司湖北容百对该等原材料贸易业务不存在依赖。同时，公司及子公司报告期内对外销售的硫酸镍、硫酸钴均在 2015 年被列入《危险化学品目录（2015 版）》，因公司相关人员对该等规定变化掌握有所滞后，故在报告期内出现了少量对外销售该等材料的行为。目前，公司及湖北容百已经全面停止该类产品销售。

关于发行人及其子公司销售危险化学品的合法、合规情况披露如下：余姚市安全生产监督管理局于 2019 年 1 月 4 日出具《证明函》，鉴于容百贸易已于 2018 年 11 月办理取得了《危险化学品经营许可证》，公司也已终止了前述材料的销售，且主要为母子公司之间的采购自用，对外销售的规模较小；同时，母子公司在落实企业主体责任、完善安全生产体系、强化安全生产管控等方面工作到位，均未发生相关安全生产事故，因此确认公司和容百贸易的前述行为情节轻微，不属于重大违法违规行为，将不予做出行政处罚；鄂州市葛店开发区安全生产监督管理局于 2018 年 11 月 23 日出具《证明函》，说明因湖北容百已停止对外销售行为，且上述行为未造成安全责任事故，认为湖北容百前述对外销售行为不属于重大违法违规行为，将不予做出行政处罚。根据余姚市安全生产监督管理局、鄂州市葛店开发区安全生产监督管理局所分别出具的《证明函》，确认公司及子公司容百贸易、湖北容百在报告期内，均未发生过重大生产经营安全事故，不存在违反国家和地方有关安全生产管理的法律、法规和规范性文件而被处以行政处罚的情况。

经核查发行人及其子公司报告期内未取得相关资质而销售化学品材料的交易协议、收款凭证等资料，访谈发行人相关业务负责人，查阅发行人及其子公司所属安全生产监督管理部门所出具的证明，保荐机构及发行人律师认为：报告期内，发行人及其子公司在未取得相关资质的情况下，销售危险化学品的经营行为不构成重大违法违规，对发行人生产经营不会造成重大不利影响，不构成发行人发行上市的实质性障碍。

案例点评

《科创板首次公开发行股票注册管理办法（试行）》第 13 条规定的是科创板 IPO 的否定性条件。第一种情形相对容易判断，因为"罪刑法定"，是否存在贪污、贿赂、侵占财产、挪用财产或者破坏社会主义市场经济秩序的刑事犯罪，根据相关判决书认定即可。第二种情形存在两个构成要件：一是领域要件，违法行为必须发生在五大领域之内；二是后果要件，即违法行为必须达到"重大"的程度。因此，即便在以上领域存在违法行为，但违法行为轻微，没有造成危害后果，或者危害后果不严重的，未必构成"重大违法行为"。故行政处罚不必然导致发行失败，只有情节严重的才对上市构成实质性障碍。为了成功发行上市，首先要尽量避免行政处罚，若行政处罚已经存在，则要将已受到行政处罚的行为尽量认定为非重大违法违规行为。发行人在科创板上市申请过程中，要严格区分违法行为与重大违法行为。中介机构不可倾向于尽可能少披露甚至不披露违法行为，甚至将违法行为遭到的处罚故意曲解隐瞒。如果发行人被认定信息披露不实则更显被动，后果更加严重。

第七节　税务问题

一、关注要点

企业纳税合规状况是发行人 IPO 过程中需要关注的重点。税务风险不但会给企业带来重大经济损失，而且会严重损害企业声誉，甚至还可能因税务机关追究行政或刑事责任而导致企业管理层发生变动。上交所对发行人企业纳税具体关注点如下：IPO 过程中申报的原始财务报表与增值税纳税报表、所得税纳税申请表之间的差异；申报企业的偷税漏税行为是否存在重大违法违规因素，如果不存在重大违法违规因素且对企业业绩影响较小，就不构成上市的实际性障碍；申报财务报表对原始报表进行的差错更正中，如果涉及收入和利润的调整，往往会有流转税和企业所得税的补缴问题，而补税的性质和金额，决定补税行为是否对上市构成实质性障碍；优惠金额及占利润总额的比例，经营业绩是否依赖税收优惠，享有的税收优惠是否合法合规，是否存在被追缴的风险；发行人及其附属企业是否符合高新技术企业认定条件，通过高新技术企业复审是否存在障碍，税费返还的具体内容、依据、享受主体，是否与业务规模相匹配，以及未列入非经常性损益的原因；存在税收减、免、返、退或其他税收优惠的，按税种分项说明相关法律法规或政策依据、批准或备案认定情况、具体幅度及有效期限，与可比公司是否具有一致性、发行人取得的税收优惠到期后是否能够继续享受等。

二、案例解读

（一）迈德医疗

已受理	已问询	上市委会议	提交注册	注册生效
2019-05-10	2019-06-10	2019-09-11	2019-09-23	2019-10-28

通过

迈德医疗在向上交所提出发行上市申请后，上交所要求发行人说明：报告期各期研发费用与向税务部门申报的研发费用加计扣除是否存在重大差异，如存在请说明主要原因，请保荐机构和申报会计师事务所核查并发表意见。

发行人回复要点：公司部分研发费用按专项政府补助核算，该部分研发费用向税务部门申报时不能加计扣除。不可扣除的折旧摊销，主要是公司研发场所对应的房屋折旧，该部分不得加计扣除。合并抵销的研发服务费，是公司接受子公司天津迈得提供的服务而产生的。2016年度—2018年度，研发费用进行加计扣除，按年度向税务部门申报，如表9-2所示，申报差异如表9-3所示。

表9-2 发行人向税务部门申报的研发费用加计扣除数据 （单位：万元）

期间	公司研发费用	税务申报研发费用	差异
2016年度	1 369.66	1 325.87	43.79
2017年度	1 381.58	1 030.53	351.05
2018年度	1 942.30	1 649.29	293.00

表9-3 发行人研发费用申报差异具体内容　　　　　　　　　　　　（单位：万元）

项目	2018年度	2017年度	2016年度
专项政府补助实施形成的研发费用	547.38	272.44	25.04
不可扣除的折旧摊销	25.09	27.18	18.75
其他不可扣除的费用	15.32	51.43	—
合并抵销的研发服务费	-294.79	—	—
合计	293.00	351.05	43.79

　　保荐机构和发行人会计师执行了以下核查程序：了解与研发费用相关的关键内部控制设计，对研发流程进行穿行测试，了解研发费用主要项目，包括与材料费、人员工资、折旧摊销等费用归集相关的内控制度和方法，抽取样本核查合同、发票、银行水单等相关研发费用原始凭证，了解研发费用的会计处理方式；获取并查阅公司报告期内主要研发项目的情况表、研发项目立项报告，检查相关研发项目是否立项、审批，核算制度是否得到有效执行；查阅研发费用明细账，详细了解各项费用的支出情况和费用归集情况，访谈研发部门、财务负责人，了解报告期内研发费用变动的原因，结合了解到的经营业绩变动及研发计划，对研发费用各期间变动进行分析，复核研发费用构成；获取并查阅公司的研究开发费用专项审计报告，检查研发费用加计扣除金额与实际账面数之间的差异；获取并查阅公司所得税汇算清缴报告，检查实际申报的研发费用加计扣除金额是否与研发费用专项审计报告一致。

　　经核查，保荐机构和发行人会计师认为，公司研发费用与向税务部门申报的研发费用加计扣除差异主要系政府补助及接受子公司服务合并抵销所致，报告期各期研发费用与向税务部门申报的研发费用加计扣除不存在重大差异。

　　（二）北京致远互联

　　2016年度、2017年度和2018年度，公司分别取得增值税退税额为2 934.30万元、3 439.77万元和3 206.87万元，占当期利润总额的比重为

141.67%、70.98%和39.06%。

已受理	已问询	上市委会议	提交注册	注册生效
2019-04-19	2019-05-17	2019-09-11	2019-09-23	2019-09-29

通过

上交所要求发行人说明：（1）公司享受的企业所得税优惠税率、增值税退税返回是否符合相关法律法规的规定，是否具有可持续性；（2）发行人的经营成果对税收优惠的依赖程度以及相关税收政策变动可能对发行人未来业绩产生的不利影响。

发行人回复要点：公司属于国家规划布局内的重点软件企业，只要公司自身符合重点软件企业认定条件，向税务主管机关申请办理备案后，减按10%的税率征收企业所得税，具有一定的可持续性；自2000年《国务院关于印发鼓励软件产业和集成电路产业发展若干政策的通知》（国发〔2000〕18号）发布起，即实行"对增值税一般纳税人销售其自行开发生产的软件产品，对实际税负超过3%的部分即征即退"的税收优惠政策，该项税收优惠政策长期保持稳定，预期未来相当长一段时间内将继续保持。截至本回复出具日，相关法律、法规未发生重大变化，且发行人的经营发展战略未发生重大不利变化，公司的企业所得税优惠税率及增值税即征即退的税收优惠自政策发布执行日开始，未被规定期限，政策适用具有可持续性。

综上所述，公司是一家高科技软件企业，收入主要来源于协同管理软件产品和技术服务，公司依法享受的税收优惠政策符合软件行业的基本情况。公司具有直接面向市场独立持续经营的能力，能够按照现行政策持续享有税收优惠的资格；在国家高度重视和鼓励高科技信息产业的宏观背景下，在一段时期内公司享受的税收优惠政策发生重大变化的可能性较小，因此，公司享受的税收优惠政策具有一定的可持续性。

发行人已就经营成果对税收优惠的依赖程度以及相关税收政策变动可能对

发行人未来业绩产生的不利影响进行补充风险披露。保荐机构和发行人律师履行的主要核查程序如下：分析发行人即征即退增值税、所得税优惠与利润总额占比情况，取得并检查增值税退税凭证；统计发行人自行开发生产的软件产品和实施服务收入，分析对税收优惠的影响；获取发行人 2016 年所得税优惠备案表，查阅国家规划布局内的重点软件企业条件，分析企业所得税税收优惠的持续性；查阅《高新技术企业认定管理办法》《高新技术企业认定管理工作指引》规定的条件，逐条核查发行人续期申请高新技术企业资质是否存在障碍；取得主管税务机关出具的无违法违规等证明文件。

关于核查报告期内发行人享受的税收优惠、收到的主要政府补助是否合法合规，是否存在被追缴的风险，保荐机构履行了如下核查程序：查阅了《审计报告》、税收优惠及政府补助的依据文件，获得了税务部门出具的证明。

关于核查发行人经营业绩是否依赖于税收优惠和政府补助，保荐机构履行了如下核查程序：查阅发行人报告期内的审计报告，查阅政府补助相关文件及凭证，查阅企业所得税、增值税年度纳税申报表，查阅发行人高新技术企业证书、所享受税收优惠相关凭证等。

报告期内发行人所享受的税收优惠占营业收入的比例较低，占利润总额的比例相对较高，但尚未达到重大依赖的程度，如表 9-4 所示。此外，公司所享受的税收优惠政策较为稳定，高新技术企业税收优惠政策和软件企业增值税即征即退政策自实施以来，政策历史一致性与连贯性较强，与国家战略紧密相关，变化风险较小，因此，公司税收优惠政策变化的风险较小。

表 9-4 报告期内发行人所享受的税收优惠情况

项目	2018 年	2017 年	2016 年
高新企业所得税减免金额（万元）	378.64	754.18	404.55
软件产品增值税即征即退金额（万元）	1 342.26	1 550.22	697.62
水利基金返还金额（万元）	—	5.54	0.20
合计（万元）	1 720.90	2 309.94	1 102.37

续表

项目	2018 年	2017 年	2016 年
营业收入（万元）	24 790.23	27 071.45	15 217.69
税收优惠占当期营业收入的比例	6.94%	8.53%	7.24%
利润总额（万元）	6 275.74	5 846.57	3 786.52
税收优惠占当期利润总额的比例	27.42%	39.51%	29.11%

（三）华熙生物

已受理 2019-04-10 ── 已问询 2019-04-18 ── 上市委会议 2019-08-27 通过 ── 提交注册 2019-08-30 ── 注册生效 2019-09-29

报告期各期末，公司的递延所得税资产分别为 1 458.22 万元、1 517.53 万元和 2 100.62 万元。上交所要求发行人披露递延所得税资产中的可弥补亏损的来源，要求保荐机构、申报会计师事务所说明相关会计处理是否符合《企业会计准则》的规定，确认递延所得税资产是否具有充分的依据，并发表意见。

发行人回复要点：

1. 报告期内，公司可弥补亏损的来源如表 9-5 所示。

表 9-5　发行人可弥补亏损的来源　　　　　　　　　　　　　　（单位：万元）

项目	2019 年 1—3 月	2018 年度	2017 年度	2016 年度
华熙医疗器械销售有限公司	524.51	458.49	8.03	—
北京华熙海御科技有限公司	110.43	110.43	129.12	115.51
安徽乐美达生物科技有限公司	79.33	13.35	—	—
华熙怡兰化妆品（上海）有限公司	334.07	75.29	—	—
华熙生物科技（天津）有限公司	8.66	4.53	—	—
合计	1 057.00	662.09	137.15	115.51

表9-5中存在亏损的主体中，大部分公司成立时间不长，尚处于起步期，出现阶段性亏损。其中，华熙医疗器械销售有限公司（以下简称"华熙医疗器械"）成立于2017年9月，安徽乐美达生物科技有限公司（以下简称"安徽乐美达"）成立于2018年8月，华熙怡兰化妆品（上海）有限公司（以下简称"华熙怡兰"）成立于2018年10月，华熙生物科技（天津）有限公司（以下简称"华熙天津"）成立于2018年8月。北京华熙海御科技有限公司（以下简称"北京海御"）报告期形成可弥补亏损的原因为：2016—2018年3年，根据《企业会计准则》，分别确认股份支付费用580.20万元、1 052.78万元和1 301.29万元，股份支付费用属于不可在所得税前扣除的成本费用，因而形成可弥补亏损。

2. 报告期内，公司确认的递延所得税资产的可抵扣暂时性差异主要由计提坏账准备、存货跌价准备、递延收益、期末合并报表中未实现内部损益、子公司可弥补亏损等构成，关于华熙生物，以下介绍其中3项。

（1）可弥补亏损的形成。在确认递延所得税资产时，公司管理层根据子公司北京海御、华熙医疗器械、华熙怡兰、华熙天津、安徽乐美达未来期间的定位及经营计划、未来5年的财务预测，判断在到期之前预计是否有足够的应纳税所得额用以抵扣可抵扣亏损。公司预计未来很可能产生足额的盈利，进而产生足额的应纳税所得额用以抵扣可弥补亏损。

（2）递延收益的形成。递延收益主要是指收到的与资产相关的政府补助和会员积分，其中，政府补助按照税务法规，应在收到的当期，全额纳税并调增应纳税所得额，会计上与资产相关的政府补助，确认为递延收益并在相关资产使用期限内分期计入营业外收入/其他收益，报告期内形成会计与税法上的暂时性差异；会员积分在当期计入递延收益并确认应纳税所得额，在未来结转为收入时，相应调减应纳税所得额，故形成可抵扣暂时性差异。

（3）期末未实现内部损益的形成。期末未实现内部损益，系母公司华熙生物、子公司山东海御销售给各个销售子公司时，母公司及子公司山东海御已确认营业收入形成的应纳税所得额，并按照所得税法规规定计提并缴纳企业所得税，合并报表时考虑期末未实现损益调减利润总额和存货，该部分存货各个销售子公司将在下一个报告期予以实现对外销售，因而形成递延所得税资产。

报告期计提的资产减值准备与汇算清缴时计提的费用等暂时性差异，均在下一个报告期转回并形成新的暂时性差异，依据各个主体历史时期盈利状况、未来 5 年的财务预算，判断该类暂时性差异未来是否有足够的应纳税所得额用以抵扣。报告期期末，对于上述各项可抵扣暂时性差异，公司预计未来很可能产生足额的盈利，进而产生足额的应纳税所得额用以抵扣。因此，公司根据《企业会计准则》的规定确认了递延所得税资产。

案例点评

随着金税三期、多位一体大数据全面上线，国地税合并，全国税收数据和税收征管信息更加透明。拟上市企业应该更加重视税务合规问题，如缴税事项、税收优惠和税收处罚等。常见的税务问题有：一是企业在发行上市前，临时大量补缴以前年度税款，且缺乏合理性说明的，即使税务机关出具了合法纳税的意见，仍具有较大的审核风险，拟上市企业应积极与主管税务机关开展有效沟通，尽早解决历史遗留的税务问题。如果企业存在重大税收违法违规情形，上市之路必将受阻。因此，企业应就其报告期内是否存在重大税收违法违规情况，发出明确的书面声明，表明公司近几年能够依法纳税，不存在被海关、税务机关处罚的情形，报告期内没有税收违法违规行为。适当时候，可向税务机关等行政主管部门申请出具企业无税收违法违规行为的证明文件或调查反馈文件。二是企业会计差错更正，如果涉及收入和利润的调整，往往会有流转税和企业所得税的涉税问题。当期补缴前期税款，属于"自查补税"行为，除收取滞纳金外，主管税务机关一般不会对企业进行处罚。如果报告期内补税的性质和金额又是由相关会计差错的性质和金额所决定的，特别是舞弊引起的差错，主要指前期由于避税的考虑，隐匿收入或虚构成本，导致收入和利润少计所形成的差错，容易对上市造成实质性障碍。三是对关联交易的决策程序和财务处理务必要做到合法、规范、严格。同时，严格按照《企业所得税法》以及《特别纳税调整实施办法（试行）》的规定，提交、留存同期相关资料，以证明其定价的合理性。

第八节　政府补助

一、关注要点

政府补助是指为了鼓励或扶持特定行业、地区或领域的发展，国家对有关企业给予的经济支持，如无偿拨款、担保、税收优惠等。发行人将科研项目政府补助计入当期收益的，应结合补助条件、形式、金额、时间以及补助与公司日常活动的相关性等，说明相关会计处理是否符合《企业会计准则第16号——政府补助》的规定。发行人应结合所承担科研项目是否符合国家科技创新发展规划、相关政府补助的会计处理方法、补助与公司正常经营业务的相关性、补助是否具有持续性等，说明将政府补助相关收益列入经常性损益而未列入非经常性损益是否符合《公开发行证券的公司信息披露解释性公告第1号——非经常性损益》的规定。发行人应结合国家科技创新发展规划、公司所承担科研项目的内容、技术创新水平、申报程序、评审程序、实施周期和补助资金来源等，说明所承担的科研项目是否符合国家科技创新规划。发行人应在招股说明书中披露所承担科研项目的名称、类别、实施周期、总预算以及其中的财政预算金额、计入当期收益和经常性损益的政府补助金额等内容。

保荐机构及申报会计师事务所应对发行人上述事项进行核查，并对发行人政府补助相关会计处理和非经常性损益列报的合规性发表核查意见。另外，还应核查政府补助大幅增长的原因；分析与收益相关或与资产相关政府补助对发行人报告期内与未来的影响；结合政府补助文件要求以及是否含有验收条件，说明报告期内政府补助转入营业外收入和其他收益的时点、金额、依据；提交政府补助证明文件清单，列明与政府补助项目的对应关系。

二、案例解读

（一）金山软件

金山软件是一家中国领先的软件及互联网服务公司，旗下拥有金山 WPS、西山居、金山云三家子公司。整体业务与管理模式等方面形成了以互动娱乐、互联网安全及办公软件为支柱，以云计算为新起点的战略布局。

已受理	已问询	上市委会议	提交注册	注册生效
2019-05-08	2019-06-05	2019-09-27	2019-10-06	2019-10-23
		通过		

报告期各期间，发行人获得多项政府补助，2016—2018 年 3 月金额分别为 4 871.51 万元、4 455.87 万元和 5 115.51 万元。上交所要求发行人补充说明：发行人享受的政府补助是否存在明确的法律或政策依据，是否均已取得政府部门的批复文件，是否明确相关资金渠道、补贴权属、补贴用途等，相关政府补贴是否合法有效、是否具有可持续性；报告期内各项政府补助等资金的内容、依据和到账时间，政府补助计入当期损益或递延收益的划分标准、依据和金额；与资产相关的政府补助的原值、摊销方法、期限及其确定依据、摊销开始时点及其摊销的具体情况；结合政府补助的具体情况、同行业上市公司政府补助等，与同行业公司相比，发行人是否获得了更多政府补助或其他支持；主要补贴未来持续发放的可能性，是否会对发行人生产经营产生影响。

1. 报告期内，公司享受的 2019 年 1—3 月政府补助的法律或政策依据、批复文件、资金渠道、补贴权属、补贴用途等如表 9-6 所示（2016 年度至 2018 年度略）。

表9-6　2019年1—3月发行人享受的政府补助情况

（单位：万元）

补助项目	补贴用途	法律依据或政策	政府批复文件	资金渠道1	补贴权属	金额
增值税退税	为落实《国务院关于印发进一步鼓励软件产业和集成电路产业发展若干政策的通知》（国发〔2011〕4号）的有关精神，进一步促进软件产业发展，推动我国信息化建设	《财政部、国家税务总局关于软件产品增值税政策的通知》（财税〔2011〕100号）	税务事项通知书	待报解预算收入－海淀支库，北京市海淀区支库	本公司	1 469.02
			税务事项通知书	待报解预算收入	珠海金山办公	
			税务事项通知书（税务资格备案表）	待结转财政款项－国库结转处理款项户	武汉金山办公	
核高基《网络化中文办公服务平台及产业化的研发及产业化》	用于"核心电子器件、高端通用芯片及基础软件产品"科技重大专项项目	《财政部关于核定核心电子器件高端通用芯片及基础软件产品重大专项2010年立项项目（课题）2010年中央财政资金预算的函》（财建〔2011〕17号）、《关于核高基重大专项2009年和2010年课题立项的批复》（国科发高〔2011〕141号）以及《关于下达"核心电子器件高端通用芯片及基础软件产品"国家科技重大专项2011年预算的通知》（工信财简函〔2011〕33号）	《关于下达核高基重大专项2010、2011年度中央财政专项资金的通知》	中华人民共和国财政部、珠海市财政局、珠海高新技术产业开发区发展改革和财政局	珠海金山办公	9.09

续表

补助项目	补贴用途	法律依据或政策	政府批复文件	资金渠道	补贴权属	金额
核高基项目	用于"核心电子器件、高端通用芯片及基础软件产品"科技重大专项项目	财建〔2010〕177号	工信专项一简〔2010〕65号文、工信专项一简〔2010〕111号文	中华人民共和国财政部	珠海金山办公	2.11
广州市企业研发经费投入后补助	全面支持企业开展研发活动，鼓励企业加大研发经费投入	《广州市企业研发经费投入后补助实施方案》（穗科信〔2014〕2号）	《2017年广州市企业研发经费投入后补助专题拟补助名单公示》[3]	广州市财政局国库支付分局	广州金山移动	34.52
武汉市东湖开发区办公楼租赁补贴	给予武汉金山办公在东湖高新区实际使用的金山融港过渡办公用房提供场地支持。	不适用[2]	《武汉东湖新技术开发区管理委员会与金山软件有限公司（武汉）集团总部项目投资协议》《武汉东湖新技术开发区管理委员会与北京金山办公软件股份有限公司之金山办公（武汉）总部项目投资协议》	武汉东湖新技术开发区管理委员会[4]	武汉金山办公	29.61

续表

补助项目	补助用途	法律依据或政策	政府批复文件	资金渠道	补贴权属	金额
武汉市东湖开发区人才公寓租赁补贴	给予武汉金山办公在东湖高新区实际使用的人才公寓提供支持	不适用²	《武汉东湖新技术开发区管理委员会与金山软件有限公司（武汉）集团总部项目投资协议》《武汉东湖新技术开发区管理委员会与北京金山办公软件股份有限公司之金山办公（武汉）总部项目投资协议》	武汉金山软件有限公司⁵	武汉金山办公	4.48
合计						1 548.83

注：
1. 资金渠道指公司报告期内享受的财政补助的发放单位或拨款单位银行账户名称。
2. 法律依据或政策不适用，系武汉东湖新技术开发区为提高当地地方财力为特定企业支付的财政补助。
3. 2019 年 1—3 月广州市企业研发经费投入后补助项目的政府批复文件为《2017 年广州市企业研发经费投入后补助专题拟补助名单公示》，该项补助系由市级财政及区级财政分别发放。
4. 武汉市东湖开发区办公楼租赁补贴依据合同约定由武汉东湖新技术开发区管委会直接支付给企业主方。
5. 根据北京金山办公软件股份有限公司及《金山办公（武汉）总部项目投资协议》签署的《小米（武汉）总部项目投资协议》，由公司与小米科技有限责任公司（武汉）有限公司自行协商分配。2019 年 1—3 月武汉金山办公与小米科技有限责任公司（武汉），合计获得东湖管委会提供的政府补助 4.48 万元，此笔款项由小米科技（武汉）有限公司根据《小米（武汉）总部项目投资协议》代收，并通过武汉金山软件有限公司转给公司。

报告期内，即 2016 年、2017 年、2018 年及 2019 年 1—3 月各期增值税退税金额分别为 4 177.28 万元、3 442.54 万元、3 895.41 万元和 1 469.02 万元，占各期计入损益的政府补助金额比例分别为 85.75%、77.26%、76.15% 和 94.85%，增值税退税是根据《财政部、国家税务总局关于软件产品增值税政策的通知》（财税〔2011〕100 号）的规定享受的税收优惠政策，此政策是为进一步促进软件产业发展、推动信息化建设而针对满足条件的软件产品执行的，文件未规定政策有效期，且本公司属于软件行业，未来不会改变发展方向，公司预计将持续享受此项政府补助。报告期内除增值税退税外，其他政府补助均不具有持续性，根据中国证券监督管理委员会发布的《公开发行证券的公司信息披露解释性公告第 1 号——非经常性损益〈2018〉》中的规定："非经常性损益通常包括计入当期损益的政府补助，但与公司正常经营业务密切相关，符合国家政策规定、按照一定标准定额或定量持续享受的政府补助除外。"报告期内公司将增值税退税以外的其他政府补助全部列入非经常性损益，该部分各期金额占当期净利润的比例较小，分别为 5.34%、4.73%、3.93% 及 1.67%，不会对公司生产经营产生重大的不利影响。

报告期内，公司取得的政府补助均具有相应的政府批文依据，具有合法合规性。

2. 政府补助计入当期损益或递延收益的划分。政府补助可分为与资产相关的政府补助和与收益相关的政府补助，企业取得的用于购建或以其他方式形成长期资产的政府补助可归为与资产相关的政府补助，除此之外的政府补助，均可归为与收益相关的政府补助。与资产相关的政府补助，应确认为递延收益，在所建造或购买的资产使用年限内按照合理、系统的方法分期计入损益或冲减相关资产账面价值。与收益相关的政府补助分为两种情况：用于补偿企业以后期间的相关费用或损失的，确认为递延收益，在确认相关费用或损失的期间计入当期损益或冲减相关成本；用于补偿企业已发生的相关费用或损失的，取得时直接计入当期损益或冲减相关成本。

政府补助计入当期损益或递延收益的依据。公司根据政府补助文件或项目申请资料中相关的资金用途，其中用于补偿企业已发生的相关成本费用或损失的，直接计入当期损益；用于购建或以其他方式形成长期资产的补助或者用于补偿公司以后期间的相关成本费用或损失的，则通过递延收益核算。

发行人政府补助计入当期损益或递延收益的金额如表9-7所示。

表9-7　发行人政府补助计入当期损益或递延收益的金额　　（单位：万元）

类型	2019年1—3月	2018年度	2017年度	2016年度
计入当期损益	1 548.83	5 115.51	4 455.87	4 871.51
计入递延收益	3 450.50	400.00	—	100.00
合计	4 999.33	5 515.51	4 455.87	4 971.51

（1）发行人2019年1—3月计入当期损益的各项政府补助等资金的内容、依据和到账时间如表9-8所示（2016年度至2018年度略）。

表9-8　发行人2019年1—3月计入当期损益的各项政府补助　　（单位：万元）

项目	到账时间	金额	与资产相关/与收益相关	确认依据
增值税退税	多笔到账	1 469.02	与收益相关	用于补偿企业已发生的相关费用或损失的，直接计入当期损益
武汉市东湖开发区办公楼租赁补贴	不适用	29.61	与收益相关	
武汉市东湖开发区人才公寓租赁补贴	2019年3月	4.48	与收益相关	
广州市企业研发经费投入后补助	2019年3月	34.52	与收益相关	
核高基项目	2010年6月、11月	2.11	与资产相关	与资产相关的政府补助，确认为递延收益，在相关资产使用年限内按照合理、系统的方法分期计入损益
核高基《网络化中文办公服务平台的研发及产业化》	2011年6月、12月，2012年7月、9月、11月	9.09	与资产相关	
合计		1 548.83		

注：武汉市东湖开发区办公楼租赁补贴依据合同约定由武汉东湖新技术开发区管委会直接支付给业主方，因此到账时间不适用。

（2）发行人2019年1—3月计入递延收益的各项政府补助资金的内容、依据和到账时间如表9-9所示。

表9-9 发行人2019年1-3月计入递延收益的各项政府补助 （单位：万元）

项目	到账时间	金额	与资产相关/与收益相关	确认依据
对引资引智引技项目的奖励和补助	2019年1月	200.00	与收益相关	用于补偿企业以后期间的相关费用或损失的，确认为递延收益，并在确认相关费用或损失的期间，计入当期损益
智能写作创新及产业化公共服务平台	2019年1月	200.00	与资产相关	与资产相关的政府补助，确认为递延收益，在相关资产使用年限内按照合理、系统的方法分期计入损益
		2 800.00	与收益相关	用于补偿企业以后期间的相关费用或损失的，确认为递延收益，并在确认相关费用或损失的期间，计入当期损益
面向党政办公的基础软件升级优化及办公平台研制—办公平台	2019年1月	211.50	与收益相关	
		39.00	与资产相关	与资产相关的政府补助，确认为递延收益，在相关资产使用年限内按照合理、系统的方法分期计入损益
合计		3 450.50		

（3）与资产相关的政府补助的原值、摊销方法、期限及其确定依据、摊销开始时点及摊销的具体情况，如表9-10所示。

3. 结合政府补助的具体情况、同行业上市公司政府补助等，说明与同行业公司相比，发行人是否获得更多政府补助或其他支持。报告期内，发行人可比公司计入当期损益的政府补助及其占当期营业收入的比例如表9-11所示（省略2019年1—3月数据）。

如表9-11所示，2016—2018年3年，公司计入当期损益的政府补助金额低于同行业可比公司均值，但占当期营业收入的比例与同行业可比公司均值较为接近，处于行业平均水平。可比公司中，泛微网络与公司营业收入规模较为接

表9-10 发行人报告期内与资产相关的政府补助具体情况

(单位:万元)

政府补助名称	认定与资产相关的政府补助的依据	购置固定资产/无形资产原值	摊销方法	期限	原值	期限确定依据	摊销开始时点	摊销具体情况—各年摊销金额			
								2019年1—3月	2018年度	2017年度	2016年度
核高基项目1	根据《企业会计准则第16号——政府补助》的规定,与资产相关的政府补助,是指企业取得的、用于购建或以其他方式形成长期资产的政府补助	170.45	直线法	3年	82.26	固定资产:根据固定资产的性质和使用情况,确定固定资产的使用寿命;无形资产:按照10年进行摊销	2009—2011年	—	—	—	—
			直线法	5年	3.50		2010年	—	—	—	—
			直线法	10年	84.69		2011—2012年	2.12	8.47	8.47	8.47
核高基项目2		18.22	直线法	3年	18.22		2012—2013年	—	—	—	0.19
核高基项目《网络化中文办公服务平台的研发及产业化》		2 680.96	直线法	3年	2 307.50		2010—2012年	—	—	—	—
			直线法	10年	373.46		2011—2012年	9.09	36.35	36.35	36.35
合计		2 869.63			2 869.63			11.21	44.82	44.82	45.01

近，但泛微网络2016—2018年3年计入当期损益的政府补助金额均高于本公司。本公司报告期内各期政府补助主要为增值税退税及研发补贴，与同行业可比公司结构一致。综上所述，与同行业可比公司相比，本公司并未获得更多政府补助或其他支持。

表9-11 发行人可比公司计入当期损益的政府补助及其占当期营业收入的比例

可比公司	2018年度			2017年度			2016年度		
	计入当期损益的政府补助（万元）	营业收入（万元）	占比（%）	计入当期损益的政府补助（万元）	营业收入（万元）	占比（%）	计入当期损益的政府补助（万元）	营业收入（万元）	占比（%）
鼎捷软件	3 066.68	1 34152.15	2.29	3 619.81	121 598.05	2.98	2 819.20	114 001.28	2.47
东方通	4 362.92	37 205.23	11.73	3 102.21	29 278.64	10.60	4 150.12	32 539.76	12.75
广联达	16 864.64	286 155.37	5.89	16 838.00	233 972.76	7.20	19 433.34	202 955.12	9.08
泛微网络	7 375.22	100 360.08	7.35	5 950.95	70 421.77	8.45	4 964.32	46 130.50	10.76
用友网络	39 948.15	770 349.50	5.19	38 854.02	634 365.85	6.12	35 251.15	511 334.80	6.89
久其软件	3 531.83	272 023.56	1.30	3 120.62	199 217.70	1.57	2 715.03	132 080.20	2.06
均值	12 524.91	266 707.68	4.70	11 914.27	214 809.13	5.55	11 388.86	173 173.63	6.58
本公司	5115.51	112 968.11	4.53	4 455.87	75 326.50	5.92	4 871.51	54 252.27	8.98

4. 报告期内，发行人政府补助情况如表9-12所示。

表9-12 发行人报告期内政府补助情况

项目	2019年1—3月	2018年度	2017年度	2016年度
计入递延收益的政府补助金额（万元）	3 450.50	400.00	—	100.00
计入当期损益的政府补助金额（万元）	1 548.83	5 115.51	4 455.87	4 871.51
其中：增值税退税金额（万元）	1 469.02	3 895.41	3 442.54	4 177.28
增值税退税占政府补助的比例（%）	94.85	76.15	77.26	85.75
扣除增值税退税后的政府补助金额（万元）	79.81	1 220.10	1 013.33	694.23
非经常性损益列示金额（万元）	79.81	1 220.10	1 013.33	694.23
净利润（万元）	4 778.12	31 066.66	21433.73	12 992.74
非经列示金额占净利润的比例（%）	1.67	3.93	4.73	5.34

如表 9-12 所示，报告期内各期计入当期损益的政府补助主要为增值税退税，其金额占各期计入当期损益的政府补助金额的比例分别为 85.75%、77.26%、76.15% 及 94.85%，该项政府补助源于根据《财政部、国家税务总局关于软件产品增值税政策的通知》（财税〔2011〕100 号）的规定享受的税收优惠政策，此政策是为进一步促进软件产业发展、推动信息化建设而针对满足条件的软件产品执行的，文件未规定政策有效期，且本公司属于软件行业，未来不会改变发展方向，公司预计将持续享受此项政府补助。报告期内除增值税退税外，其他政府补助均不具有持续性，公司将其全部列入非经常性损益，该部分各期金额占当期净利润的比例分别为 5.34%、4.73%、3.93% 及 1.67%，占比较低，不会对公司生产经营产生重大的不利影响。报告期内各期计入递延收益的政府补助分别为 100.00 万元、0 元、400.00 万元及 3 450.50 万元，其中 2019 年 1—3 月金额较大，主要为安徽金山办公收到的智能写作创新及产业化公共服务平台项目相关补贴，具有偶发性。

综上所述，公司享有的主要补贴增值税退税未来持续发放的可能性较高，其他政府补助不具有持续性，但不会对公司生产经营产生重大的不利影响。

（二）中微半导体

中微半导体设备（上海）股份有限公司（以下简称"中微公司"）是一家以中国为基地、面向全球的高端半导体微观加工设备公司，是我国集成电路设备行业的领先企业，是由一大批在全球半导体设备产业长期耕耘并做出突出贡献的研发、工程技术、销售和营运专家创立和参与的科创企业。

已受理	已问询	上市委会议	提交注册	注册生效
2019-03-29	2019-04-10	2019-06-20	2019-06-26	2019-07-01
		通过		

发行人披露，报告期内计入当期损益的政府补助金额分别为 11 589.26 万元、11 687.56 万元、16 982.95 万元。其因科研项目相关政府补助是否应该计入非经常性损益问题被上交所问询 4 次。

上交所要求发行人说明：公司获得的与科研任务相关的政府补助，是否与企业经营产品的产量或销量相关，是否按照一定标准定额或定量持续享受，计入经常性损益是否符合《公开发行证券的公司信息披露解释性公告第 1 号——非经常性损益（2008）》的规定。发行人从 3 个方面进行了阐述：（1）是否与企业经营产品的产量或销量相关。公司从事高端半导体设备的研发及生产，按项目获得的科研相关政府补助及投入配套自筹资金进行相关产品的研究与开发，该等政府补助与公司经营活动中的实际产品产量、销量不存在直接相关性。（2）是否按照一定标准定额或定量持续享受。报告期内，公司科研任务相关的政府补助预算总额满足确定金额的要求，具体补助项目也明确了确定金额，并在下拨补助时严格按此预算执行，与正常经营业务密切相关，按照一定标准定额持续享受。因此，公司认为所承担的各个科研项目，自项目立项起所能获得的政府补助是定额的，各个项目之间具有相互承接、连续的特征，但鉴于国家或地方重大科研项目立项与预算等环节具有特殊性，所以公司对前述条件的估计仍存在一定的不确定性。（3）公司在前 3 轮问询中已对科研项目相关的政府补助与公司正常经营业务密切相关，符合国家政策规定、按照一定标准定额或定量持续享受等逐项严格进行了比对分析。结合本轮即第 4 轮问询中关于政府补助与企业经营产品的产量或销量的相关性问题，对前 3 轮回复的"按照一定标准定额或定量持续享受"进行了进一步复核分析，鉴于国家或地方重大科研项目立项与预算等环节具有特殊性，对前述条件的估计仍存在一定的不确定性，且该等政府补助与公司经营活动中的实际产品产量、销量不存在直接相关性，公司经过审慎判断，将报告期内科研任务相关的政府补助修订计入非经常性损益，并对前 3 轮问询回复和招股说明书及其他申请文件的相关内容进行了相应修订。

发行人关于南昌高新开发区补贴符合计入经常性损益的分析如下：一是该补贴与公司正常经营业务密切相关。中微公司主要从事高端半导体设备的研发、生产和销售，聚焦等离子体刻蚀设备、深硅刻蚀设备和 MOCVD① 设备等关键设备的研发、生产和销售。南昌高新开发区补贴与中微南昌 MOCVD 设备的业务相关。中微南昌开展业务涉及的 MOCVD 设备是公司的主要产品，因此该补贴与公司正常经营业务密切相关。二是该补贴符合国家政策规定，是按照一定标准定额或定量持续享受的政府补助。南昌高新开发区补贴是建立在上述国家对半导体行业的政策支持下给予发行人的，公司相关补贴符合相关审批要求，审批程序合规，符合国家政策规定。公司按照合同约定较长时间内持续享受该补贴，报告期后仍可以持续获得该项补贴。该补贴属于按照一定标准定额定量的政府补助。

第九节　股份支付

一、关注要点

发行人在首发申报期内，为获取职工和其他方提供服务而授予权益工具或承担以权益工具为基础确定的负债的交易，在编制申报会计报表时，应按照《企业会计准则第 11 号——股份支付》相关规定进行处理。对于报告期内发行人向职工（含持股平台）、客户、供应商等新增股份，以及主要股东及其关联方向职工（含持股平台）、客户、供应商等转让股份，均应考虑是否适用《企业会计准则第 11 号——股份支付》。对于报告期前的股份支付事项，如对期初未分配利润造成重大影响，并导致违反《科创板首次公开发行股票注册管理办法（试行）》规定的，也应考虑是否适用《企业会计准则第 11 号——股份支付》。

---

① MOCVD 是在气相外延生长（VPE）的基础上发展起来的一种新型气相外延生长技术。

通常情况下，解决股份代持等规范措施导致股份变动，家族内部财产分割、继承、赠予等非交易行为导致股权变动，资产重组、业务并购、持股方式转换、向原股东同比例配售新股等导致股权变动等，在有充分证据支持相关股份获取与发行人获得其服务无关的情况下，一般无须作为股份支付处理。

存在股份支付事项的，发行人及申报会计师事务所应按照《企业会计准则》确定的原则确定权益工具的公允价值。在确定公允价值时，可合理考虑入股时间阶段、业绩基础与变动预期、市场环境变化、行业特点及市盈率与市净率等因素的影响；可优先参考所熟悉的情况并按公平原则自愿交易的各方最近达成的入股价格或相似股权价格确定公允价值，如近期合理的PE（私募股权投资基金）入股价；也可采用恰当的估值技术确定公允价值，但要避免采取有争议的、结果显失公平的估值技术或公允价值确定方法，如在有明显增长预期情况下按照成本法评估每股净资产价值或账面净资产。

确认股份支付费用时，对增资或受让的股份立即授予或转让完成且没有明确约定服务期等限制条件的，股份支付费用原则上应当一次性计入发生当期，并作为偶发事项计入非经常性损益；对设定服务期等限制条件的股份支付，股份支付费用可采用恰当的方法在服务期内进行分摊，并计入经常性损益。

发行人应在招股说明书及报表附注中披露股份支付的形成原因、权益工具的公允价值及确认方法。保荐机构及申报会计师事务所应对发行人首发报告期内发生的股份变动是否适用《企业会计准则第11号——股份支付》进行核查，并对以下问题发表意见：（1）股份支付相关权益工具公允价值的计量方法及结果是否合理，该公允价值与同期可比公司估值相比是否存在重大差异及原因；（2）对于存在与股权所有权或收益权等相关的限制性条件的，相关条件是否真实、可行，服务期的判断是否准确，服务期各年/期确认的员工服务成本或费用是否准确；（3）发行人报告期内股份支付相关会计处理是否符合《企业会计准则》相关规定；股份支付的形成原因、权益工具的公允价值及确认方法，确认与股份支付相关的费用的具体构成及计算过程、主要参数及制定依据等是否恰当；（4）未对实际控制人通过持股平台的间接持股做股份支付处理的原因，是否所有股东均有权按各自原持股比例获得新增股份，并充分披露实际控制人相关股份获取与发行人获得其服务无关的支持证据；（5）股份支付形成的原因，是否由市值增长分享计划分红权所致；（6）由发行人股东向员工授予收益权、承担管理费用的会计处理是否合理，发行人股东代为支付的个税是否做股份支付处理；（7）除分红权外，发行人股份授予员工的股票增值权，在等待期内是否确认管理费用，是否作为股份支付处理，授权的权益工具的公允价值及确认方法，与同期可比公司估值是否存在重大差异及原因；（8）提前终止市值增长分享计划的会计处理是否恰当，是否做加速行权处理；（9）披露与员工签署的市值增长分享计划相关协议关于收益权的相关约定，包括但不限于双方的权利义务，行权的限制性条件，实际并未支付授予对价的员工是否与授予方构成债权债务关系，股票增值收益或股票价格下跌亏损的承担方等；（10）结合协议条款的约定、授予股份的价格，说明市值增长分享计划中的股票增值权部分是否构成股份支付，会计处理是否符合《企业会计准则》要求。

二、案例解读：山石网科

山石网科是中国网络安全行业的技术创新领导厂商，自成立以来一直专注于网络安全领域前沿技术的创新，提供包括边界安全、云安全、数据安全、内网安全在内的网络安全产品及服务，致力于为用户提供全方位、更智能、零打扰的网络安全解决方案。

已受理	已问询	上市委会议	提交注册	注册生效
2019-04-09	2019-04-19	2019-07-30	2019-08-13	2019-09-03
		通过		

报告期内，发行人存在境外员工期权计划、期权计划取消、新设员工持股平台及员工以个人名义对公司增资等多次股份变动。

1. 上交所在首次问询中要求发行人说明报告期内境外员工期权计划及取消事宜涉及的相关会计处理及对发行人经营业绩的影响。发行人回复如下：

开曼山石于 2007 年开始实施期权计划，截至 2017 年 7 月 10 日期权计划终止时，开曼山石预留的员工期权为 11 016 100 股，占当时开曼山石股份总数的 14.54%。

（1）发行人回购部分授予人期权并将原有权益平移至境内山石网科有限（系山石网科前身）层面。

报告期内，开曼山石与 155 名被授予人同意终止双方签署的员工期权协议和安排，并同意继续参与山石网科有限层面实施的员工激励计划。除罗东平、刘向明、莫宁 3 人持有的开曼山石期权权益由他们以本人名义在山石网科有限层面直接持有外，山石网科有限已与前述 152 名被授予人签署了员工持股安排协议和股权激励协议，双方同意被授予人将按其原境外期权行权价格出资设立有限合伙企业或境外企业，并通过该有限合伙企业或境外企业向山石网科有限增资。此外，开曼山石与 4 名被授予人签署了股票期权之终止协议，同意终止双方签署的员工期权协议和安排，该等被授予人自愿放弃 35 800 股期权，并同意参与山石网科有限层面实施的股权激励计划。但在开曼山石与山石网科有限签署股权激励协议时，该 4 人已从发行人或其子公司离职。因尚未向员工持股平台缴纳出资，根据股权激励协议的约定及经发行人的书面确认，该 4 名被授予人不再参与员工持股平台持股安排，发行人或其境内子公司及相关员工持股平台无须向其支付出资份额转让对价或应退还的财产份额。

会计处理上，该安排属于对股份支付计划进行的修改，将原有权益等比例平移至山石网科有限层面，系取消原授予的权益工具，并在替换日授予新的用于替代的权益工具。尚未达到行权条件的，剩余服务期限保持不变。替换日后新权益工具（即山石网科有限股权）的公允价值不高于替换日前原权益工具

（开曼山石各期期权）替换日的公允价值，故未产生新的股权激励费用，所以该安排对发行人经营业绩无影响。替换日新的权益工具每股价值根据北京天健兴业资产评估有限公司于 2017 年 12 月 20 日出具的天兴苏评报字（2017）第 0157 号评估报告确定，截至 2017 年 6 月 30 日，开曼山石股东全部权益价值为 152 129.56 万元人民币（按基准日汇率折合为 22 456.54 万美元），每股价值 20.08 元人民币（按基准日汇率折合为每股 2.96 美元）；替换日前原权益工具替换日的公允价值根据北京天健兴业资产评估有限公司于 2017 年 12 月 20 日出具的天兴苏咨字（2017）第 0054 号《山石网络有限公司财务报告涉及的期权计量项目估值报告》确定。

发行人说明，截至本回复出具之日，前述 152 名被授予人中有 8 名已从发行人或其子公司中离职，并将其持有的员工持股平台出资份额转让给员工持股平台的普通合伙人或从员工持股平台中退伙，出资份额转让对价或应退还的财产份额均已支付完毕。截至本回复出具之日，被授予人中离职人数较少，持有的持股平台份额较低，对发行人业绩影响较小。

会计处理上，员工在持股平台增资前离职，自愿放弃已获得股权，其未达到可行权条件的部分不计算股份支付费用，已满足可行权条件的部分不再对已确认的成本费用和所有者权益总额进行调整；员工在持股平台增资并在上市前离职的，公司收回全部股权，退回持股平台已出资全部款项，并支付按银行同期存款利率计算利息。未达到可行权条件的部分不计算股份支付费用，已满足可行权部分应计算股份支付费用，公司支付的利息作为收回员工已满足可行权条件部分期权的补偿，冲减资本公积；高管团队在持股平台增资并在上市前离职的，公司收回未满足可行权条件部分股权，退回此部分持股平台已出资款项，未达到可行权条件的部分不计算股份支付费用，已满足可行权部分应计算股份支付费用。

（2）发行人回购 278 名被授予人期权并给予补偿。

报告期内，开曼山石与 278 位被授予人同意终止双方签署的员工期权协议和安排，并由发行人或其境内子公司对该等被授予人予以补偿。

会计处理上，该终止安排属于对股份支付计划进行的修改，取消了所授予的权益工具或结算了所授予的权益工具，还在等待期的期权按加速可行权处理，应立即确认原本应在剩余等待期内确认的金额，该部分影响成本费用共计237 305.43 元。在结算时支付给职工的所有款项均应作为权益的回购处理，回购支付的金额高于该权益工具在回购日公允价值的部分，计入当期费用。因回购支付的金额不高于权益工具（即开曼山石各期期权）在回购日的公允价值，故未产生新的股权激励费用。

取消的权益工具在回购日的公允价值根据北京天健兴业资产评估有限公司于2017 年12 月20 日出具的天兴苏咨字（2017）第0054 号价值咨询报告确定。

回购支付的补偿金额根据评估报告约定的回购价格20 元/股减去行权价格后的数额计算。因取消可行权的权益工具支付给职工的款项相应冲减股本溢价18 460 314.77 元，冲减未分配利润17 244 297.29 元。另有2 名被授予人合计持有11 607 股期权，尚未与开曼山石签署期权终止协议和/或补偿安排协议等相关文件，发行人已将拟向其支付的209 356.67 元补偿款予以保留，待与其签署期权终止协议和/或补偿安排协议等相关文件后支付。

2. 上交所要求发行人说明：报告期内历次增资及股权转让对象及其最终权益持有人与发行人的关系，是否为发行人的职工（含持股平台）、客户、供应商等，相关股份获取是否与发行人获得其服务相关，入股价格的定价依据及公允性，是否构成股份支付，如是，请披露股份支付的计算依据、方法、权益工具的公允价值及确定方法，以及是否计入非经常性损益。发行人回复如下：

（1）报告期内历次增资及股权转让对象及其最终权益持有人与发行人的关系。

报告期初，山石网科有限为开曼山石间接持股的境内主体。山石网科有限原为外商独资企业，开曼山石通过香港山石间接持有山石网科有限100％的股权。

2016年5月4日，苏州聚新受让童建、刘向明、莫宁、周蓉合计持有的开曼山石1 750 000股普通股；苏州聚坤受让童建、刘向明、莫宁、周蓉合计持有的开曼山石250 000股普通股。

2018年1月30日，自然人股东Hua Ji受让自然人股东DuoZhuangzhi持有的开曼山石30 000股普通股；2018年1月31日，Hua Ji受让自然人股东Changming Liu持有的开曼山石50 000股A轮优先股。Hua Ji担任发行人的外部顾问。

2018年3月29日，开曼山石回购阳光创业投资（Sunny Ventures）持有的759 188股C-1轮优先股。为实现在境内证券市场上市的目的，通过香港山石转让山石网科有限股权的方式，原开曼山石股东及其指定的主体分别按照他们在开曼山石的持股比例受让山石网科有限100%的股权，进而直接在山石网科有限层面持股。2018年3月31日，山石网科有限100%的股权被转让给罗东平等共17个受让方。此次股权转让后山石网科有限的股权结构，与红筹架构拆除前开曼山石的权益结构一致。

报告期内发行人发生数次增资和股权转让，历次增资及股权转让对象及其最终权益持有人与发行人的关系如表9-13所示。

表9-13　报告期内发行人增资和股权转让具体情况

序号	增资及股权转让情况	增资对象及股权受让对象	增资及股权转让时，增资及股权转让对象及其最终权益持有人是否为发行人的职工（含持股平台）	增资及股权转让时，增资及股权转让对象及其最终权益持有人是否为发行人的客户	增资及股权转让时，增资及股权转让对象及其最终权益持有人是否为发行人的供应商
1	2016年5月，苏州聚新与苏州聚坤受让开曼山石的部分普通股	苏州聚新	否	否	否
		苏州聚坤	否	否	否

续表

序号	增资及股权转让情况	增资对象及股权受让对象	增资及股权转让时，增资及股权转让对象及其最终权益持有人是否为发行人的职工（含持股平台）	增资及股权转让时，增资及股权转让对象及其最终权益持有人是否为发行人的客户	增资及股权转让时，增资及股权转让对象及其最终权益持有人是否为发行人的供应商
2	2018年1月，Hua Ji 受让开曼山石部分普通股和A轮优先股	Hua Ji	否，Hua Ji 担任发行人的外部顾问	否	否
3	2018年9月，山石行健、山石合冶、山石大风、山石器识、山石载物、山石水归、山石管理、山石投资、罗东平、刘向明、莫宁向山石网科有限进行增资	山石行健	是，为山石网科有限的境内持股平台	否	否
		山石合冶	是，为山石网科有限的境内持股平台	否	否
		山石大风	是，为山石网科有限的境内持股平台	否	否
		山石器识	是，为山石网科有限的境内持股平台	否	否
		山石载物	是，为山石网科有限的境内持股平台	否	否
		山石水归	是，为山石网科有限的境内持股平台	否	否
		山石管理	是，为山石网科有限的境外持股平台	否	否
		山石投资	是，为山石网科有限的境外持股平台	否	否
		罗东平	是	否	否
		刘向明	是	否	否
		莫宁	是	否	否
4	2018年9月，VV NETWORKS 将其持有的山石网科有限16.441461万美元的出资额转让至伟畅投资	伟畅投资	否	否	否

续表

序号	增资及股权转让情况	增资对象及股权受让对象	增资及股权转让时，增资及股权转让对象及其最终权益持有人是否为发行人的职工（含持股平台）	增资及股权转让时，增资及股权转让对象及其最终权益持有人是否为发行人的客户	增资及股权转让时，增资及股权转让对象及其最终权益持有人是否为发行人的供应商
5	2018年10月，苏州聚新二号、惠润富蔚、普道投资向山石网科有限进行增资	苏州聚新二号	否	否	否
		惠润富蔚	否	否	否
		普道投资	否	否	否
6	2018年12月，山石网科有限股东Alpha Achieve、苏州元禾、宜兴光控、国创开元、VV NETWORKS将其持有的山石网科有限合计约7.8106%的股权转让给北京奇虎、苏州锦丰、博彦嘉铭、博嘉泰惠、宜和天顺、智源投资	北京奇虎	否	否	否
		苏州锦丰	否	否	否
		博彦嘉铭	否	否	否
		博嘉泰惠	否	否	否
		宜和天顺	否	否	否
		智源投资	否	否	否

（2）2018年9月，山石行健、山石合冶、山石大风、山石器识、山石载物、山石水归、山石管理、山石投资等境内外持股平台与罗东平、刘向明、莫宁向山石网科有限进行增资。前述增资与发行人获得各员工及罗东平、刘向明、莫宁服务相关，入股价格为历史开曼山石各期期权行权价格与2018年度境内新增股权激励的授予价格之和。相关主体入股价格的定价依据、股份支付的计算依据、方法、权益工具的公允价值、确定方法等如表9-14所示。

表9-14 相关主体股份支付具体情况

主体	股份来源	入股价格定价依据	权益工具的公允价值	确定方法	股份支付的计算依据	方法
155名被授予人（含罗东平、刘向明、莫宁）	原境外开曼期权平移	原境外员工期权下应支付的行权价格总额	1.51元/股至15.37元/股	按授予日期权估值价格与授予价的差额确定	期权授予协议、期权计量项目估值报告	在等待期内每月末，以对可行权权益工具数量的最佳估计为基础，按照权益工具授予日的公允价值，将当月取得的服务成本计入相关成本或费用和资本公积
罗东平等12人	2018年新授予股权激励	董事会审批的授予价格	154.53元/股至164.50元/股	按授予日近期外部股东入资价格与授予价的差额确定	股份授予协议、2018年10月外部股东增资协议	

发行人原间接控制方开曼山石向其他有实质性经营业务公司符合条件的员工授予其股票期权以换取员工的服务。员工相关股份获取与发行人取得其服务相关联。境外员工期权计划构成股份支付，授予期权的公允价值根据北京天健兴业资产评估有限公司于2017年12月20日出具的天兴苏咨字（2017）第0054号价值咨询报告确定。股份支付费用依据期权授予计划中员工获得期权需提供的服务期分期摊销。

2018年度，发行人授予罗东平等12名员工新增股权激励（已体现在持股平台），包括与境外期权落回时一并增资部分以及后续当持股平台的员工离职、将股权新授予他人的部分。该等新增股权激励已参考2018年10月外部股东增资价格（投前34亿元），进行股份支付处理，股份支付费用依据授予计划中员工获得激励股权需提供的服务期分期摊销。

发行人期权计划及境内股权激励的范围较广，涉及公司各层级各职能部门，且股份支付费用依据员工获得股权激励需提供的服务期分期摊销，未计入非经常性损益。

3. 上交所请保荐机构及申报会计师事务所对上述事项进行核查并发表明确意见，并请保荐机构及申报会计师事务所对报告期内发生的股份变动是否适用《企业会计准则第11号——股份支付》进行核查，并对以下问题发表明确意见：股份支付相关权益工具公允价值的计量方法及结果是否合理，与同期可比公司估值是否存在重大差异及原因；对于存在与股权所有权或收益权等相关的限制性条件的，相关条件是否真实、可行，服务期的判断是否准确，服务期各年/期确认的员工服务成本或费用是否准确；发行人报告期内股份支付相关会计处理是否符合《企业会计准则》的规定。

就上述问题，保荐机构、申报会计师事务所履行了以下核查程序：对股份支付相关的内部控制的设计和运行进行了解，以确认股份支付计划的背景和目的；检查股份支付授予协议相关条款，并评价及复核股份支付费用确认是否符合《企业会计准则》的要求；评价管理层关于权益工具授予时公允价值确定所使用的评估模型及主要参数来源；检查股份支付终止及替换协议相关条款，评价股份支付会计处理是否与会计政策一致；评价管理层关于权益工具取消及替换时公允价值确定所使用的评估模型及主要参数来源；检查股份支付取消及替换时相关费用计算，复核股份支付费用的会计处理是否与《企业会计准则》的规定一致；核查开曼山石的法律意见书、发行人工商档案；核查发行人股东的工商档案、股东调查函、《声明承诺书》。

经核查，保荐机构及申报会计师事务所认为：（1）发行人报告期内发生的境外员工期权计划、期权计划取消、新设员工持股平台及员工以个人名义对公司增资均适用《企业会计准则第11号——股份支付》相关规定；发行人报告期内股份支付相关权益工具公允价值依据评估报告或最近一期PE入资价格确定，股份支付相关权益工具公允价值的计量方法及结果合理。（2）评估报告使用市场法，以现实市场上的参照物来评价评估对象的现行公平市场价值，资本市场上有一定数量与发行人相同或相似行业的上市公司,其市场定价可以作为发行人市场价值的参考,所以权益工具公允价值与同期可比公司估值不存在重大差异。(3)发行人报告期内授予股份支付主要有两项限制性条件:服务期和业绩,服务期即员工为公司提供服务的期间,业绩条件主要针对部分销售和管理人员,要求员工在授予期内完成一定要求的业绩,限制性条件均真实、可行。(4)发行人报告期内授予股份支付在授予协议中明确约定了服务期及对应服务期员工可获得股份的计算方法,经检查授予协议、员工任职情况记录及股份支付费用计算明细,发行人对服务期的判断与实际情况一致,服务期各年/期确认的员工服务成本或费用计算准确;发行人报告期内股份支付相关会计处理在所有重大方面符合《企业会计准则》的规定。

第十节　外协加工

一、关注要点

外协加工是指本单位因为设备或技术上的不足,独立完成某项整体制造加工任务有困难,或者达到相同质量要求所需费用较高,为了确保任务按时完成,降低成本,充分利用社会资源,向外部订购或定做部分零部件或半成品。

发行人外协加工存在以下情形的,应重点关注:(1)各年度外协生产的内容、数量、占营业成本比重,发行人对外协生产质量管理制度及执行情况;(2)外协合作方的选择标准,主要外协合作方的名称及基本情况,主要外协方与发行人、发行人董事、监事、高管、其他核心人员是否存在关联关系及利益输送的情形;(3)外协部分是否属于关键工序和技术,发行人是否具备相关能力,是否对发行人独立性和业务完整性构成影响;(4)发行人外协生产中的技术保密措施及实际效果;(5)本次募集资金项目实施后,发行人生产模式的变化情况及对发行人主营业务、经营管理、技术运用的影响;(6)主要外协厂商的基本情况,包括成立时间、注册地及实际经营场所、注册资本及实收资本、股权机构,与发行人及其关联方是否存在关联关系,与发行人发生交易是否符合其正常业务需求以及外协加工费的公允性;(7)通过与市场公允价格对比或比较自产成本和外协成本,披露外协定价的公允性,以及委托加工的主要合同条款、具体内容及必要性、交易价格是否公允,会计处理是否合规。

二、案例解读:柏楚电子

上海柏楚电子科技股份有限公司于 2007 年 9 月 11 日在紫竹国家高新技术产业开发区创办成立。公司主要从事激光加工自动化领域的产品研发及系统销售,主攻激光加工技术及相关理论科学的研发,在计算机图形学、运动控制及机器视觉核心算法和激光加工工艺等方面拥有自主研发能力,同时也是国内光纤激光行业的先驱者。

已受理	已问询	上市委会议	提交注册	注册生效
2019-04-10	2019-04-17	2019-06-27	2019-06-28	2019-07-16

通过

招股说明书披露,发行人生产主要包括硬件组装和软件烧录两个阶段。硬件组装工序由外协厂商负责,外协厂商根据公司制定的生产计划完成硬件组装工序后,将半成品交至发行人。报告期内 3 期,发行人外协加工金额分别为 256.27 万元、881.93 万元、132 527 万元,占总成本的比例分别为 11.58%,23.13%,28.71%,高于同行业平均水平。

上交所要求发行人:说明发行人和典型外协厂商的合作过程、材料采购方式、结算方式等,外协厂商如何根据发行人制订的生产计划完成组装,外协厂商收入来源是加工费还是半成品销售;结合产品工艺流程,说明并披露外协服务发生的具体环节,并对比同行业可比公司外协情况,说明外协加工的必要性;说明发行人生产工序与固定资产规模的匹配情况;量化说明外协加工价格的公允性;说明报告期内外协厂商的成立时间、首次向发行人提供服务或供货的时间、注册资本、员工人数、与发行人及其关联方的关联关系、各期采购金额;说明报告期内发行人外协采购金额占外协厂商销售金额的比例,外协供应商生产经营是否存在依赖发行人的情况,报告期内外协厂商变动情况及变动原因;结合主要产品成本构成、工艺流程的变化情况,量化说明并披露外协成本占总成本比例逐年升高的原因,并对比同行业可比公司说明与行业惯例是否一致。另外,请中介机构说明核查方式,并发表核查意见。

保荐机构和发行人律师履行了如下主要核查程序:(1)对发行人生产管理人员、外协业务负责人、财务相关人员进行访谈,了解公司及行业的生产加工模式,公司主要的外协加工环节,定价方法,外协加工质量控制措施,报告期内主要外协加工企业,外协加工数量、加工费金;(2)查阅公司的主要产品工艺流程图,固定资产明细表,现场观察公司的生产流程,各类生产与检测设备;(3)获取并查阅发行人与外协加工企业签订的质量保证协议、保密协议、有关技术参数的交流邮件;(4)取得发行人外协加工的报价单,检查发行人的招标流程是否合规,对主要外协负责人员进行访谈,通过公开渠道搜寻外协厂商信息,了解外协加工价格;(5)对外协加工企业进行实地走访,获取发行人营业执照、章程、与发行人无关联关系声明等资料,了解外协加工企业基本情况,与发行人之间是否存在关联关系,与发行人的业务合作历史、结算方式,外协加工过程中质量控制措施,辅料与加工费的计算方式,与发行人业务合作数量及金额等内容,发行人对外协企业经营情况的影响等;(6)取得发行人与外协厂商结算对账的原始凭证、发票以及资金流水凭证,委托加工物资的出入库凭证和发货凭证,核查交易的真实性;(7)核对发行人记账凭证与原始凭证,核查会计记录的准确性和完整性;(8)对主要外协加工企业进行函证,核查发行人与加工企业之间的交易数据及往来余额等财务数据的准确性和真实性。

经核查，保荐机构认为：公司已补充披露外协厂商的合作过程、材料采购方式、结算方式、采购金额等信息；公司与同行业可比公司外协情况基本一致，且外协加工具有明确的必要性；公司生产工序与固定资产规模匹配；外协厂商与公司及其关联方不存在关联关系，外协加工价格公允；外协供应商生产经营不存在依赖发行人的情况，报告期内公司在实际生产经营中需要对外协厂商及其采购金额有一定的调整；公司外协成本占主营业务成本的比例逐年提升，主要是因为公司加大外协的内容及推出总线控制系统后外协的焊接成本相应增加。

案例评析

对于外协加工的论证说明可以从3个方面进行。一是外协加工模式及工序介绍，不涉及公司产品的关键工序或关键技术，不构成对外协厂商的依赖；二是外协加工的必要性及占比；三是对外协业务的质量控制措施。

第十一节　收入与毛利率

一、关注要点

收入是利润的重要来源，直接关系到企业的财务状况和经营成果。为了达到上市条件，发行人有可能粉饰财务报表以虚增收入或提前确认收入，常见的情形有：（1）利用与未披露关联方之间的资金循环虚构交易；（2）通过未披露的关联方进行显失公允的交易，例如，以明显高于其他客户的价格向未披露的关联方销售商品；（3）通过出售关联方的股权，使之从形式上不再构成关联方，但仍与之进行显失公允的交易，或与未来或潜在的关联方进行显失公允的交易；（4）通过虚开商品销售发票虚增收入，而将货款挂在应收账款中，并可能在以后期间计提坏账准备，或在期后冲销；（5）在与商品相关的风险和报酬尚未全部转移给客户之前确认销售收入；（6）通过隐瞒售后回购或售后租回协议，而将以售后回购或售后租回方式发出的商品作为销售商品确认收入；（7）采用完工百分比法确认劳务收入时，故意低估预计总成本或多计实际发生的成本，以通过高估完工百分比的方法实现当期多确认收入；（8）在采用代理商的销售模式时，在代理商仅向购销双方提供帮助接洽、磋商等中介代理服务的情况下，按照相关购销交易的总额而非净额（扣除佣金和代理费等）确认收入；（9）当存在多种可供选择的收入确认会计政策或会计估计方法时，随意变更所选择的会计政策或会计估计方法，选择与销售模式不匹配的收入确认会计政策。

在收入确认方面，要进行细致分析，例如，将本期销售收入金额与以前可比期间的对应数据或预算数进行比较；分析月度或季度销售量变动趋势；将销售收入变动幅度与销售商品及提供劳务收到的现金、应收账款、存货、税金等项目的变动幅度进行比较；将销售毛利率、应收账款周转率、存货周转率等关键财务指标与可比期间数据、预算数或同行业其他企业数据进行比较；分析销售收入等财务信息与投入产出率、劳动生产率、产能、水电能耗、运输数量等非财务信息之间的关系；分析销售收入与销售费用之间的关系，包括销售人员的人均业绩指标、销售人员薪酬、差旅费用、运费，以及销售机构的设置、规模、数量、分布等。

二、案例解读

（一）视联动力

视联动力信息技术股份有限公司（以下简称"视联动力"）成立于2009年，主营业务是"视联网"系列高清视频通信产品的研发、生产、销售和相关技术服务，产品主要包括视联网交换服务器、视联网应用服务器、视联网终端设备以及配套设备等，用于视频会议、视频融合、应急指挥、示范教学、信息发布、视频点播、视频直播等多种单一或复杂场景。视联动力的科创板上市申报状态于2019年8月30日被更新为"终止审查"。

登陆科创板

| 已受理 | 已问询 | 终止 |
| 2019-04-08 | 2019-04-17 | 2019-08-30 |

根据申报稿，2016—2018 年 3 年，公司分别实现营业收入 1.81 亿元、3.99 亿元、13.99 亿元，归属母公司所有者净利润分别为 3 661.66 万元、7 184.17 万元、47 514.32 万元。视联动力 2016 年、2017 年、2018 年的销售收入分别为 15 105.26 万元、34 766.77 万元和 115 159.74 万元，2017 年、2018 年收入同比增幅分别为 130.16% 和 231.23%。上交所在第 4 轮问询中要求视联动力对销售真实性进行核查，请其列表说明：报告期内各期各产品的销售情况与客户及其销售收入和数量、综治视联项目的建设进度的对应关系，各期新增客户和存量客户的销售收入构成及销售收入大幅增长的原因。根据招股书披露的数据，2016—2018 年 3 年，公司毛利率分别为 72.54%、74.86% 和 82.10%，逐年上升，高于同行业可比上市公司，如表 9-15 所示。对此，上交所在问询函中要求公司说明原因。

表 9-15 报告期内发行人与可比公司毛利率对比

财务指标	公司名称	2018 年度	2017 年度	2016 年度
销售毛利率	苏州科达	60.38%	66.36%	65.47%
	中兴通讯	32.91%	31.07%	30.75%
	华平股份	—	49.24%	51.79%
	二六三	58.80%	63.87%	63.69%
	思科	62.04%	62.96%	62.87%
	平均值	53.54%	54.70%	54.91%
	发行人	82.10%	74.86%	72.54%

根据公司对问询函的回复，发行人的业务相对比较集中，表 9-15 中可比公司的业务分为多个板块，其中视频会议的毛利率相对较高，如报告期内（2016—2018 年），苏州科达视频会议业务的毛利率分别为 75.88%、80.07% 及 67.06%，华平股份视频会议业务的毛利率分别为 71.85%、71.05% 及

70.21%。值得注意的是，即便与同行业相同业务公司的毛利率相比，公司毛利率整体水平仍然较高，且苏州科达与华平股份视频会议业务毛利率在2018年均出现下滑，而公司同期毛利率出现明显上涨，毛利率变动趋势与同行业公司出现差异。

（二）北京宝兰德

北京宝兰德软件股份有限公司是一家专注于企业级基础软件及智能运维产品研发、推广并提供专业化运维技术服务的高新技术企业。公司为客户核心信息系统提供包括应用运行支持、分布式计算、网络通信、数据传输及交换、应用调度、监控和运维管理等一系列基础软件平台及技术解决方案。其作为创业板被否企业，最后在科创板顺利通过。上交所要求发行人补充披露2020年1月1日起施行的修订的《企业会计准则第14号——收入》对发行人收入确认的影响。

已受理	已问询	上市委会议	提交注册	注册生效
2019-04-09	2019-04-19	2019-09-20	2019-09-25	2019-09-29

通过

对于产品销售收入，发行人一方面认定附带免费维保服务的软件产品销售为一项履约义务，即发行人在商品销售过程中提供售后技术服务，提供该类技术服务是为了向客户保证所销售商品符合既定标准，保证客户购买的产品不存在瑕疵或缺陷，而并非仅仅为客户提供一项单独服务，相关服务不能独立于产品销售提供，公司向客户转让产品及附带服务的承诺两者之间有高度关联性，故发行人附带免费维保服务的软件产品销售为一项履约义务；另一方面认定附带免费维保服务的软件产品销售为某一时点履行的单项履约义务。作为产品销售的履约义务，发行人在客户出具稳定报告后将商品的法定所有权转移给客户，发行人即享有现时收款权利，且一般情况下，合同约定的主要收款节点均以产品交付情况为依据，而不以附带免费服务的履行情况为依据。

发行人附带免费维保服务的软件产品销售业务收入确认满足收入准则的相关规定，在客户出具试运行稳定报告后确认收入符合修订前及修订后的准则的相关要求。因此，2020 年 1 月 1 日起施行的修订的《企业会计准则第 14 号——收入》对发行人软件产品销售业务收入的确认不构成重大影响。

根据发行人技术服务的业务实质，发行人技术服务收入符合某一时间段内的履约义务，在该段时间内按照履约进度确认收入，与发行人现行技术服务确认方式一致。因此，2020 年 1 月 1 日起施行的修订的《企业会计准则第 14 号——收入》对发行人技术服务收入的确认不构成重大影响。

第十二节　会计差错更正

一、关注要点

会计差错更正是发行人在上市申报前的上市辅导和规范阶段，如发现存在不规范或不谨慎的会计处理事项并进行审计调整的，应当符合《企业会计准则第 28 号——会计政策、会计估计变更和会计差错更正》和相关审计准则的规定，并保证发行人提交首发申请时的申报财务报表能够公允地反映发行人的财务状况、经营成果和现金流量。申报会计师事务所应按要求就发行人编制的基于申报财务报表与原始财务报表的差异比较表出具审核报告并说明差异调整原因，保荐机构应核查差异调整的合理性与合规性。同时，报告期内发行人会计政策和会计估计应保持一致，不得意变更，若有变更应符合《企业会计准则》的规定。变更时，保荐机构及申报会计师事务所应关注是否有充分、合理的证据表明变更的合理性，并说明变更会计政策或会计估计后，能够提供更可靠、更相关的会计信息的理由；对会计政策、会计估计的变更，应履行必要的审批程序。如无充分、合理的证据表明会计政策或会计估计变更的合理性，或者未经批准擅自变更会计政策或会计估计的，或者连续、反复地自行变更会计政策或会计估计的，视为滥用会计政策或会计估计。发行人应在招股说明书中披露重要会计政策、会计估计变更或会计差错更正情形及其原因。

首发材料申报后变更的具体要求。首发材料申报后，发行人如存在会计政策、会计估计变更事项，应当依据《企业会计准则第 28 号——会计政策、会计估计变更和会计差错更正》的规定，对首次提交的财务报告进行审计调整或补充披露，相关变更事项应符合专业审慎原则，与同行业上市公司不存在重大差异，不存在影响发行人会计基础工作规范性及内控有效性的情形。保荐机构和申报会计师事务所应当充分说明专业判断的依据，对相关调整变更事项的合规性发表明确的核查意见。在此基础上，发行人应提交更新后的财务报告。

首发材料申报后，发行人如出现会计差错更正事项，应充分考虑差错更正的原因、性质、重要性与累积影响程度。对此，保荐机构、申报会计师事务所应重点核查以下方面并明确发表意见：会计差错更正的时间和范围，是否反映发行人存在故意遗漏或虚构交易、事项或者其他重要信息，滥用会计政策或者会计估计，操纵、伪造或篡改编制财务报表所依据的会计记录等情形；差错更正对发行人的影响程度，是否符合《企业会计准则第 28 号——会计政策、会计估计变更和会计差错更正》的规定，发行人是否存在会计基础工作薄弱和内控缺失，相关更正信息是否已恰当披露等问题。

首发材料申报后，如发行人同一会计年度内因会计基础薄弱、内控不完善、必要的原始资料无法取得、审计疏漏等原因，除特殊会计判断事项外，导致会计差错更正累积净利润影响数达到当年净利润的 20% 以上（如为中期报表差错更正则以上一年度净利润为比较基准）或净资产影响数达到当年（期）末净资产的 20% 以上，以及滥用会计政策或者会计估计及因恶意隐瞒或舞弊行为导致重大会计差错更正的，应视为发行人在会计基础工作规范及相关内控方面不符合发行条件。

二、案例解读：恒安嘉新

恒安嘉新主要向电信运营商、安全主管部门等政企客户提供网络信息安全综合解决方案及服务。

已受理	已问询	上市委会议	提交注册	不予注册
2019-04-03	2019-04-18	2019-07-11	2019-07-18	2019-08-27
		未通过		

上交所持续关注的事项是：发行人于2018年12月28日、12月29日签订且当年签署验收报告的4份重大合同，金额达15 859.76万元，2018年底均未回款且未开具发票，公司将上述4份合同收入确认在2018年。2019年，发行人以谨慎性为由，经董事会及股东大会审议通过，将上述4份合同收入确认时点进行调整，相应调减2018年主营业务收入13 682.84万元，调减净利润7 827.17万元，扣非后归母净利润由调整前的8 732.99万元变为调整后的905.82万元，调减金额占扣非前归母净利润的89.63%。4份合同由2018年确认收入调整至2019年确认，给恒安嘉新的财务报表产生了重大影响，对扣非后净利润的影响接近90%，远远超过了20%。这里有3点异常值得关注：一是合同签署与收入确认时点过于接近；二是该事项发生于报告期最后1年的最后几天，由于2018年度恒安嘉新营业收入一共只有6.25亿元，因此其中两份合同的收入能否在2018年度确认，对当年的收入会产生重大影响；三是这两份合同的毛利率分别达到70.68%和62.09%，而剔除这类合同后2018年度解决方案业务的毛利率为44.06%。也就是说，这两份合同的收入能否在2018年度确认，对净利润的影响将超过对收入的影响。为了避免被认定为会计基础工作薄弱、内控缺失的情形，公司不承认上述事项为"会计差错更正"，而将其认定为"特殊会计处理事项"。证监会认为，发行人将该会计差错更正认定为特殊会计处理事项的理由不充分，不符合《企业会计准则》的要求，发行人

存在会计基础工作薄弱和内控缺失的情形。其实这个问题已是老生常谈，尤其是在之前 A 股的上市审核中，很多企业为了把业绩做得漂亮一些，会存在对整个报告期的业绩进行规划和调整的问题，来尽量使报告期的业绩更符合上市规定和审核要求。

2016 年，发行人实际控制人金红将 567.20 万股股权分别以象征性的 1 元/股的价格转让给了刘长永等 16 名员工。在提交上海证券交易所科创板上市审核中心的申报材料、首轮问询回复、二轮问询回复中，发行人都认定上述股权转让系解除股权代持，因此不涉及股份支付。3 轮回复中，发行人、保荐机构、申报会计师事务所认为上述股权转让时间久远，能够支持股份代持的证据不够充分，基于谨慎性考虑，会计处理上调整为在授予日一次性确认股份支付 5 970.52 万元。同时，股份支付确认时点的调整也影响到了公司 2016 年业绩，调减当年净利润 5 970.52 万元。证监会认为，发行人未按招股说明书的要求对上述前期会计差错更正事项进行披露，与《科创板首次公开发行股票注册管理办法（试行）》（证监会令第 153 号）的相关规定不符，遂依规定对恒安嘉新首次公开发行股票的注册申请做出不予注册的决定。

虽然证监会否决了恒安嘉新的注册申请，但却并没有将该事件的影响扩大化，只是从会计差错的角度来认定公司所存在的两大问题，而没有将问题上升到更严重的高度，也为该公司在 IPO 路上的卷土重来埋下伏笔。针对科创板 IPO 被否，恒安嘉新在其官网发布声明，公司充分尊重证监会的决定，将严格按照监管机构对上市公司的要求进一步规范管理。公司将一如既往，敬畏市场，敬畏法治，敬畏专业，敬畏风险，敬畏投资者，努力成长为一家可持续盈利、健康增长的百年科创企业。

这给很多正在申报科创板的企业及中介机构警示，即使被上交所审核通过，再报证监会进行注册的时候也有可能被否，这彰显了注册制的严肃性。申报企业不要存在侥幸心理，注册环节也是有门槛的。发行人若想成功登陆科创板，首先应该确保信息披露的质量，千万不能"带病"申报。

| 第十章 |
公司治理与独立性

第一节 控股股东与实际控制人

一、控股股东

依据《科创板上市规则》之规定，控股股东是指所持有的股份占公司股本总额 50% 以上的股东，或者持有股份的比例虽然不足 50%，但依其持有的股份所享有的表决权已足以对股东大会的决议产生重大影响的股东。控股股东应当具有支配公司的意思，对公司的主要经营活动实施控制，通常表现为对公司的重大经营决策施加影响以贯彻控股股东的经营战略，且这种控制是有计划而持续的，并非偶然而暂时的。控股股东对公司的控制主要通过以下手段：利用持股比例的优势控制股东（大）会的决策；利用股东（大）会控制治理机构的选举，直接进入董事会或者在董事会中安排自己的亲信；通过控制董事会参与公司日常经营，影响经营决策。

公司控制权是能够对股东大会的决议产生重大影响或者能够实际支配公司行为的权力，其渊源是对公司的直接或者间接的股权投资关系。认定公司控制权的归属，既需要审查相应的股权投资关系，还需要根据个案的实际情况，综合对发行人股东大会、董事会决议的实质影响，对董事和高级管理人员的提名及任免所起的作用等因素进行分析判断。

《科创板上市规则》要求上市公司应当根据股权结构、董事和高级管理人员的提名任免以及其他内部治理情况，客观、审慎地认定控制权归属。该规则规定，具有下列情形之一的，构成控制：（1）持有上市公司50%以上的股份，但是有相反证据的除外；（2）实际支配上市公司股份表决权超过30%；（3）通过实际支配上市公司股份表决权能够决定董事会半数以上成员的任免；（4）依其可实际支配的上市公司股份表决权足以对公司股东大会的决议产生重大影响；（5）可以实际支配或者决定上市公司的重大经营决策、重要人事任命等事项；（6）中国证监会和上交所认定的其他情形。另外，签署一致行动协议共同控制上市公司的，应当在协议中明确共同控制安排及解除机制。

因此，控股股东包括两种情形，一是"持有的股份占公司股本总额50%以上的股东"；二是"持有股份的比例虽然不足50%，但依其持有的股份所享有的表决权已足以对股东大会的决议产生重大影响的股东"。对于第一种情形好理解，也好识别，但对于第二种情形的理解关键在于对重大影响的判断。

在判断"重大影响"是否存在时，尤其需要关注以下问题。

第一，不能仅仅依据"在被投资单位的董事会或类似权力机构中派有代表"即判断对该被投资单位具有重大影响。在实务中，对于持股比例在20%以下的长期股权投资，要认可对被投资企业具有重大影响，通常不能仅仅依据派驻1名董事的事实，还需要收集其他方面的进一步证据，例如，双方之间存在重大的日常业务往来（或者互为战略合作伙伴关系等）；派驻董事人数多于1名或者派驻重要的高级管理人员；被投资企业在技术、市场、原料供应渠道、管理等方面对本企业存在重大依赖；被投资企业的股权较为分散，本企业所持股权虽未达到控制程度，但仍显著高于其他股东等。重大影响的定义是"投资方对被投资单位的财务和经营政策有参与决策的权力，但并不能够控制或者与其他方一起共同控制这些政策的制定"，因此，在被投资单位并非结构化主体（指在确定其控制方时没有将表决权或类似权利作为决定因素而设计的主体）的情况下，重大影响归根结底是要通过在董事会上提出议案和参与表决的方式，促使有利于自身利益的财务、经营政策方面的议案获得通过（但对所议事项不具有单方面的决定权或者否决权）。因此，虽然派驻了董事，但是如果不能单独提出议案，或者由于其他原因导致影响或改变表决结果的潜在可能性较小，则不能认为具有重大影响。

例如，以下情形不能被认为股东具有重大影响：被投资企业的股权高度分散，且董事的总人数较多（根据《公司法》规定，有限责任公司的董事人数最多可为 13 人，股份有限公司的董事人数最多可为 19 人），此时如果只派驻 1 名董事，很可能无法对董事会的表决结果产生重大影响，也无权单独提出议案；根据董事会的议事规则或者职责分工，本公司派驻的董事为非执行董事或者在某些方面的权限受到限制；各方股东之间存在关联方关系（如集团财务公司，股东基本上都是同一集团的成员企业），最终都听命于其母公司，可能不能完全基于自身利益和立场做出决策和发表意见；除本公司以外的其他股东存在关联方关系或者一致行动关系，对本公司派驻的董事形成较大的制约；本公司所派驻的董事无法及时获取做出决策所需的财务信息和其他相关信息等。在这些情况下，尽管派驻了董事，但很可能仍然不能对被投资单位的财务、经营决策产生实质性的影响力。

第二，关注潜在表决权的影响。投资方可能拥有认股权证、股票看涨期权、可转换为普通股的债务或权益工具或其他类似工具，如果执行或转换这些工具，将有可能赋予该主体对另一主体财务或经营决策的额外表决权，或减少其他主体的表决权（即潜在表决权）。在评估主体是否具有重大影响时，需要考虑目前存在的可执行或可转换的潜在表决权（包括由其他主体持有的潜在表决权）及其影响。例如，当潜在表决权直到将来某一日期或直到将来发生某一事项才能执行或转换时，该潜在表决权就不是当前可执行或可转换的。

对于不同的被投资企业，应当根据每个公司的个案情况分析对其是否具有重大影响，不能一概而论。股权比例、是否派驻董事与是否具有重大影响之间存在一定的相关关系，但不是必然的，关键还是要针对每个被投资企业的个案情况，具体分析，得出个案的结论。

二、实际控制人

实际控制人，指虽不是公司的股东，但通过投资关系、协议或者其他安排，能够实际支配公司行为的人。因此，控股股东与实际控制人的根本区别在于是否直接持有公司股份，控股股东直接持有公司股份，而实际控制人不直接持有公司股份。实际控制人是拥有公司控制权的主体。在确定公司控制权归属时，应当本着实事求是的原则，尊重企业的实际情况，以发行人自身的认定为主，由发行人股东予以确认。保荐机构、发行人律师应通过对公司章程、协议或其他安排以及发行人股东大会（股东出席会议情况、表决过程、审议结果、董事提名和任命等）、董事会（重大决策的提议和表决过程等）、监事会及发行人经营管理的实际运作情况的核查对实际控制人认定发表明确意见。

发行人股权较为分散但存在单一股东控制比例达到30%的情形的，若无相反的证据，原则上应将该股东认定为控股股东或实际控制人。存在下列情形之一的，保荐机构应进一步说明是否通过实际控制人认定而规避发行条件或监管并发表专项意见：公司认定存在实际控制人，但其他股东持股比例较高，与实际控制人持股比例接近，且该股东控制的企业与发行人之间存在竞争或潜在竞争的；第一大股东持股接近30%，其他股东比例不高且较为分散，公司认定无实际控制人的。

实际控制人对公司的控制方式分为3种情形。一是投资关系。投资一般包括股权投资和债权投资。通过持股平台间接持股，并通过控制这个持股平台的表决权，从而控制整个公司的表决权，或者实际控制人主要通过购买公司债券，从而成为公司债权人，获得控制公司的地位。二是协议安排。这里的实际控制人控制公司的方式是基于其与公司之间的协议，比如承包经营合同、委托经营合同、租赁经营合同、特许经营合同、信托合同、表决权委托代理合同、一致行动人协议等。三是其他安排。比较常见的就是人事安排，实际控制人通过将自己的代言人安插在公司内部任职，从而实现对公司的控制。

（一）单一实际控制人

通常情况下，公司存在的单一实际控制人，或为控股股东自身，抑或为控股股东的股东。实际控制人包括自然人、国有资产管理部门和其他最终控制人3种类型。其中，其他最终控制人是指各级人民政府（部门）、职工持股会（工会）、村民委员会、集体企业等特殊组织，并不包括国有独资企（事）业单位、有限责任公司和股份有限公司、信托公司等中间控制人。持有上市公司5%以上股份的契约型基金、信托计划或资产管理计划，应当在权益变动文件中披露支配股份表决权的主体，以及该主体与上市公司控股股东、实际控制人是否存在关联关系。契约型基金、信托计划或资产管理计划成为上市公司控股股东、第一大股东或者实际控制人的，除应当履行前述规定义务外，还应当在权益变动文件中穿透披露至最终投资者。在认定实际控制人时，还要综合对股东大会、董事会决议的实质影响，对董事和高级管理人员的提名及任免所起的作用等因素进行分析判断。一般的规则如下：控股股东为自然人的，认定控股股东为实际控制人；控股股东为法人的，则要穿透认定法人股东的自然人控股股东为实际控制人；控股股东为合伙企业的，则要穿透到最终控制合伙企业的自然人；控股股东为国有控股企业的，按照要求应穿透到最终的国有控股主体；实际控制人为外资的，也应参照规则追溯至外资个人、外资基金会、外国政府等最终控制人，而不能简单地披露某外国企业；穿透到最终的实际控制人和其他自然人存在一致行动关系的，共同认定为实际控制人。

（二）共同实际控制人

法定或约定形成的一致行动关系并不必然导致多人共同拥有公司控制权的情况，发行人及中介机构不应为扩大履行实际控制人义务的主体范围或满足发行条件而做出违背事实的认定。通过一致行动协议主张共同控制的，无合理理由的（如第一大股东为纯财务投资人），一般不能排除第一大股东为共同控制人。实际控制人的配偶、直系亲属，如其持有公司股份达到5%以上或者虽未超过5%，但是担任公司董事、高级管理人员并在公司经营决策中发挥重要作用，除非有相反证据，原则上应认定为共同实际控制人。

共同实际控制人签署一致行动协议的，应当在协议中明确发生意见分歧或纠纷时的解决机制。对于作为实际控制人亲属的股东所持的股份，应当比照实际控制人自发行人上市之日起锁定36个月。保荐机构及发行人律师应重点关注最近3年内公司控制权是否发生了变化，存在为满足发行条件而调整实际控制人认定范围嫌疑的，应从严把握，审慎进行核查及信息披露。共同实际控制人的认定情形主要存在于股东股权比例较为分散且没有一方持股到50%以上的企业之中。共同控制的表现形式主要有：家族成员共同控制、其他人身关系形成的共同控制、股东签署一致行动协议认定为共同控制等。

1. 基于家族成员关系认定为共同实际控制人。

（1）夫妻关系。根据《婚姻法》的规定：夫妻财产属于共同所有，除非夫妻之间对公司的股权存在特别的约定和财产分割。在实践中，如果夫妻同时作为公司股东，一般认定夫妻作为一个整体，合并计算持有股份数量。如果合并持股数量达到控制比例的，可认为夫妻共同拥有公司控制权，同时作为公司的实际控制人。

（2）父母子女关系。由于传统观念的影响，子女对于父母的资产在大多数时候均被外界视为其必然的可期利益，故即使子女在企业中所占股权比例较低，仍然倾向于认定为共同实际控制人。如果子女已受让全部或大部分父母所持有的公司股权而形成对公司股权意义上的控制，此时对于企业实际控制人的认定则应重点着眼于在公司经营决策、董事会及股东会控制等方面的实际影响情况，若父母方仍然掌握着前述除股权比例意义之外的其他实际控制权，将其与子女认定为共同实际控制人更为妥当。

2. 基于一致行动协议而产生的共同实际控制人。

由多名股东共同控制公司，除了家族成员之外，无亲属关系的各股东之间，基于种种目的和动机（股东信任、利益交换、团队稳定等）而产生共同控制的需要，进而各方之间会对其共同控制公司的行动做出协议安排。对于一致行动人的定义及其认定，《上市公司收购管理办法》（以下简称《收购办法》）第83条规定：本办法所称一致行动，是指投资者通过协议、其他安排，与其他投资者共同扩大其所能够支配的一个上市公司股份表决权数量的行为或者事实。该办法一共列举了12种情形，考虑到现实中一致行动人关系认定的复杂性及适应证券市场的多变性，这12种情形中还设置了兜底条款。《收购办法》第12条规定：投资者在一个上市公司中拥有的权益，包括登记在其名下的股份和虽未登记在其名下但该投资者可以实际支配表决权的股份。投资者及其一致行动人在一个上市公司中拥有的权益应当合并计算。可以简单理解为，一致行动人是一个利益共同体，在投票表决、增减持股票等事项上保持一致。

3. 无实际控制人。

上市公司无实际控制人通常意味着股权分散、公司决策较难统一，但决策过程更能体现更多股东的利益，如果公司治理稳健成熟，公司即使没有实际控制人也无关紧要。对于处于创业期和发展期的公司实际控制人的存在就相当有必要了，因为这直接关系到公司管理层的稳定、决策的效率。认定公司无实际控制人的理由一般有：公司的股东较多，股权结构非常分散，不存在控股股东和实际控制人，最大股东的持股比例很低，也没有股东能够通过公司治理结构的安排对股东会、董事会的决议造成实质性重大影响；投资人股份的增减持导致公司股份结构变动，实际控制人失去控制；出于重组的需要，上市公司被"包装"为无实际控制人，常见于国有控股的上市公司，实际控制人通常被认定为国资委，此类上市公司做并购重组等对上市公司有重大影响的决策时通常需要取得国资委的批准，但如果认定其无实际控制人，则此类决策无须上升到国资委的层面。

4. 控股股东及实际控制人变更。

当实际控制人可能存在变化时，需要审慎处理，重点解释其变化并不构成实际控制人的变更，可以从公司实际运营、治理结构、管理团队稳定性、持续盈利能力等角度解释分析，以避免被认定其在报告期内发生了变更。

三、案例解读

（一）交控科技（无实际控制人）

已受理	已问询	上市委会议	提交注册	注册生效
2019-03-29	2019-04-10	2019-06-17	2019-06-19	2019-07-04

通过

发行人股权相对分散，不存在控股股东和实际控制人。交控科技前三大持股主体分别为京投公司及其一致行动人、董事长郜春海、交大资产及其一致行动人，三者的持股比例分别为26.66%、14.82%、14.62%。

1. 上交所要求发行人结合郜春海的个人从业经历、发行人的历史沿革、股权结构变化历程、核心技术来源、关联采购、与北京交通大学的研发合作等，说明郜春海与交大资产是否构成共同控制或潜在的一致行动人。如是，分析说明发行人与股东方交大资产是否存在同业竞争。

发行人回复：根据《〈首次公开发行股票并上市管理办法〉第十二条"实际控制人没有发生变更"的理解和适用——证券期货法律适用意见第1号》（以下简称"证券期货法律适用意见第1号"）中关于共同控制的认定，郜春海和交大资产、交大创新不构成共同控制，主要原因为：（1）郜春海和交大资产、交大创新没有通过公司章程、协议或其他安排明确双方具有共同控制关系；（2）在股东大会层面，郜春海和交大资产单一持股比例分散，无法对发行人经营决策形成共同控制；（3）在董事会层面，郜春海和交大资产各提名1名董事，发行人非独立董事为6名，郜春海和交大资产、交大创新无法控制董事会或决定董事会成员的任免。

综上,结合郜春海的个人从业经历、发行人历史沿革、股权结构变化历程、核心技术来源、关联采购、与北京交大的研发合作等,郜春海与交大资产、交大创新不存在《上市公司收购管理办法》第83条规定的构成一致行动人的情形,历史上不存在通过相互之间股权转让刻意分散发行人股权结构的情形,发行人的核心技术和业务开展不依赖于北京交通大学及其控制的交大资产、交大创新;除交大资产投入的知识产权外,郜春海对发行人核心技术的贡献独立于北京交通大学及其控制的交大资产、交大创新;郜春海与交大资产、交大创新不存在一致行动的意图和必要性。此外,郜春海和交大资产、交大创新均独立行使作为发行人股东的权利,各自独立决定是否出席股东大会并行使表决权,不存在口头或书面的一致行动协议或通过其他一致行动安排谋求共同扩大表决权的情形。因此,郜春海和交大资产、交大创新不构成共同控制或潜在一致行动人。

2. 上交所要求发行人依据《科创板审核问答(二)》,结合京投公司及其一致行动人的持股比例,说明京投集团是否为发行人的控股股东。

发行人回复,未认定京投公司为发行人控股股东的主要原因如下:最近3年内,公司股权结构分散,各个股东的持股比例未发生过变化;京投公司及其一致行动人基石基金在最近3年内合计持股从未超过30%,京投公司及其一致行动人基石基金均无法控制股东大会或对股东大会决议产生决定性影响,不属于《科创板审核问答(二)》规定的控股股东的情形;除基石基金外,京投公司与发行人其他股东之间不存在一致行动关系或其他一致行动安排;公司董事会共有9名董事,其中非独立董事6名,最近3年内,京投公司提名的董事数量均为2名,基石基金未曾提名董事,京投公司及其一致行动人基石基金无法控制公司董事会或对公司董事会决议产生决定性影响。

3. 上交所要求发行人结合公司的股权结构、章程规定、公司治理情况、股东大会及董事会决议情况,董事及高级管理人员的提名及任免情况,披露认定发行人无实际控制人的原因及依据是否充分，上市后保持股权和控制结构稳定的安排措施及可行性。

发行人回复，认定发行人无实际控制人的原因及依据是：发行人不存在具有控制能力的股东。一是公司股权结构较为分散。最近 3 年内，公司股东持股情况没有发生过变动，股权结构一直维持比较分散的状态。公司共有 20 名股东，其中第一大股东京投公司及其一致行动人基石基金合计持股比例为 26.6639%，第二大股东郐春海持股比例为 14.8239%，第三大股东交大资产及其一致行动人交大创新合计持股比例为 14.6207%，第四大股东爱地浩海持股比例为 11.0000%。发行人不存在持股比例超过 30% 的单一股东，单一股东所持股权比例没有绝对优势，公司主要股东之间也不存在共同控制的安排。二是公司单一股东无法控制股东大会。根据《公司法》和《公司章程》的规定，股东大会做出会议决议，普通决议需经出席会议的股东所持表决权的过半数审议通过，特别决议需经出席会议的股东所持表决权的三分之二以上审议通过。公司目前任何单一股东所持表决权均不超过三分之一。因此，公司任何单一股东均无法控制股东大会或对股东大会做出决议产生决定性影响。三是公司单一股东无法控制董事会。公司董事会由 9 名董事组成，其中 3 名为独立董事；此外，第一大股东京投公司提名两名董事，第二大股东郐春海提名一名董事，第三大股东交大资产提名一名董事，第四大股东爱地浩海提名一名董事，刘波、张建明、余蛟龙和李春红提名一名董事。根据公司章程的规定，董事会成员的任免由股东大会以普通决议通过。公司董事均由股东大会选举产生，且各股东均按照各自的表决权参与了董事选举的投票表决。公司任何单一股东均没有能力决定半数以上董事会成员的选任。根据《公司法》和公司章程的规定，董事会做出决议，必须经全体董事的过半数通过。董事会决议的表决实行一人一票。因此，任何单一股东均无法控制公司董事会。

4. 上交所请保荐机构和发行人律师进行核查，并就发行人是否符合《科创板首次公开发行股票注册管理办法（试行）》第 12 条"最近 2 年实际控制人没有发生变更"等相关规定，是否通过认定无实际控制人规避发行条件或监管发表明确意见。

中介机构回复：根据发行人的工商调档文件、发行人的内部治理文件、发行人制定的董事会议事规则、监事会议事规则、股东大会议事规则、发行人最近两年历次董事会、监事会、股东大会的表决文件及决议文件、发行人的说明，并经保荐机构、发行人律师对发行人主要股东及发行人各业务主管负责人的访谈，发行人最近两年股权结构和控制结构未发生变化，各项内部管理制度均良好有效运行，董事会、监事会及股东大会均能有效做出决议，不存在某个股东单独或某几个股东共同控制发行人生产经营和内部决策的情形，发行人最近两年无实际控制人的状态没有发生过变更。

发行人不存在通过认定无实际控制人规避同业竞争问题的情形。公司第一大股东为京投公司及其一致行动人基石基金，第二大股东为郜春海，第三大股东为交大资产及其一致行动人交大创新，上述股东合计持有公司 56.1085% 的股权。报告期内，前述股东与公司不存在同业竞争。具体情况如下：（1）京投公司及其一致行动人基石基金。根据京投公司和基石基金的工商资料、股东调查表及网络检索信息，京投公司的主营业务为承担以轨道交通为主的基础设施投融资、土地与物业开发经营等相关资源经营与服务职能，负责北京市地铁等轨道交通建设完成后的运营管理，京投公司的一致行动人基石基金主营业务为创业投资及相关咨询服务。京投公司及基石基金控制的其他企业中不存在与公司从事相同或相似业务的企业，与公司不存在同业竞争。（2）郜春海。根据郜春海的股东调查表及网络检索信息，郜春海全职就职于发行人，不存在控制的其他企业。（3）交大资产及其一致行动人交大创新。根据交大资产及交大创新的工商资料、股东调查表及网络检索信息，交大资产和交大创新均为北京交大的对外投资平台，主营业务均为投资业务及投资咨询服务。交大资产和交大创新控制的其他企业中不存在与公司从事相同或相似业务的企业，与公司不存在同业竞争。此外，北京交大在交控有限设立时的相关文件中也约定，发行人是唯一全权负责 CBTC 核心设备设计、制造、供应、工程实施与后期维护的公司。京投公司及其一致行动人、郜春海、交大资产及其一致行动人均出具了《关于避免同业竞争的承诺函》。

中介机构核查意见：（1）获取发行人的工商调档文件、发行人历次股东会、股东大会的签到册、表决票及决议文件、交大资产及郜春海填写的调查表、郜春海提供的简历、交大资产及郜春海的说明，并经保荐机构、发行人律师与交大资产及郜春海的访谈，确认郜春海与交大资产不构成共同控制或潜在一致行动人。（2）获取发行人的工商调档文件，发行人现行有效的公司章程，京投公司及其一致行动人基石基金的增资协议，发行人历次董事会、监事会、股东会、股东大会的签到册、表决票及决议文件，董事提名文件，京投公司的说明；通过对京投公司、基石基金及发行人其他主要股东的访谈，了解京投公司未被认定为控股股东的原因。（3）获取发行人的工商调档文件，发行人现行有效的公司章程，发行人内部治理制度、发行人全体股东填写的调查表，发行人历次董事会、股东会、股东大会的签到册、表决票及决议文件，董事及高级管理人员的提名、任免文件，发行人的说明；通过对发行人主要股东进行访谈，了解发行人认定无实际控制人的原因及依据。（4）获取公司各股东出具的股份锁定承诺函，公司历次董事会、监事会、股东会、股东大会的表决文件及决议文件，分析公司制定的董事会议事规则、监事会议事规则、股东大会议事规则、公司的组织架构、内部治理制度、公司的说明，了解公司上市后保持股权和控制结构稳定的安排措施及可行性，并对公司各业务主管负责人进行访谈，了解无实际控制人对公司治理有效性的影响情况。

案例点评

关于无实际控制人的认定，需要注意以下两点：一是无实际控制人的结论需要审慎得出，一旦得出公司无实际控制人的结论，则意味着公司可能处于失控的状态。公司上市后，可能面临被恶意收购、并购重组等情况，从而造成各方对公司稳定性的质疑。二是结合公司的制度安排等说明无实际控制人不会影响公司经营稳定性、公司治理和内控有效性。

（二）天奈科技（新增实际控制人）

江苏天奈科技股份有限公司（以下简称"天奈科技"）主要从事纳米碳管材料及相关产品的研发、生产及销售，是一家具有自主研发和创新能力的高新技术企业。公司产品包括碳纳米管粉体、碳纳米管导电浆料、石墨烯复合导电浆料、碳纳米管导电母粒等。

已受理	已问询	上市委会议	提交注册	注册生效
2019-03-22	2019-03-29	2019-07-15 通过	2019-07-19	2019-08-30

根据上交所首轮问询问题1的回复，郑涛直接持有天奈科技13.5019%的股份，并通过新奈智汇、新奈众诚控制天奈科技6.8763%的表决权；张美杰直接持有天奈科技2.7351%的股份；严燕通过新奈联享、佳茂杰科技控制天奈科技1.7256%的表决权；蔡永略通过新奈共成控制天奈科技5.5301%的表决权；叶亚文间接持有天奈科技1.5094%的股份。

1. 上交所要求发行人说明叶亚文间接持有发行人股份及在发行人任职的起始时间，2017年11月增加叶亚文为一致行动人的原因及依据。

发行人回复：（1）叶亚文间接持有发行人股份的起始时间。2017年11月23日，天奈有限（改制前名称）在镇江新区市场监督管理局完成股权转让及增资事项的工商变更登记，新奈共成成为天奈有限的股东。叶亚文自此作为新奈共成的合伙人间接持有发行人的股份。（2）叶亚文在发行人任职的起始时间。叶亚文于2017年3月7日与公司签署劳动合同，自2017年4月起正式在公司任职，分管生产和运营工作。（3）2017年11月增加叶亚文为一致行动人的原因及依据。叶亚文入职公司前在锂电池领域有丰富的生产运营管理经验，其自2017年4月入职公司以来主要分管公司的生产和运营工作。2017年11月，叶亚文通过新奈共成开始间接持有发行人股份，并与其余发行人的高级管理人员签署了一致行动协议，增加为一致行动人。

2. 上交所要求发行人说明叶亚文是否符合"证券期货法律适用意见第1号"中"每人都必须直接持有公司股份和/或者间接支配公司股份的表决权"的条件。

发行人回复：根据《中华人民共和国合伙企业法》第61条、第67条的规定，有限合伙企业至少应当有一个普通合伙人，有限合伙企业由普通合伙人执行合伙事务。新奈共成的全体合伙人于2019年5月23日召开合伙人会议并做出决议，全体合伙人同意增加叶亚文为普通合伙人，与蔡永略共同执行新奈共成的合伙事务；全体合伙人已对相应修改的合伙协议签名确认。

根据《中华人民共和国合伙企业法》第19条规定，合伙协议经全体合伙人签名、盖章后生效；合伙人按照合伙协议享有权利，履行义务；修改或者补充合伙协议，应当经全体合伙人一致同意，但是合伙协议另有约定的除外。因此，就增加叶亚文为普通合伙人并共同执行合伙事务事宜，新奈共成已履行完毕决议程序并生效。

截至本问询函回复出具之日，叶亚文与蔡永略均作为新奈共成的普通合伙人共同执行合伙事务，共同通过新奈共成支配发行人股份对应的表决权，符合《中华人民共和国合伙企业法》的相关规定及合伙协议的相关约定。

综上，叶亚文符合"证券期货法律适用意见第1号"中"每人都必须直接持有公司股份和/或者间接支配公司股份的表决权"的条件。同时，发行人已在招股说明书中对叶亚文间接支配公司股权的表述进行了相应修改。

3. 上交所要求发行人逐项对照"证券期货法律适用意见第1号"，说明招股说明书对发行人实际控制人的披露是否准确，发行人最近两年实际控制人是否发生了变更。

发行人回复：公司符合"证券期货法律适用意见第 1 号"第 3 条规定的多人共同拥有公司控制权的条件，具体如下：

（1）每人都直接持有公司股份和/或者间接支配公司股份的表决权。截至本问询函回复出具之日，郑涛直接持有天奈科技 13.5019%的股份，并通过新奈智汇、新奈众诚间接支配天奈科技 6.8763%的表决权；张美杰直接持有天奈科技 2.7351%的股份；蔡永略及叶亚文通过新奈共成间接支配天奈科技 5.5301%的表决权。发行人的共同实际控制人均直接持有公司股份和/或者间接支配公司股份的表决权。

（2）发行人公司治理结构健全、运行良好，多人共同拥有公司控制权的情况不影响发行人的规范运作。报告期内，发行人的公司治理结构逐步完善，从 2017 年 12 月整体改制设立为股份有限公司起，发行人建立了健全的公司法人治理结构，股东大会、董事会、监事会和高级管理层之间建立了相互协调和制衡机制，公司治理运行良好。因此，多人共同拥有公司控制权的情况未对公司的规范运作产生不利影响。

（3）多人共同拥有公司控制权的情况已经通过一致行动协议予以明确，该协议合法有效、权利义务清晰、责任明确，该情况在最近两年内且在本次发行后的可预期期限内是稳定、有效存在的，共同拥有公司控制权的多人没有出现重大变更。2016 年 11 月 24 日，郑涛、张美杰、严燕、蔡永略签署了有效期为自签署之日起至天奈科技上市后 5 年的《一致行动协议书》，2017 年 11 月 23 日，郑涛、张美杰、严燕、蔡永略、叶亚文签署了有效期为自签署之日起至天奈科技上市后 5 年的《一致行动协议书之补充协议》，前述协议约定 5 人在天奈科技的股东大会及董事会中就天奈科技的重大经营事项进行决策时，应保持一致行动，在进行决策前，应当进行充分的协商、沟通，以保证顺利做出一致行动的决定；必要情况下，可由郑涛召集并主持一致行动人会议,以促使协议各方达成采取一致行动的决定,在一致行动人会议中,若各方意见无法达成一致,则按持有天奈科技股份对应的表决权多数的人员所持意见进行表决。该协议合法有效、权利义务清晰、责任明确。

公司高级管理人员团队均已经出具股份锁定的承诺:自发行人股票上市之日起 36 个月内,不得转让或者委托他人管理其直接和间接持有的发行人首发前股份,也不得提议由发行人回购该部分股份。根据实际控制人之间签署的一致行动协议及补充协议,天奈科技上市后 60 个月内,未经协议各方一致同意,任一方均不得退出一致行动协议及解除该协议,也不得主动辞去天奈科技董事、监事或高级管理人员职务,但由于任何一方出现已不再适合继续担任董事、监事或高级管理人员职务的情形(包括但不限于被判处刑罚、丧失民事行为能力等)或因违反法律法规的相关规定而被动离职的除外。因此,多人共同拥有公司控制权的情况在最近两年内且在本次发行后的可预期期限内是稳定、有效存在的。

最近两年内,共同拥有公司控制权的多人仅新增叶亚文一人,共同拥有公司控制权的多人没有出现重大变更,持有、实际支配发行人股份表决权比例最高的人一直为郑涛。叶亚文担任公司副总经理,间接持有发行人的股份比例为1.5094%,并与蔡永略通过新奈共成间接支配天奈科技 5.5301% 的表决权,增加叶亚文为实际控制人对共同控制权没有构成重大影响,符合发行人共同实际控制人为高级管理人员团队的实际情况。因此,最近两年内共同拥有公司控制权的多人没有出现重大变更。

综上,经逐项对照"证券期货法律适用意见第 1 号",招股说明书对发行人实际控制人的披露准确,发行人最近两年实际控制人未发生变更。

(三)二十一世纪空间(未认定为实际控制人)

二十一世纪空间技术应用股份有限公司(简称"二十一世纪空间")成立

登陆科创板

于 2001 年 6 月，是面向中国及全球客户的自主遥感卫星运控及地球空间信息大数据服务商。

已受理	已问询	上市委会议	提交注册	终止注册
2019-03-27	2019-04-11	2019-06-28	2019-06-29	2019-10-23

未通过

发行人招股说明书披露，自然人股东吴双、戴自书、张敬东共同签署的《一致行动协议》，由于吴双、戴自书对公司董事会、股东大会能够施加重大影响，且其他股东的股权结构比较分散，认定吴双、戴自书作为公司的实际控制人。

上交所要求发行人说明结合最近两年公司治理结构、"三会"运作情况等，发行人未将张敬东认定为实际控制人之一的依据是否充分，是否符合公司的实际情况，是否存在规避同业竞争、关联交易、后续股份减持相关规定的情形。发行人回复如下：

1. 未认定张敬东为实际控制人的依据。

（1）张敬东与吴双、戴自书在发行人的作用、影响不同。根据发行人的"三会"文件及工商资料，吴双自发行人 2001 年设立以来即为发行人董事长，且在 2019 年 3 月之前一直兼任发行人总经理，统筹发行人的战略发展方向；戴自书自发行人 2001 年设立以来即在发行人任职并于 2009 年开始担任发行人副总经理，2012 年开始担任发行人董事，主管人力资源、行政、董事会等具体工作。吴双、戴自书两人通过发行人股东大会、董事会和经理层对发行人的发展战略、经营方针、决策和经营管理层的任免等事项具有重大影响力。根据发行人的"三会"文件、工商资料及张敬东的说明，张敬东自科技公司（系二十一世纪空间前身）1992 年设立以来即在科技公司任职，其已于 2015 年 3 月在科技公司办理退休；发行人报告期内，在 2017 年 3 月之前，张敬东由科技公司提名担任发行人监事，2017 年 4 月由科技公司提名担任发行人董事，张敬东未在发行人担任高级管理人员，未参与发行人经理层工作。

（2）《一致行动协议》的主要内容。吴双、戴自书、张敬东于 2017 年 1 月签署《一致行动协议》。根据该协议约定，吴双、戴自书一致同意在发行人生产经营决策中双方均采取一致行动，双方在科技公司股东会、董事会及日常决策以及发行人股东大会、董事会及日常决策过程中，均通过事先协商方式达成一致意见，并依照所达成的一致意见行使召集权、提案权、表决权等权利，如双方经过多次沟通协商仍无法达成一致的，则双方同意以吴双意见为准；张敬东确认其已于 2015 年 3 月在科技公司办理退休，其在科技公司股东会、世纪空间股东大会及其他表决事项中，始终作为吴双的一致行动人，以吴双意见为准。该协议自各方签字之日起生效，自生效之日起至发行人上市后 36 个月内始终有效。有效期届满前，各方如无异议，可以续签。

（3）吴双、戴自书为共同协商决策。根据《一致行动协议》及吴双、戴自书的说明，吴双与戴自书在科技公司股东会、董事会及日常决策以及发行人股东大会、董事会及日常决策过程中，均通过事先协商方式达到一致意见，并依照所达成的一致意见行使召集权、提案权、表决权等权利，两人系在协商一致的前提下，共同决策发行人的重大事项，对发行人构成共同控制。

（4）张敬东在相关表决时以吴双的决策意见为准。根据《一致行动协议》及张敬东的说明，张敬东已于 2015 年 3 月从科技公司退休，其基于与吴双常年合作、共同创业的信任关系，确认自签署《一致行动协议》之日起，作为吴双的一致行动人，以吴双的意见为准。鉴于张敬东在发行人董事会、股东大会的表决方面均与吴双意见保持一致，张敬东为吴双的一致行动人，张敬东对发行人无控制力。

（5）发行人公司治理健全、运行良好。发行人为 2001 年 6 月发起设立的股份有限公司，发行人已依法建立了股东大会、董事会、监事会等组织机构并制定了相应的议事规则，逐步建立了独立董事、董事会秘书、审计委员会等工作制度，发行人治理结构健全且运行良好，发行人由吴双、戴自书共同控制，张敬东为吴双的一致行动人，该控制权结构不影响发行人的规范运行。

2. 未认定张敬东为实际控制人不存在规避同业竞争、关联交易、后续股份减持等相关规定的情形。

（1）报告期内，张敬东与发行人不存在同业竞争与显失公允的关联交易。根据发行人提供的资料，除发行人以外，张敬东分别担任北京纪元慧创智能科技有限公司的执行董事与北京纪元联科智能科技有限公司的董事，这两家公司的主营业务均为智能控制系统的研发、集成和销售，与发行人主营业务不同，不存在同业竞争。根据发行人提供的资料，报告期内，除为发行人部分借款提供无偿担保外，张敬东与发行人不存在其他关联交易，该等关联交易已经发行人股东大会在关联股东回避表决的情况下审议通过或确认，发行人独立董事认为，该等关联交易公允，不存在损害公司股东及债权人利益的情形。

（2）张敬东已比照实际控制人做出了相关承诺。经核查，张敬东已比照实际控制人吴双和戴自书出具的承诺内容，做出了关于避免同业竞争、减少和规范关联交易、股份锁定的相关承诺，具体承诺内容如下：

第一，避免同业竞争承诺的主要内容。为有效防止和避免同业竞争，张敬东向发行人做出了关于避免同业竞争的承诺，承诺其控制的其他企业目前未从事与发行人从事的业务相同或近似的业务活动，与发行人不构成同业竞争；在其作为发行人实际控制人的一致行动人期间，其控制的其他企业不会以任何形式直接或间接从事与发行人届时所从事的业务相同或近似的业务活动；如果其所控制的其他企业将来有任何商业机会可能从事、参与任何可能与发行人生产经营构成同业竞争的活动，其届时所控制的其他企业将立即将上述商业机会通知发行人，若发行人做出肯定答复，则尽力将该商业机会给予发行人；如发行人进一步拓展其产品和业务范围，其届时所控制的其他企业保证将不与发行人拓展后的产品或业务相竞争；若出现可能与发行人拓展后的产品或业务产生竞争的情形，其所控制的其他企业保证退出与发行人的竞争。

第二，关于减少和规范关联交易的承诺。为减少和规范与发行人的关联交易,张敬东做出了关于减少和规范关联交易的承诺,承诺其及所属关联方与发行人之间现时不存在任何依照法律、法规和规范性文件的规定应披露而未披露的关联交易;其将严格按照《公司法》等法律法规以及《公司章程》《二十一世纪空间技术应用股份有限公司关联交易管理制度》的有关规定,在董事会、股东大会对涉及本人及所属关联方的关联交易进行表决时,履行回避表决的义务;其及所属关联方与发行人发生的关联交易将严格遵循市场原则,尽量避免不必要的关联交易发生,对持续经营所发生的必要的关联交易,以协议方式进行规范和约束,遵循市场化的定价原则,避免损害中小股东权益的情况发生,保证关联交易的必要性和公允性;不谋求发行人在业务合作等方面给予优于市场第三方的权利,不谋求与发行人达成交易的优先权利,以低于市场价格的条件与发行人进行交易,亦不利用该类交易从事任何损害发行人利益的行为。

第三,关于股份锁定的承诺。张敬东就其持有的发行人股份做出承诺,自发行人股票上市之日起 36 个月内,不转让或者委托他人管理其直接或间接持有的发行人公开发行股票前已发行的股份,也不由发行人回购其直接或间接持有的发行人公开发行股票前已发行的股份。其所持股票在上述锁定期满后 24 个月内转让的,转让价格不低于以转让日为基准日经前复权计算的发行价格,发行人股票上市后 6 个月内如股票价格连续 20 个交易日的收盘价格均低于以当日为基准日经前复权计算的发行价格,或者发行人股票上市后 6 个月期末收盘价低于以当日为基准日经前复权计算的发行价格,则其所持发行人股票的锁定期自动延长 6 个月。其在担任发行人董事期间,每年转让的股份不超过所持有的发行人可转让股份总数的 25%,离职后半年内,不转让其持有的发行人股份。

（四）上海美迪西

已受理	已问询	上市委会议	提交注册	注册生效
2019-04-03	2019-04-14	2019-09-20	2019-09-25	2019-10-12

通过

1. 上交所提出，上海美迪西共同实际控制人陈建煌曾被法院出具限制消费令，上述限制消费令已解除，请发行人补充说明涉及的债务纠纷是否已经彻底解决，是否存在未决事项，是否对当事人构成潜在影响。发行人回复如下：

陈建煌相关限制消费令所涉的债务纠纷均源自陈建煌曾投资并担任法定代表人的企业兴融融资担保有限公司（以下简称"兴融融资"）因担保等事宜与第三方产生的诉讼、仲裁纠纷。陈建煌已积极督促被担保方及兴融融资履行相应给付义务，并已使用自有资产代责任主体兴融融资解决相关债务纠纷事宜，目前相关限制消费令均已解除。截至本回复出具之日，限制消费令所涉及的部分债务已经履行完毕，相关债务已经彻底解决，不存在未决事项，不会对当事人构成潜在影响；限制消费令所涉及的部分债务处于执行和解状态，该等债务的后续履行不因陈建煌转让所持兴融融资的股权而终止，相关债务处于正常履行中，未产生导致争议纠纷的未决事项。公司已于招股说明书中补充相应的风险提示。

2. 上交所提出，发行人实际控制人陈金章、陈建煌控制的多家企业因排水违规、药品销售违规、使用不符合经注册的产品技术要求的医疗器械等被有关部门实施行政处罚，请发行人说明实际控制人陈金章、陈建煌在确保发行人规范运作、合法经营方面采取了哪些有效措施。发行人回复如下：

（1）公司实际控制人陈金章、陈建煌已督促其控制的企业合法合规经营。陈金章、陈建煌对外投资了数量众多的企业，为确保企业合规、高效运营，该等企业均聘任了独立的经营管理团队，但由于公司治理结构尚不完善、经营团队管理疏忽等原因，导致其中部分企业因排水、药品销售违规等被有关部门实施了行政处罚。以上事项不属于陈金章、陈建煌的主观故意造成，并且在处罚事项发生后，陈金章、陈建煌及时加强了监管，督促经营团队采取补救和完善措施，确保企业合法合规运营。公司为陈金章、陈建煌对外投资的企业之一，陈金章、陈建煌一直致力于推动公司规范运营，不断提升公司治理水平。自公司设立以来，陈金章、陈建煌以股东、董事身份参加发行人股东（大）会、董事会时,均严格按照《公司章程》《股东大会议事规则》《董事会议事规则》的相关规定行使表决权,确保公司按公司治理结构要求规范运作。

(2)公司实际控制人陈金章、陈建煌未实际参与公司日常管理经营。公司设立以来,一直由自然人 CHUN-LIN CHEN 担任总经理职务,陈金章、陈建煌未担任经营管理职务;同时,陈金章、陈建煌作为实际控制人,一直确保、尊重并支持 CHUN-LIN CHEN 根据《总经理工作细则》等公司制度,全面主持公司的具体生产经营,确保公司经营合法、合规。

(3)公司已建立较为完善的制度体系保障公司规范运作、合法经营。公司已参照上市公司规范治理要求,制定和完善了《公司章程》《股东大会议事规则》等一系列公司法人治理制度,为公司规范运作、合法经营运行提供了基础制度保障;同时,公司设置了内部审计部门,并制定了多项内部控制制度,通过建立健全相关内控体系保证公司的规范运作、合法经营;此外,公司已在业务经营相关领域建立了相应的管理制度及标准化流程,包括《实验室安全生产管理制度》《消防管理制度》等,有效保障了公司业务规范运作。

(4)公司在报告期内运作规范,未发生重大违法违规行为。工商部门、环保部门等主管部门均已出具关于公司的守法证明,公司在报告期内规范运作、合法经营。

3. 上交所请保荐机构和发行人律师核查并发表意见,说明核查过程、核查依据和结论。

针对上述事项,保荐机构主要采取了以下核查手段和核查程序:获取了陈建煌出具的说明与承诺及其个人信用报告,查阅了陈建煌关于解除限制消费令的相关付款凭证及相关协议,走访了莆田市秀屿区人民法院,登录中国裁判文书网、中国执行信息公开网进行查询,查阅了发行人历次股东大会、董事会文件及相关制度文件,查阅了发行人实际控制人陈金章、陈建煌出具的关于不影响发行人发行人规范运作、合法经营的承诺,查阅了发行人取得的工商、环保、税务、卫健委、药监局等主管部门出具的关于发行人的守法证明。

案例点评

拟上市企业要尽量避开重大诉讼事项，选择无重大涉诉事项且以往诉讼事项的影响已基本消失的年份作为上市申报期。控股股东、实际控制人不得违规占用上市公司资金，实际控制人要清理相关债务，不存在未决事项，保证不会对发行人的持续稳定造成负面影响或为造成的负面影响承担责任，完善公司治理，确保企业合规经营。

第二节　董监高及核心员工

一、关注要点

IPO过程中，科创板监管机构对董事、监事和高级管理人员的审核主要在以下3个方面：一是任职资格，是否存在不具备法律法规规定的任职资格或违反法律法规规定、所兼职单位规定的任职限制等方面的瑕疵，若存在，要核查具体瑕疵、解决情况和对公司的影响。二是人员重大变化，只要没有对公司的有效决策及持续、稳定经营产生重大负面影响或不确定性因素，一般不会被认定为董监高人员发生重大变化。监管机构主要是从变动的原因、变动人员的岗位和作用、变动人员与控股股东和实际控制人的关系、相关变动对公司生产经营的影响等方面判断。三是薪酬问题，通过薪酬调节利润导致财务异常。

此外，上交所对发行人的科技创新能力给予了高度关注，在发行条件方面，对发行人的技术能力提出了明确要求。《科创板首次公开发行股票注册管理办法（试行）》明确规定，科创板的发行条件包括"发行人核心技术人员稳定，最近2年内核心技术人员没有发生重大不利变化"。这是科创板与主板、中小板、创业板发行条件的重大区别之一，也是科创板提出的新要求。中介机构在核查发行人是否符合这项条件时，首先面临如何确定核心技术人员的问题。《科创板审核问答》中，对如何确定核心技术人员进行了说明，提出"申请在科创板上市的企业，应当根据企业生产经营需要和相关人员对企业生产经营发挥的实际作用，确定核心技术人员范围，并在招股说明书中披露认定情况和认定依据"。认定科创板核心技术人员可以从以下9个方面论证：

第一，工作岗位。工作岗位能够直观反映相关人员在企业研发体系中的重要性。是否处于核心工作岗位是认定核心技术人员的关键因素。上交所在《科创板审核问答》中规定，核心技术人员原则上包括技术负责人、研发负责人、研发部门主要成员、主要知识产权和非专利技术的发明人或设计人、主要技术标准的起草者等。工作岗位不应简单理解为职务，还应关注具体工作内容、承担的责任和义务。如果不在技术或研发岗位，即使有较高职务的员工，或者虽然承担大量具体工作，但属于技术团队中的普通技术人员，可替代性强的，都不应被认定为核心技术人员。

第二，科研贡献。科研贡献主要是指员工对企业的技术研发、知识产权等科研成果所发挥的实际作用和关联度。上交所在《科创板审核问答》中指出，申请在科创板上市的企业应当根据相关人员对企业生产经营发挥的实际作用，确定核心技术人员范围。

第三，从业经验。研发领域具有丰富经验也是认定核心技术人员的重要标准。在相关行业的从业时间、在相同或类似行业知名企业的工作经验等均可作为认定核心技术人员的依据。

第四，教育背景。技术研发能力需要良好的教育、学历背景做基础。教育背景对于认定核心技术人员具有一定的参考价值，具有优秀的教育背景是认定核心技术人员的有利依据。

第五，专业资质。专业资质通常由相关政府部门、权威行业机构颁发或认定，能够较为客观、直接地证明员工在相关专业领域的水准。社会认可度高、取得难度大的专业资质是认定核心技术人员的有力依据，比如国家"千人计划"专家、教授级高级工程师等。

第六，学术成果。学术成果是指员工个人在相关专业领域进行研究并发表的成果，如学术论文、专著。学术成果通常是评价学者、高校教师等专业水平、研究能力的依据。核心技术人员作为科研人员，可类推适用这一依据。

第七，行业影响。参与起草、制定行业重大标准，属于行业领军人物或杰出人才，担任行业相关的社会职务。

第八，荣誉奖项。与科研相关的荣誉奖项是证明科研人员科技研发能力的外部证据，尤其是评选要求严格、社会认可度高的奖项。

第九，任职期限。任职期限能够反映相关技术人员工作的稳定性，一定程度上反映其对企业的重要价值，认定核心技术人员时可以作为参考。

总之，科创板的定位决定了核心技术之于申报企业的重要性，而核心技术人员是企业科研实力的依托基石。因此，准确认定核心技术人员，完善信息披露内容对于企业顺利上市至为关键。

二、案例解读

（一）杭州鸿泉物联

已受理	已问询	上市委会议	提交注册	注册生效
2019-03-28	2019-04-09	2019-09-09	2019-09-19	2019-10-16

通过

杭州鸿泉物联 3 名独立董事均在高校任教，其中，俞立现任浙江工业大学研究生院执行院长。上交所要求保荐机构和发行人律师核查公司董事、监事及高级管理人员是否符合相关法律法规和规范性文件的任职资格规定，是否取得了必要的批准或确认，并发表明确核查意见。

保荐机构履行了如下核查程序：（1）查阅了发行人关于聘任独立董事相关的"三会"文件；（2）查阅了发行人董事、监事和高级管理人员填写的调查表及公安机关出具的无违法犯罪记录证明；（3）查阅了发行人独立董事的资格证书、兼职审批文件；（4）通过证券期货市场失信记录查询平台、证券交易所网站、中国裁判文书网、中国执行信息公开网等平台查询了发行人董事、监事和高级管理人员的相关信息；（5）通过国家企业信用信息公示系统查询了发行人董事、监事和高级管理人员的对外投资、兼职信息；（6）查阅了《公司法》《科创板首次公开发行股票注册管理办法（试行）》《关于在上市公司建立独立董事制度的指导意见》等相关法规关于公司董事、监事和高级管理人员的禁止性条款，并与发行人相关主体进行比对分析，证实发行人相关人员没有违反前述法规中的禁止性条款；（7）查阅了中组部《关于进一步规范党政领导干部在企业兼职（任职）问题的意见》、教育部《高等学校深化落实中央八项规定精神的若干规定》等相关规定，并与发行人相关主体进行比对分析。

发行人董事、监事和高级管理人员没有违反《公司法》《科创板首次公开发行股票注册管理办法（试行）》等相关法律法规和规范性文件中关于董事、监事和高级管理人员任职资格的禁止性规定。发行人独立董事符合《关于在上市公司建立独立董事制度的指导意见》的规定，并已取得必要的批准：俞立为浙江工业大学研究生院执行院长，其担任发行人独立董事职务已经中国共产党浙江工业大学委员会组织部批准；辛金国为杭州电子科技大学会计学院教师，同时担任浙江省信息化与经济社会发展研究中心常务副主任，其担任发行人独立董事职务已经中国共产党杭州电子科技大学委员会组织部批准；谭晶荣为浙江工业大学经贸管理学院教师且未担任高校行政领导职务，其担任发行人独立董事职务无须批准。

（二）当虹科技

上海当虹科技专注于智能视频技术的算法研究，依托多年的技术积累，拥有高质量视频编转码、智能人像识别、全平台播放、视频云服务等核心算法的研究与应用成果，是面向传媒文化和公共安全等行业，提供智能视频解决方案和视频云服务的国家高新技术企业。

已受理	已问询	上市委会议	提交注册	注册生效
2019-03-29	2019-04-12	2019-10-11	2019-10-12	2019-11-15

通过

1. 上交所要求发行人按照《科创板审核问答》）第6条的要求，披露核心技术人员的界定依据，结合公司研发部门主要成员、主要专利发明人、主要研发项目参与人、员工持股数量及变化等情况充分、恰当地认定核心技术人员。发行人回复如下：

《科创板审核问答》第6条规定：原则上，核心技术人员通常包括公司技术负责人、研发负责人、研发部门主要成员、主要知识产权和非专利技术的发明人或设计人、主要技术标准的起草者等。

黄进自2015年加入公司以来担任首席技术官，在2017年开始兼任公共安全产品研发部负责人。黄进作为发明人参与13项发明专利的申请，其中包括2项国外授权专利，参与专利申请数在公司内排名前列。黄进作为负责人组织基于流媒体集群及仿真实验比较算法的移动教育直点播发布系统、人像识别分析软件的研发等研发项目的开发。在公司持股平台大连虹途中，黄进出资份额占比达到8.04%，仅低于孙彦龙、汪本义和陈勇。综上，将黄进认定为核心技术人员恰当。

谢亚光自2015年加入公司以来担任音视频高级技术研究部研发总监，音视频高级技术研究部为公司的核心研发部门。谢亚光作为发明人参与515项发明专利的申请，其中包括3项国外授权专利，专利数在公司内排名前列。谢亚光作为负责人组织快速视频编码及系统问题排查方法的研究、HDR（高动态范围成像）视频编码技术的研发、H.265视频编码技术的研发等。在公司持股平台大连虹途中，谢亚光出资份额占比达到7.72%，仅低于孙彦龙、汪本义、陈勇和黄进。综上,将谢亚光认定为核心技术人员恰当。同时,陈勇和孙彦龙对公司研发亦具有重要的作用。但孙彦龙和陈勇目前更多负责公司日常的管理或销售工作,因此将此二人在董事会成员和高级管理人员章节中列示,未披露他们为核心技术人员。

2. 上交所要求发行人说明核心技术人员在公司研发、取得专利、软件著作权、主要核心技术等方面发挥的具体作用。

黄进自 2003 年至 2015 年,在虹软(杭州)科技有限公司任架构师;2015 年至今,任公司首席技术官。黄进取得发明专利 4 项,另有 9 项知识产权专利申请已被受理,对公司研发的具体贡献是在广电产品硬件架构定型、第三方硬件合作和优化、4K + HDR 以及公共安全产品等方面的研发。

谢亚光自 2003 年至 2015 年,在虹软(杭州)科技有限公司任技术总监;2015 年至今,任公司技术总监,现任公司音视频高级技术研究部研发总监。谢亚光在《计算机应用研究》杂志发表文章 1 篇,取得 66 项发明专利,另有 99 项知识产权专利申请已被受理,在视频编转码算法方面有突出技术贡献,并带领团队攻克在线、离线转码引擎等多个项目。

3. 结合核心技术人员黄进、谢亚光均来自虹软(杭州)科技有限公司,部分董事、高级管理人员来自虹软集团的情形,说明发行人是否具有独立的研发能力,是否具备独立面向市场经营的能力。

根据虹软上海、大连虹势、大连虹途、大连虹昌、日金投资及发行人签署的关于控制权转让及资产、人员、业务分割相关的协议,包括发行人核心技术人员黄进、谢亚光在内的 ArcVideo(智能视频解决方案)产品和业务相关工作人员均已明确划分给发行人,人员划分清晰。黄进、谢亚光及与发行人业务相关的工作人员均已与发行人签署正式的劳动合同,系发行人在职员工,发行人不存在与虹软集团及其关联公司人员混同或在人员方面相互流动的情况。发行人控制权变更前,黄进、谢亚光等研发人员所从事的技术研发工作与发行人现时的主营业务具有相关性,该等研发人员在发行人控制权变更后能持续为发行人核心技术的研发、升级提供技术支持。其中，黄进自 2015 年起担任公司首席技术官，已取得发明专利 4 项，另有 9 项发明专利申请已被受理，对发行人的具体贡献体现在广电产品硬件架构定型、第三方硬件合作和优化、4K + HDR 以及公共安全产品等方面的研发；谢亚光自 2015 年起担任公司技术总监，已取得发明专利 66 项，另有 99 项发明专利已被受理，在发行人视频编转码算法方面有突出技术贡献，并带领团队攻克在线、离线转码引擎等多个项目。截至本回复报告出具之日，发行人有 30 项发明专利已获授权，其中 18 项系于 2015 年 6 月发行人控制权变更后提交申请，该等发明专利均为发行人员工的职务发明成果。此外，发行人还有 484 项专利申请已被国家知识产权局专利局受理。发行人有 103 项计算机软件著作权已完成登记注册，其中 75 项系发行人原始取得，并于 2015 年 6 月发行人控制权变更后首次发表并登记。

综上所述，从发行人业务相关工作人员的拆分情况、核心技术人员的工作经验与研发能力，发行人控制权变更后发行人取得的专利及软件著作权情况分析，发行人具备独立的研发能力及独立面向市场经营的能力。

（三）华熙生物

已受理	已问询	上市委会议	提交注册	注册生效
2019-04-10	2019-04-18	2019-08-27	2019-08-30	2019-09-29

通过

根据招股说明书和发行保荐书，2017—2019 年两年，发行人的董事情况变动包括：中方合作方退出，其委派的董事王廷波辞任，相应增补控股股东委派的董事马秋慧；金雪坤因个人原因辞去董事，相应增补控股股东委派的董事郭珈均；国寿成达委派董事张蕾娣；发行人变更为股份公司后，董事会成员增加 5 名独立董事，并增加 West Supreme 提名的董事顾哲毅。高管变动情况包括：弓安民因个人原因辞任公司总经理，由实际控制人赵燕接任；新增刘爱华任公司副总经理；股份公司设立后，新增 5 名高级管理人员，同时王春喜不再担任高管。

核心技术人员的变动情况包括：2018 年 7 月，刘爱华辞任华熙国际投资集团副总裁，担任华熙生物副总经理，为核心技术人员；2018 年 12 月，李慧良加入公司并为核心技术人员。

1. 上交所要求发行人补充披露原董事金雪坤、原总经理弓安民、原高管王春喜辞任的具体原因。

原董事长金雪坤离职自行创业。2014 年 3 月，金雪坤开始担任公司董事、董事长职务。2018 年 4 月，金雪坤不再担任华熙福瑞达（华熙生物前身）董事、董事长职务，并自行创业；经发行人董事会决议通过，由实际控制人赵燕接任董事长职务。

原总经理弓安民因健康原因辞任。弓安民先生于 2016 年 4 月担任华熙福瑞达总经理，2017 年 12 月因健康原因不再担任该职务，其职务由实际控制人赵燕接任。同时，弓安民改任为发行人子公司北京海御副总经理，2019 年 2 月起不再担任北京海御相关职务。

原高管王春喜改任安徽子公司项目筹建负责人。王春喜原为华熙福瑞达副总经理，2018 年派往发行人新设子公司安徽乐美达负责工厂筹建、建设工作，2019 年 3 月华熙生物科技股份公司设立后，王春喜不再担任发行人高管。

2. 上交所要求发行人补充披露报告期内发行人董事、高管及核心技术人员变动对公司生产经营的影响。

（1）2017—2019 年两年内发行人董事变动情况。

随着公司的业务发展和治理结构的完善，发行人 2017—2019 年两年内董事人数增加，人员结构有所变动，具体变动如表 10 - 1 所示。2017 年初的 6 名董事中，除 1 名董事因个人原因和 1 名股东委派董事因股东变更辞职外，其余 4 名董事仍在公司任职，与 2017 年初相比，公司原任董事未发生重大变化；

后来发生的其他董事变化主要为完善公司治理结构和公司经营发展需要，不属于重大变化，未对公司报告期内业务和生产经营决策的连续性和稳定性构成重大不利影响。独立董事的设置及董事会人员的增加加强了公司的内部控制，内部决策机制不断完善，公司的可持续发展不断增强。

表 10-1 2017—2019 年发行人董事变动情况及原因

时间	董事	变动原因
2017 年 1 月至 2017 年 12 月	赵燕、金雪坤、刘爱华、郭学平、王爱华、王廷波	无
2017 年 12 月至 2018 年 1 月	赵燕、金雪坤、刘爱华、郭学平、王爱华	中方合作方退出，其委派的董事王廷波辞任
2018 年 1 月至 2018 年 4 月	赵燕、金雪坤、刘爱华、郭学平、王爱华、马秋慧	控股股东委派董事马秋慧
2018 年 4 月至 2019 年 2 月	赵燕、刘爱华、郭学平、郭珈均、王爱华、马秋慧	金雪坤因个人原因辞任董事，控股股东委派郭珈均接替
2019 年 2 月至 2019 年 3 月	赵燕、刘爱华、郭学平、郭珈均、张蕾娣、王爱华、马秋慧	增加国寿成达委派的张蕾娣为董事
2019 年 3 月 6 日至问询回复出具日	赵燕、刘爱华、郭学平、郭珈均、LimLingLi、张蕾娣、顾哲毅、蒋瑞、王爱华、马秋慧、王颖千、肖星、臧恒昌、曹富国、李俊青	发行人变更为股份公司后，引进外部人才进入董事会，并聘请5名独立董事，增加 West Supreme 提名的董事顾哲毅

（2）2017—2019 年两年内发行人高管变动情况及对公司生产经营的影响。

随着公司的业务发展和治理结构的完善，发行人高级管理人员增加，人员结构有所变动，具体变动如表 10-2 所示。2017 年初的 5 名高级管理人员中，有 4 名高级管理人员仍在公司任职，有 3 名仍担任高级管理人员，与 2017 年初相比，公司原高级管理人员未发生重大变化；后来发生的其他高级管理人员变化是因业务发展及完善健全治理结构导致，不属于重大变化，未对公司报告期内业务和生产经营决策的连续性和稳定性构成重大不利影响。高级管理人员的增加及结构的优化进一步加强了公司的治理水平，增强了公司核心竞争力。

表 10-2　发行人高级管理人员变动及原因

时间	高级管理人员	变动原因
2017年1月至2017年12月	弓安民、郭学平、栾贻宏、徐桂欣、王春喜	无
2017年12月至2019年3月	赵燕、郭学平、栾贻宏、徐桂欣、王春喜	弓安民因个人健康原因不再担任公司总经理，并继续担任子公司北京海御副总经理至2019年2月；实际控制人赵燕女士接替弓安民担任公司总经理
2018年3月至2019年3月	赵燕、刘爱华、郭学平、栾贻宏、徐桂欣、王春喜	刘爱华于2002年至2016年任公司总经理，2018年由于内部重组继续在公司任副总经理
2019年3月至问询回复出具日	赵燕、刘爱华、郭学平、郭珈均、自然人LimLingLi、栾贻宏、徐桂欣、李慧良、蒋瑞、官碧英	股份公司设立后，基于公司治理结构完善的要求，增补高级管理人员

（3）2017—2019年两年内发行人核心技术人员变动情况及对公司生产经营的影响。

2018年7月，刘爱华辞任华熙国际投资集团副总裁，并担任华熙生物副总经理，是核心技术人员。2018年12月，李慧良加入公司并为核心技术人员。李慧良在功能性护肤品技术创新和产品研发方面积累了丰富的经验，能够促进公司研发能力的提升。除上述情况外，2017—2019年两年内核心技术人员不存在其他变动，具体变动情况如表10-3所示。

表 10-3　发行人核心技术人员变动及原因

时间	核心技术人员	变动原因
2017年1月至2018年7月	郭学平、栾贻宏、石艳丽、刘建建、黄思玲	无
2018年7月至2018年12月	郭学平、刘爱华、栾贻宏、石艳丽、刘建建、黄思玲	刘爱华辞任华熙国际投资集团副总裁，并担任华熙生物副总经理，是核心技术人员
2018年12月至问询回复出具日	郭学平、刘爱华、栾贻宏、李慧良、石艳丽、刘建建、黄思玲	李慧良加入公司并为核心技术人员

近两年公司核心技术人员由 5 人增加至 7 人,其变动不属于重大变化,未对公司报告期内业务和生产经营构成重大不利影响;上述核心技术人员的增加进一步加强了公司的研发能力,增强了公司核心竞争力。

3. 上交所请发行人结合报告期内董事、高管及核心技术人员的变动情况,按照《科创板审核问答》问答 6 的要求,说明发行人最近两年内董事、高管及核心技术人员是否发生了重大不利变化。

2017 年 1 月 1 日,发行人董事、高级管理人员及核心技术人员总数为 13 人。截至本回复报告签署之日,发行人上述人员数量增加至 22 人,离职人员总数为 3 人,占目前总人数的比例为 13.68%,未发生重大不利变化。人员变动具体情况如下:

(1) 2017 年初的 13 名董事、高级管理人员与核心技术人员中,仍有 10 人在公司任职。2017 年初,发行人董事、高级管理人员与核心技术人员共计 13 人,截至本回复报告签署之日,其中 9 人仍担任董事、高级管理人员或为核心技术人员,另有 1 人仍在公司任职,公司核心团队保持稳定。离任的 3 人中,金雪坤、弓安民因个人原因辞职,王廷波因原中方合作方退出而辞任董事,3 人离职未对公司生产经营产生重大不利影响。

(2) 控股股东提名 13 名董事。公司董事人数由 6 人增加至 15 人,其中 4 名为原有董事,9 名董事为控股股东提名,原有董事会核心人员不变,能够保证公司控制权、经营决策的稳定性。

(3) 新增外部股东委派董事人数较少,不对公司产生重大影响。2019 年发行人增加外部股东委派董事张蕾娣、顾哲毅,在 15 名董事组成的董事会中占比较小,不会对发行人生产经营决策及控制权产生重大影响。

为适应股份公司设立治理结构的完善及国际化和资本市场的要求,并适应上市公司治理的要求,公司增加了具有会计、法律、管理、金融和产业研究背景的 5 名独立董事进入董事会,在董事会和专门委员会层面增强对公司战略规划、规范运作、经营管理的决策和指导能力。此外,基于公司业务发展需求,增聘 LimLingLi、李慧良、蒋瑞、官碧英等在各个领域具有丰富管理经验、资深的专业人士加入公司作为公司高级管理人员，为公司发展注入新的活力，与公司原有管理团队形成良好互动。

综上所述，2017—2019 年两年发行人董事、高级管理人员及核心技术人员的变化，未对公司报告期内业务和生产经营决策的连续性和稳定性构成重大不利影响。

案例点评

发行人报告期内应尽量避免董事、高级管理人员及核心技术人员变动，若必须调整，应尽量避免重大变动，可先将需要紧急变动的、影响较小的人员进行调整，保持公司经营的持续性、稳定性，对已经存在的变动，应从数量占比、变动原因和变动岗位等方面进行解释说明。

（四）交控科技

已受理	已问询	上市委会议	提交注册	注册生效
2019-03-29	2019-04-10	2019-06-17	2019-06-19	2019-07-04

通过

发行人的董事长、总经理、核心技术人员郜春海在任公司总经理、董事长期间，曾先后任北京交通大学轨道交通控制与安全国家重点实验室副教授、轨道交通运行控制系统国家工程研究中心研究员、主任。发行人核心技术人员中有多人来自北京交通大学。

1. 上交所要求发行人说明，核心技术人员来自科研院校，是否存在高校人员担任公司董监高的情况；如是，是否符合相关规定。

发行人回复：根据《教育部关于进一步规范和加强直属高等学校所属企

业国有资产管理的若干意见》（教财〔2015〕6号）第13条规定，"高校领导干部不得在所属企业兼职（任职）"；第14条规定，"教育部直属单位所属企业参照本意见执行"。报告期内，公司董监高中的高校人员仅有董事王予新，王予新系交大资产七级职员，不属于高校领导干部，其在交控科技担任董事系交大资产提名，王予新担任发行人董事不违反上述规定。除前述情形外，报告期内发行人不存在高校人员担任董事、监事及高级管理人员的情况。

2. 上交所请发行人说明，发行人是否与关联方共用研发人员、研发体系。

发行人回复：公司的主营业务是以具有自主知识产权的CBTC（基于通信的列车自动控制系统）技术为核心，专业从事城市轨道交通信号系统的研发、关键设备的研制、系统集成以及信号系统总承包，在自主研发的基础上形成了核心技术和295项专利。发行人拥有独立的研发团队和研发机制，不存在与关联方共用研发人员、研发体系的情形。报告期内，发行人的研发项目均为发行人自主决策、独立实施，各项研发工作均由发行人利用发行人的研发人员以及自有资金、自有设备等物资技术条件通过自有研发机构开展，不存在与关联方共用研发人员、研发体系的情形。报告期内，发行人的研发人员不存在在外兼职的情况，发行人不存在占用关联方资金或向关联方提供资金开展研发工作的情形。综上，发行人拥有独立的研发机制，报告期内不存在与关联方共用研发人员、研发体系的情形。

3. 上交所请发行人说明，核心技术人员是否违反了竞业禁止规定，是否违反了保密协议。

发行人回复：核心技术人员不存在违反竞业禁止规定的情形。根据核心技术人员的调查表，核心技术人员郜春海、刘波、王伟、刘超、杨旭文、张强在加入发行人之前曾就职于北京交通大学，其与原单位北京交通大学未曾签署竞业禁止协议或存在竞业禁止约定，不存在违反竞业禁止规定的情形。此外，核心技术人员郜春海、刘波、王伟在加入发行人前曾就职于瑞安时代，其与原单位瑞安时代未曾签署竞业禁止协议或存在竞业禁止约定，不存在违反竞业禁止规定的情形。核心技术人员夏夕盛、肖骁仅在公司任职,未涉及其他任职单位。

核心技术人员郜春海、刘波、王伟、刘超、杨旭文、张强在加入发行人前曾就职于北京交通大学,其与原单位北京交通大学签署的劳动合同中有保密条款约定。此外,核心技术人员郜春海、刘波、王伟与原单位瑞安时代曾签署保密协议。北京交通大学于2019年3月26日出具说明:"我校确认:交控科技与我校之间不存在知识产权领域的职务技术成果争议或纠纷。交控科技及其员工不存在侵犯我校的知识产权或任何其他权利的情形,我校及我校员工亦不存在侵犯交控科技的知识产权或任何其他权利的情况,我校与交控科技双方不存在任何知识产权相关的争议、纠纷及潜在纠纷。"

瑞安时代已经于2016年1月22日注销,郜春海、刘波、王伟与瑞安时代签署的保密协议自动终止。瑞安时代注销前共有3项专利和10项计算机软件著作权。瑞安时代的4项计算机软件著作权已经转让给发行人,除此之外,发行人未曾使用过瑞安时代的知识产权。发行人核心技术人员郜春海、刘波、王伟出具了书面确认:"本人在发行人从事的工作和取得的职务发明均为执行发行人的工作任务,利用发行人的物资技术条件完成,不存在利用原单位北京交通大学及北京瑞安时代科技有限责任公司商业秘密、管理秘密、技术秘密、知识产权和资金、设备、技术资料等物资技术条件资源的情况。其中,北京瑞安时代科技有限责任已经于2016年1月22日注销,本人与北京瑞安时代科技有限责任公司签署的保密协议自动终止。"

核心技术人员刘超、杨旭文、张强出具了书面确认:"本人在发行人从事的工作和取得的职务发明均为执行发行人的工作任务,利用发行人的物资技术条件完成,不存在利用原单位北京交通大学商业秘密、管理秘密、技术秘密、知识产权和资金、设备、技术资料等物资技术条件资源的情况。"

4. 上交所要求发行人说明,发行人是否建立了核心技术人员或工程师培养和管理机制,以及为维持工程师队伍稳定所采取的激励约束措施。

发行人回复：公司建立的核心技术人员或工程师培养和管理机制，主要从招聘机制与培养机制进行论述。为维持工程师队伍稳定所采取的激励约束措施，主要从有竞争力的薪酬、评优奖励机制、福利制度等激励措施论述。（本书具体未做展开。）

5. 上交所要求发行人结合发行人核心技术人员的任职经历及核心技术的发明人，说明是否存在研发人员原单位职务发明情况，是否存在权属纠纷。

发行人回复：公司核心技术的专利来源于股东投入和自主研发，其中股东投入部分来自交大资产2012年向发行人增资时投入的专利，该等专利包含核心技术人员在原单位北京交通大学的职务发明，北京交通大学已经批准交大资产2012年向发行人以无形资产增资；除前述交大资产2012年向发行人增资时投入的专利外，发行人的其余知识产权均为发行人自主研发取得。研发人员在原单位的职务发明与发行人不存在权属纠纷。北京交通大学出具《关于交控科技股份有限公司CBTC知识产权的说明》进行了确认："交控科技与我校之间不存在知识产权领域的职务技术成果争议或纠纷。我校未发现交控科技及其员工侵犯我校的知识产权或任何其他权利的情形，我校及我校员工亦不存在侵犯交控科技的知识产权或任何其他权利的情况，我校与交控科技双方不存在任何知识产权相关的争议、纠纷。"综上，研发人员在原单位的职务发明与发行人不存在权属纠纷。

第三节　关联交易

一、关注要点

《公司法》规定："关联关系，是指公司控股股东、实际控制人、董事、监事、高级管理人员与其直接或者间接控制的企业之间的关系，以及可能导致公司利益转移的其他关系。但是，国家控股的企业之间不仅因为同受国家控股而具有关联关系。"各法律法规对关联方的认定比较如表10-4所示。

科创板对关联方认定的细化：一是《科创板上市规则》完善了关联方定义内容和形式，在《上市公司信息披露管理办法》《上海证券交易所股票上市规则》中，将关联方区分为关联法人、关联自然人，并分别定义，而在《科创板上市规则》中，将关联人分为关联法人、关联自然人和其他组织关联方，不区分主体统一定义，关联人定义更为周延，形式更为完善。二是《科创板上市规则》将直接或者间接控制上市公司的自然人作为关联方列示，关联方范围更为完善。《上市公司信息披露管理办法》《上海证券交易所股票上市规则》并未将直接或者间接控制上市公司的自然人作为关联方单独列示，可以认为其包含在"直接或者间接持有上市公司5%以上股份的自然人"中，但控制除了股权之外，还可以通过协议安排等其他方式予以控制，因此，《科创板上市规则》将此单列，使关联方范围更为完善。三是《科创板上市规则》将持有上市公司5%以上股份的法人或者其他组织的一致行动人排除在关联方之外。四是《科创板上市规则》将"持有上市公司5%以上股份的法人或者一致行动人"分别表述为"直接持有和间接持有"，之所以如此区分，根据定义来看，是为了明确直接持有上市公司5%以上股份的法人和其他组织直接或者间接控制的法人和其他组织为关联方，而间接持有上市公司5%以上股份的法人或其他组织直接或者间接控制的法人和其他组织不属于关联方。五是《科创板上市规则》明确上市公司独立董事担任董事、高级管理人员的法人或其他组织不属于上市公司关联方。

表10-4 关联方认定规定

法律法规名称	条款
《公司法》	第二百一十六条第（四）款 关联关系，是指公司控股股东、实际控制人、董事、监事、高级管理人员与其直接或者间接控制的企业之间的关系，以及可能导致公司利益转移的其他关系。但是，国家控股的企业之间不仅因为同受国家控股而具有关联关系。 第二十一条 公司的控股股东、实际控制人、董事、监事、高级管理人员不得利用其关联关系损害公司利益

续表

法律法规名称	条款
《公司法》	违反前款规定，给公司造成损失的，应当承担赔偿责任。 第一百二十四条　上市公司董事与董事会会议决议事项所涉及的企业有关联关系的，不得对该项决议行使表决权，也不得代理其他董事行使表决权。该董事会会议由过半数的无关联关系董事出席即可举行，董事会会议所作决议须经无关联关系董事过半数通过。出席董事会的无关联关系董事人数不足三人的，应将该事项提交上市公司股东大会审议
《企业会计准则第36号——关联方披露》	第三条　一方控制、共同控制另一方或对另一方施加重大影响，以及两方或两方以上同受一方控制、共同控制或重大影响的，构成关联方。 第四条　下列各方构成企业的关联方： （一）该企业的母公司。 （二）该企业的子公司。 （三）与该企业受同一母公司控制的其他企业。 （四）对该企业实施共同控制的投资方。 （五）对该企业施加重大影响的投资方。 （六）该企业的合营企业。 （七）该企业的联营企业。 （八）该企业的主要投资者个人及与其关系密切的家庭成员。主要投资者个人，是指能够控制、共同控制一个企业或者对一个企业施加重大影响的个人投资者。 （九）该企业或其母公司的关键管理人员及与其关系密切的家庭成员。关键管理人员，是指有权力并负责计划、指挥和控制企业活动的人员。与主要投资者个人或关键管理人员关系密切的家庭成员，是指在处理与企业的交易时可能影响该个人或受该个人影响的家庭成员。 （十）该企业主要投资者个人、关键管理人员或与其关系密切的家庭成员控制、共同控制或施加重大影响的其他企业。 第五条　仅与企业存在下列关系的各方，不构成企业的关联方： （一）与该企业发生日常往来的资金提供者、公用事业部门、政府部门和机构。 （二）与该企业发生大量交易而存在经济依存关系的单个客户、供应商、特许商、经销商或代理商。 （三）与该企业共同控制合营企业的合营者。 第六条　仅仅同受国家控制而不存在其他关联方关系的企业，不构成关联方
《上市公司信息披露管理办法》	第七十一条　本办法下列用语的含义： （三）上市公司的关联交易，是指上市公司或者其控股子公司与上市公司关联人之间发生的转移资源或者义务的事项。 关联人包括关联法人和关联自然人。 具有以下情形之一的法人，为上市公司的关联法人：

续表

法律法规名称	条款
《上市公司信息披露管理办法》	1. 直接或者间接地控制上市公司的法人； 2. 由前项所述法人直接或者间接控制的除上市公司及其控股子公司以外的法人； 3. 关联自然人直接或者间接控制的，或者担任董事、高级管理人员的，除上市公司及其控股子公司以外的法人； 4. 持有上市公司5%以上股份的法人或者一致行动人； 5. 在过去12个月内或者根据相关协议安排在未来12月内，存在上述情形之一的； 6. 中国证监会、证券交易所或者上市公司根据实质重于形式的原则认定的其他与上市公司有特殊关系，可能或者已经造成上市公司对其利益倾斜的法人。 具有以下情形之一的自然人，为上市公司的关联自然人： 1. 直接或间接持有上市公司5%以上股份的自然人； 2. 上市公司董事、监事及高级管理人员； 3. 直接或者间接地控制上市公司的法人的董事、监事及高级管理人员； 4. 上述第1、2项所述人士的关系密切的家庭成员，包括配偶、父母、年满18周岁的子女及其配偶、兄弟姐妹及其配偶，配偶的父母、兄弟姐妹，子女配偶的父母； 5. 在过去12个月内或者根据相关协议安排在未来12个月内，存在上述情形之一的； 6. 中国证监会、证券交易所或者上市公司根据实质重于形式的原则认定的其他与上市公司有特殊关系，可能或者已经造成上市公司对其利益倾斜的自然人
《上海证券交易所股票上市规则》（2019年修订）	10.1.2 上市公司的关联人包括关联法人和关联自然人。 10.1.3 具有以下情形之一的法人或其他组织，为上市公司的关联法人： （一）直接或者间接控制上市公司的法人或其他组织； （二）由上述第（一）项直接或者间接控制的除上市公司及其控股子公司以外的法人或其他组织； （三）由第10.1.5条所列上市公司的关联自然人直接或者间接控制的，或者由关联自然人担任董事、高级管理人员的除上市公司及其控股子公司以外的法人或其他组织； （四）持有上市公司5%以上股份的法人或其他组织； （五）中国证监会、本所或者上市公司根据实质重于形式原则认定的其他与上市公司有特殊关系，可能导致上市公司利益对其倾斜的法人或其他组织。 10.1.4 上市公司与前条第（二）项所列法人受同一国有资产管理机构控制的，不因此而形成关联关系，但该法人的法定代表人、总经理或者半数以上的董事兼任上市公司董事、监事或者高级管理人员的除外。 10.1.5 具有以下情形之一的自然人，为上市公司的关联自然人： （一）直接或间接持有上市公司5%以上股份的自然人；

续表

法律法规名称	条款
《上海证券交易所股票上市规则》（2019年修订）	（二）上市公司董事、监事和高级管理人员； （三）第10.1.3条第（一）项所列关联法人的董事、监事和高级管理人员； （四）本条第（一）项和第（二）项所述人士的关系密切的家庭成员，包括配偶、年满18周岁的子女及其配偶、父母及配偶的父母、兄弟姐妹及其配偶、配偶的兄弟姐妹、子女配偶的父母； （五）中国证监会、本所或者上市公司根据实质重于形式原则认定的其他与上市公司有特殊关系，可能导致上市公司利益对其倾斜的自然人。 10.1.6 具有以下情形之一的法人或其他组织或者自然人，视同上市公司的关联人： （一）根据与上市公司或者其关联人签署的协议或者做出的安排，在协议或者安排生效后，或在未来12个月内，将具有第10.1.3条或者第10.1.5条规定的情形之一； （二）过去12个月内，曾经具有第10.1.3条或者第10.1.5条规定的情形之一
《上海证券交易所上市公司关联交易实施指引》	第七条 上市公司的关联人包括关联法人和关联自然人。 第八条 具有以下情形之一的法人或其他组织，为上市公司的关联法人： （一）直接或者间接控制上市公司的法人或其他组织； （二）由上述第（一）项所列主体直接或者间接控制的除上市公司及其控股子公司以外的法人或其他组织； （三）由第十条所列上市公司的关联自然人直接或者间接控制的，或者由关联自然人担任董事、高级管理人员的除上市公司及其控股子公司以外的法人或其他组织； （四）持有上市公司5%以上股份的法人或其他组织； （五）本所根据实质重于形式原则认定的其他与上市公司有特殊关系，可能导致上市公司利益对其倾斜的法人或其他组织，包括持有对上市公司具有重要影响的控股子公司10%以上股份的法人或其他组织等。 第九条 上市公司与前条第（二）项所列主体受同一国有资产管理机构控制的，不因此而形成关联关系，但该主体的法定代表人、总经理或者半数以上的董事兼任上市公司董事、监事或者高级管理人员的除外。 第十条 具有以下情形之一的自然人，为上市公司的关联自然人： （一）直接或间接持有上市公司5%以上股份的自然人； （二）上市公司董事、监事和高级管理人员； （三）第八条第（一）项所列关联法人的董事、监事和高级管理人员； （四）本条第（一）项和第（二）项所述人士的关系密切的家庭成员； （五）本所根据实质重于形式原则认定的其他与上市公司有特殊关系，可能导致上市公司利益对其倾斜的自然人，包括持有对上市公司具有重要影响的控股子公司10%以上股份的自然人等

续表

法律法规名称	条款
《上海证券交易所上市公司关联交易实施指引》	第十一条　具有以下情形之一的法人、其他组织或者自然人，视同上市公司的关联人： （一）根据与上市公司或者其关联人签署的协议或者做出的安排，在协议或者安排生效后，或在未来12个月内，将具有第八条或者第十条规定的情形之一； （二）过去12个月内，曾经具有第八条或者第十条规定的情形之一
《科创板上市规则》	上市公司的关联人，是指具有下列情形之一的自然人、法人或其他组织： 1. 直接或者间接控制上市公司的自然人、法人或其他组织； 2. 直接或间接持有上市公司5%以上股份的自然人； 3. 上市公司董事、监事或高级管理人员； 4. 与本项第1目、第2目和第3目所述关联自然人关系密切的家庭成员，包括配偶、年满18周岁的子女及其配偶、父母及配偶的父母、兄弟姐妹及其配偶、配偶的兄弟姐妹、子女配偶的父母； 5. 直接持有上市公司5%以上股份的法人或其他组织； 6. 直接或间接控制上市公司的法人或其他组织的董事、监事、高级管理人员或其他主要负责人； 7. 由本项第1目至第6目所列关联法人或关联自然人直接或者间接控制的，或者由前述关联自然人（独立董事除外）担任董事、高级管理人员的法人或其他组织，但上市公司及其控股子公司除外； 8. 间接持有上市公司5%以上股份的法人或其他组织； 9. 中国证监会、本所或者上市公司根据实质重于形式原则认定的其他与上市公司有特殊关系，可能导致上市公司利益对其倾斜的自然人、法人或其他组织。 在交易发生之日前12个月内，或相关交易协议生效或安排实施后12个月内，具有前款所列情形之一的法人、其他组织或自然人，视同上市公司的关联方。 上市公司与本项第1目所列法人或其他组织直接或间接控制的法人或其他组织受同一国有资产监督管理机构控制的，不因此而形成关联关系，但该法人或其他组织的法定代表人、总经理、负责人或者半数以上董事兼任上市公司董事、监事或者高级管理人员的除外

审核实践中，原则上尊重企业合法合理、正常公允且确实有必要的经营行为，但审核机构应就关联交易的合法性、必要性、合理性及公允性，以及关联方认定的准确性、关联交易履行的程序等事项请发行人予以说明并提出信息披露要求，同时请中介机构基于谨慎原则进行充分核查，具体如下：

1. 关于关联交易的必要性、合理性和公允性。发行人应披露关联交易的交易内容、交易金额、交易背景以及相关交易与发行人主营业务之间的关系；还应结合可比市场公允价格、第三方市场价格、关联方与其他交易方的价格等，说明并摘要披露关联交易的公允性，是否存在对发行人或关联方的利益输送。对于控股股东、实际控制人与发行人存在关联交易，且关联交易对应的收入、成本费用或利润总额占发行人相应指标的比例较高（如达到30%）的，发行人应结合相关关联方的财务状况和经营情况、关联交易产生的收入、利润总额合理性等，充分说明并摘要披露关联交易是否影响发行人的经营独立性，是否构成对控股股东或实际控制人的依赖，是否存在通过关联交易调节发行人收入利润或成本费用、对发行人利益输送的情形；此外，发行人还应披露未来减少与控股股东、实际控制人发生关联交易的具体措施。

2. 关于关联交易的决策程序。发行人应当披露公司章程对关联交易决策程序的规定，已发生关联交易的决策过程是否与公司章程相符，关联股东或董事在审议相关交易时是否回避，以及独立董事和监事会成员是否发表了不同意见等。

3. 保荐机构及发行人律师应对发行人的关联方认定，发行人关联交易信息披露的完整性，关联交易的必要性、合理性和公允性，关联交易是否影响发行人的独立性、是否可能对发行产生重大不利影响，以及是否已履行关联交易决策程序等进行充分核查并发表意见。

4. 以企业提供的关联方名单为出发点进行核查。尽调人员需要调查名单上的人员和公司是否与企业的客户或供应商存在关联关系或进行过关联交易，尤其应注意是否存在人员兼职、相互持股、共同投资及其他利益关联等情况。在取得关联方名单、申明书或承诺函、关联方工商登记资料等相关资料后，应通过电话访谈、函证等形式进行核查，必要时还需进行实地调研及约谈，甚至可以通过第三方的渠道来进行核查。例如，可以走访供应商及客户、访谈企业高管，获取重要访谈对象的申明及承诺。同时，也可以通过企查查、天眼查等客户端查询公司的注册信息、股权结构、高管人员等信息，大多数客户端都支持股东查询及高管查询，能够更方便地查询个人所关联的公司（此处应针对异常交易进行深入调查，企业可能会通过多层嵌套的手段来规避形式上的关联关系）。

5. 以重要客户及供应商为导向进行重点核查。在对客户及供应商进行核查时，首先应关注其与企业之间的交易金额及占比情况，列出重要的客户及供应商的名单，然后对企业提供的信息及通过第三方系统查询到的信息，如股东情况、高级管理人员情况、业务规模及办公地点等信息，通过电话、邮件、函证、实地走访、约谈、资料核实及获取第三方证明资料等形式进行详细核查，同时，也可以通过直接询问参与交易的基层员工的方式来获取最直接的信息以进行核实。

6. 对重大及异常交易进行重点关注。重大及异常交易通常具有两个特征：交易所涉及的金额较大且频次较低或与自然人发生大额交易及资金往来；交易不通过银行转账，而是采用现金结算或多方债权债务抵销方式结算等。因此，尽调人员不能只关注企业通过银行结算的大额交易，同时也要关注与未披露为关联方的第三方企业之间是否存在重大金额的往来互抵事项。对该部分的核查，需要尽调人员有很强的专业度和执业敏感度，可用以下核查方法：查阅企业明细账及股东会和董事会的会议纪要，复核大额及异常交易，关注接近报告期末确认的交易等并运用审计手段识别出潜在的关联交易；访谈企业高管并与具体交易经办人进行交流；调阅企业工商信息，查阅企业重要会议记录及重大合同；实地走访与企业发生重大及异常交易的公司，并结合互联网对交易公司背景、高管人员等重要信息进行核查，印证核实是否存在未披露的关联关系。

二、案例解读

（一）国科环宇

已受理 2019-04-12　　已问询 2019-04-22　　上市委会议 2019-09-05　　终止 2019-09-05

未通过

国科环宇主要业务模式之一是重大专项承研，该类业务是基于国家有关部门的计划安排，由国科环宇的关联方（单位 D，根据信息披露豁免规则，国科环宇未披露其名称）分解、下发任务，研制经费通过有关部门、单位 A（根据信息披露豁免规则，国科环宇未披露其名称）逐级拨付，未签署相关合同。发行人的业务开展对关联方单位 A、单位 D 存在较大依赖，其中近 3 个会计年度与单位 A 的关联销售金额分别为 4216.68 万元、3248.98 万元、6051.04 万元，占销售收入的比例分别为 66.82%、25.73%、32.35%。发行人未能充分说明上述关联交易定价的公允性。

科创板上市委员会审议认为：发行人关联交易占比较高，业务开展对关联方存在较大依赖，无法说明关联交易价格公允性，重大专项承研业务非市场化取得，收入来源于拨付经费，发行人不符合业务完整、具有直接面向市场独立持续经营能力的要求；同时，发行人首次申报时未能充分披露重大专项承研业务模式，对关联方的披露存在遗漏，未充分披露投资者做出价值判断和投资决策所必需的信息，不符合《科创板首次公开发行股票注册管理办法（试行）》第 12 条、第 5 条的规定。国科环宇是科创板试点注册制以来，出现的首家因上交所不同意发行上市申请而终止审核的公司。

（二）石头科技

招股说明书显示，石头科技于 2014 年 7 月成立，主营业务为智能清洁机器人等智能硬件的设计、研发、生产和销售，主要产品包括小米定制品牌"米家智能扫地机器人"以及自有品牌"石头智能扫地机器人"和"小瓦智能扫地机器人"。

已受理	已问询	上市委会议	提交注册	注册生效
2019-04-09	2019-04-17	2019-11-20 通过	2019-12-06	2020-01-14

石头科技的股东小米始终是石头科技的第一大客户,在2016年甚至是唯一的客户。2016—2018年及2019年1—6月,石头科技与小米集团的关联交易金额分别为1.83亿元、10.11亿元、15.29亿元、9.14亿元,占石头科技主营业务收入的比重分别为100.00%、90.36%、50.17%和43.01%。

小米对石头科技的定制产品米家品牌扫地机器人的毛利率逐年下滑。2016—2018年及2019年1—6月,该产品毛利率分别为18.99%、18.75%、14.99%和13.91%,这使得石头科技的毛利率整体低于同行;石头科技的综合毛利率分别为19.21%、21.64%、28.79%、32.50%,呈现上升态势,但依然始终低于同行。同期,同行科沃斯毛利率分别为33.88%、36.58%、37.84%、37.28%。2016年、2017年,同行福玛特毛利率分别为41%、31.57%。

石头科技回复媒体采访称,公司拥有独立完整的采购、研发和销售业务体系,剔除小米定制产品对公司销售影响,公司仍具有直接面向市场独立持续经营的能力。除小米定制品牌"米家智能扫地机器人"之外,公司具有自主品牌"石头智能扫地机器人"和"小瓦智能扫地机器人",考虑到公司自有品牌产品和米家品牌产品共享销售渠道实现收入情况,2016—2018年,公司与小米关联销售收入以及共享销售渠道实现收入合计占公司营业收入的比例分别为100%、94.19%、53.59%,小米集团关联销售收入和共享销售渠道实现收入合计占比逐步降低。尽管石头科技已经在主动加强拓展自有品牌的市场份额,但因其是由小米孵化的产品,供应商、分成模式、加工方式、自有品牌销售渠道等多方面仍难与小米割舍。

石头科技IPO于2019年4月9日获得受理,4月17日首次被问询,历时6个月、4轮问询终获过会,成为首个过会的小米生态链企业。小米强大的品牌效应和渠道资源使得生态链企业初期更容易打开销量,但也会形成依赖,后期如何处理好与小米之间的关系,形成自有品牌的独立性,是对石头科技巨大的考验。

第四节　同业竞争

一、关注要点

同业竞争属于发行人独立性的问题，目的是保障发行人业务的独立性及持续经营能力。同业竞争的存在使得控股股东、实际控制人可能利用职权，谋取发行人的商业机会或其他资源，从而损害发行人的利益。同业竞争的"同业"是指竞争方从事与发行人主营业务相同或相似的业务。关于相同或相似的业务，可参考上市公司行业分类，但不能简单以细分行业、细分产品、细分客户、细分区域等界定是否同业，应当从生产、技术、研发、设备、渠道、客户、供应商等因素进行综合考虑。核查认定"竞争"时，应结合相关企业历史沿革、资产、人员、主营业务（包括但不限于产品服务的具体特点、技术、商标商号、客户、供应商等）等方面与发行人的关系，以及业务是否有替代性、竞争性、是否有利益冲突等，判断是否对发行人构成竞争。

《科创板首次公开发行股票注册管理办法（试行）》规定，发行人与控股股东、实际控制人及其控制的其他企业间不存在对发行人构成重大不利影响的同业竞争。《公开发行证券的公司信息披露内容与格式准则第41号——科创板公司招股说明书》规定：发行人应分析披露与控股股东、实际控制人及其控制的其他企业间不存在对发行人构成重大不利影响的同业竞争，如存在与控股股东、实际控制人及其控制的其他企业从事相同、相似业务的情况，应对不存在对发行人构成重大不利影响的同业竞争做出合理解释，并披露发行人防范利益输送、利益冲突及保持独立性的具体安排等。相比于主板、创业板，科创板并未完全禁止同业竞争，而是在突出发行人独立性的前提下，允许发行人对同业竞争做出合理解释，如不构成重大不利影响则不会成为实质性障碍。《科创板审核问答》进一步细化了如何认定是否构成"重大不利影响的同业竞争",即申请在科创板上市的企业,如存在同业竞争情形,认定同业竞争是否构成重大不利影响时,保荐机构及发行人律师应结合竞争方与发行人的经营地域、产品或服务的定位,从同业竞争是否会导致发行人与竞争方之间的非公平竞争,是否会导致发行人与竞争方之间存在利益输送,是否会导致发行人与竞争方之间相互或者单方让渡商业机会,对未来发展的潜在影响等方面,核查并出具明确意见。竞争方的同类收入或毛利占发行人该类业务收入或毛利的比例达30%以上的,如无充分相反证据,原则上应认定为构成重大不利影响。因此,在理解和适用"发行人与控股股东、实际控制人及其控制的其他企业间不存在对发行人构成重大不利影响的同业竞争"时,不能拘泥于是否构成重大不利影响的量化指标,应当遵循实质重于形式的原则,始终以不影响发行人的独立性和持续经营能力作为解决同业竞争问题的标准。虽然科创板的规则对同业竞争的限制有所松动,但为保证发行人的独立性及持续经营能力,避免同业竞争仍然是一般性原则,保留部分同业竞争应当只是例外选择,必须具有其必要性与合理性。

二、案例解读:和舰芯片

和舰芯片制造(苏州)股份有限公司(简称"和舰芯片")是主要生产8英寸晶圆专工企业,提供从0.5微米至110纳米主流逻辑、混合信号、嵌入式非挥发性记忆体、高压及影像传感器工艺,亦可提供从设计、掩膜版制作、晶圆生产到封装测试等专业的一站式生产服务和咨询。

已受理	已问询	终止
2019-03-22	2019-04-04	2019-07-23

未通过

上交所第一轮问询：根据竞争方与发行人的经营地域、产品或服务的定位，竞争方报告期内在发行人市场地区销售金额快速下降而发行人在竞争方市场地区销售快速上升等。

上交所要求发行人说明竞争双方关于市场划分的协议是否切实、有效。发行人回复：根据市场划分的原则，发行人的经营区域与联华电子的经营区域各自建立了完整的销售网络和服务体系，市场划分原则具有商业合理性。从发行人在国内外市场的销售情况看，上述市场区域划分没有对公司产生不利的影响。因此，竞争双方关于市场划分的协议切实、有效。

上交所第二个问题是同业竞争是否会导致发行人与竞争方之间的非公平竞争、是否会导致发行人与竞争方之间存在利益输送、是否会导致发行人与竞争方之间相互或者单方让渡商业机会的情形，以及对发行人未来发展的潜在影响，是否对发行人构成重大不利影响，是否符合《科创板首次公开发行股票注册管理办法（试行）》《科创板审核问答》的相关规定，是否对本次发行上市构成障碍。

发行人回复：为保证竞争双方的公平竞争和各自独立的市场地位，根据市场划分的原则，发行人及联华电子可以进入对方的市场区域，但在进入对方市场领域时需要支付代理费或服务费，竞争双方已严格按照市场划分的原则，在进入对方市场区域范围时支付了代理费或者服务费。因此，发行人及联华电子进入对方市场领域所支付代理费或服务费定价公允，竞争双方主要通过划分市场区域解决同业竞争，支付代理费或服务费能够保证竞争双方各自独立的市场地位，不会导致发行人与竞争方的非公平竞争。

报告期内，联华电子、发行人存在客户、供应商重合的情形，上述客户、供应商重合是由芯片制造行业特点所决定的，联华电子、发行人对重合客户、供应商的销售、采购价格的确定依据合理、定价公允，对重合与非重合客户、供应商的销售、采购价格均是按照市场价确定，定价公允。联华电子、发行人不存在通过重合客户、供应商进行利益输送的情形。

报告期内发行人在竞争方市场地区销售快速上升，主要原因是发行人子公司厦门联芯建成投产后，联发科将原本属于无关联第三方的订单转由厦门联芯承接；联华电子在发行人市场区域快速下降，主要原因为大陆客户展讯通信（上海）有限公司因自身需求变化减少了在联华电子的订单。同时，展讯通信（上海）有限公司也减少了在厦门联芯的订单。发行人和联华电子均拥有完整独立的销售服务体系，双方相关人员相互独立。发行人和联华电子均独立按照市场竞争地位开发客户，争取订单，不存在相互或者单方让渡商业机会的情形。

发行人将积极拓展其市场区域，减少同业竞争给发行人带来的潜在影响。发行人将利用公司现有的市场地位，努力抓住中国地区集成电路产业快速发展的历史机遇，积极拓展业务，凭借发行人在技术、管理等方面的优势巩固并进一步提高在中国大陆区域的市场占有率，增加来自中国大陆区域销售收入的比例。公司大力研发12英寸先进及特色工艺制程，加快人工智能、5G等前沿芯片技术上市速度，扩大12英寸及8英寸产品的产能，在制程和产能上满足大陆客户的需求，减少与联华电子及其控制的企业发生潜在的同业竞争的可能性。随着芯片产业链的发展和完善，发行人的海外市场区域市场空间将会有进一步增长，发行人将抓住这一机遇在发行人海外市场区域积极建立营销网络等，拓展海外市场区域的客户，增加发行人的业务空间，提升发行人在这些地区的市场占有率，获得更多的收入来源。

虽然发行人与联华电子存在同业竞争，但对发行人不存在重大不利影响，理由如下：发行人的主要收入和毛利来源为8英寸晶圆产品，在发行人的市场区域范围内，2018年联华电子及其控制的其他企业销售的8英寸晶圆的收入、毛利占发行人的比例分别为21.72%、24.10%，未超过30%，且报告期内该比例逐年下降；为配合中国大陆芯片产业的发展，突破技术封锁，满足中国大陆5G、人工智能、物联网、无人驾驶等方面的芯片需求，实现先进芯片进口替代，发行人于2015年2月投资控制厦门联芯，其12英寸生产线已于2016

年11月建成投产，截至2018年末，厦门联芯生产设备投资已达158亿元。厦门联芯因投资巨大、投资建设周期长，产能按照项目建设规划将逐步释放，目前处于产能爬坡期。其非流动资产折旧和摊销金额太大，导致相关产品毛利为负。随着产能的扩充，厦门联芯的晶圆收入将持续增长。在发行人市场区域内，联华电子晶圆收入占发行人的比例将会持续下降。

综上所述，保荐机构、发行人律师认为，竞争双方按市场区域划分的原则具有合理性，从报告期内发行人在国内外市场的销售情况看，在发行人市场区域内，发行人晶圆产品销售收入增长，对于发行人及联华电子进入对方市场领域销售的情况，双方均支付了代理费或者服务费，且定价公允，市场划分的协议切实、有效，并保证了双方的公平竞争地位；报告期内，竞争双方均独立按照市场竞争地位开发客户，争取订单，发行人与竞争方之间不存在相互或者单方让渡商业机会的情形；竞争双方对于重合客户、供应商的采购、销售价格定价依据合理，价格基本公允，不存在利益输送的情况。

报告期内，在发行人市场区域内，联华电子晶圆收入占发行人的比例分别为208.63%、75.89%、58.79%，逐年下降，下降幅度较大，发行人晶圆产品毛利为负数，故毛利占比不可比。2018年，在发行人的市场区域内，联华电子8英寸晶圆产品占发行人收入、毛利均低于30%，厦门联芯处在初创期，其12英寸晶圆产品收入、毛利与联华电子暂不具有可比性。随着厦门联芯产能的扩充和收入的增长，在发行人市场区域内，联华电子晶圆产品收入占发行人的比例将会继续下降。同时，发行人将积极开拓发行人市场区域尤其是大陆区域的客户，联华电子与发行人之间的同业竞争状况对发行人不构成重大不利影响，符合《科创板首次公开发行股票注册管理办法（试行）》《科创板审核问答》的相关规定，对本次发行上市不构成障碍。

上交所第二轮问询继续要求发行人结合报告期内发行人与最终控股股东及其关联方在相关产品产能、产量、产销量、毛利率等方面及其变化情况，客户、供应商重叠的具体情况，进一步说明在核心制程工艺受制于控股股东，相关代理费或服务费金额相对销售收入金额占比很小的情形下，通过市场区域划分方式解决同业竞争的措施是否切实可行、有效，是否会对发行人自主拓展市场、持续经营产生重大不利影响；在竞争方的同类收入或毛利占发行人该类业务收入或毛利的比例达 30% 以上的情况下，认定对发行人不构成重大不利影响的依据是否充分，补充提供相关证据，并结合证据论证发行人是否符合《科创板首次公开发行股票注册管理办法（试行）》规定的发行条件；说明美国联电收取的代理费与日本联电收取的代理费差异较大的原因及合理性，定价依据及其公允性。请发行人披露以地域、细分产品划分解决同业竞争问题的做法是否符合相关监管要求，并进一步提出解决同业竞争的切实可行的方案，避免给发行人带来重大不利影响。

保荐机构和发行人律师通过取得联华电子工商登记资料，取得双方签署的《销售服务合约》、双方在各自市场区域销售情况统计表以及发行人与最终控股股东及其关联方在相关产品产能、产量、销量、毛利率等情况，查阅联华电子年报及其他公告、查阅行业研究报告，询问发行人和联华电子业务和财务人员等方式，对竞争双方市场通过市场区域划分解决同业竞争的情况进行了核查。

报告期内，发行人的产能、产量、销量不断增加，而联华电子的产能、产量、销量保持稳定，因此市场区域的划分，有利于增强发行人自主拓展市场的能力，对发行人的持续盈利能力不构成重大不利影响。发行人、联华电子存在客户、供应商重合的情形，上述客户、供应商重合是由芯片制造行业特点所决定的，发行人、联华电子对重合客户、供应商各自独立签订销售、采购合同，定价公允，发行人、联华电子不存在通过重合客户、供应商进行利益输送的情形，市场区域的划分不会影响发行人自主开拓客户的能力，对发行人持续经营发展不存在重大不利影响。发行人 12 英寸产品相关技术主要来自控股股东授权，发行人已完全掌握控股股东授权的最先进制程技术，完全可以满足生产经营的需要，对控股股东技术不存在重大依赖，发行人的核心制程工艺并未受制于控股股东,对发行人的持续经营不存在重大不利影响。虽然相关销售差价或服务费金额相对销售收入金额占比很小,但相关销售差价或服务费自2015年起即在严格执行,并未因本次发行上市而进行调整,且价格确定依据合理,价格公允,保证了双方的公平、独立的市场竞争地位。竞争双方市场区域的划分具有商业合理性,从报告期内发行人在国内外市场的销售情况看,在发行人市场区域内,发行人晶圆产品销售收入增长,因此通过市场区域划分解决同业竞争的措施可行、有效,不会对发行人自主拓展相关市场、持续经营产生重大不利影响。

2018年,在发行人市场区域内,虽然按照市场区域划分,联华电子在发行人市场区域销售占比超过30%,但由于技术或者产能等因素制约,发行人不具备部分产品的生产能力,在剔除联华电子65纳米、0.5微米以上等相对于发行人没有的制程或产品的收入后,联华电子相应制程或工艺晶圆收入占比未超过30%,发行人毛利率为负不具有可比性,符合《科创板首次公开发行股票注册管理办法(试行)》《科创板审核问答》中的有关规定。随着募投项目8英寸产品产能的扩充、12英寸产品产能利用率的提高,发行人将进一步拓展发行人市场区域内的客户,提高市场占有率,降低联华电子在发行人市场区域内晶圆产品销售比例,同时,联华电子承诺积极采取合法措施,保证在2020年12月31日前在和舰芯片的市场区域内,联华电子的收入占和舰芯片同类业务收入的比例降至30%以下;在厦门联芯连续盈利年度的次年起,在和舰芯片的市场区域内,联华电子的业务毛利占和舰芯片同类业务毛利的比例降至30%以下。因此,发行人与联华电子的同业竞争对发行人不构成重大不利影响,依据充分,符合《科创板首次公开发行股票注册管理办法(试行)》《科创板审核问答》的相关规定。

报告期内,美国联电与日本联电向发行人获取的价差金额较小,美国联电与日本联电获取的价差差异较大,这主要是税务机关确定或认可的销售利润率以及两个公司在所在国的销售收入、运营成本的不同所致;定价具有商业合理性，价格公允。

发行人与联华电子通过划分市场区域解决同业竞争对发行人不构成重大不利影响，符合《科创板首次公开发行股票注册管理办法（试行）》《科创板审核问答》的相关规定；双方签署了《避免同业竞争的协议》确定了市场划分的原则，该协议的签署已履行各自法定的审批程序；在首次公开发行股票时，长飞光纤、亚翔集成主要通过划分市场区域，工业富联通过细分产品和划分市场区域来解决同业竞争。因此，以地域、细分产品划分解决同业竞争问题的做法符合相关监管要求。

虽然在此前已就"同业竞争"问题进行过两轮问询及答复，但上交所对联华电子出具的承诺函仍不满意，这表现在到第三轮问询时，上交所仍要求和舰芯片说明联华电子所采取"合法措施"的具体内容及其有效性，具体如下：是否经过了法定的审批程序，是否需要在台湾证券交易所和纽约证券交易所履行信息披露义务；和舰芯片与联华电子在对方销售区域销售金额变化的原因及合理性，哪些客户发生变化，是否存在通过让渡商业机会对发行人进行利益输送的情形。联华电子是全球知名的半导体晶圆制造龙头企业之一，其核心业务与和舰芯片的主营业务是相同的。在全球市场范围内，联华电子、其新加坡分公司和子公司联颖光电等关联公司与和舰芯片难免出现同业竞争问题。经过3轮问询及答复披露的信息，和舰芯片与控股股东联华电子同业竞争问题的轮廓基本浮出水面，在短期内无法根本解决，成为其无法登陆科创板的原因之一。

第五节　对外担保

一、关注要点

发行人对外担保是指发行人为他人提供的担保，包括对控股子公司的担保。对外担保是否影响经营的稳定性要结合担保决策程序、担保金额、担保期限以及自身实力等因素综合判断。具体而言，需要关注以下几点：一是对外担保的理由，是否履行公司章程等决策程序，是否符合内部控制的要求，对发行人独立运作能力的影响；二是发行人为关联方提供担保是否符合相关规定，其担保对象、数额、比例等是否对发行上市造成实质性影响；三是关联方为发行人提供担保是否合法合规，是否存在利益输送的情形，发行人是否存在其他未披露的对外担保行为。

二、案例解读： 建龙微纳

洛阳建龙微纳新材料股份有限公司（以下简称"建龙微纳"）前身为洛阳市建龙化工有限公司，成立于1998年。公司是集国内吸附类分子筛产品研发、生产、销售、技术服务于一体的综合型企业。

已受理	已问询	上市委会议	提交注册	注册生效
2019-04-30	2019-05-30	2019-10-16	2019-10-22	2019-10-28

通过

根据招股书披露，2017年，建龙微纳归属于母公司的净利润为-1 018.82万元，而建龙微纳2017年年报显示，当年实现盈利2 053.58万元。此次科创板申报数据与新三板定期报告财务数据相差3 072.4万元。对此，建龙微纳在回复上交所问询中表示，上述差异主要由于2017年公司营业外支出调增3 042万元，系公司作为保证人代主合同债务人海龙精铸向债权人累计支付债务3 262万元，公司调增预计负债3 042万元，进而调增营业外支出。2016年建龙微纳为海龙精铸的多笔银行贷款签署了保证合同，对其进行担保，承担连带责任。此后，因主合同债务人海龙精铸逾期未偿还银行贷款，建龙微纳作为保证人代主合同债务人海龙精铸向债权人累计偿付债务3 262万元（其中本金3 042万元，利息220万元）。

此外，根据招股书披露，公司主要依靠银行贷款进行融资。除以自有资产抵押以及控股股东与实际控制人保证、股权质押等方式进行担保外，还通过与其他公司互相担保的方式获得银行贷款。公司主要与海龙精铸、光明高科、洛北重工、洛染股份进行互保，4家企业与建龙微纳不存在关联关系。截至2016年末、2017年末、2018年末，公司对外担保金额分别为1.3222亿元、1.1732亿元、1.0657亿元。截至2019年6月30日，公司已经解除了全部对外担保责任。至于担保的原因，公司表示因建设吸附材料产业园区项目，资金需求量大，但融资方式较为单一，主要依靠银行贷款进行融资。因此，除以自有资产抵押及控股股东与实际控制人保证、股权质押等方式进行担保外，还需要通过与其他公司互相担保的方式，以获得充足的银行贷款资金用于项目建设。

建龙微纳于2018年11月、12月分别代海龙精铸偿还了郑州银行洛阳分行545万元、光大银行洛阳分行1170万元的贷款。2017年6月，工商银行洛阳分行将海龙精铸1497万元债务转让给信达资管，债务到期后海龙精铸未偿还，2019年4月，建龙微纳向信达资管支付1547万元。建龙微纳作为保证人代主合同债务人海龙精铸向债权人累计偿付了3262万元债务，其中1170万元代偿资金来源于公司向银行借款获得，其余代偿资金均为公司自有资金。建龙微纳在回复上交所问询中披露了上述代偿债务的追偿情况：河南省偃师市人民法院于2019年6月21日做出（2019）豫0381民初935号、940号《民事判决书》，分别判决海龙精铸于判决生效之日起10日内向建龙微纳偿还借款本息共计1175.51万元、540.5万元；同时，海龙精铸实控人常海龙对上述借款本金及利息承担连带清偿责任。建龙微纳于2019年4月23日向河南省洛阳市洛龙区人民法院递交民事起诉状，请求判令海龙精铸返还借款本金1547万元及支付利息30.94万元；常海龙、刘建菊对上述诉请金额各承担1/3的清偿责任。

中介机构通过访谈管理层，了解发行人对外担保的原因，同时查阅发行人的征信报告，以及网上对外公布的相关信息；查阅发行人《公司章程》《对外担保管理制度》，了解关于对外担保事项的内部决策程序等相关事项；检查发行人董事会、股东大会关于决策审批发行人对外担保的相关决议；检查公司内部控制制度汇编等资料，了解发行人对于担保事项的风险评估和风险应对措施，以及执行情况；检查发行人借款合同以及对应的担保合同，上述4家企业的银行借款合同，担保合同等资料；核查报告期发行人、实际控制人、董事、监事、高级管理人员个人银行流水，以确认是否存在和被担保企业转贷情况；获得了4家被担保企业后续担保事宜解除相关资料，包括被担保企业还款凭证、解除担保确认书等；查阅发行人报告期内所有资产抵押合同，了解发行人是否存在因对外担保导致所有权或使用权受限制的资产；关注发行人对于海龙精铸后续诉讼事宜，对发行人起诉时间、起诉事项以及诉讼进展情况等进行核查。

中介机构得出结论认为：海龙精铸、洛北重工、洛染股份以及光明高科均不是发行人供应商或客户，不存在关联关系或其他利益关系；上述4家被担保企业取得的借款不存在直接或间接转贷给发行人或者实际控制人的情形；发行人对外担保已履行了相应决策程序，报告期内贷款互保不属于违规担保，发行人与对外担保相关的内部控制制度健全，执行情况良好；发行人上述预计负债相关会计处理符合《企业会计准则第13号——或有事项》的相关要求；截至本回复报告签署之日，发行人不存在其他未披露的对外担保、承诺事项或表外负债，不存在因对外担保导致所有权或使用权受限制的资产。

虽然建龙微纳在科创板注册成功，未来也应当重视现金流状况，完善公司内控制度，尤其加强担保风险审查。

案例点评

发行人提供的担保应保证合法合规，不存在利益输送。建立健全公司治理结构，明确对外担保的条件、对象、额度、内部决策程序、比例、信息披露等事宜，依次对公司的担保行为实施严格的管理和控制，确保公司规范经营，保障公司股东利益。公司如存在期限较长、至申报期截止日仍将存在的担保，出于谨慎起见，应对该类担保进行清理。尤其是发行人为关联方或其他公司提供的担保，公司在申报期内应注意担保的合法合规性，且避免出现过大金额的担保，以免给监管机构带来关联方担保依赖的印象，进而质疑公司存在利益输送问题。

第六节　资金占用

一、关注要点

控股股东占用上市公司资金，直接侵害上市公司独立的法人财产权，不仅会严重影响公司正常生产经营，而且会损害中小股东的合法权益。占用资金手段除了传统的通过银行资金划转、要求公司为其垫付各类支出、向其拆借资金或代偿债务等方式外，还有控股股东、实际控制人要求上市公司为其虚开票据质押融资、支付虚构的交易款项、利用无关第三方"过桥"资金等，更为恶劣的甚至还包括盗用或假借上市公司名义借款等迂回手段。

控股股东占用上市公司资金情形包括：一是因承担担保责任形成资金占用。该情形主要为上市公司及其子公司为控股股东或其控制的企业提供担保，如被担保方未按期偿还，上市公司则可能需承担偿还义务，构成非经营性资金占用。该情形通常与违规担保一起出现，例如大股东未经董事会、股东大会审议，私自使用公司印章签订借款和担保合同，由上市公司为大股东借款提供担保。二是共同借款或以公司名义对外借款形成占用。该情形主要为上市公司与控股股东共同向第三方借款或由上市公司向第三方借款，资金实际转入控股股东及其关联方指定账户，上市公司需承担偿还义务。三是与控股股东及其关联方资金往来无商业实质。该情形主要为上市公司以与关联方之间的经营性往来为幌子向大股东提供资金。四是借助第三方作为资金通道，上市公司通过与第三方签订协议向第三方支付资金，再由相关方将资金转入控股股东及其关联方账户，这类情形相对隐蔽。对于上市公司及其下属子公司进行的交易和日常经营活动，应当关注协议条款设置是否合理、预付资金比例是否符合行业惯例、交易是否按协议约定正常推进、投资本金及收益是否按期收回等。五是因交易事项导致形成资金占用，通常是因为交易前后上市公司的合并报表范围发生变化，前期已存在的资金往来未及时处理导致形成资金占用。

中介机构要重点关注上市公司大股东的经营情况、资产状况和信用状况；日常经营业务活动中的预付款项、应收账款变化；上市公司与大股东之间的资金往来明细；交易过程中，交易对手方与上市公司的关联关系、交易的商业背景和交易实质、交易价格的公允性、关键条款及后续进展；对外担保事项的进展情况、被担保方的履约能力、还款能力变化等。

二、案例解读：博瑞医药

已受理	已问询	上市委会议	提交注册	注册生效
2019-04-08	2019-04-22	2019-08-27	2019-09-11	2019-10-12

通过

招股说明书披露，报告期内发行人控股股东袁建栋存在向公司拆借资金的情形。报告期内曾经存在的关联方较多。保荐工作报告披露，报告期内关联销售金额及占比波动合理。上交所要求保荐机构、发行人律师对上述资金拆借行为的合法性及内控的有效性发表意见。

保荐机构和发行人律师核查了报告期内大额资金流水、银行对账单及还款凭证；查阅了申报会计师事务所出具的《审计报告》以及《内部控制鉴证报告》；查阅了发行人资金管理相关制度、审批流程，以及发行人第二届董事会第四次会议、第二届监事会第二次会议和 2019 年第二次临时股东大会对关联方资金拆借事项的确认文件；查阅了发行人的《关联交易管理制度》《独立董事工作制度》《股东大会议事规则》《董事会议事规则》等文件。

关于控股股东袁建栋资金拆借行为的合法性。根据最高人民法院 2015 年 8 月发布的《最高人民法院关于审理民间借贷案件适用法律若干问题的规定》第 1 条规定，民间借贷，是指自然人、法人、其他组织之间及其相互之间进行资金融通的行为。经核查，保荐机构和发行人律师认为，报告期内的上述资金拆借行为发生于发行人及关联自然人之间，属于民间借贷行为，且发行人已按照银行同期贷款利率收取了资金占用费，未对发行人利益造成不利影响，相关资金拆借行为合法有效。

关于内部控制的有效性。发行人控股股东袁建栋先生报告期内向公司的借款已及时还清并按照银行同期贷款利率支付了资金占用费，未对发行人利益造成不利影响。在上述事项发生之后，发行人已完善了相关内部控制制度，并根据有关法律、法规和规范性文件，在《公司章程》《关联交易管理制度》《独立董事工作制度》《股东大会议事规则》《董事会议事规则》中对关联交易的公允决策的原则、权限、程序予以明确。在上述相关内部控制制度完善后，发行人未再发生关联方占用公司资金的情形。经核查，保荐机构和发行人律师认为：发行人关于关联交易已经建立了健全有效的内控制度。

保荐机构、申报会计师事务所对关联交易披露的完整性、准确性以及存在资金拆借行为的公司内控制度的完善性及有效性发表意见如下：发行人控股股东袁建栋先生报告期内向公司的借款已及时还清并按照银行同期贷款利率支付了资金占用费，未对发行人利益造成不利影响。在上述事项发生之后，发行人已完善了相关内部控制制度，并根据有关法律、法规和规范性文件在《公司章程》《关联交易管理制度》《独立董事工作制度》《股东大会议事规则》《董事会议事规则》中对关联交易的公允决策的原则、权限、程序予以明确。在上述相关内部控制制度完善后，发行人未再发生关联方占用公司资金的情形。

保荐机构和申报会计师事务所获取了报告期内发行人董事、监事以及高级管理人员的调查问卷；获取了控股股东、实际控制人以及主要股东的调查问卷；走访了报告期内的主要客户和供应商，并通过工商信息检索查询等形式确认发行人与主要客户、供应商之间是否存在关联关系；获取并查阅了发行人报告期内与关联方签订的合同或协议等，查看了合同中约定的权利和义务等条款；核查了报告期内大额资金流水、银行对账单及还款凭证；查阅了发行人的《关联交易管理制度》、审批流程，以及发行人第二届董事会第四次会议、第二届监事会第二次会议和2019年第二次临时股东大会对报告期内关联交易事项的确认文件等。

经核查，保荐机构和申报会计师事务所认为：发行人已在招股说明书中完整、准确地披露报告期内的关联交易；报告期内发行人关联方之间的资金拆借行为是履行了必要的审批程序，合法合规；发行人已建立和完善了内部控制制度，报告期内关联方之间的资金拆借行为是严格按照内部控制制度文件规范运作的，发行人内部控制制度具有有效性，且相关内部控制制度得到了有效执行。

案例评析

关联方占用上市公司资金的行为，可以分为经营性资金占用与非经营性资金占用。现有的监管法律法规对关联方经营性占用上市公司资金的行为采取限制态度，即关联方只可以在正常业务经营的范围内合理使用上市公司资金；而对关联方非经营性占用上市公司资金，以及对变相利用经营性资金占用来达到实质上的非经营性占用上市公司资金目的的行为，则予以禁止。发行人要全面核查资金占用的形成原因及其影响。监管机构对于存贷双高、突增大额预付账款、公允性存疑的关联交易等情形会持续高度关注，对违法违规线索深挖到底。上市公司和大股东必须提高合规意识，维护上市公司财务、人员、机构、业务独立，完善公司内部审批管理流程，加强内部监督及问责机制。

第四部分

科创板重大制度改革评析

作为资本市场制度体系改革的发力点、突破口，设立科创板并试点注册制不是简单意义上的增加一个上市板块，而在于制度创新，它能引导中国资本市场供给侧结构性改革更加深入，运用市场化机制推动国家创新转型，为中国迈向科技创新高地注入澎湃动力。自2019年6月科创板正式运行以来，注册制试点总体平稳有序，实际效果基本得到市场认可。同时，应该清醒看到，尽管科创板多项创新制度已经与成熟市场接轨，但运行中出现的问题也不容忽视，因此建立科创板动态评估机制是有必要的。当然，我们对科创板既要有信心，也要有包容心和耐心，"风物长宜放眼量"，制度只有在实践中检验并改进才会有生命力，要始终把握好科创定位，把能不能培育出优秀科创企业作为制度改革成功的试金石。

| 第十一章 |

发行承销与交易机制评析

2019年3—6月，上交所根据《关于在上海证券交易所设立科创板并试点注册制的实施意见》《科创板首次公开发行股票注册管理办法（试行）》等法律、法规及规范性文件的相关规定，相继发布《上海证券交易所科创板股票发行与承销实施办法》《上海证券交易所科创板股票公开发行自律委员会工作规则》《上海证券交易所科创板股票发行与承销业务指引》《上海证券交易所科创板首次公开发行股票发行与上市业务指南》等文件。2019年5月31日，中国证券业协会（以下简称"中证协"）发布《科创板首次公开发行股票承销业务规范》及《科创板首次公开发行股票网下投资者管理细则》。2019年11月8日，上交所就《上海证券交易所科创板上市公司证券发行承销实施细则（征求意见稿）》和《上海证券交易所科创板上市公司证券发行上市审核规则（征求意见稿）》向社会公开征求意见。上述文件均涉及科创板股票发行与承销的规则与要求。科创板市场化发行承销机制是上交所设立科创板并试点注册制的一项基础性制度，该制度以"市场主导、强化约束"为原则，对新股发行定价不设限制，旨在建立以机构投资者为参与主体的询价、定价、配售机制，充分发挥机构投资者专业能力，试行保荐人相关子公司跟投制度，支持科创板上市公司引入战略投资者，允许科技创新企业高管、员工参与战略配售，加强对定价承销的事中事后监管，建立上市后交易价格监控机制，约束非理性定价，制定合理的科创板上市公司股份锁定期和减持制度安排等。

第一节　全面市场化询价机制

定价机制是市场机制的核心，科创板采用全面市场化的询价制度。科创板取消了原来 A 股中"公开发行股票数量在 2 000 万股（含）以下且无老股转让计划的，可以通过直接定价的方式确定发行价格"的规定，不再限制发行价格，发行时既可以通过初步询价确定发行价格，也可以先进行初步询价确定发行价格区间，再通过累计投标询价确定发行价格。市场化定价虽然给企业创造了高估值发行的机会，但也使企业面临破发甚至募资失败的风险，因此，合理估值变得尤为重要。由于企业估值受企业基本面、市场资金状况、市场走势和投资者情绪等多方面因素的影响，且科创企业在业务技术、盈利能力等方面存在较大不确定性，所以估值难度比较高。为此，科创板建立了以机构投资者为参与主体的询价、定价、配售机制。该机制主要体现在以下 3 个方面：

一是面向专业机构投资者进行询价、定价。科创板对投资者投资经验和风险承受能力要求更高，将首次公开发行询价对象限定在证券公司、基金公司等 7 类专业机构，主要缘于专业机构投资者能接触到的企业与市场信息更加充分全面，对企业的价值判断相对准确，从而促使发行定价更加理性，鼓励市场进行价值投资。科创板市场化询定价方式与主板、中小板、创业板比较如表 11-1 所示。

表 11-1　科创板市场化询价方式与主板、中小板、创业板比较

发行环节		科创板	主板、中小板、创业板
询价	询价对象	证券公司、基金管理公司、信托公司、财务公司、保险公司、合格的境外机构投资者（QFII）和私募基金管理人等专业机构投资者，无个人投资者	1. 证券公司、基金公司、信托公司、财务公司、保险公司以及 QFII 等机构投资者以及符合要求的个人投资者； 2. 在项目发行上市所在证券交易所基准日前 20 个交易日（含基准日）的非限售股票和非限售存托凭证总市值的日均值应在 1 000 万元（含）以上

续表

发行环节		科创板	主板、中小板、创业板
询价	申报价格	网下投资者可以为其不同配售对象分别填报一个报价,每个报价应当包含配售对象信息、每股价格和对应拟申购股数;同一网下投资者全部报价中的不同拟申购价格不超过3个,且最高价格与最低价格的差额不得超过最低价格的20%	网下投资者报价应当包含每股价格和该价格对应的拟申购股数,且只能有一个报价,非个人投资者应当以机构为单位进行报价
定价	定价方式	向网下投资者询价的定价方式,可以通过初步询价确定发行价格;也可以在初步询价确定发行价格区间后,通过累计投标询价确定发行价格;无直接定价	1. 可以通过向网下投资者询价的方式确定股票发行价格; 2. 其中公开发行股票数量在2 000万股(含)以下且无老股转让计划的,可以通过直接定价的方式确定发行价格
	定价流程	1. 剔除最高报价部分; 2. 根据剔除最高报价部分后有效报价的中位数和加权平均数,以及公募产品、社保基金和养老金报价的中位数和加权平均数(以下简称"4数"),确定发行价格(或价格区间)	1. 剔除报价的最高部分,剔除部分不得低于拟申购总量的10%; 2. 根据剩余报价及拟申购数量协商确定发行价格(或区间)
	相关信息披露要求	1. 主承销商应当向网下投资者提供投资价值研究报告; 2. 应当披露"4数"等信息	1. 投资者名称、申购价格及对应的拟申购数量; 2. 剔除最高报价有关情况; 3. 剔除最高报价部分后网下投资者报价的中位数和加权平均数以及公募基金报价的中位数和加权平均数; 4. 有效报价和发行价格(或区间)的确定过程,发行价格(或区间)及对应的市盈率及计算方式; 5. 网下网上的发行方式和发行数量
	风险特别提示	初步询价结束后,如确定的发行价格(或价格区间中值)超过"4数"孰低值的,应当在申购前至少一周发布投资风险特别公告,内容至少包括:	如公告的发行价格(或双行价格区间上限)市盈率高于同行业上市公司二级市场平均市盈率,应发布投资风险特别公告,内容至少包括:

续表

发行环节		科创板	主板、中小板、创业板
定价	风险特别提示	1. 说明确定的发行价格（或者价格区间中值）超过"4数"孰低值的理由及定价依据； 2. 提请投资者关注发行价格（或者发行价格区间）与网下投资者报价之间的差异； 3. 提请投资者关注投资风险，审慎研判发行定价的合理性，理性做出投资决策。 市盈率高于同行业上市公司二级市场平均市盈率的不要求发布投资风险特别公告	1. 比较分析发行人与同行业上市公司的差异及该差异对估值的影响，提请投资者关注发行价格与网下投资者报价之间存在的差异； 2. 提请投资者关注投资风险，审慎研判发行定价的合理性，理性做出投资决策

二是充分发挥投资价值研究报告的作用。为进一步发挥主承销商研究分析能力，科创板借鉴域外市场的成熟经验，要求主承销商在询价阶段向网下投资者提供投资价值研究报告。目前，部分券商报告内容来自科创板企业招股说明书，对企业科研实力、行业地位等关键信息分析解读不够全面深入，语焉不详，无关痛痒，在投资建议和风险提示方面泛泛而谈，敷衍了事，不能直击要害。主承销商应当坚持独立、审慎、客观的原则，通过阅读招股说明书、实地调研等方式，对影响发行人投资价值的因素进行全面分析，并对投资风险进行充分揭示。2019年9月，中国证券业协会向各券商下发了《关于进一步明确科创板投资价值研究报告要求的通知》，从整体要求、内容要求、内部控制三大方面，对券商出具投资价值报告进行了详细的规定，具体如表11-2所示。网下投资者应深入研究分析发行人信息以及研究报告，发挥专业定价能力，严格履行定价决策程序，理性报价，自主决策，自担风险。

表 11-2 中国证券业协会关于科创板投资价值研究报告的要求

类别	具体要求	
基本原则	独立、审慎、客观	
	资料来源具有权威性	
	无虚假记载、误导性陈述或重大遗漏	
	主承销商的证券分析师独立撰写报告并署名	
	与发行人有关的信息不得超过招股说明书及其他已公开信息的范围	
	专业、严谨的研究方法和分析逻辑	
	基于合理的数据基础和事实依据,审慎提出研究结论	
	分析过程与结论保持逻辑一致性	
行业和公司状况分析	行业分类与依据,不得随意选择	
	行业政策,发行人与主要竞争者的比较,行业地位	
	行业状况与发展前景两方面的分析与预测	
	发行人的商业模式、经营状况、发展前景分析	
可比上市公司（如有）分析	与可比公司投资价值比较	
	可比公司选择及依据原则上应与招股说明书中的可比公司保持一致,不得随意增减和选择	
	同时列举两个口径的可比上市公司市盈率	可比上市公司市盈率1 如：收盘价×当日总股本/发行前一年经审计的扣除非经常性损益前的归属于母公司股东的净利润
		可比上市公司市盈率2 如：收盘价×当日总股本/当年年度预测归属于母公司股东的净利润
募投项目	募集资金投资项目分析	
盈利能力分析和预测	盈利能力和财务状况	
	盈利预测假设条件完整	
	盈利预测模型,包括但不限于资产负债表、利润表、现金流量表的完整预测以及需要的辅助报表预测	
估值方法和参数选择	估值方法客观专业,至少有两种,说明选择依据,不得随意调整（估值方法可适当参照《私募投资基金非上市股权投资估值指引（试行）》）	
	假设条件完整	

续表

类别	具体要求		
估值方法和参数选择	参数选择客观专业，说明选择依据，不得随意调整		
	主要测算过程		
	未对二级市场交易价格做出预测		
估计结论	预计发行市值区间		
	假设不采用超额配售选择权的情况下的每股估值区间		
	同时给出3种口径的发行市盈率	对应的市盈率及计算方式1（盈利企业） 如：发行价×发行后总股本/发行前一年经审计的扣除非经常性损益前的归属于母公司股东的净利润	
		对应的市盈率及计算方式2（盈利企业） 如：发行价×发行后总股本/发行前一年经审计的扣除非经常性损益后的归属于母公司股东的净利润	
		对应的市盈率及计算方式3（盈利企业） 如：发行价×发行后总股本/当年年度预测归属于母公司股东的净利润	
		对于A股+H股企业市盈率的计算，中证协要求原则上参照中证指数有限公司《A股全市场行业静态市盈率计算说明》	
	同行业市盈率（盈利企业）依据《上市公司行业分类指引》确定所属行业，并选取中证指数有限公司发布的最近一个月静态平均市盈率作为参考依据		
	发行人尚未盈利给出两个口径的发行市销率（如适用）	对应的市销率及计算方式1（未盈利企业） 如：发行价×发行后总股本/发行前一年经审计的公司主营业务收入	
		对应的市销率及计算方式2（未盈利企业） 如：发行价×发行后总股本/当年年度预测公司主营业务收入	
	发行人尚未盈利给出两个口径的发行市净率（如适用）	对应的市净率及计算方式1（未盈利企业） 如：发行价×发行后总股本/发行前一年经审计的归属于母公司股东的净资产	
		对应的市净率及计算方式2（未盈利企业） 如：发行价×发行后总股本/当年年度预测归属于母公司股东的净资产	

续表

类别	具体要求
风险警示	在显著位置进行充分的风险提示
	盈利预测假设条件不成立对公司盈利预测的影响
	风险警示盈利预测的假设条件不成立对公司估值结论的影响
	所有可能存在的潜在风险
	风险因素定量分析（无法定量分析的，做出针对性的定性分析）
	在显著位置提示投资者自主决策

三是鼓励战略投资者和发行人高管、核心员工参与新股发售。根据域外实践经验，向战略投资者配售，有助于引入市场稳定增量资金，帮助发行人成功发行，且发行人的高管与核心员工认购股份，有利于向市场投资者传递正面信号。

随着科创板运行常态化，市场充分博弈，新股不再是稀缺资源，破发也逐渐成为常态，科创板逐步由开市初期的疯狂上涨到定价估值回归理性。2019年11月6日，科创板上市公司昊海生科（688366.SH）开盘直接跌至88.53元/股，跌破了其89.23元/股的首发价格，成为科创板开市以来第一只破发的新股。截至2019年11月27日，共计7只股票出现破发，包括卓越新能、容百科技、天准科技、昊海生科、杰普特、中国电研、久日新材。这将促使投资机构在科创板一级市场询价环节更加理性，迫使部分券商改变在投资价值报告中的夸大陈述，避免它们过高判断企业价值等。同时，伴随新股供给的增加和二级市场涨幅的回调，询价差异性开始凸显。祥生医疗（688358.SH）公布的最终发行价突破了投资价值报告给出的估值区间，低于区间下限0.04元/股。在注册制背景下，投资银行的工作重心逐渐从只关注审核转向更加关注市场，角色定位从政府与企业的中间人回归到市场中介本源，把价值发现能力、价格发现能力、尽职调查能力、发行承销能力作为核心竞争力。

第二节 战略配售机制

战略配售是指证券发行人在首次公开发行股票时,向战略投资者定向配售。拟上市的科创板企业与战略投资者事先签署配售协议,可以优先、大额获得企业新股。战略配售类似于一级市场的"大额批发",投资者能够大额投资科创板股票,战略配售之后发行人再确定网下网上发行比例,普通网下打新相当于一级市场的"零售业务"。发行人对于战略配售的对象,主要考虑资质优异且长期战略合作的投资机构,它们往往是资金体量比较大的国有企业、保险机构、投资基金等。

通过引入战略配售机制,战略投资者与发行人利用资本纽带使利益得到捆绑,从而倒逼保荐机构业务转型,保荐机构在辅导过程中会更加谨慎,以促进战略投资者扩大资本规模、强化募资能力,形成有效竞争市场,减少信息不对称所产生的道德风险。由于发行包销存在不确定性,定向配售具有一定的强制性且设置了较长锁定期,同时跟投主体只能被动接受价格,因此,战略投资者在引入战略配售机制之后,从原来的具备资本优势一方转变为与公众投资者并肩承担价格波动风险的市场参与者。

《上海证券交易所科创板股票发行与承销实施办法》已对战略配售的实施条件有所放宽,并鼓励发行人高管、核心员工和战略投资者参与新股发售。后来,《上海证券交易所科创板股票发行与承销业务指引》(以下简称《业务指引》)发布,对战略投资者、保荐机构相关子公司跟投、新股配售经纪佣金、超额配售选择权、发行定价配售程序等方面做出了细致的安排与解释。《业务指引》对战略投资者配售机制在战略投资者资格、资金来源等方面做出了详细规定,如表 11-3 所示。

表 11-3 《业务指引》对科创板战略配售机制的规定

战略投资者资格	参与发行人战略配售的投资者，应当具备良好的市场声誉和影响力，具有较强资金实力，认可发行人长期投资价值，具体战略投资者包括： 1. 与发行人经营业务具有战略合作关系或长期合作愿景的大型企业或其下属企业； 2. 具有长期投资意愿的大型保险公司或其下属企业，国家级大型投资基金或其下属企业； 3. 以公开募集方式设立，主要投资策略包括投资战略配售股票，且以封闭方式运作的证券投资基金； 4. 参与跟投的保荐机构依法设立的投资子公司或实际控制该保荐机构的证券公司依法设立的投资子公司； 5. 发行人的高级管理人员与核心员工（具体名单由发行人董事会审议通过）参与配售设立的专项资产管理计划； 6. 符合法律法规、业务规则规定的其他战略投资者。 2019年6月8日，《上海证券交易所科创板股票公开发行自律委员会促进科创板初期企业平稳发行行业倡导建议》发布，建议"首次公开发行股票数量低于8 000万股且预计募集资金总额不足15亿元的企业通过初步询价直接确定发行价格，不安排保荐机构相关子公司跟投与高级管理人员、核心员工通过专项资产管理计划参与战略配售之外的其他战略配售"。 此外，发行人和主承销商需对战略投资者资格进行核查
资金来源	除依法设立并符合特定投资目的的证券投资基金等主体外，战略投资者应当使用自有资金，不得接受他人委托或委托他人参与
锁定期	锁定期不少于12个月，但参与配售的保荐机构相关子公司战略配售股份锁定期为24个月，锁定期自公开发行的股票上市之日起计算
发行价格的确定	首次公开发行股票应当向证券公司、基金管理公司、信托公司、财务公司、保险公司、合格境外机构投资者和私募基金管理人等专业投资者以询价的方式确定股票交易价格，且参与战略配售的投资者不得参与公开发行股票网上发行和网下发行，但证券投资基金管理人管理的未参与战略配售的证券除外。 T-3日（T日为网上网下申购日）前，战略投资者应当足额缴纳认购资金及相应新股配售佣金
经纪佣金	承销商应向通过战略配售获配股票的投资者收取不低于获配应缴款一定比例的新股配售经纪佣金，收取比例、收取方式和验资安排事宜等由承销商在发行与承销方案（获中国证监会同意股份注册后，由发行人和主承销商向上交所报备发行与承销方案）中予以明确，并向上交所报备。 《上海证券交易所科创板股票公开发行自律委员会促进科创板初期企业平稳发行行业倡导建议》建议"对战略投资者和网下投资者收取的经纪佣金费率由承销商在0.08%至0.5%的区间内自主确定"

续表

禁止性情形	1. 发行人和主承销商向战略投资者承诺上市后股价将上涨,或者股价如未上涨将由发行人购回股票或给予任何形式的经济补偿; 2. 主承销商以承诺对承销费用分成、介绍参与其他发行人战略配售、返还新股配售经纪佣金等作为条件引入战略投资者; 3. 发行人上市后认购战略投资者管理的证券投资基金; 4. 发行人承诺在战略投资者获配股份的限售期内,委任与该战略投资者存在关联关系的人员担任发行人的董事、监事及高级管理人员,但发行人的高级管理人员与核心员工设立的专项资产管理计划参与配售的除外; 5. 除公募证券投资基金外,战略投资者使用非自有资金认购发行人股票,或者存在接受其他投资者委托或委托其他投资者参与战略配售的情形; 6. 其他直接或间接进行利益输送的行为
信息披露规则	发行人和主承销商应在招股意向书和询价公告中披露是否采用战略配售方式、战略配售股票数量及战略投资者选取标准,并向上交所报备战略配售方案,包括战略投资者名称、承诺认购金额或股票数量以及限售期安排等情况。 若发行人的高管团队与核心员工设立的专项资产管理计划参与战略配售,应在招股意向书和初步询价公告中列明专项资产管理计划的具体名称、设立时间、募集资金规模、实际支配主体以及参与人姓名、职务与比例等。 发行人和主承销商应在发行公告中披露战略投资者的选择标准,向战略投资者配售的股票总量,占发行股票的比例及持有期限等。 发行人和主承销商在网下发行初步配售结果及网上中签结果公告中披露最终获配的战略投资者名称、股票数量以及限售期安排等

《业务指引》对战略投资者资格进一步细化规定,明确具有战略合作关系或长期合作愿景的大型企业或其下属企业,具有长期投资意愿的大型保险公司或国家级大型投资基金,参与跟投的保荐机构相关子公司,高级管理人员与核心员工等具有长期投资意愿或者长期持股意义的投资者可作为战略配售投资者。该规定有利于发挥专业投资机构和战略合作方对于企业价值的理性引导作用,弱化信息失真助推的市场泡沫,缓解发行压力,降低股价后市的波动风险。

《业务指引》允许高管与核心员工参与战略配售。拟上市企业的高管与核心员工可以设立专项资产管理计划参与战略配售,获配的股票数量不得超过 IPO 股票数量的 10%,限售期不少于 12 个月。相较于保荐机构相关子公司对其保荐的科创板企业的强制跟投，科创板拟上市企业高管与核心人员参与战略配售则较为自主。科创企业通常经历多轮融资，这样可能导致股权被稀释，加大投资风险，战略配售制度可保证科创公司高管团队的控制权。高管与核心员工间接参与公司新股配售，有利于对他们的激励，并向投资者传达积极的信号，显示他们对公司未来发展的信心，有助于新股定价被其他投资者认可。

对于战略投资者而言，战略配售将考验其分析能力、研究能力、投资决策能力等。企业是否值得投资，行业发展趋势与前景如何，发行价格是否合理，都是战略投资者需要重点关注的事项。推动战略配售在科创板稳步运行的同时，也要关注如何有效避免战略配售中可能出现的利益输送和投机操纵问题，以促进市场进一步公开透明，规范信息披露，让投资者在信息充分的市场环境中做出理性的判断和投资决策。

第三节　绿鞋机制

绿鞋机制（Green Shoe Option），即"超额选择配售权"，因美国波士顿绿鞋制造公司在20世纪60年代首次公开发行股票时初次应用而得名，它是指获发行人授权的主承销商可在股票上市之日起30天内，按同一发行价格超额发售不超过包销数额15%的股份。绿鞋机制在美股和港股的IPO中被广泛应用。其运作原理是如果拟上市企业股票上市之后的价格低于发行价，主承销商用事先超额发售股票获得的资金，按不高于发行价的价格从二级市场买入，然后分配给提出超额认购申请的投资者；如果拟上市企业股票上市后的价格高于发行价，主承销商就要求其增发15%的股票，分配给事先提出认购申请的投资者，增发新股资金归拟上市企业所有，增发部分计入此次发行股数量。在实际操作中，超额发售的数量由发行人与主承销商协商确定，一般在5%—15%范围内，并且该期权可以部分行使，承销商在什么时间行使超额配售权也存在一定变数，具体市场各方利益如表 11-4 所示。

表 11-4 绿鞋机制下的市场各方利益

	有绿鞋		无绿鞋
	市场价不低于发行价（$P_1 \geq P_0$）不从市场购入，全额行使绿鞋	市场价低于发行价（$P_1 < P_0$）超发股票全部从市场购入	
发行人	比计划发行更多，筹集更多资金	发行量与计划一致，有承销商平衡供需	发行量与计划一致，无承销商平衡供需
	发行股票　　115% 发行收入　　115%（P_0-k）	发行股票　　100% 发行收入　　100%（P_0-k）	发行股票 发行收入
承销商	获得更多的承销收入	承销收入与计划一致，并获得稳价收入	承销收入与计划一致，无额外收入
	承销收入　　115%k	承销收入　　100%k 稳价收入　　15%（P_1-P_0）	承销收入
市场投资者	用价格当风向标，受欢迎的新股自然将超额发售，增加股票供应量，平衡股票供需	受冷落的新股有承销商买进，利于稳定股价；减少了二级市场的股票供应，平衡股票供需	没有第三方平衡供需
	二级市场的股票　100%	二级市场的股票　85%	二级市场的股票　100%
超额配售对手方			
	对手方手中的股票　　15%	对手方中的股票　　15%	—
A. 战略投资者	若股票受欢迎，可以获得额外的超发股份	承担股价下跌风险，但由于长期持有，短期涨跌的影响不大	—
B. 大股东	公司可以多发行股票，筹集更多资金	若价格下跌，有承销商托市	—
C. 卖空对手方	以发行价获得低于市场价的股票	承担股价下跌的风险	—

注：假设市场价为 P_1，发行价为 P_0，发行佣金比例为 k，发行量标准化为 1，按上限超发 15%。
资料来源：申万宏源研究。

绿鞋机制的形成和运用，是市场化发行方式成熟的产物。简言之，绿鞋机制就是护盘机制，根据市场情况调节融资规模，平衡新股发行市场的供求关系，防止新股发行上市后股价破发，以增强参与一级市场认购的投资者信心，实现新股股价由一级市场向二级市场的平稳过渡，抑制其在上市30天内股价的快速上涨或下跌。科创板引入绿鞋机制的主要意义表现在3个方面：一是在股份上市后一定期间内对股票价格起到"稳定器"作用。新股上市后，如果投资者热捧，股价迅速上扬，承销商便可使用绿鞋机制，要求发行人增发股票，促使股票供给增加，平抑多头市场股价的持续上扬，甚至会使股价下行，接近发行价；当投资者反应冷淡，股价跌破发行价，承销商又可启用绿鞋机制所筹资金从二级市场购买发行人股票，使得股票需求增加，阻止股价持续下跌，甚至使价格上移，接近发行价。这样使得一级市场发行的股票供给更加贴近市场需求，抑制新股发行市场过度投机，增加股票的市场流通性，从而使价格发现过程更加平稳，减小新股上市后的市场波动，维护股价的稳定。二是降低主承销商的承销风险。注册制市场化发行使主承销商承受更大的风险。发行价格制定是考验主承销商定价能力的试金石，需要发行人与主承销商灵活适应市场的迅速变化。运用绿鞋机制，在行使期内，若股票上市后供不应求，股价高涨，承销商当然无须回购超额配售的股票。若发行定价过高，市场出现认购不足，股价跌破发行价，承销商则可用超额发售股票所获资金，从集中竞价交易市场中按不高于发行价的价格回购新股，发售给提出认购申请的投资者，使得股价上移，形成对股价的一定支撑作用。因此，大多数情况下，股价会在接近发行价或发行价以上运行，股价跌破发行价的可能性大幅降低。这就可以减少主承销商当初因价值判断失误而可能造成的风险损失，提高主承销商调控市场、抵御发行风险的能力。三是为上市公司注入更多的资金。目前，我国股票一级市场新股供不应求，新股上市后其二级市场股价多数上扬。此种情形，运用绿鞋机制，主承销商便可要求发行人增发股票，从而发行人可获得发行此部分新股所筹集的资金。融资数量弹性化可以为上市公司提供更多的发展机会。

绿鞋机制的运作同时也存在缺陷与弊端。第一，可能诱使上市公司产生

"投资饥渴症",助长恶性圈钱之风。目前,我国上市公司的股权结构大多存在"一股独大"现象,上市公司倾向于从普通投资者手中募股筹资。绿鞋机制给予控股股东或其代理人一个更大的操纵工具。新股发行时,若上市公司盲目地最大限度地使用超额配售选择权,发售新股给认购的投资者,将使得上市公司控股股东和高级管理层受益,却损害普通投资者利益。第二,可能弱化主承销商的风险意识,不利于其经营管理的改善。绿鞋机制的实施,可能使主承销商有机会纠正原先失误的判断,造成其路径依赖,盲目追求承销费,这将对投行承销定价水平及执业质量带来消极影响。第三,可能造成市场的不平等竞争,滋生投机和腐败。由于配售部分绝大多数为重仓,能够进行超额配售选择权认购的几乎只能为机构投资者,中小投资者因资金实力限制被排除在外,造成了市场参与者的不平等竞争,机构投资者因其自身强大的资金实力及信息获取能力等各方面优势,在配售选择权行使时,极易与承销商联手,利用关联方的暗箱操作,为市场投机与权力寻租提供滋生的温床。

《业务指引》允许科创板公司发行使用超额配售选择权,并对实施细节做出规定,如表11-5所示。

表11-5 《业务指引》关于科创板公司超额配售选择权的规定

主承销商行权	采用超额配售选择权的,发行人应授予主承销商超额配售股票并使用超额配售股票募集的资金从二级市场竞价交易购买发行人股票的权利。通过联合主承销商发行股票的,发行人应授予其中1家主承销商前述权利
开立专户及有效期限	获授权的主承销商应当向中国结算上海分公司申请开立使用超额配售股票募集的资金买入股票的专门账户,将资金存入其在商业银行开设的独立账户,有效期为发行人股票上市之日起30个自然日内
发行数量上限	发行人和主承销商应当审慎评估采用超额配售选择权的可行性、预期目标等,并在首次预先披露的招股说明书中明确是否采用超额配售选择权以及采用超额配售选择权发行股票的数量上限。采用超额配售选择权发行的股票数量不得超过首次公开发行股票数量的15%

续表

信息披露	采用超额配售选择权的，应当在招股意向书和招股说明书中披露超额配售选择权实施方案，包括实施目标、操作策略、可能发生的情形以及预期达到的效果等；在发行公告中披露全额行使超额配售选择权拟发行股票的具体数量。 在超额配售选择权行使期届满或者累计购回股票数量达到采用超额配售选择权发行股票数量限额的2个工作日内，发行人与获授权的主承销商应当披露以下情况： 1. 超额配售选择权行使期届满或者累计购回股票数量达到采用超额配售选择权发行股票数量限额的日期； 2. 超额配售选择权实施情况是否合法、合规，是否符合所披露的有关超额配售选择权的实施方案要求，是否实现了预期达到的效果； 3. 因行使超额配售选择权而发行的新股数量；如未行使或部分行使，应当说明买入发行人股票的数量及所支付的总金额、平均价格、最高与最低价格； 4. 发行人本次筹资总金额； 5. 本所要求披露的其他信息
协议安排	采用超额配售选择权的主承销商，可以在征集投资者认购意向时，与投资者达成预售拟行使超额配售选择权所对应股份的协议，明确投资者预先付款并同意向其延期交付股票
权利行使要求	发行人股票上市之日起30个自然日内，发行人股票的市场交易价格低于发行价格的，获授权的主承销商有权使用超额配售股票募集的资金，在连续竞价时间以《上海证券交易所科创板股票交易特别规定》规定的本方最优价格申报方式购买发行人股票，且申报买入价格不得超过本次发行的发行价；获授权的主承销商未购买发行人股票或者购买发行人股票数量未达到全额行使超额配售选择权拟发行股票数量的，可以要求发行人按照发行价格增发股票。 主承销商按照前款规定，以竞价交易方式购买的发行人股票数量与要求发行人增发的股票数量之和，不得超过发行公告中披露的全额行使超额配售选择权拟发行股票数量。 主承销商按照本栏第一款规定以竞价交易方式买入的股票不得卖出
募集资金计算方式	发行人因行使超额配售选择权的募集资金＝发行价×（超额配售选择权累计行使数量－主承销商从二级市场买入发行人股票的数量）－因行使超额配售选择权而发行新股的承销费用
剩余资金纳入证券投资者保护基金	获授权的主承销商使用超额配售募集的资金从二级市场购入股票的，在超额配售选择权行使期届满或者累计购回股票数量达到采用超额配售选择权发行股票数量限额的5个工作日内，将除购回股票使用的资金及划转给发行人增发股票部分的资金（如有）外的剩余资金，向中国证券投资者保护基金有限责任公司交付，纳入证券投资者保护基金

科创板绿鞋机制明确战略投资者锁定期不得刷新、价差收益归证券投资者保护基金，相对美股市场和港股市场更加稳健。上交所未对科创板做特别限制，而A股其他板块、港股及美股监管机构对发行人均有一定的硬性要求，因此科创板适用的范围更广。科创板和A股其他板块监管机构一致要求超额配售的股份锁定期不少于12个月，而美股超额配售股份的锁定期没有明文规定，由发行人与投资者协议确定，港股也仅对基石投资者要求锁定期不少于6个月。美股和港股存在超额配售后即可卖出的情形，有抑制新股过度炒作的作用，原因在于美股和港股实行T+0交易制度且有做空机制，炒新行为相对理性，超额配售股份不锁定对稳定股价更有意义，而科创板目前仍旧实行T+1的交易制度，且前期做空机制相对不完善，因此针对超额配售投资者锁定1年更有利于新股上市后股价的稳定。另外，科创板规定主承销商不得禁止"刷新绿鞋"，即在绿鞋机制操作中不得卖出为稳定股价而购入的股票，并且稳定股价所获价差收益（超额发行募集资金即二级市场购买股票资金）需流入证券投资者保护基金，而美股和港股在绿鞋机制买入过程中同时是可以卖出的，价差收益归主承销商（稳市商）。科创板禁止"刷新绿鞋"同时将价差收益归证券投资者保护基金，与现行的T+1交易制度和做空机制不完善相匹配，目的是防止主承券商在"绿鞋"期间操纵股价，通过高价发行、低价购回的方式来实现套利。

绿鞋机制能提升网上网下打新的中签率和新股上市后的收益率。科创板超额配售的股票延时向战略投资者交付，首次公开发行股票数量在1亿股以上的，可以向战略投资者配售股票不超过本次公开发行数量的30%；首次公开发行股票数量不足1亿股的，战略投资者获得配售股票总量不超过本次公开发行股票数量的20%。例如，某发行人首次公开发行10亿股，战略投资者获配上限为3亿股。如果该公司选择了超额配售权，那么主承销商向战略投资者延期交付的超额配售的1.5亿股（亦可以理解为向战略投资者借入）会同非战略配售的7亿股合计8.5亿股对网下和网上的投资者公开发行（实际发行了

11.5亿股，1.5亿股延时交付）。与没有超额配售权相比，无论超额配售权是否行使，网下和网上的打新投资者配售的比例都会由70%提升到85%，中签率将显著提升。因此，绿鞋机制能有效提升网上网下投资者的打新收益。另外，在新股上市后股价上升的情况下，绿鞋机制对发行人和主承销商有利，发行人可以募集更多的资金，主承销商可以获得更多的承销费用。而在新股上市后股价下跌时，绿鞋机制则对网上网下打新投资者和战略投资者有利，15%的买盘可以帮助稳定股价。尤其在科创板上市的前5个交易日股价不设涨跌幅限制、第6个交易日开始股价的涨跌幅限制放宽至20%的情况下，绿鞋机制的引入将降低新股上市首日即大幅破发的风险。

由于科创板突破市盈率限制采用市场化定价，融资体量大的公司更倾向选择绿鞋机制来稳定上市初期股价。首批上市25家询价完毕的科创板公司对应2018年的平均发行市盈率达到了49.2倍，远高于原有A股的23倍上限。截至2019年7月11日，科创板已有147家公司上报，共有75家公司在招股说明书中披露允许采用超额配售选择权，整体占比为51.4%。其中，拟募集资金在5亿元以下的有47家公司，有17家采用超额配售，占比36%；拟募集资金在5亿元以上的共100家，其中58家采用超额配售，占比58%。可以看到，融资规模体量比较大的公司更倾向于选择绿鞋机制来实现股价的稳健过渡，保障发行的顺利进行。

此次科创板引入绿鞋机制是一次全新的尝试，恰当利用绿鞋机制可使发行人、承销商、投资者等多方受益。未来，作为科创板发行与承销的重要手段，如何趋利避害，保证科创板新股股价平稳，需要市场参与主体不断深入探索研究。

第四节　保荐机构跟投机制

科创板试行注册制，强调以信息披露为核心，充分发挥市场自我约束机制的作用。现阶段，我国资本市场仍以中小投资者为主，机构投资者数量相对较少、定价能力不足。在适应科技创新企业披露信息理解难度大、定价难度高等方面，无论是中小投资者还是机构投资者都需要一个过程。在科创板设立初期，有必要强化保荐、承销等市场中介机构的鉴证、定价作用，以便形成有效的相互制衡机制。证监会在《科创板实施意见》中明确表示，将试行保荐人相关子公司跟投制度，这是科创板制度创新的重要部分。在《上海证券交易所科创板股票发行与承销业务指引》规定，保荐机构设立另类投资子公司或者实际控制该保荐机构的证券公司依法设立另类投资子公司，以自有资金参与发行人IPO战略配售。

跟投制度是通过资本约束，将保荐机构与发行人质量和经营状况、二级市场投资者利益进行绑定，"跟"指的是风险共担，"投"指的是收益共享。由于保荐机构自身承担一部分证券发行的风险，如果发行人资质很差，所发行证券品质不佳，保荐机构将估值拉高，一旦企业上市后得不到市场的认可，股价表现不佳，那么高价买入股票的券商就会面临浮亏。因此，保荐机构有动力去筛选优质发行人。虽然高定价能使保荐机构获得更多承销费，但同时它也倾向于以较低的发行价拿到配售份额，最终在双向利益的博弈下争取合理定价，平衡发行人和投资者的利益。另外，对保荐机构所持股份设定锁定期要求，促使保荐机构承担起市场价格稳定和上市公司长期保荐督导的责任，对遏制上市公司IPO过程中的财务造假行为和权力寻租行为，提高上市公司的质量，推动以投行为中心的市场化发行机制代替原来的行政主导机制具有重要意义。在缺少投行声誉约束机制、司法追责相对不成熟的情况下，强化保荐机构的风险共担十分必要。从更深远的意义来讲，保荐机构直投自己所保荐的新股，有利于其更好地发挥资本市场定价功能，提高资本市场长期估值的合理性，使其成为对上市公司股票内在价值真正负责任的市场化主体。

科创板试行保荐机构相关子公司跟投制度。发行人的保荐机构依法设立的相关子公司或者实际控制该保荐机构的证券公司依法设立的其他相关子公司，以自有资金参与发行战略配售，并对获配股份设定限售期。在A股原来板块，保荐机构及其相关子公司被禁止参与新股认购。科创板引入保荐机构相关子公司跟投制度主要是加大对承销商的约束。虽然目前尚未做出强制要求，但也在一定程度上促使保荐机构更加合理审慎地定价。保荐机构未按照承诺实施跟投的，发行人应当中止发行，并及时进行披露。跟投要求保荐机构以自有资金参与发行，这一规定对保荐机构的资金实力提出了更高要求，同时也强化了保荐机构对所荐企业初步筛选审核的责任，改变以往保荐机构"只荐不保"，迫使保荐机构在项目筛选时严把入门关。

为有效防控跟投制度可能存在的潜在利益冲突，科创板做出许多针对性的安排：一是为了避免保荐机构利用跟投制度对股票定价进行干扰，科创板将跟投主体限定为保荐机构的子公司，与保荐机构做了适当隔离，跟投主体不参与股票定价，而是被动接受经专业机构投资者询价确定的价格。二是为了防止转嫁跟投责任和进行利益输送，科创板将跟投资金的来源限定为自有资金，通过资管计划等募集的资金不得参与股份认购，且参与配售的保荐机构相关子公司应当开立专用证券账户存放获配股票。三是为了防止跟投主体持股比例过高，影响上市公司的控制权，科创板将跟投主体认购的比例限定为发行股份数量的2%至5%（见表11-6），发行规模越大，跟投比例越低，避免跟投比例"一刀切"的弊端，也适当减轻保荐机构跟投大型IPO项目的资金压力，降低市场波动风险。四是为了发挥市场长期资金的引领作用，防止短期套利冲动，跟投主体的锁定期限长于除控股股东、实际控制人之外的其他所有股东，跟投认购的股份有24个月的锁定期，这使得控股股东、跟投主体、一般战略投资者的锁定期形成一定间隔，可缓解后续减持对市场的冲击，促使保荐机构兼顾IPO估值和长期投资价值，强化其持续督导责任。五是严禁保荐机构收取承销费用以外的其他费用。此举保障了保荐机构跟投的实质意义，保荐机构不能通过其他额外的与发行人收费条款对跟投损失进行弥补。六是参与配售的保荐机构相关子公司应当承诺，不得利用获配股份取得的股东地位影响发行人正常生产经营，不得在获配股份限售期内谋求发行人控制权，跟投股份仅可以向证券金融公司出借，作为市场融券来源。

表11-6 科创板保荐机构相关子公司跟投比例

发行规模	跟投比例
<10亿元	跟投比例为5%，但不超过人民币4 000万元
≥10亿元，<20亿元	跟投比例为4%，但不超过人民币6 000万元
≥20亿元，<50亿元	跟投比例为3%，但不超过人民币1亿元
≥50亿元	跟投比例为2%，但不超过人民币10亿元

当前我国的科创板制度对保荐机构提出的跟投要求，总体上有利于保荐机构发挥资本市场的定价功能和增值服务功能，使保荐机构能够从通道式保荐承销变为持续性市值管理，将投行保荐服务的内涵向外延伸，真正为上市公司提供持续服务。这对保荐机构的定价能力、研究能力、估值能力、合规风控能力等方面提出了更高的要求，有助于保荐机构向多部门合作的大投行业务转型，助力保荐机构进一步做大做强，打造出航母级的头部证券公司。同时，也应当关注市场化定价与强制跟投之间的矛盾。如何缓解给保荐机构带来的巨大资金压力，规避跟投带来的潜在利益冲突，平衡保荐机构体系内外不同主体的利益，优化投资的比例、时点以及股份锁定等相关规则，实现与现有投资者追责机制的衔接，都值得进一步的研究探索。

第五节 科创板交易特殊安排

根据中国证券登记结算公司统计，截至2018年底，A股市场的个人投资者达到了14 549.66万人，机构投资者仅33.07万个。个人投资者占比超过了99.77%，其中持股市值不足50万元的中小投资者超过投资者总数的85%。A股市场一直以中小投资者为主，存在规模小型化、投资散户化的问题，投资者结构失衡是我国股市长期震荡的重要原因之一。科创板作为A股市场改革的试验田，在中国股市散户比例较大的投资者结构背景下，探索灵活高效的交易制度显得十分必要,如表 11-7 所示。

表 11-7 科创板重要交易制度与纳斯达克、沪市主板对比

	科创板	纳斯达克	沪市主板
交易制度	竞价交易制度	做市商制度	竞价交易制度
交易机制	T+1	T+0	T+1
投资者适当性	个人:证券账户及资金账户的资产不低于人民币 50 万元并参与证券交易满 24 个月	无要求	无要求
涨跌幅限制	涨跌幅限制:20% 首发、增发上市的股票,上市后的前 5 个交易日不设涨跌幅限制	无限制,但有熔断机制以防止股份剧烈波动,当发生以下剧烈波动时,暂停交易 5 分钟: 1. 标普 500 或罗索 1000 指数 5 分钟内涨跌超过 10%; 2. 价格超 1 美元/股的股票在 5 分钟内涨跌超过 30%; 3. 价格低于 1 美元/股的股票在 5 分钟内涨跌超过 50%	涨跌幅限制:10% 新股上市首日,连续竞价阶段、开市期间停牌阶段和收盘集合竞价阶段,有效申报价格不得高于发行价格的 144%
盘后交易制度	盘后固定价格交易:按照时间优先顺序对收盘定价申报进行撮合,并以当日收盘价成交	价格:市价 时间:盘前 (4:00—9:00), 盘后 (16:00—20:00) 限制:所有投资者均可参与 特点:流动性低,波动性高,成交最低	无
融资融券制度	科创板股票自上市首日起可作为融资融券标的证券,相关条件由上交所另行规定	做空标的:全部股票 做空方式:除融券外还包括股指期货、做空 ETF(交易型开放式指数基金)、期权等 做空价格:满足升价原则,卖空指定证券的价格不得低于当时最优盘卖盘价	融资融券: 融资融券标的:有严格限制,包括上市时间、流通股本、股东人数、行情指标要求、无风险警示等 融券价格:融券卖出的申报价格不得低于该证券的最新成交价; 当天没有产生成交的,申报价不得低于其前一日收盘价

续表

	科创板	纳斯达克	沪市主板
交易数量	单笔申报数量应当不小于 200 股，可按 1 股为单位进行递增；限价申报最大不超过 10 万股，市价申报最大不超过 5 万股；卖出时，余额不足 200 股的那部分，应该一次性申报卖出	无限制	应为 100 股或其整数倍，单笔申报最大数量应当不超过 100 万股。卖出时，余额不足 100 股的部分，应当一次性申报卖出
价格最小变动单位	依据股价高低，实施不同的申报价格最小变动单位	绝大部分为 0.01 美元，推行试点制度，1 200 只股票最小变动单位为 0.05 美元。筛选标准为市值小于 30 亿美元，股价高于 2 美元，日均成交量小于 100 万股的股票	A 股申报价格最小变动单位为 0.01 元人民币

资料来源：新三板法商研究院、前瞻产业研究院整理。

一、引入投资者适当性管理

由于一般投资者很难了解金融产品其中的风险特征，投资者适当性管理制度要求证券期货经营机构及其从业人员向投资者充分揭示产品风险，并只能向明确理解这些产品的投资者推荐，提升投资者理性判断能力。

为了保障科创板市场平稳运行，切实保护中小投资者权益，借鉴以往港股通、股票期权等创新业务适当性管理的经验，科创板针对创新企业的特点，在资产、投资经验、风险承受能力等方面实施投资者适当性管理制度。科创板对个人投资者和机构投资者参与设置不同的交易规则。个人投资者开通科创板股票交易权限的，个人投资者应当符合下列条件：申请权限开通前 20 个交易日证券账户及资金账户内的资产日均不低于人民币 50 万元（不包括该投资者通过融资融券融入的资金和证券），参与证券交易 24 个月以上，上交所规定的其他条件。该条规定从资产和交易经验两个方面划定了投资者的范围。对于暂未达到前述要求的个人投资者，也完全可以通过购买基金份额等方式间接参与科创板股票投资。目前，市场上多数股票型基金和混合型基金均可以参与科创板股票投资，部分基金公司还专门发起设立了科创主题基金等产品，投资者可以根据自身情况进行选择，通过基金参与科创板股票投资。规定投资者应符合50万元以上资产的要求，主要出于以下3个方面考虑：一是从投资者权益保护角度看，科创板企业商业模式新，技术迭代快，业绩波动和经营风险相对较大，参与科创板股票交易的投资者应具备与该资产要求相匹配的风险承受能力；二是从以往经验看，港股通、股票期权等创新业务均在适当性管理要求中明确了以个人投资者名义开立的证券账户及资金账户内的资产在申请权限开通前20个交易日日均不低于人民币50万元，这个关于投资者应符合相应资产状况的适当性管理条件的规定，在创新业务的平稳推出和投资者权益保护等方面取得了较好的效果；三是从数据测算看，现有A股市场符合50万元资产要求的个人投资者及机构投资者，交易占比超过70%。总体上看，科创板设置相关资产的要求，兼顾了投资者风险承受能力和科创板市场的流动性。

二、适度放宽涨跌幅限制

新股价格形成机制的变化和涨跌幅限制的放宽，堪称是科创板交易规则改革的亮点之一。其主要表现在以下两个方面：一是在发行上市的初期，科创板取消了新股上市首日价格最大涨跌幅44%的限制，在新股上市的前5个交易日不设涨跌幅限制。从境外市场看，新股上市的前5个交易日通常是价格形成期，股价波动较大，此后趋于平稳。为了防范不设涨跌幅限制可能带来股票价格剧烈波动的情况，科创板设置了新股上市前5日盘中临时停牌机制。在盘中成交价格较当日开盘价首次上涨或下跌达到30%、60%时，分别停牌10分钟。盘中临时停牌机制除了能够给予市场一段冷静期，减少非理性炒作外，还能防范"乌龙指"等错误订单的形成。二是在持续交易阶段，科创板将现行10%的涨跌幅限制适当放宽至20%，以提高市场价格发现机制的效率。为了防范放宽涨跌幅限制而导致股价大涨大跌，科创板在连续竞价阶段引入有效申报价格范围（即"价格笼子"）机制，规定了限价申报要求，买入申报价格不得高于买入基准价格的102%，卖出申报价格不得低于卖出基准价格的98%，不符合要求的申报将被系统拒绝，不能成交。市价申报不受此限制。此次科创板新股上市交易价格形成机制的改革改变了新股市场的生态，将推动新股上市后尽快形成合理价格，有利于遏制炒新。

科创板从维护市场稳定运行和保护中小投资者的利益出发，暂未引入T+0的交易制度，主要出于考虑以下3个方面：一是加剧市场波动。目前我国A股市场换手率较高，"炒小、炒差、炒新"的现象还比较普遍。引入T+0制度可能诱使中小投资者更加频繁地交易股票，虚增了市场中的资金供给，对证券价格易产生助涨助跌的影响。二是不利于中小投资者利益保护。相比于进行高频交易的专业投资者，中小投资者在交易技术和交易设备方面都处于较为不利的地位，贸然引入T+0制度会造成证券市场的不公平，损害中小投资者的利益。三是为操纵市场的行为提供了空间。在T+0的交易制度下，股票可以在一个交易日内多次换手，频繁交易为操纵市场的行为提供了更多便利。

三、引入盘后固定价格交易

为防范市场炒作，同时保障市场流动性，科创板引入盘后固定价格交易，以满足投资者多样化的交易需求。盘后固定价格交易是指科创板在收盘集合竞价结束后，交易系统按照时间优先顺序对收盘定价申报进行撮合，并以当日收盘价成交的交易方式。盘后固定价格交易是盘中连续交易的有效补充，可以满足投资者在竞价撮合时段之外以确定性价格成交的交易需求，也有利于减少被动跟踪收盘价的大额交易对盘中交易价格的冲击。如果市场交易金额较大，通过盘后固定价格交易，可以减少对股价波动影响。每个交易日的15:05至15:30为盘后固定价格交易时间，当日15:00仍处于停牌状态的股票不进行盘后固定价格交易。从交易的规则来看，盘后固定价格交易有以下特点：虽然交易时间仅 25 分钟,但可申报时间长达 4.5 个小时;盘后交易不占用集合竞价时间,在提升流动性上是竞价交易的有效补充;交易价格固定,投资者不必担心交易后当天亏损。在两市收盘后交易,投资者可根据主要指数收盘情况及收盘后市场消息做出投资决策,这种模式给予了投资者更多参考和理性选择的机会。

四、优化融资融券交易机制

2019 年 4 月 30 日,《上海证券交易所 中国证券金融股份有限公司 中国证券登记结算有限责任公司科创板转融通证券出借和转融券业务实施细则》(以下简称《细则》)发布,集中对科创板转融通证券出借和转融券业务做出了以下安排。

第一,规定扩大融券的券源,增加融券的规模,有助于改善"两融"市场"单边市"的现状。长久以来,与融资业务相比,我国融券业务的发展一直缓慢。截至 2019 年 5 月 8 日,融资余额在"两融"中占比高达 99%,而融券余额仅占比 1%。此次《细则》一方面推动落实公募基金、社保基金等机构作为出借人参与科创板证券出借业务,另一方面规定战略投资者配售获得的在承诺的持有期限内的股票可参与科创板证券出借。只要符合条件的公募基金、社保基金、保险资金等机构投资者以及参与科创板发行人首次公开发行的战略投资者,都可以作为出借人,通过约定申报和非约定申报方式参与科创板证券出借。新规同时要求战略投资者在承诺的持有期限内,不得通过与关联方进行约定申报、与其他主体合谋等方式,锁定配售股票收益、实施利益输送或者谋取其他不当利益。

第二,通过提高科创板证券出借、转融券业务效率,降低卖空成本,提高市场流动性和市场定价的效率。当市场受到限制或卖空成本较高时,由于投资者对证券价格的理解存在偏差,看空的投资者无法通过卖空使负面信息反映到证券价格中,证券价格往往被高估。《细则》通过降低市场卖空的成本,将为投资者提供更多的对冲套利的机会，为做空个股提供更多便利，从而促进做空机制的完善。此前在A股市场上，由于融券来源、标的被进行了严格的限制，卖空限制多、成本高，做空机制的发展也因此受到制约。此次科创板《细则》规定，市场主体可通过约定申报、非约定申报方式参与科创板证券出借、转融券业务。其中，通过约定申报方式达成交易的，上交所对出借人、中证金融、借入人三方的账户可交易余额进行实时调整，从而使借入人可实时借入证券，办理相关业务。

第三，完善融资融券制度，约束震慑上市公司舞弊、欺诈等违规行为。长期以来，资本市场上进行虚假扭亏、突击保壳、忽悠式重组、业绩造假的上市公司屡见不鲜。卖空报告与看多报告相比，寥寥无几，这跟做空机制不成熟甚至缺失有极大关系。转融券业务使证券公司通过证券金融公司平台向机构投资者进行融券，再将券供融资融券客户融券卖空。通过这一流程，转融券扩大了融资融券标的券源，增加了融券的做空机会。未来，随着卖空的操作空间和便利程度的增加，会涌现更多的空头机构，类似美国的"浑水""香橼"。当市场上多空力量开始相互抗衡，会逐渐挤出市场泡沫，促使市场逐步实现价值回归。

| 第十二章 |

持续监管重大制度改革评析

2019年3月1日，证监会发布《科创板上市公司持续监管办法（试行）》（以下简称《持续监管办法》），规范相关各方在企业于科创板上市后的行为，涉及公司治理、信息披露、股份减持、重大资产重组、股权激励、退市等方面。2019年7月12日，上交所发布《科创板上市公司持续监管通用业务规则及业务指南目录》以及《科创板上市公司信息披露工作备忘录》及配套公告格式指引。至此，科创板上市公司持续监管业务规则体系基本完备。

第一节 股权激励

股权激励是科创企业吸引人才、留住人才、激励人才的重要手段。股权激励方案设计得当，不仅能够激发核心技术人员的创新积极性，提升企业的盈利能力，还能有效降低人才的流失率，避免造成研发成本上升、研发进度不确定等负面影响，帮助企业实现长期稳定发展的目标。

一、科创板上市后的股权激励机制

此次科创板优化了股权激励相关规定，政策相对宽松，科创公司拥有更大自由度制订股权激励计划，以满足科创企业自己"量体裁衣"的需求，允许存在上市前制订、上市后实施的期权激励计划，特别是企业上市后对人才仍有持续激励的诉求，帮助企业制定出对人才更具吸引力的激励方案。因此，科创板上市后的股权激励机制更为灵活和市场化（见表12-1），主要表现在以下4个方面：

一是激励对象范围扩大。股权激励对象范围扩展至单独或合计持有上市公司5%以上股份的股东，实际控制人及其配偶、父母、子女以及外籍员工，以及上市公司的董事、高级管理人员、核心技术人员或者核心业务人员。激励对象范围的扩大充分考虑了科创企业对核心创始人和核心骨干人员的依赖，有利于吸引和保留核心人才。

二是扩大有效期内的股权激励比例。上市公司可以同时实施多项股权激励计划。《持续监管办法》第25条规定：科创公司全部在有效期内的股权激励计划所涉及的标的股票总数，累计不得超过公司总股本的20%。而此办法发布之前的相关规定是：上市公司全部在有效期内的股权激励计划所涉及的标的股票总数累计不得超过公司股本总额的10%。比例由10%提升至20%，可以为科创企业未来吸引和保留人才预留更大的空间。

三是引入新的限制性股票类型，提高股权激励实施的便利性。科创板的限制性股票可分为两类：第一类是"激励对象按照股权激励计划规定的条件，获得的转让等部分权利受到限制的本公司股票"；第二类是"符合股权激励计划授予条件的激励对象，在满足相应获益条件后分次获得并登记的本公司股票。"第一类可类比主板的限制性股票，从激励草案到授予、解锁流程相对复杂。主板限制性股票在授予后即需完成变更登记，股票所有权发生转移。先授予登记的缺陷在于，若后来公司未达到激励条件或者激励对象离职，将会触发回购注销已授予股票的程序。科创板新增了限制性股票类型，符合股权激励计划授予条件的激励对象，在满足相应获益条件后分次获得并登记本公司股票。按照《持续监管办法》出台之前的规定，限制性股票计划经股东大会审议通过后，上市公司应当在60日内授予权益并完成登记。从实践看，部分上市公司授予限制性股票后，由于未达到解除限售条件，需要回购注销。针对此种情况，科创板在新的限制性股票类型中，取消了上述 60 日的期限限制，允许激励对象在满足相应条件后，上市公司再行将限制性股票登记至激励对象名下，使操作更加便利。

四是授予价格制定更加灵活。科创板增强了股权激励价格条款的灵活性。按照《持续监管办法》出台之前的规定，限制性股票的授予价格，原则上不得低于激励计划公布前 1 个交易日股票交易均价的 50% 以及前 20 个交易日、前 60 个交易日、前 120 个交易日股票交易均价之一的 50%。《持续监管办法》及《科创板上市规则》取消了上述监管要求，对于授予价格低于市场参考价 50% 的，仅要求独立财务顾问对股权激励计划的可行性、相关定价依据和定价方法的合理性、是否有利于公司持续发展、是否损害股东利益等发表意见。此次放宽限制性股票的价格限制，将有利于科创公司股权激励计划的实施，进而有效发挥对人才的激励作用。

表 12-1 科创板股权激励与 A 股其他板块比较

项目	科创板	A 股其他板块
激励对象	单独或合计持有上市公司 5% 以上股份的股东，上市公司实际控制人及其配偶、父母、子女以及上市公司外籍员工，上市公司的董事、高级管理人员、核心技术人员或者核心业务人员，可以成为激励对象	不包括：单独或合计持有上市公司 5% 以上股份的股东或实际控制人及其配偶、父母、子女
限制性股票授予价格	上市公司授予激励对象限制性股票的价格，低于股权激励计划草案公布前 1 个交易日、20 个交易日、60 个交易日或者 120 个交易日公司股票交易均价的 50% 的，应当说明定价依据及定价方式。 出现前款规定情形的，上市公司应当聘请独立财务顾问，对股权激励计划的可行性、相关定价依据和定价方法的合理性、是否有利于公司持续发展、是否损害股东利益等发表意见	授予价格不得低于股票票面金额，且原则上不得低于下列价格较高者： （一）股权激励计划草案公布前 1 个交易日的公司股票交易均价的 50%； （二）股权激励计划草案公布前 20 个交易日、60 个交易日或者 120 个交易日的公司股票交易均价之一的 50%。 上市公司采用其他方法确定限制性股票授予价格的，应当在股权激励计划中对定价依据及定价方式做出说明

续表

项目	科创板	A股其他板块
限售	获益条件包含12个月以上任职期限的，实际授予的权益进行登记后，可不再设置限售期	在限制性股票有效期内，上市公司应当规定分期解除限售，每期时限不得少于12个月，各期解除限售的比例不得超过激励对象获授限制性股票总额的50%
激励股票累计	上市公司可以同时实施多项股权激励计划。上市公司全部在有效期内的股权激励计划所涉及的标的股票总数，累计不得超过公司股本总额的20%	激励计划所涉及的标的股票总数累计不得超过公司股本总额的10%
上市前期权激励，上市后实施的情形	发行人存在首发申报前制订的期权激励计划，并准备在上市后实施，原则上应符合下列要求：期权的行权价格由股东自行商议确定，但原则上不应低于最近1年经审计的净资产或评估值；发行人全部在有效期内的期权激励计划所对应股票数量占上市前总股本的比例原则上不得超过15%，且不得设置预留权益；在审期间，发行人不应新增期权激励计划，相关激励对象不得行权；在制订期权激励计划时应充分考虑实际控制人稳定性，避免上市后期权行权导致实际控制人发生变化	没明确规定上市前可实施股权激励

二、案例解读：乐鑫科技

乐鑫科技2019年9月23日晚间发布公告披露，当日公司董事会审议通过《关于公司〈2019年限制性股票激励计划（草案）〉及其摘要的议案》，成为首家出台股权激励方案的科创板上市公司。乐鑫科技表示，此次股权激励计划是为了进一步建立、健全公司长效激励机制，吸引和留住优秀人才，充分调动公司核心团队人员的积极性，有效地将股东利益、公司利益和核心团队个人利益结合在一起，使各方共同关注公司的长远发展。结合科创板股权激励规则，乐鑫科技的股权激励方案有 4 个亮点：

一是扩大激励对象范围。从乐鑫科技发布的《2019 年限制性股票激励计划激励对象名单》和《关于新增核心技术人员的公告》来看，此次激励计划的激励对象主要是核心技术人员，合计 21 人，其中核心技术人员 9 人，占比 42.86%。另外，激励对象中外籍员工有 8 人，占比 38.1%，此次激励计划将核心技术人员和外籍员工作为激励对象的重中之重。

二是股权激励方案突破"50%"的价格限制。乐鑫科技公告表示，激励计划授予限制性股票授予价格的定价方法为不低于公司首次公开发行后首个交易日收盘价的 50%，并确定为 65 元/股。此次授予价格是方案公布前 1 个交易日交易均价的 39.61%，是前 20 个交易日交易均价的 41.95%。根据《企业会计准则》，由于存在股份支付的处理，限制性股票公允价值和授予价格之间的差额将计入费用使得利润减少，如何平衡靓丽的财务数据和有吸引力的授予价格对上市公司是个考验，高比例折扣的"低价"是否涉嫌利益输送等引发上交所关注。

三是将第二类限制性股票作为激励工具。第一类限制性股票要求的刚性出资对激励对象影响很大，激励对象的现金收入可能暂不足以支撑这笔大额的现金支出，而采用第二类限制性股票的模式，公司可以在股票授予时不进行登记，而是在满足一定条件后，再登记给激励对象，从而避免了第一类限制性股票先授予登记所带来烦琐程序的缺陷。

四是股权激励实施规则更加灵活简便，上市公司可以"量体裁衣"，选择适宜自己的激励安排。乐鑫科技根据激励对象司龄不同，将激励对象分为两类，第一类激励对象为在公司连续任职 1 年以上员工，合计 19 人，第二类激励对象为在公司任职 1 年以下员工，合计 2 人，公司对两类激励对象分别设置了不同的归属安排，具体如表 12-2、12-3 所示。不同对象设置不同归属安排，不同业绩对应不同归属比例。特别是乐鑫科技对于归属条件的业绩考核选用了营收、毛利这两个指标，这与科创公司受三费、息税影响较大有关，选择毛利能代表和体现其主营业务能力。乐鑫科技披露,其除了选用净利润指标外,还创新性地采用了"研发项目产业化累计销售额"作为考核指标。

表12-2 乐鑫科技对第一类激励对象的归属安排设置

归属安排	归属时间	归属权益数量占授予权益总量的比例
第一个归属期	自授予之日起12个月后的首个交易日至授予之日起24个月内的最后一个交易日止	25%
第二个归属期	自授予之日起24个月后的首个交易日至授予之日起36个月内的最后一个交易日止	25%
第三个归属期	自授予之日起36个月后的首个交易日至授予之日起48个月内的最后一个交易日止	25%
第四个归属期	自授予之日起48个月后的首个交易日至授予之日起60个月内的最后一个交易日止	25%

表12-3 乐鑫科技对第二类激励对象的归属安排设置

归属安排	归属时间	归属权益数量占授予权益总量的比例
第一个归属期	2020年公司年度报告经股东大会审议通过后的首个交易日起至2020年公司年度报告经股东大会审议通过后12个月内的最后一个交易日止	25%
第二个归属期	2021年公司年度报告经股东大会审议通过后的首个交易日起至2021年公司年度报告经股东大会审议通过后12个月内的最后一个交易日止	25%
第三个归属期	2022年公司年度报告经股东大会审议通过后的首个交易日起至2022年公司年度报告经股东大会审议通过后12个月内的最后一个交易日止	25%
第四个归属期	2023年公司年度报告经股东大会审议通过后的首个交易日起至2023年公司年度报告经股东大会审议通过后12个月内的最后一个交易日止	25%

股权激励作为企业中长期激励机制的重要手段，不仅是一种权益分配方式，它还涉及企业利润分配、注册资本变化、股权稀释、人才管理制度、绩效设置、股权定价、退出机制等诸多要素和流程，稍有不慎，就有可能引发股权纠纷、股价波动等，给企业的长远发展埋下隐患。基于科创板公司极高的人力资本依存度，企业在确定激励模式时要综合考虑现金流情况、经营风险、激励对象、持股方式的规划、股权来源、额度、价格安排以及行权条件的设计等因素，选择适合的股权激励计划，实现企业及激励对象双赢。

第二节　表决权差异安排

表决权差异安排，又称"不同投票权机制"或"特殊投票权机制"，通俗说法为"同股不同权"，是指公司在一般规定的普通股份之外，发行拥有特别表决权的股份，每一单位特别表决权股份拥有的表决权数量大于每一单位普通股份拥有的表决权数量，其他的股东权利与普通股份相同的一种安排。一般情况下，存在差异化表决权结构的公司是向创始股东发行特别表决权股份，向公众发行普通表决权股份，达到创始股东用少量股份锁定公司多数表决权即控制权的效果。特别表决权股份（一般被称为 A 类股份）与普通表决权股份（一般被称为 B 类股份）除了表决权不同，在其他股东权利方面几乎不存在差异。公司 A 类股份股东作为公司的创始及核心管理团队能够集中公司表决权，从而能够使公司治理效率提升。特别表决权安排是考虑到了创新经营需要时间的积累，通过对创始人控制权益的长期保障，激励创始人勇于不断创新，从而增加企业家的安全感、归属感和凝聚力。

与传统的公司平等对待所有股东、同股同权同利、一股一票的公司治理结构相比较，差异化表决权机制因能够契合科创型企业在实现巨额融资的同时，还能保持创始人控股结构的稳定，而为许多新兴科技公司所追捧，成为新型产业融资的新模式，更引发了全球资本市场的竞争。2018 年，中国香港与新加坡两地正式接纳"同股不同权"的公司上市。2018年3月,中国证监会发布关于开展创新企业境内发行股票或中国存托凭证试点的意见,意味着"独角兽"采取"同股不同权"股权架构在中国上市成为可能。科创企业有其自身的成长路径和发展规律,对表决权进行差异化的安排是科创企业发展的内在需求,也是科创企业公司治理的实践选择。此次出台的科创板规则的重要亮点之一便是接纳差异化表决权安排的公司在科创板上市。

一、差异化表决权结构利弊分析

差异化表决权结构能够在公司大量融资的同时,维持创始人对公司控制权的稳定,相较于一致行动人协议、表决权委托以及有限合伙持股等制度安排有不可替代的优越性。具体而言:第一,有助于解决公司持续融资与维护控制权稳定之间的矛盾。传统公司法下的"资本多数决"反映的是股东资本的多少,却无法反映创始股东的商业远见与领导才能。创始股东往往具备上述素质却缺乏资金,随着公司的不断融资,其股权不断被稀释,甚至丧失对公司的控制权。因此,为了更好地保护创始人的积极性,需要采取创始人、投资人和企业共赢的融资模式。第二,有助于稳定公司发展方向,减少敌意收购的侵扰。在差异化表决权结构下,创始人股东拥有对公司的控制权,在面对敌意收购时有更多的谈判筹码,可防止短期金融资本将公司作为炒作对象,或为防范敌意收购上佳的法律武器。第三,其他变相实现创始人控制的制度存在"天然的缺陷",无法形成稳定的股权结构。比如,一致行动人协议可以被随时解除,随着股权不断稀释,若要维持创始人控制权需要不断增加一致行动方,操作起来有困难。有限合伙持股形式下,有限合伙人(LP)既无表决权也无其他法定股东权利,较难得到投资者的认可。表决权委托形式下,伴随股权融资公司也需要不断寻找新的委托人,这样会增加公司维持控制权的成本,不宜长期使用。

差异化表决权结构具有结构稳定、预期明确、实践经验较为成熟等特征,可以在实现公司股权明晰的基础上持续融资，更符合创新企业的现实需求。差异化表决权结构因上述优点被以京东、百度、小米等为代表的公司普遍采用，但是这种结构也给公司治理带来挑战，衍生新的问题。第一，从规避控制权市场监督的角度看，一股一权下，如果中小投资者因为集体行动等问题难以行使表决权监督，也可以通过转让股权给收购方的形式，依靠控制权市场威慑创始股东，督促管理层保持勤勉尽责。差异化表决权结构创造出了一个掌握公司巨大资源却无须承担相应责任的管理层，即使经营效率降低也难以撼动其地位。第二，从代理成本增加的角度看，差异化表决权结构下创始股东持有较少的股权却能够决定公司的重大事项，这种收益权和表决权的不对等使其有更多的机会谋求控制权带来的私人利益，可能会导致出现公司向创始股东输送利益的问题，公司代理成本也随之增加。

二、差异化表决权结构下的"创始人—投资者保护天平"

根据公司发展的周期规律，在公司发展之初，无须对创始股东进行过多的限制，充分释放差异化表决权结构的制度红利将公司做大做强是对中小投资者最好的保护。随着公司运营时间的延续，制度红利不断消退。一方面，公司在运营成熟期或许不再依赖于创始人的商业战略；另一方面，即使公司的治理效率变得低下，创始股东也有动力维持其对公司的控制权，使得收购难以进行，导致中小投资者的利益受到侵害。故在此阶段，有必要采取措施增加保护中小投资者的筹码，实现"创始人—投资者"的周期平衡。差异化表决权结构下投资者保护的"平衡筹码"直接影响着结构的公平和效率，常用的"平衡筹码"有以下6个方面：

1. 公司须在IPO时完成差异化表决权结构的安排。

按照结构设立时点，该安排可以分为在最初上市设立差异化表决权结构和上市以后采用股权重组的方式设立差异化表决权结构。相对而言，后者存在更大的风险。美国纽交所、纳斯达克交易所等的上市规则均规定，公司在首次公开发行前和首次公开发行时可以发行投票权不同的股票，公开发行并上市后，不得再发行含有较高表决权的股票；港交所上市规则也要求不同投票权架构发行人不得提高已发行的不同投票权比重，不得增发任何不同投票权股票。

  这一规定在于禁止上市公司控股股东通过修改公司章程的方式，自行提高自身的表决权比重。因为投资者起初在二级市场中购买股票时，预期是获得完整表决权的股份，而上市公司如果可以再次发行特别表决权股票，就会使投资者的表决权折损，即使上市公司以承诺较高股息的方式对中小投资者进行补偿，也会存在补偿数额不足以及上市公司选择不分红，使股息补偿沦为空谈的风险。当然，中小投资者也可以选择要求公司回购股票或在二级市场上抛售股票，但是前者仍然存在回购价格确定的问题，后者由于表决权的折损可能已经体现在股价上，投资者依然会遭受经济利益上的损失。另外，上市后再次发行特别表决权股票可能使得管理层完全不受敌意收购的约束，从而侵害中小投资者的利益。由于差异化表决权结构的制度红利在 IPO 后不断下降，因此，IPO 后创始股东通过公司再次发行特别表决权股票，未必会使公司的治理效率提高，相反可能会带来更高的代理成本。

  2. 限制特别表决权股份的表决权倍数。

  差异化表决权结构下，特别表决权股份的表决权"放大效应"显著，创始人团队以较小的持股比例获得公司控制权。世界主要证券交易所均对特别表决权股份的表决权"放大规模"做出了限制。如美国纽交所、纳斯达克交易所均规定，每单位特别表决权股份的表决权数量最高不得高于每单位普通股份表决权数量的 20 倍；日本东京交易所规定，最高不得高于普通股份表决权的 10 倍；港交所一方面规定不得超过 10 倍，同时规定拥有特别表决权的股东持股比例不得低于 10%。

  3. 限制行业和公司规模。

  中国港交所和新加坡交易所对设置结构公司的行业和规模都进行了限制。港交所要求实施差异化表决权的公司应为创新产业公司，公司业务应具有高速增长性,且要求应具备机构投资者的实质性投资(该投资在公司上市后限售 6 个月)。此外,公司预期市值应不低于 100 亿港元;预期市值低于 400 亿港元的,最近 1 年经审计财报收入不低于 10 亿港元。新加坡交易所要求公司市值不低于 5 亿新加坡元,且应具有机构投资者一定比例的投资(如市值在 10 亿新加坡元以上的,持股比例不低于 10.8%)。对公司行业与规模进行限制是因为科技创新公司对差异化表决权结构有更加强烈的需求,通过筛选,让预期有更高回报率的公司上市,用股权收益在一定程度上弥补中小投资者的表决权"折损"。

4. 特殊的信息披露要求。

信息披露是在有效市场假说前提下消除中小投资者和公司之间信息不对称的核心机制。在差异化表决权结构下,创始股东对公司的控制权和现金流支配权分离程度越大,由其担任管理层的代理成本就越高,此时创始股东与中小投资者之间的利益冲突也会加剧。因此,投资者保护的核心安排应该是强化公司信息披露义务,让公司的信息反映在股价上,从而用市场约束创始股东的行为。

采取双层股权架构公司的特殊信息披露义务可概括为以下 3 点:第一,发行人应从商业经营模式、行业特征、创始股东对企业不可替代的贡献等方面就上市公司采用差异化表决权结构的必要性予以披露。第二,在发行材料和持续披露材料中对双层股权结构安排、特殊法律风险予以特殊披露。例如,对该类公司股票、定期报告、临时报告给予特别标记,与"同股同权"公司做出区分,在公司章程中对公司发行股票的种类、数量及可以表决的事项予以说明。此外,对于股东行使特别表决权的重大事项也应就股东之间可能存在的利益冲突予以充分披露,并请中介机构对表决权行使的合规性发表专业意见,以保护中小投资者的利益。第三,对超级表决权股东的身份进行穿透式监管。这可能使创始股东将"叠金字塔"与差异化表决权结构结合,使得创始股东通过控制上市公司控股主体,达到持有更少的股份但控制整个公司的目的,引发更加严重的代理成本问题,有必要对金字塔式持股结构、股份代持、不同表决权股的受益人等情况进行穿透式披露，以便中小投资者了解公司的真实情况。

5. 重大事项恢复"一股一权"表决。

重大事项恢复"一股一权"表决，指在某些涉及普通股股东重大利益的事项上，特别表决权失效，所有股东按照一股一票的方式进行表决。普通股股东认可创始股东的特别表决权，是基于其独特的商业眼光，并非让渡自身参与所有决策事项的权利。故当创始人行使的权利与其进行商业判断无关时，其所持股份不应具有超级表决权。日本东京交易所规定，在修订公司章程、股份分拆、并购重组等事项上应当恢复同股同权表决。港交所规定，在公司章程修订、类别股相关权利变动、委任/罢免独立非执行董事、委聘/辞退审计师、公司清算等事项上，应当恢复同股同权表决。新加坡交易所规定，在修改公司章程等公司基础性文件、改变任何组别股票的权利、任免独立董事、任免审计人员、反向收购、主动解散上市公司、主动退市事项上，应当恢复同股同权表决。

6. 日落条款。

日落条款是指在发生特定事件后或者经过特定期限，公司的差异化表决权结构转换为单一股权结构。一些学者将日落条款具体划分为持股比例日落条款、固定期限日落条款、特定事件触发型日落条款。持股比例日落条款是指持有特别表决权股份的股东持股低于一定比例，或者要约收购者收购的普通表决权股份达到一定比例将导致差异化表决权结构的终结。后者在日本被称为"打破规则"，该规则是参照欧盟收购指令的突破性规则制定的，目的是防止风险承担和控制之间的过度失衡。固定期限日落条款是指在 IPO 时确定差异化表决权结构的存续时间，到期由股东大会决议是否继续采用。特定事件触发型日落条款是指在特定事件发生时差异化表决权结构宣告终结。

如上所述，差异化表决权结构的制度红利会随着时间的推移逐渐消失，而潜在代理成本也会较公司 IPO 时不断上升。当保留差异化表决权结构不再有效率时，创始股东却仍有动力继续保留该架构，维护其既得利益。因此，需要日落条款来中止没有效率的结构。日本东京交易所要求公司章程规定，当要约收购者持有的股份超过一定数量时，公司超级表决权股转化为普通股，当超级表决权股满足被转让、其持有人原有身份丧失或死亡等条件时，超级表决权股自动转换为普通股；中国港交所要求不同投票权的受益人应担任发行人的董事，当其不再为董事（包括被港交所视为不再适合担任董事的情形）、身故或失去行为能力、将股份转让给他人时，其差异化表决权将失效。

三、科创板差异化表决权制度安排与评价

《科创板上市规则》主要从上市公司设置表决权差异安排的条件、拥有特别表决权的股东主体资格和后续变动限制、充分保障普通股股东的合法权益、公司强化信息披露及监督机制等4个大的方面进行了规制，具体规则如表12-4所示。

表12-4 科创板差异化表决权制度规则

市值及财务指标门槛	《科创板上市规则》规定，发行人具有表决权差异安排的，市值及财务指标应当至少符合下列标准中的一项： 1. 预计市值不低于人民币100亿元； 2. 预计市值不低于人民币50亿元，且最近1年营业收入不低于人民币5亿元。 从预计市值要求来看，以上标准已经远远超过申报科创板所有5套标准的最高市值及财务要求。《科创板上市规则》并未在实施意见基础上对发行人资格做更多要求，因此不论是境内注册发行人，还是境外红筹企业，均可以发行特别表决权股份
股东资格	持有特别表决权股份的股东应当为对上市公司发展或者业务增长等做出重大贡献，并且在公司上市前及上市后持续担任公司董事的人员或者该等人员实际控制的持股主体。 持有特别表决权股份的股东在上市公司中拥有权益的股份合计应当达到公司全部已发行有表决权股份10%以上
后续变动	1. 发行人在首次公开发行并上市前不具有表决权差异安排的，不得在首次公开发行并上市后以任何方式设置此类安排。 2. 发行人首次公开发行并上市前设置表决权差异安排的，应当经出席股东大会的股东所持三分之二以上的表决权通过

续表

后续变动	3. 上市公司股票在科创板上市后，除同比例配股、转增股本情形外，不得在境内外发行特别表决权股份，不得提高特别表决权比例。 4. 上市公司因股份回购等原因，可能导致特别表决权比例提高的，应当同时采取将相应数量特别表决权股份转换为普通股份等措施，保证特别表决权比例不高于原有水平。 5. 特别表决权股份不得在二级市场进行交易，但可以按照上交所有关规定进行转让。根据实施意见，特别表决权股份一经转让，应当恢复至与普通股份同等的表决权
表决权数量限制	1. 上市公司章程应当规定每份特别表决权股份的表决权数量。上市公司应当保证普通表决权比例不低于10%，即特别表决权比例不高于90%。 2. 每份特别表决权股份的表决权数量应当相同，且不得超过每份普通股份的表决权数量的10倍。 3. 单独或者合计持有公司10%以上已发行有表决权股份的股东有权提议召开临时股东大会；单独或者合计持有公司3%以上已发行有表决权股份的股东有权提出股东大会议案
保留事项	除公司章程规定的表决权差异外，普通股份与特别表决权股份具有的其他股东权利应当完全相同。 上市公司股东对下列事项行使表决权时，每一特别表决权股份享有的表决权数量应当与每一普通股份的表决权数量相同： （1）对公司章程做出修改； （2）改变特别表决权股份享有的表决权数量； （3）聘请或者解聘独立董事； （4）聘请或者解聘为上市公司定期报告出具审计意见的会计师事务所； （5）公司合并、分立、解散或者变更公司形式。 其中，第（1）、（5）属于《公司法》要求的必须经出席会议的股东所持表决权的三分之二以上通过的事项
转换条件	出现下列情形之一的，特别表决权股份应当按照1∶1的比例转换为普通股份： （1）持有特别表决权股份的股东不再符合科创板上市规则规定的资格和最低持股要求，或者丧失相应履职能力、离任、死亡； （2）实际持有特别表决权股份的股东失去对相关持股主体的实际控制； （3）持有特别表决权股份的股东向他人转让所持有的特别表决权股份，或者将特别表决权股份的表决权委托他人行使； （4）如果公司的控制权发生变更，上市公司已发行的全部特别表决权股份均应当转换为普通股份

续表

信息披露与监管	1. 存在特别表决权股份的境内科技创新企业申请发行股票并在科创板上市的,公司章程规定的事项应当符合上交所有关要求,同时在招股说明书等公开发行文件中,充分披露并特别提示有关差异化表决权安排的主要内容、相关风险及对公司治理的影响,以及依法落实保护投资者合法权益的各项措施。 2. 上市公司具有表决权差异安排的,监事会应当在年度报告中,就相关事项出具专项意见。 3. 持有特别表决权股份的股东应当按照所适用的法律法规以及公司章程行使权利,不得滥用特别表决权,不得利用特别表决权损害投资者的合法权益。出现满足转换条件情形,损害投资者合法权益的,上交所可以要求公司或者持有特别表决权股份的股东予以改正

总体上看,科创板规则中的"平衡筹码"和港交所的基本类似,它们的差异主要体现在4个方面:第一,从行业规模的要求来看,港交所要求有机构投资者参与,设置这一规定的目的是通过机构投资者的认可为公司发展背书,同时提高公司设置结构的门槛。科创板并未设置这一要求,更多的科技创新企业有机会设置结构,它对投资者的风险识别能力提出了更高的要求。第二,科创板允许董事持有特别表决权股,而港交所仅允许自然人担任特别表决权股股东。科创板该方面的规则与新加坡交易所的相同,目的是解决多名创始人希望共同控制公司的发展方向,但是无法让更多人同时担任董事的情况,但是这种"叠金字塔"与双重股权结构的结合会加大公司的经济利益与控制权的分离,增加产生代理成本的风险,对此应该进行更加严格的信息披露。第三,科创板要求监事会对差异化表决权行使的合规性发表意见,港交所要求成立完全由独立董事构成的公司治理委员会,每半年发布一次公司治理报告,并配备一名常任合规顾问,就结构事宜提供咨询意见。第四,科创板在普通股股东召开临时股东大会和提案权方面,对股东权利的保障相比于港交所又有加强,值得肯定。但是,无论是科创板还是港交所都未规定固定期限的日落条款以及"打破规则"。

科创板引入的表决权差异安排制度创新,也是司法领域面对的全新课题,比如表决权差异安排决下的股东决议效力、股权激励、关联交易效力判断、中小股东诉讼途径等。《最高人民法院关于为设立科创板并试点注册制改革提供司法保障的若干意见》专门对表决权差异安排做出指导：一是在法律层面充分尊重设置差异化表决安排的公司自治，包括科创板上市公司构建与科技创新特点相适应的公司治理结构、尊重股东大会决议的效力、尊重符合法律规定的股权激励对象扩张；二是在尊重"同股不同权"的同时，做到"同股不同责"，禁止持有特别表决权股份的股东滥用权利，以公司自治方式突破科创板上市规则侵犯普通股股东合法权利的，人民法院应当依法否定其行为效力，防止制度功能的异化；三是建立有效甄别合法业务决策与违法关联交易的识别机制，仅以股东会通过相关决议的程序为由抗辩，不能直接得出关联交易合法的结论；四是用好现行代表人诉讼制度，尤其是民诉法上的人数不确定的代理人诉讼程序，对于投资者追偿与防范证券欺诈均意义重大。

四、案例解读：优刻得

2019 年 4 月 1 日，根据上交所公布的科创板受理企业名单，优刻得公司成为首家采纳表决权差异安排的公司。根据招股说明书，作为一家成立于 2012 年的第三方云计算服务商，2013—2015 年，该公司共获得 3 轮融资，投资方包括风险投资公司 DCM、贝塔斯曼、君联资本、光信资本等，投资金额共计 1.6 亿美元；2017 年，获得元禾控股、中金甲子 9.6 亿元融资；2018 年，拆除了 VIE 架构，在 E 轮融资时引入重要关联方中国移动。优刻得是科创板第一家设置特别表决权并顺利上市的企业。2019 年 3 月 17 日，优刻得召开 2019 年第一次临时股东大会，设置特别表决权股份。根据《关于〈优刻得科技股份有限公司关于设置特别表决权股份的方案〉的议案》，季昕华、莫显峰、华琨所持有的每单位 A 类股份拥有的表决权数量为每单位 B 类股份拥有的表决权数量的 5 倍。特别表决权设立之后，3 个实际控制人的表决权合计占比为 64.71%，其中季昕华表决权比例为 33.67%，莫显峰和华琨表决权比例为 15.52%，他们能够通过股东大会直接决定公司相关事宜，拥有绝对控制权。科创板细则规定，特别表决权股份上市之后不可在二级市场交易。另外，招股说明书也提示了相关风险，受特别表决权的影响，中小股东的表决能力将会受到限制，由于代表的利益方不同，中小股东利益有受到损害的可能性。

表决权差异安排是一种企业家与投资者之间的企业治理契约安排，旨在创造性解决投资者对代理成本的担忧与企业家控制权追求之间的冲突。优刻得公司的表决权结构安排，从最初设立时的3倍特别表决权安排，变为多次融资后的5倍，这一特别表决权的治理结构绝非共同控制人恣意随机的安排，均是经过测算并综合考虑各方意见和要求的基础上，经共同控制人与其他股东一致同意达成最终结果的契约安排。

表决权差异机制是一种风险分配机制，旨在赋予创始人特别表决权，而推动创始人专注提升公司的长远价值与长远战略布局，最大化公司现金流收益，并与所有股东共同分享。优刻得公司招股说明书中关于特别表决权人持股的限售减持承诺、稳定股价承诺、补偿损失承诺、根据公司发展阶段与盈利水平的10%至80%的现金分红承诺，均是特别表决权架构下的风险分配机制的具体表现。

表决权差异安排是一种有效的企业家创新激励机制，旨在促使创始人向企业投入更多创新资本和人力资本。优刻得公司的招股说明书对引入特别表决权进行表述，是为了保证公司的共同控股股东及实际控制人对公司整体的控制权，从而确保公司在上市后不会因实际控制权在增发股份后减弱而对公司的生产经营造成重大不利影响，保护发行人全体股东的利益。

优刻得公司收到上市申请受理通知书之后，于2019年4月12日与5月14日接受了上交所的两轮问询，问询核心之一就是"特别表决权"架构，主要围绕4个方面，即：设置特别表决权安排的合法性、设置特别表决权的必要性与合理性、特别表决权安排对公司控制权稳定性的影响、特别表决权安排对中小股东利益的影响问题，优刻得公司具体答复如表12-5所示。

表 12-5　优刻得公司关于"特别表决权"架构问询的答复

发行人设置特别表决权股份是否符合相关法律规定	根据《公司法》第 131 条规定，国务院可以对《公司法》规定以外的其他种类的股份，另行做出规定。《国务院关于推动创新创业高质量发展打造"双创"升级版的意见》（国发〔2018〕32 号）第 26 条规定，"推动完善公司法等法律法规和资本市场相关规则，允许科技企业实行'同股不同权'治理结构"。据此，证监会有权根据国务院的安排及其职责，制定科技企业有关"同股不同权"治理结构的相关规则。根据《科创板实施意见》第 5 条、《科创板上市规则》第 4.5.2 条与第 24 条、《上市公司章程指引》（2019）第 15 条，优刻得公司是一家符合要求的科技创新企业，满足《科创板上市规则》第 2.1.4 条第 2 款"预计市值不低于人民币 50 亿元，且最近已营业收入不低于人民币 5 亿元"的设置特别表决权安排的要求。因此，该公司设置特别表决权股份具有合法性依据
季昕华、莫显峰及华琨持有特别表决权股份的必要性与合理性	就该公司创始人持有的特别表决权股份的必要性与合理性问题，须回归到该公司的发展沿革与特别表决权的形成过程予以判断。必要性在于进一步稳固共同控制权，这是发行人持续稳定发展的必然要求，也是降低本次发行及上市后再融资对共同控制权稀释影响的现实需要。合理性在于可以承继该公司历史上存在特别表决权的比例安排，本次特别表决权安排具有历史延续性
发行人的特别表决权安排运行时间较短，特殊公司治理结构是否稳定有效	中介机构的意见指出，其一，设置特别表决权是对此前发行人稳定有效的控制关系的进一步加强。发行人于 2019 年 3 月 17 日设置特别表决权前的近两年内，季昕华、莫显峰及华琨三人具体管理发行人并共同对发行人的业务经营及发展起到决定性的作用，在发行人历届股东会/股东大会/董事选举中均表决一致，且能够在发行人层面共同决定董事会半数以上成员，并在历次董事选举上保持一致决策。其二，发行人召开临时股东大会一致通过设置特别表决权，程序合法有效。其三，发行人其他股东潜在调整现有特别表决权安排的实操难度较大，现有特别表决权安排具有实际层面的稳定性
发行人的特别表决权安排设置与中小股东利益保障安排	首先，从体系架构观察，招股说明书从重大事项提示、公司治理与独立性、投资者保护 3 个部分统筹交叉规范了中小股东权益保障问题。其次，从具体措施观察，细化了《科创板上市规则》要求投资者保护的规范动作。例如：（1）风险提示。重大事项提示之中强调公司采用特别表决权结构之下，共同控制人对公司经营管理与股东大会决议事项具有绝对控制权，能够直接影响股东大会决策，中小股东的表决能力将受到限制，甚至特殊情况下，3 位共同控制人利益可能与公司其他股东，特别是中小股东利益不一致，存在损害中小股东利益的可能。（2）限制措施。《公司章程》对特别投票权股采取了多方面限制，例如，确保上市后 A 类普通股投票权比例不会进一步增加，不会进一步摊薄 B 类普通股的投票权比例，对《公司章程》修改等重大事项投票时仍采用"一股一票"的投票制度，董监事选举表决应当实行累积投票制；在股东大会审议影响中小投资者利益重大事项时，中小投资者单独计票表决。再次，从投资者保护的制

续表

发行人的特别表决权安排设置与中小股东利益保障安排	度创新观察，优刻得公司的控股股东及实际控制人、发行前持股5%以上的股东、间接持有发行人股份的董事和核心技术人员、高级管理人员、监事共同承诺，若非因不可抗力原因未能履行减持意向承诺、未能履行稳定股价措施、未能保证招股说明书及相关发行申请文件所载内容之真实性、准确性、完整性，以及未采取填补被摊薄即期回报措施，则本人将向股东和社会公众投资者道歉，以自有资金补偿公众投资者因信赖实施交易而遭受的直接损失，在完全消除所有不利影响之前，本人不获取红利或红股等

差异化表决权结构视角下的中小投资者保护，需要考虑公司发展的周期及未来成长性，同时也应兼顾市场投资者的特点。在我国，证券市场以散户为主，投资者自我保护能力相对较弱，监管机构可能就要多一些"父爱主义"的关怀，匹配更严格的投资者保护措施，维持"创始人—投资者天平"的动态平衡。

第三节　股份限售与减持

目前我国上市公司存在的无序减持、违规减持问题，是公司内部治理存在缺陷、配套法律不完善、监管滞后、处罚力度不够等综合作用的结果。上市公司股份减持过程中常常伴随虚假信息披露、内幕交易、操纵市场等违法违规行为，严重损害了投资者特别是中小投资者的合法权益。限售股份解禁后，面对科创板公司的高估值，控股股东、实际控制人、董监高以及核心技术人员等比较容易有减持的冲动。减持制度旨在进一步规范上述人员理性、有序减持股份，引导产业资本专注科技实业。科创板减持规定是在证监会和上交所原有减持细则（包括《上市公司股东、董监高减持股份的若干规定》《上海证券交易所上市公司股东及董事、监事、高级管理人员减持股份实施细则》）的基础上优化提出的，包括扩大限售股东的覆盖面，强化减持信息披露，对未盈利公司股东减持提出更高要求，并首次提出股份减持需保障经营的稳定性，主要变化体现在以下5个方面：

一是保持科创企业控制权和技术团队的稳定。科创企业高度依赖创始人以及核心技术人员,且发展具有极大的不确定性。这要求科创板减持制度既要充分关注合理的股份减持需求,也要重视保持科创企业股权结构的相对稳定,实现公司的行稳致远。因此,一方面,要求自公司股票上市之日起36个月内,控股股东、实际控制人不得减持首发前股份,即使在解除限售后进行减持,也应当充分披露减持行为对公司控制权的影响及后续安排,以保证上市公司持续稳定经营;另一方面,规定公司核心技术人员在上市后1年内和离职后6个月内不得减持首发前股份,在1年的锁定期届满后,每年减持的首发前股份也不得超过上市时所持首发前股份的25%。

二是对尚未盈利公司股东减持做出限制。针对上市时未盈利的公司,在公司实现盈利前,其控股股东、实际控制人、董监高及核心技术人员自公司股票上市之日起3个完整会计年度内,不得减持首发前股份。第4、5个会计年度仍未盈利的,控股股东、实际控制人相应年度每年减持首发前股份不得超过公司股份总数的2%。与主板不同在于如果企业上市后业绩变脸,过了锁定期即可减持,而科创板对减持锁定期适当延长,避免亏损企业减持套现,具体见表12-6。

表12-6 科创板与主板、中小板、创业板股东减持要求对比

股东性质	科创板			主板、中小板、创业板	
	限定条件	锁定期	减持要求	锁定期	减持要求
控制股东/实际控制人	上市盈利	36个月	每90天集中交易,减持不超过1%,大宗交易减持不超过2%(以下简称"每90天1%—2%")	36个月	每90天1%—2%
	上市未盈利,实现盈利前	36个月	上市起第4、5年不超过公司总股本2%,每90天1%—2%		

续表

股东性质	科创板			主板、中小板、创业板	
	限定条件	锁定期	减持要求	锁定期	减持要求
董监高	上市盈利	12个月，离职半年内	任期内每年所持25%，每90天1%—2%	12个月，离职半年内	任期内每年所持25%，每90天1%—2%
	上市未盈利，实现盈利前	36个月，（离职亦要遵守），离职半年内	任期内每年所持25%，每90天1%—2%		
核心技术人员	上市盈利	12个月，离职半年内	每年减持不超过首发前股份25%，减持比例可以累积使用，每90天1%—2%	12个月	无单独规定，遵守每90天1%—2%
	上市未盈利，实现盈利前	36个月，（离职亦要遵守），离职半年内	每年减持不超过首发前股份25%，减持比例可以累积使用，每90天1%—2%		
战略配售股东		12个月	每90天1%—2%，限售期内可作为融券标的借给证券公司	12个月	每90天1%—2%
上市前6个月增资入股股东		36个月	每90天1%—2%	36个月	每90天1%—2%
创投股东	截至受理日投资期限不满36个月	12个月	每90天集中竞价减持不超过1%，大宗交易减持不超过2%	12个月	每90天集中竞价减持不超过1%，大宗交易减持不超过2%
	截至受理日投资期限36~48个月	12个月	每60天集中竞价减持不超过1%，大宗交易减持不超过2%	12个月	每60天集中竞价减持不超过1%，大宗交易减持不超过2%

续表

股东性质	科创板			主板、中小板、创业板	
	限定条件	锁定期	减持要求	锁定期	减持要求
创投股东	截至受理日投资期限超过48个月	12个月	每30天集中竞价减持不超过1%，大宗交易减持不超过2%	12个月	每30天集中竞价减持不超过1%，大宗交易减持不超过2%
其他首发股东		12个月	每90天1%—2%	12个月	每90天1%—2%
定增股东		另行规定	另行规定	12个月（1年期）、36个月（3年期）	每90天1%—2%，解禁首年减持不得超过所持定增股份的50%
首发前股份非公开转让受让方股东		另行规定	另行规定	6个月	无

资料来源：证监会，上交所，新时代证券研究所。

三是进一步优化股份减持方式。引导上市公司股东通过非公开转让、配售方式转让首发前股份，由证券交易所对转让的方式、程序、价格、比例及后续转让等事项进行具体规定，进一步提高减持制度的合理性。

四是为创投基金等其他股东提供更为灵活的减持方式。在首发前股份限售期满后，除了现有的集中竞价、大宗交易等方式，创投基金等也可以采取非公开转让、配售方式实施减持，以便利创投资金退出，提高创投资本参与科创板投资的积极性，促进创新资本形成。

五是强化减持信息披露。在遵守现有规定对拟减持股份的数量、来源、减持时间区间等进行预披露的基础上，上市公司控股股东、实际控制人还应当在减持首发前股份之前，对上市公司是否存在重大负面事项、重大风险等内容进行披露，向市场充分揭示相关风险。大股东、董监高拟在未来6个月内减持股份的，需提前15个交易日报告并公告其减持计划，披露减持股份的数量、来源、原因以及时间区间和价格区间，具体见表12-7。

表 12-7 科创板减持新规逻辑与规定

管住 3 种股东	大股东	持股 5% 以上的股东； 控股股东：可能持股不足 5%
	特定股东	董监高减持限制是针对其所有股份，无一股例外，构成大股东、特定股东的，须同时遵守相应规定
	董监高	持有两类特定股份： 1. 公司公开发行前股份； 2. 上市公司非公开发行股份
3 种减持方式	集中竞价交易	大股东减持、特定股东减持特定股份：任意连续 90 日（自然日），不超总股本的 1%； 股东（注：没有持股比例要求）减持非公开发行股份：解禁后 1 年内不超过所持有该次非公开发行股份数量的 50%，且与 90 日 1% 叠加适用，按孰低原则执行； 总股本是指 A 股 + B 股 + 境外上市股份（如 H 股、S 股）
3 种减持方式	大宗交易	大股东减持、特定股东减持特定股份：任意连续 90 日（自然日）不得超过总股本的 2%；同时，受让方在 6 个月内不得转让
	协议转让	大股东减持、特定股东减持特定股份：单个受让方的受让比例不得低于公司总股本的 5%（司法过户、国资审批等情形除外）； 协议转让导致大股东丧失大股东身份，或者协议转让特定股份的：6 个月内，出让方与受让方须共同遵守集中竞价交易减持任意连续 90 日不得超过总股本 1% 的规定
3 个注意事项	规则溯及力	科创公司均为增量，不涉及规则溯及力的问题
	混合持股的减持顺序	在规定的减持比例范围内，视为优先减持受到减持规定限制的股份；在规定的减持比例范围外，视为优先减持不受到减持规定限制的股份；将首次公开发行前股份视为优先于上市公司非公开发行股份，进行减持；协议转让认定顺序与此相反
	持股合并计算	一人多户合并计算： 单个股东开立多个证券账户，以及股东开立信用证券账户的，各账户持股合并计算。各账户可减持数量，按比例分配； 一致行动人合并计算： 大股东（依照收购办法确定）与其一致行动人持股合并计算，并作为一个整体来遵守减持比例、信息披露等规定

续表

3个信披时点	事前披露计划	大股东、董监高拟在未来6个月内减持股份的,需提前15个交易日报告并公告其减持计划,披露减持股份的数量、来源、原因以及时间区间和价格区间
	事中披露进展	大股东、董监高在实施减持计划过程中,其减持数量过半或减持期间过半时,应当披露减持的进展情况; 控股股东、实际控制人及其一致行动人减持达到公司股份总数1%的,还应当在该事实发生之日起两个交易日内就该事项发布公告; 减持期间内,上市公司披露高送转或筹划并购重组的,应同步披露减持进展及相关性
	事后披露情况	大股东、董监高在其披露的减持计划实施完毕后或者减持期间届满后两个交易日内,再次公告减持的具体情况
3个专门条款	上市公司或大股东违法违规	上市公司或者大股东因涉嫌证券期货违法犯罪,被中国证监会立案调查或被司法机关立案侦查期间,及行政处罚决定、刑事判决做出之后未满6个月; 大股东违反交易所业务规则,被公开谴责未满3个月
	董监高违法违规	因涉嫌证券期货违法犯罪,被中国证监会立案调查或被司法机关立案侦查期间,及在行政处罚决定、刑事判决做出之后未满6个月; 因违反交易所业务规则,被公开谴责未满3个月
	欺诈发行、重大违法触发退市	上市公司因欺诈发行/重大违法触及退市风险警示标准,在相关行政处罚或移送公安机关决定做出后,公司股票终止上市或恢复上市前,其控股股东、实际控制人和董监高,及其上述主体的一致行动人,不得减持股份

企业的实际控制人及控股股东、董监高、核心技术人员作为上市公司的关键主体,拥有权力的同时也就拥有了责任。随着科创板开市运行,减持规则还要继续细化,加强对减持的规范和引导,既要保持市场流动性,满足合理的减持需求,又要强化信息披露,堵住监管漏洞,严厉制裁非法操纵、掏空上市公司的行为。

第四节　中介机构

注册制的本质是以信息披露为核心,力求把公司的真实一面呈现在市场面前,这就要求发行人"讲清楚",同时要求中介机构"核清楚"。在实施注册制的过程中,证监会角色发生了转变,将部分权力转移至自律管理组织即证券交易所,中介机构在上市服务中的信用压舱石作用将日益显著,投资者将更加依赖中介机构对发行人信息的审核、校验,以判断证券的价值。保荐承销、审计评估、法律服务等相关中介机构作为公司股票发行上市的第一把关者,应切实发挥好资本市场"看门人"的作用,对发行人提交的注册申请文件和信息披露资料进行准确核验,对发行人是否符合发行条件及上市条件做出专业判断,督促上市公司规范运作、真实披露。

一、域外镜鉴

(一) 中国香港地区"保荐人牵头责任"模式

我国香港地区于 1999 年和 2003 年分别在创业板和主板引入保荐制度。2004—2005 年,香港证券及期货事务监察委员会(以下简称"香港证监会")和港交所修订了上市规则,修改内容主要包括:一是废除了保荐人的持续督导职责,将其原来职责一分为三,分别由保荐人、合规顾问和独立财务顾问承担。保荐人承担对发行人进行上市前推荐和辅导的责任,合规顾问承担发行人上市后的持续督导责任,独立财务顾问根据证券法规的要求对发行人的重大交易和法定行为等的公允性和合规性进行审查。二是增设了详细的保荐人尽职调查应用指引,明确其职责和范围。三是强化了对保荐人独立性的要求,建立了独立性测试规则。

2010 年,香港资本市场出现了"洪良国际案",上市公司欺诈和财务丑闻震惊市场。香港证监会发布公告指出,洪良国际在落款日期为 2009 年 12 月 14

日的招股说明书中披露的资料存在重大虚假性及误导性，严重夸大了公司的财务状况，投资者可能基于这些资料而认购洪良国际的股份。作为洪良国际的上市保荐人，兆丰资本（亚洲）有限公司因未能履行保荐人职责，被香港证监会做出了除牌和罚款4 200万港元的处罚。香港证监会通过调查指出，兆丰资本在洪良国际上市过程中存在尽职调查不尽责、丧失独立性、监督下属员工不力、申报不实等多个问题，导致洪良国际上市过程中遗漏关键资料，形成重大虚假陈述。

对于保荐人应负刑事责任的举证责任，香港证监会发布的《有关监管保荐人的咨询文件》指出，控方有义务证明保荐人明知或者罔顾招股说明书中存在失实陈述，以及此类失实陈述对投资者来说具有重大的负面影响。《有关监管保荐人的咨询文件》中"对专家的依赖"部分指出："保荐人不应不加批判地依赖专家的工作，包括会计师及估值师的报告；保荐人应为上市文件所有部分负责，因此，我们建议保荐人应能够显示其依赖专家及专家报告乃合理做法。""依赖非专家第三方进行尽职审查"部分指出："保荐人寻求将尽职审查工作及责任转授予其他人士的情况，有上升趋势，尤其是有迹象显示保荐人在尽职审查的过程中可能过分依赖律师，因而可能没有履行本身的责任；我们提醒所有保荐人，尽管他们可以向第三方寻求协助及保证，但他们最终应对尽职审查负责任，而有关责任是不能转授的。"保荐机构务必以审慎的态度去审查会计师事务所、律师事务所、评估机构等出具的专家报告及其他第三方提供的非专家报告，确认其是否有合理的理由被相信。对于专家出具的报告，虽然不要求保荐机构达到专家的水平，但要求其以自己掌握的资料去审查、核实专家报告与实际情况是否有出入，而不能将专家报告不加批判地直接引用。

对于尽职调查的标准，香港证监会指出，其无意按照事后标准来评估保荐人工作，并同意合理尽职审查的标准应在考虑提出上市申请时的所有相关事实及情况后，根据保荐人同业认为的客观适当方式来厘定。保荐人对招股书中的失实部分有"合理信赖"的免责辩护权利,保荐人可在面临指控时证明其有合理理由相信专家报告的相关内容。对专家的合理信赖的尽职标准是以行业公认的客观标准,而非以事后的标准来判断。免责事由赋予保荐人相应的抗辩权利,对保荐人来说是一种保护。

(二)美国"区分责任"模式

美国虽然没有规定保荐制度,但在 IPO 过程中,各中介机构之间能够形成事实上的委托关系,对相关专业的工作进行委托,责任的划分也参照委托—代理法律关系,采用"区分责任"的模式。有关中介机构责任的规定,主要体现在《1933 年证券法》《1934 年证券交易法》及它们的相关解释中。

1. 需要承担虚假注册登记民事责任的相关主体。《1933 年证券法》第 11 条规定了"因虚假注册登记表引起的民事责任",确立了"区分责任"模式。第 11(a)条规定了承担虚假注册登记民事责任的相关主体:"如果注册登记表的任何部分在其生效时含有对重大事实的不实陈述或遗漏了重大事实,则除了在购买证券时就已经知道不实或漏报情况的人,任何购买该证券的人均可以在任何有管辖权的法院向下列人起诉:(1)签署该注册登记表的每一个人;(2)在发行人申报注册登记表时担任发行人董事或履行类似职能的人或合伙人;(3)在注册登记表中列名或将成为董事、履行类似职能的人或合伙人;(4)会计师、工程师、评估师或依职业有权编制报表的任何人或被列名曾准备或验证注册登记表所使用的任何报告或估值的人;(5)与该证券有关的每一个承销商。"根据该条规定,证券持有人的可诉对象比较广泛,包括对虚假注册登记表负有法律责任的组织机构及自然人,既包括发行人,也包括会计师事务所、承销商等中介机构,还包括工程师、评估师等签字人。

2. 相关责任人的抗辩事由。《1933 年证券法》第 11(b)条规定了除发行人外的其他相关责任人的抗辩依据,即发行人承担无过错责任,其他责任人应为免除责任承担举证责任,相关的抗辩事由包括:(1)辞职抗辩,即在注册登记表不实陈述生效之前已辞去相关职务或拒绝从事相关行为或以书面形式通知发行人,说明其已采取了相关行动且将不会对注册登记表中的相关部分承担责任;(2)不知情抗辩,即对注册登记表的不实陈述生效并不知情,在知情后立即采取了通知委员会、合理公告声明对此不知情的行动;(3)对于非专家报告以及不是根据权威性的公开官方文件编制的部分,可以说明其经过合理的调查,有合理依据相信且确信在注册登记表该部分生效时其中的陈述是真实的;(4)对于依据专家报告而准备的部分或者本人作为专家而准备或摘录的部分,可以说明经过合理的调查,有合理的依据相信且确实相信在注册登记表该部分生效时,其中的陈述是真实的,且没有漏报所要求陈述的重大事实。对于何为"专家",《1933年证券法》并未做出明确的规定,但在第7(a)条"注册登记表中要求的信息"规定:"若任何会计师、工程师、评估师或依职业有权编制报表的任何人在注册登记表中被列名准备或验证了注册登记表的任何部分,则该等人士的书面同意应与注册登记表一起备案。"所以,一般认为,被列入名单的人和机构可以视为专家,须在招股说明书"专家"部分披露。对于"合理调查和合理理由确信"的标准,《1933年证券法》第11(c)条规定:"合理之标准应为谨慎的人在管理自己的财产时需要采取的标准。"考虑到该标准较为原则不具体,1982年,SEC又发布了176规则,对该标准做出指导。根据该规则,确认相关人员是否进行了合理调查时,需考虑发行人的类型、证券的种类、人员的类别、人员的职务、承销协议的类型、承销商的角色以及在注册时可以获得的相关信息、该人员是否对该事实负责等。

3. 连带责任。《1933年证券法》第11(f)条规定了连带责任,即第11(a)条所涉相关人员均应负共同及连带责任。但1995年《证券私人诉讼改革法案》出台之后,美国对连带责任给予了严格的限制,支持根据责任大小承担按份责任,排除外部竞争、中介机构的无限连带责任,即限制找"深口袋"。

二、科创板下的中介机构责任

证监会和上交所提出强化压实中介机构责任。《科创板实施意见》明确指出,强化中介机构责任,建立保荐人资格与新股发行信息披露质量挂钩机制,适当延长保荐人持续督导期,对发行人、上市公司虚假记载、误导性陈述或重大遗漏负有责任的保荐人、会计师事务所、律师事务所、资产评估机构,加大处罚力度。《科创板首次公开发行股票注册管理办法(试行)》(以下简称《科创板注册管理办法》)、《科创板上市规则》和《科创板审核问答》等规定细化了保荐机构等中介机构的核查要求。2019年7月9日,证监会在官网上披露了《关于在科创板注册制试点中对相关市场主体加强监管信息共享 完善失信联合惩戒机制的意见》,并提出有必要在提高违法犯罪法律责任的同时,创新信用监管手段,加大对信息欺诈重要责任主体的行政性与市场性惩戒力度,切实发挥有效威慑与预防功能,促使市场参与各方依法履职尽责。科创板注册制实施意见对中介机构的相关规定主要亮点表现在以下方面:

一是压严压实保荐机构持续督导责任。对于保荐券商而言,成功将企业送上科创板并不意味着万事大吉,此时持续督导工作才开始启动。保荐人作为主要中介机构,必须诚实守信、勤勉尽责,充分了解发行人经营情况和风险,并对发行人的申请文件和信息披露资料进行全面核查验证。科创板的上市规则对保荐机构在持续监管中的责任进行了强化,在现有保荐机构和保荐代表人责任界定的基础上,设置了更为严格的要求,尤其以公开披露核查意见为抓手,落实以信息披露为核心的监管理念,形成了对保荐机构的市场化约束,如表12-8所示。

表 12-8　科创板有关中介机构的持续督导规定

首发上市的持续督导期	上市当年剩余时间和其后 3 个完整会计年度，比主板、中小板延长 1 个会计年度
变更保荐机构	《科创板上市规则》规定，上市公司原则上不得变更履行持续督导职责的保荐机构，下列情形除外： 1. 上市公司再次发行股票。 因再次发行股票可以另行聘请保荐机构，该保荐机构应当履行剩余期限的持续督导职责。 2. 保荐机构被撤销保荐资格。 上市公司应当在 1 个月内另行聘请保荐机构，履行剩余期限的持续督导职责，持续督导的时间不得少于 1 个完整的会计年度。 原保荐机构在履行持续督导职责期间未勤勉尽责的，其责任不因保荐机构的更换而免除或者终止
信息披露	保荐机构、保荐代表人应当持续督促上市公司充分披露投资者做出价值判断和投资决策所必需的信息，并确保信息披露真实、准确、完整、及时、公平。 保荐机构、保荐代表人应当对上市公司制作信息披露公告文件提供必要的指导和协助，确保其信息披露内容简明易懂，语言浅白平实，具有可理解性。 保荐机构、保荐代表人应当督促上市公司控股股东、实际控制人履行信息披露义务，告知并督促其不得要求或者协助上市公司隐瞒重要信息
承诺履行	上市公司或其控股股东、实际控制人做出承诺的，保荐机构、保荐代表人应当督促其对承诺事项的具体内容、履约方式及时间、履约能力分析、履约风险及对策、不能履约时的救济措施等方面进行充分信息披露。 保荐机构、保荐代表人应当针对以上规定的承诺披露事项，持续跟进相关主体履行承诺的进展情况，督促相关主体及时、充分履行承诺。 上市公司或其控股股东、实际控制人披露、履行或者变更承诺事项，不符合法律法规、《科创板上市规则》以及上交所其他规定的，保荐机构和保荐代表人应当及时提出督导意见，并督促相关主体进行补正
规范运作	保荐机构、保荐代表人应当持续关注上市公司运作，对上市公司及其业务有充分了解；通过日常沟通、定期回访、调阅资料、列席股东大会等方式，关注上市公司日常经营和股票交易情况，有效识别并督促上市公司披露重大风险或者重大负面事项

续表

规范运作	保荐机构、保荐代表人应当核实上市公司重大风险披露是否真实、准确、完整。披露内容存在虚假记载、误导性陈述或者重大遗漏的，保荐机构、保荐代表人应当发表意见予以说明。 上市公司股票交易出现严重异常波动的，保荐机构、保荐代表人应当督促上市公司及时按照《科创板上市规则》履行信息披露义务。 保荐机构、保荐代表人应当督促控股股东、实际控制人、董事、监事、高级管理人员及核心技术人员履行其做出的股份减持承诺，关注这些主体减持公司股份是否合规、对上市公司的影响等情况。 保荐机构、保荐代表人应当关注上市公司使用募集资金的情况，督促其合理使用募集资金并持续披露使用情况
发表意见	上市公司日常经营出现下列情形的，保荐机构、保荐代表人应当就相关事项对公司经营的影响以及是否存在其他未披露重大风险发表意见并披露： （一）主要业务停滞或出现可能导致主要业务停滞的重大风险事件； （二）资产被查封、扣押或冻结； （三）未能清偿到期债务； （四）实际控制人、董事长、总经理、财务负责人或核心技术人员涉嫌犯罪被司法机关采取强制措施； （五）涉及关联交易、为他人提供担保等重大事项； （六）上交所或者保荐机构认为应当发表意见的其他情形
	上市公司业务和技术出现下列情形的，保荐机构、保荐代表人应当就相关事项对公司核心竞争力和日常经营的影响，以及是否存在其他未披露重大风险发表意见并披露： （一）主要原材料供应或者产品销售出现重大不利变化； （二）核心技术人员离职； （三）核心知识产权、特许经营权或者核心技术许可丧失、不能续期或者出现重大纠纷； （四）主要产品研发失败； （五）核心竞争力丧失竞争优势或者市场出现具有明显优势的竞争者； （六）上交所或者保荐机构认为应当发表意见的其他情形
	控股股东、实际控制人及其一致行动人出现下列情形的，保荐机构、保荐代表人应当就相关事项对上市公司控制权稳定和日常经营的影响、是否存在侵害上市公司利益的情形以及其他未披露重大风险发表意见并披露： （一）所持上市公司股份被司法冻结； （二）质押上市公司股份比例超过所持股份80%或者被强制平仓的； （三）上交所或者保荐机构认为应当发表意见的其他情形

续表

专项现场核查	上市公司出现下列情形之一的,保荐机构、保荐代表人应当自知道或者应当知道之日起15日内进行专项现场核查: (一)存在重大财务造假嫌疑; (二)控股股东、实际控制人、董事、监事或者高级管理人员涉嫌侵占上市公司利益; (三)可能存在重大违规担保; (四)资金往来或者现金流存在重大异常; (五)上交所或者保荐机构认为应当进行现场核查的其他事项
出具报告	保荐机构在持续督导期间应当根据相关要求出具现场核查报告、持续督导报告、保荐总结报告书

2019年7月30日至8月14日,光峰科技先后通过4次公告披露了多起涉及知识产权的诉讼,包括台达起诉光峰科技相关产品侵犯前者专利的3起民事诉讼、光峰科技反诉台达3项专利权无效、公司起诉台达等方10项专利侵权、自然人魏群起诉公司1项专利权无效。其中,针对光峰科技担任被告、无效宣告之专利权人的公告,保荐券商华泰联合于7月31日发布了核查意见。这也是科创板开市后首份保荐机构出具的风险类的核查意见公告。从华泰联合的两份核查意见来看,结构上基本分为4个部分,包括诉讼基本情况、涉及资产冻结事项或事项进展情况、对上市公司当期利润或期后利润影响、保荐机构意见。华泰联合进一步分析了诉讼对公司的影响,还对信息披露是否真实、准确、完整,是否对核心知识产权或核心技术、持续经营和核心竞争力造成重大不利影响,以及是否存在其他未披露的重大风险等问题,发表了明确意见。

二是加大惩处中介机构违法失职行为,持续督促中介机构及其从业人员勤勉尽责。树立合规操作是不可逾越的监管红线原则,维护科创板制度管理刚性。2019年4月,中金公司两名保荐人就因擅自修改招股说明书中多处有关经营、业务与技术、管理层分析等的信息披露数据和内容,并修改了上交所问询问题中引述上述数据的相应内容而收到上交所开出的科创板首张罚单,上交所还对中金公司另行采取了书面警示的监管措施。2019年11月,上交所公布了对前期科创板企业审核过程中发现的发行人及中介机构信息披露不当行为的自律监管函，国泰君安证券、天风证券和中天国富证券被出具监管工作函。上述处罚上交所一方面区分情节，实事求是，管早管小，防止"小病变大病"，确保所采取措施与违规程度相适应，与财务造假、虚假披露等严重违法违规行为相区分；另一方面分类处理，落实责任，保荐代表人是发行上市申请文件编制和报送等工作的直接承担者，相关不当行为与保荐代表人未认真、勤勉地开展工作有直接关系，因此采取了较为严格的监管警示措施，而对相关保荐机构出具监管工作函，要求其加强对保荐代表人及保荐项目的管理，强化工作规范，并向上交所书面报告相关整改情况。

《最高人民法院关于为设立科创板并试点注册制改革提供司法保障的若干意见》（以下简称《意见》）提出，压实科创板公司股票发行环节各参与主体职责的同时依法提高市场违法违规成本。案件审理中，发行人及其保荐人、证券服务机构在发行上市申请文件和回答问题环节所披露的信息存在虚假记载、误导性陈述或者重大遗漏的，应当判令其承担虚假陈述法律责任；虚假陈述构成骗取发行审核注册的，应当判令其承担欺诈发行法律责任；要严格落实证券服务机构保护投资者利益的核查把关责任，证券服务机构对会计、法律等各自专业相关的业务事项未履行特别注意义务，对其他业务事项未履行普通注意义务的，应当判令证券服务机构承担相应法律责任。准确把握保荐人对发行人上市申请文件等信息披露资料进行全面核查验证的注意义务标准，在证券服务机构履行特别注意义务的基础上，保荐人仍应对发行人的经营情况和风险进行客观中立的实质验证，否则不能满足免责的举证标准。《意见》从司法角度对保荐人以及会计师事务所、律师事务所等证券服务机构的责任边界进行了较为细致的界定，合理划分了中介机构各自应当承担的责任，规定明确且具有可操作性，将对中介机构合法合规执业起到重要引领作用，以督促中介机构切实提升科创板项目承办质量。由于我国证券市场不成熟、中介机构声誉机制未健全、投资者以散户为主且专业能力不足，为保护投资者的利益，《意见》实行"保荐人牵头责任"模式及连带责任模式。这与境外市场有所区别，虽然我国香港地区也实行"保荐人牵头责任"模式，但保留保荐机构"合理信赖"其他专家意见而免责的事由。美国更是赋予中介机构抗辩权利，包括对于专家意见和非专家意见"合理调查和合理理由确信"的标准。

第五节　信息披露

信息披露制度，是上市公司依照法律规定（或法律未做强制规定）而自愿将其自身的财务变化、经营状况等信息和资料向证券监管部门和证券交易所报告，并向社会公开或公告，以便使投资者充分了解情况的制度，包括证券发行前的披露和企业上市后的持续信息公开。信息披露是资本市场的生命线，完善的信息披露制度是在科创板试点注册制改革的"灵魂"。注册制是以信息披露为核心的股票发行上市制度，淡化证券监管部门的审核职能，将对市场的判断交还给投资者。信息披露的主体为发行人及其控股股东、实际控制人、董事、监事和高级管理人员。保荐人、证券服务机构（包括律师事务所、会计师事务所等）对发行人的信息披露进行核查。此次科创板关于信息披露从基本原则、一般要求、监管方式和管理制度四大方面，对科创板上市公司的信息披露制度做了系统性、体系化的规定。

一、信息披露基本原则

第一，完整性原则。完整性原则是指上市公司和相关信息披露义务人应当披露所有可能对上市公司股票交易价格产生较大影响或者对投资决策有较大影响的事项（以下简称"重大事件"或者"重大事项"），内容完整，充分披露对上市公司有重大影响的信息，揭示可能产生的重大风险，不得有选择地披露部分信息，不得有重大遗漏。由于科创板企业在行业特征、治理结构、业务模式、风险状况等方面差异性明显，投资者对信息的获取及理解存在较大门槛，所以上市公司充分进行信息披露并提示风险对投资者决策十分必要。

第二，真实性原则。真实性原则是指上市公司和相关信息披露义务人披露信息，应当以客观事实或者具有事实基础的判断和意见为依据，如实反映实际情况，不得有虚假记载；应当客观，不得夸大其词，不得有误导性陈述；披露未来经营和财务状况等预测性信息时，应当合理、谨慎、客观。

第三，重大性原则。重大性原则是指上市公司和相关信息披露义务人应当披露所有可能对上市公司股票交易价格产生较大影响或者对投资决策有较大影响的事项。这就要求上市公司披露股价敏感信息和对决策有影响的信息，避免冗余信息，降低信息披露成本，提高有效性。科创板首次将投资决策影响作为重大性判断的标准之一，提供了更为明确的标准，也为上交所后续采取监管措施或纪律处分提供了依据。

第四，公平性原则。公平性原则是指上市公司和相关信息披露义务人应当同时向所有投资者公开披露重大信息，确保所有投资者可以平等获取信息，不得向单个或部分投资者透露或泄露信息。科创板企业所涉业务领域技术复杂，投资者关系管理活动如业绩说明会、分析师会议、路演、接受投资者调研等相对频繁，因此有必要进一步规范在与任何机构和个人进行沟通时，发行人不得提供公司尚未披露的重大信息的规定。

第五，及时性原则。及时性原则是指上市公司筹划的重大事项存在较大不确定性，立即披露可能会损害公司利益或者误导投资者，且有关内幕信息知情人已书面承诺保密的，公司可以暂不披露，但最迟应当在该重大事项形成最终决议、签署最终协议、交易确定能够达成时对外披露，相关信息确实难以保密、已经泄露或者出现市场传闻，导致公司股票交易价格发生大幅波动的，公司应当立即披露相关筹划和进展情况。董监高已经知悉重大事项通常是最早触发信息披露的时点，但在谈判阶段不确定性较大，若此时披露反而会误导投资者或损害公司利益，《科创板上市规则》允许在信息保密的前提下暂缓披露，符合市场预期。

二、信息披露一般要求

在信息披露一般要求方面，针对科创板上市公司来自高科技、创新性行业等特点，《科创板上市规则》更加注重投资者实际信息获取需求以及上市公司与信息披露义务人的实际信息披露情况，明确了行业信息披露、分阶段披露（上市公司筹划重大事项，持续时间较长的，应当按照重大性原则，分阶段披露进展情况，及时提示相关风险，不能够只以相关事项结果还不确定为由不予披露）、自愿信息披露（上市公司和相关信息披露义务人认为相关信息可能影响公司股票交易价格或者有助于投资者做出决策，但不属于规则要求披露的信息，可以自愿披露）、浅白语言等一般规定要求。

三、监管方式

上交所通过审阅信息披露文件、提出问询等方式，进行信息披露事中事后监管，督促信息披露义务人履行信息披露义务，督促保荐机构、证券服务机构履行职责。信息披露涉及重大复杂、无先例事项的，上交所可以实施事前审核。上交所对信息披露文件实施形式审核，对其内容的真实性不承担责任。上交所经审核认为信息披露文件存在重大问题的，可以提出问询。上市公司和相关信息披露义务人应当在规定期限内如实答复，并披露补充或者更正公告。上市公司或者相关信息披露义务人未按照《科创板上市规则》或者上交所要求进行公告的，或者上交所认为有必要的，上交所可以以交易所公告形式向市场说明有关情况。上市公司应当通过上交所上市公司信息披露电子化系统登记公告。相关信息披露义务人应当通过上市公司或者上交所指定的信息披露平台办理公告登记，上市公司和相关信息披露义务人应当保证披露的信息与登记的公告内容一致，未能按照登记内容披露的，应当立即向上交所报告并及时更正。上市公司和相关信息披露义务人应当在上交所网站和中国证监会指定媒体上披露信息披露文件。上市公司或者相关信息披露义务人公告屡次出现虚假记载、误导性陈述或者重大遗漏等情形的，上交所可以决定对其暂停适用信息披露直通车业务。

四、信息披露管理制度

上市公司应当建立信息披露事务管理制度，经董事会审议通过并披露。上市公司应当建立与上交所的有效沟通渠道，保证联系畅通；上市公司应当制定董事、监事、高级管理人员以及其他相关人员对外发布信息的内部规范制度，明确发布程序、方式和未经董事会许可不得对外发布的情形等事项。上市公司控股股东、实际控制人应当比照上述要求，规范与上市公司有关的信息发布行为；上市公司和相关信息披露义务人不得以新闻发布或者答记者问等其他形式代替信息披露或泄露未公开重大信息。上市公司和相关信息披露义务人确有需要的，可以在非交易时段通过新闻发布会、媒体专访、公司网站、网络自媒体等方式对外发布应披露的信息，但公司应当于下一交易时段开始前披露相关公告；上市公司应当建立内幕信息管理制度。上市公司及其董事、监事、高级管理人员和其他内幕信息知情人在信息披露前，应当将内幕信息知情人控制在最小范围。内幕信息知情人在内幕信息公开前，不得买卖公司股票、泄露内幕信息或者建议他人买卖公司股票；相关信息披露义务人应当积极配合上市公司做好信息披露工作，及时告知公司已发生或者可能发生的重大事件，严格履行承诺。相关信息披露义务人通过上市公司披露信息的，上市公司应当予以协助；上市公司应当建立与投资者的有效沟通渠道，保障投资者合法权益。上市公司应当积极召开投资者说明会，向投资者说明公司重大事项，澄清媒体传闻。

五、信息披露要求

企业上市之后，身份转换为公众公司，涉及更广泛的投资者、更广泛的利益相关者、更广泛的市场主体，持续信息披露显得尤为重要。注册制以信息披露为核心的理念，不仅体现在发行上市环节，在上市之后的持续信息披露方面更是贯穿始终，具体披露内容见表12-9至表12-14。

表 12-9　科创板定期报告信息披露要求

事项	披露内容
时间	年度报告（4月30日）、中期报告（8月31日）、季度报告（4月30日、10月31日）
审计要求	年度报告，以及涉及利润分配、以公积金转增股本、弥补亏损的中期报告
主要规则	公开发行证券的公司信息披露内容与格式指引，公开发行证券的公司信息披露编报规则、规范问答，证监会年报通知，交易所年报通知，交易所年报备忘录
编制	总经理、财务负责人、董事会秘书等高管：编制定期报告草案 会计师事务所：恰当发表审计意见
审议	董事长：召集和主持董事会审议定期报告（未经董事会审议通过不得披露）； 董事、高管：签署书面确认意见、明确表示是否同意定期报告的内容（必须）； 监事会：审议、编制程序合规，内容真实、准确、完整
行业信息	1. 所处行业的基本特点、主要技术门槛，报告期内新技术、新产业、新业态、新模式的发展情况和未来发展趋势； 2. 核心竞争优势，核心经营团队和技术团队的竞争力分析，以及报告期内获得拥有相关权利证书或者批准文件的核心技术储备； 3. 当期研发支出金额及占销售收入的比例、研发支出的构成项目、费用化及资本化的金额及比重； 4. 在研产品或项目的进展或阶段性成果；研发项目预计总投资规模、应用前景以及可能存在的重大风险； 5. 其他有助于投资者决策的行业信息
重大经营风险	上市公司年度净利润或营业收入与上年同期相比下降50%以上，或者净利润为负值的，应当在年度报告中披露下列信息： 1. 业绩大幅下滑或者亏损的具体原因； 2. 主营业务、核心竞争力、主要财务指标是否发生重大不利变化，是否与行业趋势一致； 3. 所处行业景气情况，是否存在产能过剩、持续衰退或者技术替代等情形； 4. 持续经营能力是否存在重大风险； 5. 对公司具有重大影响的其他信息
可能对公司核心竞争力、经营活动和未来发展产生重大不利影响的风险因素	1. 核心竞争力风险，包括技术更迭、产品更新换代或竞争加剧导致市场占有率和用户规模下降，研发投入超出预期或进程未达预期，关键设备被淘汰等； 2. 经营风险，包括单一客户依赖、原材料价格上涨、产品或服务价格下降等； 3. 行业风险，包括行业出现周期性衰退、产能过剩、市场容量下滑或增长停滞、行业上下游供求关系发生重大不利变化等； 4. 宏观环境风险，包括相关法律、税收、外汇、贸易等政策发生重大不利变化

表12-10 科创板与主板业绩预告信息披露要求

	科创板	主板
业绩预告披露标准	上市公司预计年度经营业绩将出现下列情形之一的，应当在会计年度结束之日起1个月内进行业绩预告： 1. 净利润为负值； 2. 净利润与上年同期相比上升或者下降50%以上； 3. 实现扭亏为盈	上市公司预计年度经营业绩将出现下列情形之一的，应当在会计年度结束之日起1个月内进行业绩预告： 1. 净利润为负值； 2. 净利润与上年同期相比上升或者下降50%以上； 3. 实现扭亏为盈
业绩预告豁免标准	无	1. 上一年年度报告每股收益绝对值低于或等于0.05元； 2. 上一期中期报告每股收益绝对值低于或等于0.03元； 3. 上一期年初至第三季度报告期末每股收益绝对值低于或等于0.04元
*ST（被实施退市风险警示）公司业绩预告披露要求	对满足财务类退市指标情形，其股票被实施退市风险警示的，应当于1月31日前预告全年营业收入、净利润、扣除非经常性损益后的净利润和净资产	无
业绩预告更正	1. 本期业绩与业绩预告差异幅度达到20%以上； 2. 盈亏方向发生变化	1. 盈亏方向发生变化； 2. 预告金额或幅度"差异较大" ——实际业绩与预告业绩差异超过上年净利润50%； ——披露"以上"的，默认为上浮不超过50%； ——披露区间（区间上下限之间不应超过50%）的，区间上下浮动20%以上； ——披露"左右"的，上下浮动20%以上

表12-11 科创板与主板业绩快报信息披露要求

	科创板	主板
业绩快报披露标准	1. 上市公司在定期报告披露前向国家有关机关报送未公开的定期财务数据，预计无法保密的，应当及时发布业绩快报	

	科创板	主板
业绩快报披露标准	2. 定期报告披露前出现业绩提前泄露，或者因业绩传闻导致公司股票交易异常波动的，上市公司应当及时披露业绩快报 3. 上市公司预计不能在会计年度结束之日起两个月内披露年度报告的，应当在该会计年度结束之日起两个月内披露业绩快报	上市公司可以在年度报告和中期报告披露前发布业绩快报
业绩快报更正	定期报告披露前，上市公司发现业绩快报与定期报告财务数据和指标差异幅度达到10%以上的，应当及时披露更正公告	1. 在披露定期报告之前，公司若发现有关财务数据和指标的差异幅度将达到10%，应当及时披露业绩快报更正公告，说明具体差异及造成差异的原因； 2. 差异幅度达到20%的，公司还应当在披露相关定期报告的同时，以董事会公告的形式进行致歉，说明对公司内部责任人的界定情况等

表12-12 科创板、主板/中小板与创业板重大交易披露要求

参照标准	科创板	主板/中小板	创业板
交易涉及的资产总额	最近一期经审计总资产的10%/50%	最近一期经审计总资产的10%/50%	最近一期经审计总资产的10%/50%
交易的成交金额	上市公司市值的10%/50%	最近一期经审计净资产的10%/50%且绝对金额超过1 000万元/5 000万元	最近一期经审计净资产的10%/50%且绝对金额超过500万元/3 000万元
交易标的（如股权）最近一个会计年度资产净额	上市公司市值的10%/50%	无	无
交易标的（如股权）最近一个会计年度相关的营业收入	最近一个会计年度经审计营业收入的10%/50%且绝对金额超过1 000万元/5 000万元	最近一个会计年度经审计营业收入的10%/50%且绝对金额超过1 000万元/5000万元	最近一个会计年度经审计营业收入的10%/50%且绝对金额超过500万元/3 000万元

续表

参照标准	科创板	主板/中小板	创业板
交易产生的利润	最近一个会计年度经审计净利润的10%/50%且绝对金额超过100万元/500万元	最近一个会计年度经审计净利润的10%/50%且绝对金额超过100万元/500万元	最近一个会计年度经审计净利润的10%/50%且绝对金额超过100万元/300万元
交易标的（如股权）最近一个会计年度相关的净利润	最近一个会计年度经审计净利润的10%/50%且绝对金额超过100万元/500万元	最近一个会计年度经审计净利润的10%/50%且绝对金额超过100万元/500万元	最近一个会计年度经审计净利润的10%/50%且绝对金额超过100万元/300万元

注：1. 表中的市值，是指交易前10个交易日收盘市值的算数平均值。
2. 对于科创板公司上市时可能存在尚未盈利的情况，重大交易豁免适用利润类指标。

科创板对关联交易披露及审议指标做出了适当调整。科创板增加了市值维度，放弃了净资产指标，从单指标判断变为多指标判断。主板按照成交金额占最近一期经审计净资产的比例来判断，而科创板则按照成交金额占最近一期经审计总资产或者市值的比例来判断。科创板将关联交易的披露标准从0.5%调整为0.1%，将股东大会审议标准从5%调整为1%。上市公司拟进行须提交股东大会审议的关联交易，应当在提交董事会审议前，取得独立董事事前认可意见。独立董事事前认可意见应当取得全体独立董事的半数以上同意，并在关联交易公告中披露。上市公司拟进行须提交股东大会审议的关联交易，应当在提交董事会审议前，取得独立董事事前认可意见。独立董事事前认可意见应当取得全体独立董事的半数以上同意，并在关联交易公告中披露。

科创板上市规则放宽了可以豁免按照关联交易进行审议和披露的范围，上市公司若按与非关联人同等交易条件向董事、监事、高级管理人员提供产品和服务，可以豁免其按照关联交易进行审议和披露。免于按照关联交易的方式审议和披露的交易包括：（1）一方以现金方式认购另一方公开发行的股票、公司债券或企业债券、可转换公司债券或者其他衍生品种；（2）一方作为承销团成员承销另一方公开发行的股票、公司债券或企业债券、可转换公司债券或者其他衍生品种；（3）一方依据另一方股东大会决议领取股息、红利或者薪酬；（4）一方参与另一方公开招标或者拍卖，但是招标或者拍卖难以形成公允价格的除外；（5）上市公司单方面获得利益的交易，包括受赠现金资产、获得债务减免、接受担保和资助等；（6）关联交易定价为国家规定；（7）关联人向上市公司提供资金，利率水平不高于中国人民银行规定的同期贷款基准利率，且上市公司对该项财务资助无相应担保；（8）上市公司按与非关联人同等交易条件，向董事、监事、高级管理人员提供产品和服务。

表12-13 科创板、主板/中小板与创业板关联交易披露要求

参照标准	科创板	主板/中小板	创业板
披露标准	关联自然人：发生的成交金额在30万元以上的交易； 关联法人：发生的成交金额占上市公司最近一期经审计总资产或市值0.1%以上的交易，且超过300万元	关联自然人：发生的成交金额在30万元以上的交易； 关联法人：发生的成交金额占上市公司最近一期经审计净资产绝对值0.5%以上的交易，且超过300万元	关联自然人：发生的成交金额在30万元以上的交易； 关联法人：发生的成交金额占上市公司最近一期经审计净资产绝对值0.5%以上的交易，且超过100万元
提交股东大会标准	交易金额（提供担保的除外）占上市公司最近一期经审计总资产或市值1%以上的交易，且超过3 000万元。上市公司单方面获得利益的交易包括受赠现金资产、获得债务减免、接受担保和资助等，这类交易免于按照关联交易方式审议和披露	交易（上市公司提供担保、受赠现金资产、单纯减免上市公司义务的债务除外）金额占上市公司最近一期经审计净资产5%以上的交易，且超过3 000万元	交易（上市公司获赠现金资产和提供担保除外）金额占上市公司最近一期经审计净资产5%以上的交易，且超过1 000万元

注：1. 上市公司应当对下列交易，按照连续12个月内累计计算的原则处理：与同一关联人进行的交易，与不同关联人进行交易标的类别相关的交易。

2. 上市公司可以按类别合理预计日常关联交易年度金额，履行审议程序并披露；实际执行超出预计金额的，应当按照超出金额重新履行审议程序并披露；上市公司年度报告和半年度报告应当分类汇总披露日常关联交易；上市公司与关联人签订的日常关联交易协议期限超过3年的，应当每3年重新履行相关审议程序和披露义务。

表 12-14 科创板上市公司对外担保披露要求

总体要求	上市公司提供担保的,应当提交董事会或者股东大会进行审议,并及时披露
提交股东大会标准	上市公司下列担保事项应当在董事会审议通过后提交股东大会审议: (一) 单笔担保额超过公司最近一期经审计净资产10%的担保; (二) 公司及其控股子公司的对外担保总额,超过公司最近一期经审计净资产50%以后提供的任何担保; (三) 为资产负债率超过70%的担保对象提供的担保; (四) 按照担保金额连续12个月累计计算原则,超过公司最近一期经审计总资产30%的担保; (五) 上交所或者公司章程规定的其他担保
表决权	对于董事会权限范围内的担保事项,除应当经全体董事的过半数通过外,还应当经出席董事会会议的三分之二以上董事同意;本表上述第(四)项担保,应当经出席股东大会的股东所持表决权的三分之二以上通过。 上市公司购买、出售资产交易,涉及资产总额或者成交金额连续12个月内累计计算超过公司最近一期经审计总资产30%的,除应当披露并进行审计或者评估外,还应当提交股东大会审议,并经出席会议的股东所持表决权的三分之二以上通过。 上市公司单方面获得利益的交易,包括受赠现金资产、获得债务减免、接受担保和资助等,可免于履行股东大会审议程序
披露豁免	上市公司为全资子公司提供担保,或者为控股子公司提供担保且控股子公司其他股东按所享有的权益提供同等比例担保,不损害上市公司利益的,可以豁免披露,但是公司章程另有规定的除外。上市公司应当在年度报告和半年度报告中汇总披露前述担保
担保责任	上市公司提供担保,被担保人于债务到期后15个交易日内未履行偿债义务,或者被担保人出现破产、清算或其他严重影响其偿债能力情形的,上市公司应当及时披露

2019 年 7 月 12 日,上交所发布并实施《科创板上市公司信息披露工作备忘录》(以下简称《备忘录》)及配套公告格式指引。《备忘录》是落实和细化《科创板上市规则》信息披露要求的主要下位规则。在制定过程中,上交所总结主板信息披露监管工作有益经验,遵循突出重点、局部优化的思路,力求使《备忘录》成为科创公司履行信息披露义务的具体指南。一是科创板在退市、股权激励、持续督导、经营性信息披露和风险提示等方面,均结

合科创公司实际情况做出了差异化安排，与之相关的信息披露要求需要配合调整完善；二是在主板信息披露规则体系基础上，上交所从简明清晰、便利使用的角度出发，按照信息披露业务类型对规则进行适当整合；三是对于科创板不涉及的事项或业务，相关指引不再适用，对于部分经过长期市场实践已形成成熟、稳定做法的事项，如董事会决议公告等，不再规定统一的披露格式，公司可以参照科创板公司业务管理系统提供的模板进行披露，具体如表 12-15 所示。

表 12-15　科创板上市公司信息披露指南

备忘录一号——信息披露业务办理指南	主要明确了电子化系统下的信息披露办理流程，包括一般信息披露文件、停牌复牌申请等的报送要求和操作流程，以及其他信息披露和特殊情形下的信息披露业务办理流程
备忘录二号——信息报送及资料填报业务指南	主要明确了不涉及公开披露的信息，如关联人和关联关系、内幕信息知情人、承诺事项、调研情况等的网上填报流程
备忘录三号——日常信息披露指引及所附公告格式指引	涵盖重大交易、关联交易、对外投资、股票交易异常波动、股份质押、股份减持、业绩预告、业绩快报等上市公司日常信息披露事项，使用频次、市场关注度均较高。其中，针对科创公司特征，制定《科创板上市公司行业及经营风险的提示公告》格式指引，指导科创公司披露行业信息及日常经营中可能出现的重大经营风险，落实科创板突出行业信息、经营风险披露的要求；针对利用市场热点配合炒作股价的现象，制定《科创板上市公司开展新业务公告》格式指引，指导科创公司在进入新行业或主营业务发生变更时，进行专项信息披露；针对股份质押风险，制定《科创板上市公司股份质押（冻结、解质、解冻）公告》格式指引，强化控股股东高比例质押及强制平仓或过户的风险披露，并增加中介机构的持续督导要求
备忘录四号——股权激励信息披露指引	与科创板更为灵活便利的股权激励制度相匹配。针对科创板股权激励制度在限制性股票授予价格、登记时间、实施程序上的创新机制，专门制定两个公告格式指引，明确相关事项的决策程序、信息披露要求及业务办理流程
备忘录五号——退市信息披露指引	衔接科创板退市安排。根据科创板退市制度安排，制定实施退市风险警示、撤销退市风险警示、终止上市风险提示、终止上市等 4 个公告格式指引，明确不同类型强制退市情形下，科创公司需履行的信息披露义务

续表

备忘录六号——业务操作事项	明确了科创板信息披露所涉及的业务操作事项，指导公司按要求办理业务操作并发布公告。其中，为便利科创公司发行上市阶段超额配售选择权的行使，专门制定《科创板上市公司超额配售选择权实施》格式指引
备忘录七号——年度报告相关事项	在整合上交所主板3份定期报告备忘录的基础上，对与年度报告相关的内部控制报告编制、关联方资金占用及往来披露要求、独立董事年报期间的履职要求等做出规定
备忘录八号——融资融券、转融通相关信息披露要求	明确了特殊证券交易账户所持证券合并计算的原则，权益变动或收购的披露要求，以及特殊证券交易情形下的规则适用安排

未来科创板市场还需要持续完善信息披露市场化和法制化建设。第一，针对科创板企业技术新、市场变化快的特点，信息披露需及时有效传达市场要求，更好满足投资者的信息需求；第二，多数科创板上市公司商业模式是研发导向，上市公司需继续完善核心技术、专业化能力等方面的信息披露，持续为市场提供高质量信息，辅助投资者做出价值判断；第三，针对信息披露违法违规行为，还需依法惩戒和处罚，加大对相关人员的市场禁入力度等。

第六节 分拆上市

分拆上市通常是将上市公司的部分业务从母公司分离，分离出来的子公司单独上市的一种资本运作。上市公司分拆是资本市场优化资源配置和深化并购重组功能的重要手段，有利于公司进一步实现业务聚焦、提升专业化经营水平，具体表现在以下4个方面：第一，拓宽公司的融资渠道。分拆上市不仅可以通过发行新股实现子公司融资目的，也可以帮助母公司按规定出售子公司股权获取现金流。第二，促进业务聚合。分拆上市可以降低母公司跨行业务不相容、子公司协同效率低的不利因素，有利于提高公司的专业化和核心化程度。

第三，激励子公司管理层。分拆上市可以直接将子公司的股票期权作为子公司管理层的薪酬进行发放，管理者的绩效与公司业绩紧密地联系在一起，可以有效激励管理层。第四，传递子公司成长性的信息，提高公司市场价值。分拆上市将推动子公司披露更多自身经营管理的信息，并对自身业务成长性获得更为准确的了解和评价，同时，母公司也可以获得分拆后的子公司在上市后的估值溢价。

当然，分拆上市应用不当，也会带来负面影响，具体包括：第一，降低母公司的竞争力。在分拆上市的运作中，母公司通常是将估值偏低的优质资产分拆出来，优质资产的分拆将掏空母公司的核心业务，不利于母公司做大做强。第二，稀释母公司对新上市公司的控制权。分拆上市将引入外部投资者介入新上市公司，将稀释母公司原先持有子公司的控制权。若母公司未能采取积极方式保持其控制权，将产生控制权旁落或被其他公司并购的危险。第三，相关监管与信息披露更严。子公司分拆上市成功后，为满足证监会和市场投资者的要求，将面临更加透明和严格的对外信息披露与监管制度，因而产生的成本也可能会增加。第四，产生潜在的道德风险。母公司在市场估值较高时分拆相关资产，借以融资，等市场估值较低时再对子公司私有化，实现利益输送。总之，分拆上市监管重点是保障母公司原有股东的利益，此外不会产生利益冲突（如关联交易和同业竞争）。

一、科创板分拆上市规则

2019年1月30日，证监会发布了《科创板实施意见》，该意见明确，"达到一定规模的上市公司，可以依法分拆其业务独立、符合条件的子公司在科创板上市"。这意味着，过去数十年A股关于分拆上市制度的空白将被填补。证监会起草的《上市公司分拆所属子公司境内上市试点若干规定》（以下简称《若干规定》）于2019年8月23日起向社会公开征求意见。同年12月13日，证监会正式发布《若干规定》，具体如表12-16所示。

表 12 -16　科创公司分拆上市规则要点

上市公司分拆条件	（一）上市公司股票境内上市已满 3 年。 （二）上市公司最近 3 个会计年度连续盈利，且最近 3 个会计年度扣除按权益享有的拟分拆所属子公司的净利润后，归属于上市公司股东的净利润累计不低于 6 亿元人民币（本规定所称净利润以扣除非经常性损益前后孰低值计算）。 （三）上市公司最近 1 个会计年度合并报表中按权益享有的拟分拆所属子公司的净利润不得超过归属于上市公司股东的净利润的 50%；上市公司最近 1 个会计年度合并报表中按权益享有的拟分拆所属子公司净资产不得超过归属于上市公司股东的净资产的 30%。 （四）上市公司不存在资金、资产被控股股东、实际控制人及其关联方占用的情形，或其他损害公司利益的重大关联交易。上市公司及其控股股东、实际控制人最近 36 个月内未受到过中国证监会的行政处罚；上市公司及其控股股东、实际控制人最近 12 个月内未受到过证券交易所的公开谴责。上市公司最近一年及一期财务会计报告被注册会计师出具了无保留意见的审计报告。 （五）上市公司最近 3 个会计年度内发行股份及募集资金投向的业务和资产，不得作为拟分拆所属子公司的主要业务和资产，但拟分拆所属子公司最近 3 个会计年度使用募集资金合计不超其净资产 10% 的除外；上市公司最近 3 个会计年度内通过重大资产重组购买的业务和资产，不得作为拟分拆所属子公司的主要业务和资产。所属子公司主要从事金融业务的，上市公司不得分拆该子公司上市。 （六）上市公司董事、高级管理人员及其关联方持有拟分拆所属子公司的股份，合计不得超过所属子公司分拆上市前总股本的 10%；上市公司拟分拆所属子公司董事、高级管理人员及其关联方持有拟分拆所属子公司的股份，合计不得超过所属子公司分拆上市前总股本的 30%。 （七）上市公司应当充分披露并说明：此次分拆有利于上市公司突出主业、增强独立性；此次分拆后，上市公司与拟分拆所属子公司均符合中国证监会、证券交易所关于同业竞争、关联交易的监管要求，且资产、财务、机构方面相互独立，高级管理人员、财务人员不存在交叉任职，独立性方面不存在其他严重缺陷
信息披露	（一）严格履行信息披露义务。上市公司分拆，应当参照中国证监会、证券交易所关于上市公司重大资产重组的有关规定，充分披露对投资者决策和上市公司证券及其衍生品种交易价格可能产生较大影响的所有信息。 （二）充分披露分拆的影响、提示风险。上市公司应当根据中国证监会、证券交易所的规定，披露如下内容：分拆的目的、商业合理性、必要性、可行性；分拆对各方股东特别是中小股东、债权人和其他利益相关方的影响；分拆预计和实际的进展过程、各阶段可能面临的相关风险，以及应对风险的具体措施、方案等
决策程序	（一）董事会应切实履职尽责。董事会应当就所属子公司分拆是否符合相关法律法规和《若干规定》、是否有利于维护股东和债权人合法权益，上市公司分拆后能否保持独立性及持续经营能力，分拆形成的新公司是否具备相应的规范运作能力等做出决议

续表

决策程序	（二）股东大会应逐项审议分拆事项。股东大会应当就董事会提案中有关所属子公司分拆是否有利于维护股东和债权人合法权益、上市公司分拆后能否保持独立性及持续经营能力等进行逐项审议并表决。 （三）严格执行股东大会表决程序。上市公司股东大会就分拆事项做出决议，须经出席会议的股东所持表决权的三分之二以上通过，且经出席会议的中小股东所持表决权的三分之二以上通过。上市公司董事、高级管理人员在拟分拆所属子公司安排持股计划的，该事项应当由独立董事发表专项意见，作为独立议案提交股东大会表决，并须经出席股东大会的中小股东所持表决权的半数以上通过。 （四）聘请财务顾问审慎核查、持续督导。上市公司分拆的，应当聘请独立财务顾问、律师事务所、具有相关证券业务资格的会计师事务所等证券服务机构就分拆事项出具意见。独立财务顾问应当具有保荐机构资格，履行以下职责： 一是对上市公司分拆是否符合《若干规定》以及上市公司披露的相关信息是否存在虚假记载、误导性陈述或者重大遗漏等，进行尽职调查、审慎核查，出具核查意见，并予以公告； 二是在所属子公司在境内上市当年剩余时间及其后一个完整会计年度，持续督导上市公司维持独立上市地位，并承担下列工作： 1. 持续关注上市公司核心资产与业务的独立经营状况、持续经营能力等情况； 2. 针对所属子公司发生的对上市公司权益有重要影响的资产、财务状况变化，以及其他可能对上市公司股票价格产生较大影响的重要信息，督导上市公司依法履行信息披露义务； 3. 持续督导工作结束后，自上市公司年报披露之日起 10 个工作日内出具持续督导意见，并予以公告
上市公司分拆监管	（一）持续完善上市公司分拆配套制度。 一是上市公司分拆，涉及首次公开发行股票并上市的，应当遵守中国证监会、证券交易所关于证券发行上市、保荐、承销等相关规定；涉及重组上市的，应当遵守中国证监会、证券交易所关于上市公司重大资产重组的规定。 二是证券交易所应当按照本规定确立的原则，逐步完善有关业务规则，依法依规严格监管，督促上市公司及相关各方履行信息披露义务。证券交易所、上市公司所在地证监局应当就上市公司是否符合前述第一条规定的相关条件进行专项核查，并出具持续监管意见。 （二）依法追究违法违规行为的法律责任。 上市公司及相关各方未按照《若干规定》及其他相关规定披露分拆相关信息，或者所披露的信息存在虚假记载、误导性陈述或者重大遗漏的，中国证监会依照《证券法》第 193 条、《上市公司信息披露管理办法》等相关规定，对上市公司、有关机构及其相关责任人员依法采取监管措施、追究法律责任。对利用上市公司分拆从事内幕交易、操纵市场等证券违法行为的，中国证监会将依法严厉打击，严格追究相关主体法律责任

从《若干规定》正式规则与征求意见稿对比看，前者与后者的区别主要表现在 4 个方面：一是降低了盈利门槛，盈利门槛由原来的 10 亿元调低至 6 亿元，便于进一步发挥分拆的工具作用；二是放宽了募集资金使用的要求，允许最近 3 年内使用募资规模不超过子公司净资产 10% 的子公司分拆；三是放宽了子公司董事、高管持股限制，由 10% 放宽至 30%；四是修改了同业竞争表述，以适应不同板块安排。目前，主板、创业板等与科创板相比，对同业竞争的监管要求不同，科创板只限制有重大不利影响的同业竞争。正式规则要求分拆后母子上市公司须符合所在板块关于同业竞争、关联交易的监管要求，母子上市公司须严格遵守所在板块的独立性监管要求。

《若干规定》参考并借鉴了美国、中国香港资本市场分拆上市的相关规则，结合现阶段资本市场的需要，对分拆上市规则进行了完善与优化。

第一，明确了分拆上市的相关标准。要保证拆分的资产，不是上市公司的主体资产和核心资产。结合母子公司发展战略，对上市公司业务与资产规模、子公司资产和收益占上市公司的比重、母公司分拆之后的相关指标、母子公司的业务依赖程度、子公司的股权结构等内容设定明确的标准，避免分拆上市成为企业通过二级市场高价减持的手段。为了避免母公司"空心化"，《若干规定》要求母公司必须具备较强的盈利能力和持续经营能力，避免分拆动摇母公司的独立上市地位，指标包括最低盈利门槛、拟分拆子公司占母公司资产规模的比例、母子公司的独立性等，保障母子公司都具备独立面向市场的能力。

第二，强化中小投资者的权益保护。投资者保护应作为分拆上市过程中的重中之重，以严防分拆上市演变为新一轮"圈钱"。抓住分拆行为的信息披露、分拆后发行上市或重组上市申请、分拆后母子公司日常监管 3 个环节，加强对同业竞争、关联交易的监管，严防上市公司出现利用关联交易输送利益或调节利润等损害中小股东利益的行为。对分拆上市试点中发现的虚假信息披露、内幕交易、操纵市场，尤其是利用分拆上市进行概念炒作、"忽悠式"分拆等违法违规行为加大打击力度。

第三，加强分拆上市信息披露的监管。《若干规定》对上市公司分拆上市的信息披露做出了更严格的规定，要求按照重大资产重组的规定披露信息，交易所则对分拆信息的披露情况开展问询，必要时有关部门还会进行现场核查。子公司申请发行上市环节，需要履行IPO或重组上市注册或审核程序。在子公司上市后的日常监管阶段，母子公司作为上市公司，将独立编制和披露财务报表及其他非财务信息，运行更加透明，便于投资人理解上市公司，接受较为严格的日常监管、公众监督。

要不断总结实践经验，合理控制分拆上市试点范围，不断评估和完善分拆上市机制，助力科创板上市公司理顺业务架构、实现业务聚焦、拓宽融资渠道、获得合理估值、完善激励机制。

二、案例解读： 心脉医疗

心脉医疗成立于2012年，主要从事主动脉及外周血管介入医疗器械的研发、生产和销售。2014年，心脉医疗承接了上海微创的资产后，与其间接控股母公司微创医疗（HK.00853）实现业务分割。心脉医疗是当前科创板上唯一的一家上市公司附属公司。该公司在2019年4月11日申报科创板上市，历经3轮审核问询后，于2019年7月22日作为首批科创板企业在上交所成功上市。

据心脉医疗就上交所首轮问询第8问的回复，港交所对微创医疗分拆申请的主要关注问题包括：（1）微创医疗于2016年10月13日申请分拆发行人于深圳证券交易所创业板上市并已获批的情况下，说明未在创业板上市的原因，自前述申请分拆后业务经营活动变化情况及持有发行人权益比例降低的原因，以及此次分拆是否符合微创医疗及其股东利益；（2）分拆上市后微创医疗持有发行人权益比例降低，该情况对微创医疗财务信息的影响；（3）根据《香港联合交易所有限公司证券上市规则第15项应用指引》的规定，说明微创医疗申请此次分拆的相关情况，包括管理连续性、财务情况、运营独立性、财务独立性、保证配额等；（4）发行人申请在科创板上市的相关情况。

根据心脉医疗1—3轮问询回复及审议会议和注册环节意见落实函回复，审核中，上交所及证监会对于微创医疗分拆发行人至科创板上市事宜重点关注以下方面：（1）分拆程序是否合法，价格是否公允；（2）业务切割是否清晰，是否存在同业竞争或影响发行人独立性的情况；（3）从关联交易、研发机制与核心技术、销售渠道与重合客户、采购渠道与重合供应商、关联方资金往来等方面分析是否存在影响发行人独立性的情况；（4）保荐机构关于同业竞争的核查情况；（5）港交所对分拆过程中关注的问题及回复。

根据心脉医疗首轮问询回复，此次分拆上市符合《香港联合交易所有限公司证券上市规则第15项应用指引》相关规定，具体情况如表12-17所示。

表12-17 心脉医疗分拆上市符合相关监管要求

监管要求	此次分拆上市对照情况	是否符合规定
如拟分拆上市的公司是在港交所上市，须满足港交所上市规则之基本上市准则	拟分拆上市的公司于上海科创板上市	不适用
公司最初上市后的3年内不得分拆上市	微创医疗于2010年在港交所主板上市，自上市之日起至其董事会批准实施此次分拆之日已超过3年	符合
母公司（不包括其在子公司的权益）在紧接着提出分拆申请前的5个财政年度中，其中任何3个财政年度的股东应占盈利总额不得少于5 000万港元	剔除微创医疗享有的发行人权益后，微创医疗在2018年度、2017年度中任一年度股东应占盈利均不低于2 000万港元，且2017年度、2016年度累计股东应占盈利及2016年度、2015年度累计股东应占盈利亦均不低于3 000万港元	符合
分拆上市申请时所采用的原则：业务划分清楚，母子公司之间独立运行，分拆商业利益清楚明确，分拆上市不会对母公司股东利益产生不利影响	（1）由微创医疗及发行人分别保留的业务能够清楚划分；（2）发行人的职能独立于微创医疗；（3）对微创医疗和发行人而言，分拆上市的商业利益清楚明确，并已在上市文件中详尽说明；（4）分拆上市不会对微创医疗股东的利益产生不利的影响	符合

续表

监管要求	此次分拆上市对照情况	是否符合规定
若分拆上市的相关交易的任何百分比率计算达25%或25%以上，须提交并获得股东大会批准	此次分拆上市后，微创医疗持有发行人的权益比例将减少，但该等交易在资产比率、利润比率、收入比率等方面均未达25%或25%以上，因此，微创医疗此次分拆上市无须获得股东大会批准	符合
IPO新股获配权（如果分拆子公司到A股上市，由于获配权存在法律障碍，可向港交所申请有条件豁免母公司严格遵守IPO新股获配权的规定）	由于此次分拆是在科创板上市，微创医疗向港交所申请豁免上述规定，2019年3月29日，港交所向微创医疗发出书面通知，有条件豁免，微创医疗已按要求履行了相关程序	符合
分拆上市建议须经港交所审批	2019年3月29日此次分拆上市申请已获得港交所批准	符合
分拆上市的公告	2019年4月3日，微创医疗于发行人的申请文件提交当日在港交所公告披露《建议分拆上海微创心脉医疗科技股份有限公司并于上海证券交易所科创板独立上市》的信息	符合

根据心脉医疗1—3轮的审核问询，可以看出主管部门在审核中尤为关注心脉医疗的独立性问题，从业务切割、核心技术来源、关联交易、销售渠道及重合客户、采购渠道及重合供应商、关联方资金往来等方面详细问询，以判断心脉医疗是否真正做到独立运营。心脉医疗相关回复情况如表12-18所示。

表12-18　心脉医疗问询回复情况

业务切割	重组前，发行人将主动脉及外周血管介入医疗器械业务作为独立业务条线进行管理和运营，并通过独立的成本中心进行预算管理和财务核算。重组时，发行人从人员、资产、技术等方面进行清晰划分，相关经营性资产、技术和人员全部转移至发行人，并履行完毕相关交割手续及变更登记程序。因此，心脉医疗与微创医疗及其关联方业务切割清晰，不存在业务或市场切割的约定

续表

同业竞争	重组后，发行人从事的业务与微创医疗其他业务分部所从事的业务在应用领域与适用症、治疗方法、对应科室等方面均存在显著差异。发行人从事的主动脉及外周血管介入产品业务属于技术密集型和强监管的产业，技术和行业准入壁垒决定了发行人与微创医疗其他业务分部均难以进入对方市场，双方不存在竞争关系，不存在跨越及交叉的可能性。因此，发行人与微创医疗及其控制的其他企业不存在同业竞争。同时，微创医疗以及相关控股企业出具了避免同业竞争的承诺函
分拆程序与分拆价格	分拆上市过程履行了香港市场和A股市场相关法定程序，符合有关规定；由于业务重组是在同一控制下进行，按照相关资产账面价值加合理税费确定交易价格具有公允性
核心技术是否依赖控股股东	业务重组时，业务相关的专利及非专利技术等知识产权均转移至发行人；发行人具备自主研发能力，与控股股东在研发团队、研发投入、研发技术等方面能清晰划分；报告期内，发行人与微创医疗不存在共享研发成果、受让其研发成果、利用发行人相关人员在微创医疗任职期间的职务发明或在前述研发成果的基础上再研发的情形；报告期内，发行人的研发投入占收入的比例分别为32.85%、27.27%和20.71%。综上，发行人在技术研发上对控股股东及其关联方不存在依赖
关联采购	报告期内，发行人存在与控股股东关联方之间的经常性关联采购，采购内容主要为原材料，该关联采购占营业成本的比例分别25.77%、17.61%和17.38%，关联采购呈下降趋势且具有历史原因和商业合理性；对比关联方对发行人的销售价格及其对第三方的销售价格，存在销售毛利率差异的主要原因是不同采购产品的规格、性能等存在差异，具有合理性；通过关联采购价格对发行人营业收入成本及毛利率的敏感性分析，控股股东及关联方不存在替发行人承担成本或费用的情况；发行人已与境内外知名供应商形成稳定合作关系，它们可替代关联方供应商。综上，相关关联采购不影响发行人的独立性
通过分析发行人销售渠道及重合客户的情况，说明发行人在销售方面是否对控股股东及其关联方存在重大依赖	发行人拥有独立的销售部门和团队，独立进行客户拓展；报告期内，主营业务收入中不存在关联销售，其他业务收入中存在交易金额小的偶发性关联交易，该交易按市场价格定价且未来不会持续发生；发行人开拓海外市场初期曾通过控股股东进行海外销售，该关联交易占当期营业收入比例较小，且于2018年3月终止上述合作业务，发行人通过第三方经销商独立进行海外销售；报告期内，发行人与控股股东及其关联方的重合客户占比分别为27.03%、31.43%和21.98%，其中交易金额超过50万元的重合客户占比分别为9.46%、11.43%和5.49%，前十大客户中与控股股东重合的客户家数分别为4家、3家和1家，相关收入金额呈逐年下降趋势，且发生重合客户的情况具有商业合理性和真实交易背景。综上，发行人销售方面不存在对控股股东及其关联方的依赖，亦不存在利用重合客户输送利益的情形

续表

通过分析采购渠道和重合供应商的情况,说明发行人在采购方面是否对控股股东及其关联方存在重大依赖	2016—2018年3年,发行人与控股股东及其关联方交易金额超过50万元的重合供应商数分别为1家、4家和7家,占公司供应商数量比例分别为0.79%、2.84%和4.70%。报告期内重要供应商中重合数量较少,且重合部分多为业内领先的知名供应商,主要原因为公司产品对于原材料要求较高,可选行业内供应商相对较少;2018年度,重合供应商有所增加,主要系业务规模扩大导致采购金额增加所致,不存在新增与微创医疗其他业务分部重合供应商的情形。同时,发行人与控股股东向重合供应商采购的物资多为定制化产品,需各方与供应商独立协商确定,发行人已建立独立的采购体系,具备独立评价和维护供应商的能力,各方须基于各自产品生产和研发的需求独立开展采购活动。综上,发行人对控股股东及其关联方的供应商网络不存在依赖
通过关联方资金往来情况,说明发行人对控股股东是否存在资金依赖	2014年,发行人参与了上海微创与中国银行浦东支行约定的资金池计划,2017年1月,发行人将参与上述现金池计划形成的关联方非经营性往来资金全部清理完毕,并退出该现金池计划。2017年、2018年两年,发行人现金流情况良好,经营活动现金流量净额足以支持公司的日常经营并维持较高比例的研发投入。退出资金池计划并未对发行人的现金流及财务状况产生重大影响。发行人对控股股东及其关联方不存在资金依赖

总之,独立性、关联交易、同业竞争、股权资产转让问题、上市公司所在地监管要求是监管部门对科创板拟上市企业分拆上市关注的重点。心脉医疗能成为科创板分拆上市第一股,关键在于其与控股股东业务切割清晰,不存在同业竞争和其他影响其独立性的情况,关联交易比例较小且具有合理性,心脉医疗在研发技术、采购、销售及资金等方面均不存在对控股股东及其关联方的依赖,同时其分拆上市过程履行了法定程序。

第七节 重大资产重组

重大资产重组是科创板上市公司持续提升质量、增强研发实力、保持商业竞争力的重要方式。2019年11月29日,《上海证券交易所科创板上市公司重大资产重组审核规则》(以下简称《重组审核规则》)正式发布,对上交所科创板上市公司重大资产重组的审核相关规则做出了进一步的完善,与证监会之前发布的《科创板上市公司重大资产重组特别规定》以及《上市公司重大资产重组管理办法》共同构成科创板重大资产重组的主要依据。《重组审核规则》坚持市场化、法制化的基本原则，以鼓励支持科创企业通过并购重组提升创新能力、研发实力、市场竞争力为基本目标，着力发挥市场机制作用，努力构建高效、透明、可预期的重大资产重组审核机制。《重组审核规则》从科创公司实施并购重组应当符合的标准与条件，重组信息披露要求及重组参与各方信息披露义务，重组审核的内容、方式及程序，以及重组持续督导职责等方面，对科创板并购重组审核进行了详细规定。

上交所相关负责人表示，《重组审核规则》的起草主要遵循四大思路：一是更加强调支持科创企业做优做强。《重组审核规则》突出"高效"目标，更加注重包容性、便捷性、服务性，从丰富并购工具、明确问询标准、压缩审核时限、做好预期管理等方面，支持科创企业自主决策、自主推进、自主实施同行业、上下游并购重组。二是更加强调以信息披露为核心。一方面，坚持从投资者需求出发，从信息披露充分、一致、可理解的角度展开问询，督促重组参与方真实、准确、完整地披露信息。另一方面，要求科创公司和相关方重点披露重组交易是否具备商业实质、并购资产是否具有协同效应、交易价格是否公允、业绩补偿是否可行、交易设计是否损害科创公司和中小股东合法权益，并充分提示重组交易的潜在风险。三是更加强调公开透明。在现有基础上进一步推进"阳光审核"，通过全公开式的审核震慑重组中的财务造假和利益输送行为，防范"忽悠式""跟风式""三高式"重组，形成更加有效的市场约束。四是更加强调压严压实中介机构责任。在强化独立财务顾问前端尽职调查职责的同时，聚焦资产整合、业绩补偿等并购重组多发、频发问题，充实细化独立财务顾问职责要求和惩戒机制，将持续督导责任落到实处。

由于科创公司首发上市设置有多套财务标准，如科创板的重大资产重组采取传统的界定标准，则存在绝对金额很低的交易即轻易触发科创板重大资产重组的可能性。因此，《科创板上市公司重大资产重组特别规定》关于重大资产重组的构成标准中，营业收入的标准增加了"且超过5 000万元"这一特殊要求。科创板重大资产重组的界定标准与审核层级如表12-19所示（涉及发行股份购买资产的交易均需经股东大会审议）。

表12-19　科创板重大资产重组的界定标准与审核层级

标的资产指标	应披露的交易	股东大会审议的交易	构成重大资产重组
交易涉及的资产总额	占公司最近一期经审计总资产10%以上	占公司最近一期经审计总资产50%以上，或资产总额在连续12个月内经累计计算超过总资产30%（三分之二以上通过）	占公司最近一个会计年度合并财务会计报告期末总资产50%以上
交易标的最近一个会计年度相关的营业收入	占公司最近一个会计年度经审计营业收入10%以上，且超过1 000万元	占公司最近一个会计年度经审计营业收入50%以上，且超过5 000万元	占公司同期经审计的合并财务会计报告营业收入50%以上，且超过5 000万元
交易标的最近一个会计年度资产净额	占公司市值的10%以上	占公司市值的50%以上	占公司最近一个会计年度合并财务会计报告期末净资产额50%以上，且超过5 000万元

《重组审核规则》区分不同类别的重组交易审核制度。科创公司以不构成重大资产重组的发行股份方式购买资产，如果同时符合下列情形，则申请文件受理后，上交所重组审核机构不再进行审核问询，经审核直接出具审核报告：最近12个月内累计交易金额（指以发行股份方式购买资产的交易金额）不超过人民币5亿元；或最近12个月内累计发行的股份（指用于购买资产而发行的股份）不超过此次交易前科创公司股份总数的5%且最近12个月内累计交易金额不超过人民币10亿元；不存在同时募集配套资金用于支付此次交易现金对价，或者募集配套资金金额超过人民币5 000万元的情形；不存在科创公司或者其控股股东、实际控制人最近12个月内受到中国证监会行政处罚或者上交所公开谴责，或者存在其他重大失信行为；不存在独立财务顾问、证券服务机构或者其相关人员最近12个月内受到中国证监会行政处罚或者上交所纪

律处分。科创板重组交易审核制度如表 12 – 20 所示。

表 12 – 20　科创板重组交易审核制度

项目类别		信息披露	上交所审核		证监会注册
			重组审核机构	上市委员会	
不构成重组上市	不涉及发行股份购买资产的重大资产重组	√	—	—	—
	发行股份购买资产的重大资产重组	√	√	—	√
重组上市	涉及发行股份	√	√	√	√
	不涉及发行股份	√	√	√	√

注：不涉及发行股份购买资产的重大资产重组的信息披露属于常规信息披露，不适用《重组审核规则》第三章关于重组信息披露的要求。

并购重组制度是对投资端资源整合规则的搭建，《重组审核规则》将着眼于建立高效并购重组机制，满足科创公司多样、灵活、快速的并购重组需求，具体规则如表 12 – 21 所示。科创板在上市公司并购重组的市场化方面前进了一大步，体现在 4 个方面：一是明确审核时限。上交所自受理发行股份购买资产申请至出具审核意见，不超过 45 天，公司回复总时限为两个月。结合《科创板上市公司重大资产重组特别规定》5 个工作日注册生效的安排，可以看出，科创板整体形成了时间更短、预期更明确的审核制度安排。科创公司符合规定的重组方案有望于 1 个月左右完成审核及注册程序。二是丰富支付工具。结合现行并购重组定向可转债试点成果，科创板上市公司通过发行定向可转债购买资产时，可以自主约定转股期、赎回、回售、转股价格修正等条款。三是简化审核程序。充分吸收现有并购重组审核"分道制""小额快速"等有益经验，进一步优化重组审核程序，提高审核效率。对于合规合理、信息披露充分的重组交易，以及符合"小额快速"标准的重组交易，将减少审核问询或可以直接提交审核联席会议审议。四是全程实施电子化审核。审核问询、回复、沟通咨询等事项将全部通过并购重组审核业务系统在线上完成，更加便利科创公司和相关方提交审核材料、回复审核问询、了解审核进度或进行审核沟通，提高审核透明度，明确市场预期。

表12-21 科创公司重大资产重组审核规则要点

重组标的资产的要求	1. 科创公司实施重大资产重组（包括重组上市），标的资产应当符合科创板定位，所属行业应当与科创公司所处行业相同或者属于上下游，且标的资产与科创公司主营业务具有协同效应。 ● 协同效应，是指科创公司因此次交易而产生的超出单项资产收益的超额利益，包括下列一项或者多项情形：（a）增加定价权；（b）降低成本；（c）获取主营业务所需的关键技术、研发人员；（d）加速产品迭代；（e）产品或者服务能够进入新的市场；（f）获得税收优惠；（g）其他有利于主营业务发展的积极影响。 2. 重组上市的标的资产还应满足： ● 科创板首发上市的发行条件。 标的资产对应的经营实体应当是符合《科创板首次公开发行股票注册管理办法（试行）》（以下简称《科创板注册管理办法》）规定的相应发行条件的股份有限公司或者有限责任公司。科创公司发行条件主要包括：依法设立且持续经营3年以上，会计基础工作规范，内部控制制度健全且被有效执行，业务完整并具有直接面向市场独立持续经营的能力，生产经营符合法律、行政法规的规定，符合国家产业政策等。 ● 财务指标要求。 标的资产对应的经营实体应当符合净利润或营业收入的财务指标要求。相对科创板首发上市而言，科创板重组上市未对标的资产设置市值方面的财务指标。 净利润以扣除非经常性损益前后的孰低者为准，所称净利润、营业收入、经营活动产生的现金流量净额均指经审计的数值
支付手段	1. 发行股份购买资产。 ● 发行条件：符合《上市公司重大资产重组管理办法》关于发行股份购买资产条件的有关规定； ● 发行价格：不得低于市场参考价的80%（科创公司以外的上市公司目前为90%），根据2019年11月9日发布的《上市公司证券发行管理办法（征求意见稿）》及《创业板上市公司证券发行管理暂行办法（征求意见稿）》亦拟调整为市场参考价的80%）。市场参考价为此次发行股份购买资产的董事会决议公告日前20个交易日、60个交易日或者120个交易日的公司股票交易均价之一。 2. 发行其他类型的证券购买资产。 ● 其他类型：可发行优先股、非公开发行可转债、定向权证、存托凭证购买资产。 ● 非公开发行可转债：应当符合《上市公司重大资产重组管理办法》《科创板上市公司重大资产重组特别规定》及中国证监会关于发行可转换为股票的公司债券购买资产的规定；此外，明确了科创公司可以与特定对象约定转股期、利率及付息方式、赎回、回售、转股价格、向下或者向上修正等条款；但转股期起始日距离此次发行结束之日不得少于6个月

续表

股份的锁定要求	1. 科创公司股东在科创公司实施发行股份购买资产或者重组上市中取得的股份，应当遵守《上市公司重大资产重组管理办法》关于股份限售期的有关规定： • 以资产认购而取得的上市公司股份，自股份发行结束之日起12个月内不得转让；属于下列情形之一的，36个月内不得转让：（a）交易对方为科创公司控股股东、实际控制人或者其控制的关联人；（b）交易对方通过认购此次发行的股份取得科创公司的实际控制权；（c）交易对方取得此次发行的股份时，对其用于认购股份的资产持续拥有权益的时间不足12个月。 • 募集配套资金所得股份的锁定期：科创公司的控股股东、实际控制人或其控制的关联人，通过认购此次发行的股份取得科创公司实际控制权的投资者，董事会拟引入的境内外战略投资者，认购的股份自发行结束之日起锁定36个月；其他一般发行对象认购的股份自发行结束之日起锁定12个月。 • 属于重组上市的，科创公司原控股股东、原实际控制人及其控制的关联人，以及在交易过程中从该等主体直接或间接受让该科创公司股份的交易对方在此次交易完成后36个月内不得转让其在该上市公司中拥有权益的股份；除收购人及其关联人以外的交易对方以资产认购而取得的科创公司股份自股份发行结束之日起24个月内不得转让。控制关系清晰明确，易于判断，同一实际控制人控制之下不同主体之间转让科创公司股份的，可不受上述3项锁定期的限制。 2. 重组上市中标的资产未盈利的特别锁定期。 重组上市过程中标的资产对应的经营实体尚未盈利的，在科创公司重组上市后首次实现盈利前，控股股东、实际控制人自此次交易所得的股份登记之日起3个完整会计年度内，不得减持该部分股份；自此次交易所取得的股份登记之日起第4个完整会计年度和第5个完整会计年度内，每年减持的该部分股份不得超过科创公司股份总数的2%
标的资产涉及创新试点红筹企业的特殊要求	• 科创公司重大资产重组涉及购买标的是红筹企业的，应当按照《公开发行证券的公司信息披露编报规则第24号——科创板创新试点红筹企业财务报告信息特别规定》《科创板创新试点红筹企业财务报告信息披露指引》的规定，在重大资产重组报告书中披露标的资产的财务会计信息。 • 实施重组的科创公司或者标的资产为创新试点红筹企业的，在计算重大资产重组界定标准等监管指标时，应当采用根据中国企业会计准则编制或调整的财务数据。 • 实施重组的科创公司为创新试点红筹企业的，可以按照境外注册地法律法规和公司章程履行内部决策程序，且需要及时披露重组报告书、独立财务顾问报告、法律意见书以及重组涉及的审计报告、资产评估报告或者估值报告
中介机构的持续督导	1. 持续督导期。 一年一期：通过重大资产重组或者发行股份购买资产的，持续督导期限为此次交易实施完毕当年剩余时间以及其后1个完整会计年度。持续督导期届满后，存在尚未完结事项的，独立财务顾问应当继续履行持续督导职责，并在各年度报告披露之日起15日内就相关事项的进展情况出具核查意见

375

续表

中介机构的持续督导	三年一期：科创公司实施重组上市的，持续督导期限为此次交易实施完毕当年剩余时间以及其后3个完整会计年度。 2. 独立财务顾问应当现场检查的情况。 《重组审核规则》首次明确提出，对于以下4种情形：(i)标的资产存在重大财务造假嫌疑；(ii)科创公司可能无法有效控制标的资产；(iii)标的资产可能存在未披露担保；(iv)标的资产股权可能存在重大未披露质押，独立财务顾问应当进行现场检查，出具核查报告并披露。 3. 持续关注业绩承诺方在业绩承诺期的状况。 独立财务顾问应当在业绩补偿期间内，持续关注业绩承诺方的资金、所持科创公司股份的质押等履约能力保障情况，督促其及时、足额履行业绩补偿承诺
审核关注内容	上交所对科创公司发行股份购买资产或者重组上市是否符合法定条件、是否符合中国证监会和上交所信息披露要求进行审核，并重点关注标的资产是否符合科创板定位、与科创公司主营业务是否具有协同效应、重组交易是否必要、资产定价是否合理公允、业绩承诺是否切实可行，以及是否存在损害科创公司和股东合法权益的情形
"小额快速"通道	科创公司发行股份购买资产，不构成重大资产重组，且符合下列情形之一的，申请文件受理后，交易所重组审核机构经审核，不再进行审核问询，直接出具审核报告： (一)最近12个月内累计交易金额不超过人民币5亿元； (二)最近12个月内累计发行的股份不超过此次交易前科创公司股份总数的5%且最近12个月内累计交易金额不超过人民币10亿元。 但是科创公司发行股份购买资产，存在下列情形之一的，不得适用小额快速规定： (一)同时募集配套资金用于支付此次交易现金对价，或者募集配套资金金额超过人民币5 000万元； (二)科创公司或者其控股股东、实际控制人最近12个月内受到中国证监会行政处罚或者交易所公开谴责，或者存在其他重大失信行为； (三)独立财务顾问、证券服务机构或者其相关人员最近12个月内受到中国证监会行政处罚或者交易所纪律处分
股份减持	科创公司实施重组上市，标的资产对应的经营实体尚未盈利的，在科创公司重组上市后首次实现盈利前，控股股东、实际控制人自此次交易所取得的股份登记之日起3个完整会计年度内，不得减持该部分股份；自此次交易所取得的股份登记之日起第4个完整会计年度和第5个完整会计年度内，每年减持的该部分股份不得超过科创公司股份总数的2%

第八节　退市制度

上市公司退市制度是资本市场重要的基础性制度。上市公司退市是指证券交易所终止上市公司股票的上市交易活动，即退出主要证券交易市场，进入次一级市场或场外交易市场，或完全退出交易市场。退市制度包含退市标准、退市程序、投资者保护等内容。一方面，上市公司如果基于实现发展战略、维护合理估值、稳定控制权以及遵循成本效益法则等方面的考虑，认为不再需要继续维持上市地位，或者继续维持上市地位不再有利于公司发展，可以主动向证券交易所申请其股票终止交易；另一方面，证券交易所为维护公开交易股票的质量与市场信心，保护投资者特别是中小投资者合法权益，可依照规则要求交投不活跃、股权分布不合理、市值过低而不再适合公开交易的股票终止交易，特别是对于存在严重违法违规行为的公司，可依法强制其股票退出市场交易。科创企业技术模式新、发展潜力大，但盈利能力也存在着较大不确定性，如果经营失败往往很难依靠原有模式走出低谷，继续留在市场可能会加剧投机炒作，形成"炒小、炒差"的市场预期，容易导致科创板市场定价功能紊乱，无法达到优化资源配置的目的。

一、纳斯达克与港交所退市制度标准与流程

（一）纳斯达克退市制度标准与流程

纳斯达克股票市场内部设有全球精选市场（NASDAQ GS）、全球市场（NASDAQ GM）和资本市场（NASDAQ CM）3个市场板块。区分不同市场，纳斯达克分别制定了不同的持续上市标准。全球精选市场的上市标准最高，主要吸引大型优质企业类上市资源；全球市场属于中间层次，主要服务中型企业；资本市场是纳斯达克建立初期最早设立的市场层次，上市标准最低，主要服务小微企业。纳斯达克持续上市指标又分为定量指标（合规性指标）与定

性指标(交易类指标、持续经营指标),如表 12-22 与表 12-23 所示。

表 12-22 纳斯达克持续上市定量指标

上市板块	主要指标	股东权益标准	市值标准	总资产/总收入标准
全球精选市场和全球市场	适用企业	以股东权益标准获得上市资格	以市值标准获得上市资格	以总资产/总收入标准获得上市资格
	股东权益	1 000 万美元	—	—
	股票市值	—	5 000 万美元	—
	总资产和总收入(最新 1 年财报或最近 3 个财年中的两年数据)			总资产 5 000 万美元 总收入 5 000 万美元
	公众持股数量	75 万股	110 万股	110 万股
	公众持股市值	500 万美元	1 500 万美元	1 500 万美元
	每股价格	1 美元	1 美元	1 美元
	总股东数量	400	400	400
	做市商数量	2	4	4
上市板块	主要指标	股东权益标准	市值标准	净利润标准
资本市场	适用企业	以股东权益标准获得上市资格	以市值标准获得上市资格	以净利润标准获得上市资格
	股东权益	250 万美元	—	—
	股票市值	—	3 500 万美元	—
	持续经营的净利润(最新 1 年财报或最近 3 个财年中的两年数据)	—	—	50 万美元
	公众持股数量	50 万股	50 万股	50 万股
	公众持股市值	100 万美元	100 万美元	100 万美元
	每股价格	1 美元	1 美元	1 美元
	总股东数量	300	300	300
	做市商数量	2	2	2

注:纳斯达克上市公司至少满足一项持续上市标准中的所有指标。

表12-23 纳斯达克持续上市定性标准

主要指标	指标内容
财报披露	公司必须向股东提供年度和中期财报,通过发送邮件或在公司网站公示方式
独立董事	公司董事会必须拥有大多数独立董事
审计委员会	公司必须设立由独立董事组成的审计委员会,可以阅读和理解基本财务报表。审计委员会至少有3名成员,其中一位成员必须拥有丰富的财务知识
高管薪酬	公司必须设立由独立董事组成的薪酬委员会,至少包含2名成员,且通过额外独立性测试,薪酬委员会必须确定或向全董事会推荐高管的薪酬分配方案
董事提名	独立董事必须选择或推荐董事候选人
行为准则	公司必须采用适用于所有董事、高管和员工的行为准则
股东大会	公司必须在财年结束一年内召开年度股东年会
代理权征集	公司需要为所有股东大会征集代理人
法定人数	股东会议中,持有普通股的股东数量必须不低于发行股数的33.3%
利益冲突	在涉及潜在利益冲突情况下的交易中,公司必须对所有关联方进行适当的审查和监督
股东表决	回购股票比例达20%,关联方收购已发行股票5%以上,股权补偿,发行导致控制权变更,私募配售已发行股票数量20%以上且价格低于股价或账面价值等事宜需获得股东批准
投票权	公司行为或证券发行不能降低或限制现有股东的投票权

一般而言,纳斯达克上市公司触发退市条件,可选择降板,从全球精选市场或全球市场转至资本市场板块。如果未满足资本市场持续上市条件,公司退市后可进入场外市场挂牌交易。公司可自主选择场外柜台交易市场(OTCBB)或粉单市场(Pink Sheets)挂牌。如果退市企业在柜台市场依然无法生存,只能通过私人交易进行股份转让,或是选择破产、解散清算、私有化。

在纳斯达克市场,退市主要分为强制退市和自愿退市两类。自愿退市由上市公司发起,通常适用于并购、私有化和自愿清算。强制退市由交易所发起,主要因违反了一项或多项持续上市规定。在上市公司触发退市条件后,纳斯达克证券交易所将采取独立审查、停牌整改和退市等措施,具体如表12-24所示。

表 12-24 纳斯达克退市流程

退市流程	主要规则
发送退市警示（Deficiency Notificetions）	纳斯达克上市资格审查部（Listing Qualifications Department）每天对上市公司进行实时监控并编制违反持续上市规则的公司名录，一旦确定上市公司违反一项或多项持续上市规则，将向该上市公司发送退市警示。退市警示主要有3类：（1）退市决定函（Staff Delisting Determinations），要求上市公司立即暂停交易并启动退市，除非上市公司申请申诉；（2）退市预警，要求上市公司提交合规计划供审查或给予上市公司一定时间的调整期（Cure Period）；（3）公开谴责信（Public Reprimand Letters），上市公司违反内部治理或上市规定，但未触发退市。退市警示具体内容包括上市公司违反的持续上市规定、上市公司须进行的信息披露、停牌时间、上市公司申诉的权利和提交合规计划的截止时间等
信息披露	上市公司收到退市警示后，应及时（4个工作日之内）进行信息披露，公开警示内容、公司存在的问题以及纳斯达克证券交易所做出的决定。上市公司必须通过电子信息披露系统发布公告，如在交易时间段，应至少提前10分钟通知纳斯达克市场监察部（Market Watch Department）；非交易时间段，应在公告当日早上6：50前通知市场监察部
上市公司进行整改	如果上市公司违反持续上市规定中的合规性指标或经营类指标规定，收到纳斯达克证券交易所退市警示后，应在45天内提交合规整改计划，经纳斯达克审查，重新达到纳斯达克证券交易所持续上市标准。宽限期一般不超过180天（极端情况下可延至360天）。如果上市公司连续30天未达到上市标准中的流动性指标，收到纳斯达克退市警示后，上市公司应在180天内进行整改，并至少连续10天符合流动性指标。如未达到持续上市标准，上市公司可自动降板或进入退市环节
申请复议	如果上市公司对退市警示等决定不服，可提交书面申请，逐级向纳斯达克证券交易所上市资格委员会、听证审查委员会和董事会提起上诉。上市公司应在收到退市决定函、退市预警或公开谴责信7天内申请复议。在听证会做出决定之前，上市公司的普通股将保持上市状态。纳斯达克证券交易所在8—10周内安排听证。听证后如果上市公司的复议申请被驳回，则退市决定立即生效。在退市后，退市公司可向SEC提交文件以终止其普通股的注册

（二）港交所退市制度标准与流程

港交所在强制退市标准中设定的定量指标较少，只有公众持股数量和财务指标中的资产负债比两项，而对公司经营结果（例如年度盈利或者亏损）未设量化标准。港交所判断挂牌公司是否应失去上市地位主要取决于发行人能否履行持续责任，如表12-25所示。港交所对主板和创业板设立了相同的强制退市标准，根据港交所《主板上市规则》第6.01条规定和《创业板上市规则》第9.04条规定，在下列3种情况下可强制上市企业退市，一是公众人士所持有的证券数量少于已发行股份数目总额的25%。二是发行人没有足够的业务运作或相当价值的资产，以保证其证券可继续上市。具体是指《主板上市规则》第13.24条（《创业板上市规则》第17.26条）中的两种情况：（1）出现财政困难，以致严重损害发行人继续经营业务的能力，或导致其部分或全部业务停止运作；（2）发行人于结算日录得净负债，即发行人的负债额高于其资产值。三是港交所认为发行人或其业务不再适合上市，具体情况包括：董事或有重大影响力人士出现诚信问题，发行人严重违反上市规则，发行人未能披露重要资料，发行人违反法律及法规，发行人受贸易或经济制裁，公司业务架构不足以保障其资产及股东权益，发行人过度依赖单一主要客户/供货商或会令人严重怀疑其业务模式是否可行及可持续，发行人已刊发的财务报表被发现有严重夸大盈利的欺诈账目或虚假文件，以及发行人出现重大内部监控失当。

表12-25 港交所退市标准

强制退市	自愿退市
定量标准 公众人士所持有的证券数量少于已发行股份总数的25%。 定性标准 交易所认为发行人无足够业务运作或相当价值的资产（出现财政困难以致严重损害发行人继续经营的能力或发行人的负债额高于其资产）。 交易所认为发行人或其业务不再适合上市	1. 经股东大会表决同意，转往其他受认可的公开证券交易市场上市。 2. 经股东大会同意撤销/撤除上市地位。 3. 发行人被全面要约收购或私有化

满足强制退市条件时，港交所可采取两种方式。一是立即将发行人除牌。这种情况一般适用于触发除牌准则的事宜对上市公司有根本性影响及不能补救的特殊情况，例如法院裁定发行人管理层及控股股东欺诈行事以夸大业务及盈

利。二是等待发行人补救。根据《主板上市规则》第6.10条（《创业板上市规则》第9.15条）的规定，交易所刊发公告，载明该发行人的名称，并列明限期，以便该发行人在限期内对引致该等情况的事项做出补救。如发行人未能于指定限期内对该等事项做出补救，再将其除牌。主板持续停牌最长期限为18个月，创业板为12个月。

二、科创板退市规则

科创板制定了严格的退市标准程序，在原有退市标准的基础上进行了改革，实现了创新，吸收了最新的退市改革成果，将执行史上最严的退市制度，具有执行严、标准严、程序严等特征，集中体现了对于科技创新型企业"退市从严"的理念。退市指标上，科创板构建了重大违法违规强制退市、交易类强制退市、财务类强制退市、规范类强制退市四大体系。科创板在信息披露重大违法、公共安全重大违法、市场指标、财务指标、合规指标等方面，都有相对明确的触发退市机制的条件，并在现有机制的基础上分别对财务类、交易类、规范类的退市指标进行了丰富和优化。科创板退市程序更加简化，不再设置专门的重新上市环节，取消了暂停上市、恢复上市和重新上市环节，退市时间进一步缩短。

（一）优化财务类退市指标，针对研发型企业实施特殊安排

形成财务类组合指标，引入扣非净利润，避免业绩粉饰。与主板、中小板、创业板使用净利润为负、营业收入过少或净资产为负的单一退市指标不同，科创板制定了由净利润、营业收入、净资产组成的组合退市指标。在以往退市制度下，实施风险警示或暂停上市的考虑标准为经审计的净利润，部分企业通过出售固定资产等调节非经常性损益的方式粉饰业绩，实现规避净利润的退市红线。在科创板引入扣非净利润要求后，将有效遏制企业通过业绩粉饰规避退市，上市企业因为财务指标不达标而被强制退市的可能性上升。新增

"明显丧失持续经营能力"的定性标准,"空心化"企业将被直接退市。该规定强调企业持续经营能力,设置关于不再具有持续经营能力的定性标准,为判断丧失持续经营能力企业的经营和财务特征提供了重要依据,赋予交易所在落实退市制度时更强的执行力。

科创板退市规则增加了研发型企业的退市特殊安排。研发型企业的主要任务、产品及核心技术是其最重要的市场价值指标。当面临研发技术失败、研发技术被禁用等情况时,研发型企业的市场价值将受到严重影响,对其及时采取退市措施,符合研发企业的市场及行业特点,有助于更好地维护市场秩序,保护投资者利益,体现了制度的精细化、针对性。

(二) 丰富交易类强制退市指标

增加市值类退市指标,与上市条件相呼应。科创板在退市标准上构建了包含成交量、股票价格、股东人数和市值四个方面的交易类指标体系,首次引入了市值指标。从科创板上市条件来看,设置了5种基于不同市值的盈利要求,故在设立企业退市标准时,同样考虑市值标准来与上市条件相匹配。一旦上市公司出现连续120个交易日实现的累计股票成交量低于200万股,或连续20个交易日股票收盘价低于股票面值,或连续20个交易日股票市值低于3亿元,或连续20个交易日股东数量低于400人的情形之一,上交所即可决定其终止股票上市。市值指标能综合反映上市公司的真实内在价值,将市值纳入退市规则有利于市场机制更好地发挥作用,体现市场化导向的监管思路。如果市值长期处于低位,可能使得企业被迫触发交易类强制退市指标,优胜劣汰的效应会更加明显。

(三) 细化规范类强制退市情形

在重大违法类强制退市方面,科创板吸收了最新退市制度改革成果,明确了信息披露重大违法和公共安全重大违法等重大违法类退市情形。因重大违法强制退市的，公司不得提出新的发行上市申请，将永久退出市场。在现有未按期披露财务报告、被出具无法表示意见或否定意见审计报告等退市指标的基础上，增加信息披露或者规范运作存在重大缺陷等规范类退市指标，进一步提高了对上市公司信息披露质量的要求，突出了以信息披露为核心的监管理念，强调合规运营。

（四）不再设置暂停上市、恢复上市和重新上市环节

科创板取消了暂停上市、恢复上市环节，精简了退市流程，企业退市时间大大缩减。当前 A 股主板、中小板和创业板则均存在退市警示（仅主板、中小板）和暂停/恢复上市制度，上市公司在缓冲期经过错误修正以及风险公示后可以恢复上市。根据 Wind（万得）统计，截至 2018 年底，A 股被实施*ST 或 ST 公司数量为 298 家，而被撤销*ST 或 ST 公司数量却达到 349 家，仅 15 家上市企业被进一步实施暂停上市，超过 90% 的公司在实施退市及其他风险警示之后，都没有进一步被暂停上市；而被暂停上市的 15 家企业中，截至 2018 年 12 月 31 日，已有 13 家企业恢复上市，恢复上市比例高达 86.7%。在科创板，以财务类强制退市为例，一旦上市公司被实施退市风险警示，在第 2 个会计年度内相关指标未消除，即被退市。另外，科创板退市流程更为精简，取消了现有 A 股退市流程中暂停上市和恢复上市的环节，对于科创板退市的企业，将直接启动终止上市程序。但与此同时，科创板退市流程中设立了听证和复核阶段，允许相关企业进行合理的申诉。这样的制度安排，也吻合科创板"宽进严出"的整体设计理念，有助于形成进退有序的良性循环。

由于取消了暂停上市和恢复上市程序，企业从被实施风险警示到最终退市的时间从原来的 4 年缩短至两年，一方面加快了整体退市进程，另一方面上市公司无法再通过处理亏损资产、可回转的资产减值、政府补助和应收账款冲回与转让等方式来实现保壳、继续维持上市，退市效率将进一步提高。科创板退市警示期仍允许企业合理自救，终止上市期仍保留复核制度，但一经退市再无

恢复上市机会。在部分退市情形下，如因财务类指标退市、规范类指标退市、研发失败退市，上交所在终止上市告知书发布之前，会对公司股票进行退市风险警示，终止上市告知书发布之前，上交所要求企业披露退市风险警示。其间，企业可以通过改善指标、修正错误方式来进行自救进而撤销警示，虽然公司有自救机会，但自救周期较短，平均为 2 个月。公司终止上市期仍保留复核制度，复核未通过或者 5 天内放弃申请，公司进入 30 天退市整理期，且退市之后，不得申请重新在科创板上市。

科创板退市制度突出一个"严"，在标准、程序以及执行上都更加严格，充分发挥了市场的筛选机制，使真正创造价值的公司崭露头角，从而保证科创板上市公司整体的高质量。科创板退市制度要在实践中不断丰富，积累经验，须着重做好以下工作：一是敦促上市公司专注主业、完善治理结构、提高公司业务质量，完善退市制度价格发现功能，保证资本有效流动，优化资源配置，加大对退市制度的执行监管力度，使退市制度真正如高悬利剑，强化对上市公司的警示与监督机制；二是筑牢投资者保护的根基，坚持对重大违法行为"零容忍"的态度，维护退市制度的严肃性和权威性，切实扎牢退市过程中的投资者"保护网"，形成以业绩为基础的投资理念，激发市场活力，增强投资者信心；三是重塑资本市场退市环节，带动主板、创业板、新三板等改革提速，例如取消暂停上市阶段、缩短退市流程、细化退市标准、有序清退僵尸股，从而提升上市公司质量，充分发挥股票市场直接融资的资源配置职能，优化资本市场生态。

参考文献

1. 中国证券监督管理委员会会计部. 上市公司执行企业会计准则案例解析（2019）［M］. 北京：中国财政经济出版社，2019 年 4 月.

2. 朱锦清. 证券法学［M］. 北京：北京大学出版社，2019 年 6 月.

3. 张晓斐. 全球主要资本市场 IPO 新股发行上市审核研究及对科创板的启示［OL］. 上海证券交易所网站，2019 年 1 月.

4. 上海证券交易所资本市场研究所. 全球主要资本市场退市情况研究及对科创板的启示［OL］. 上海证券交易所网站，2018 年 12 月.

5. 陈希，徐洋. 科创企业估值方法研究［OL］. 上海证券交易所网站，2019 年 8 月.

6. 吕红兵，朱奕奕. 证券市场参与者的监管职责审视与重构——以上海科创板注册制试点为背景［J］. 北京行政学院学报，2019 年第 2 期.

7. 袁淼英. 证券中小投资者权益保护制度的构建路径［J］. 暨南学报（哲学社会科学版），2018 年 11 期.

8. 李有星，潘政. 科创板发行上市审核制度变革的法律逻辑［J］. 2019 年第 4 期.

9. 刘俊海，杨光. 构建投资者友好型科创板法治环境［J］. 清华金融评论，2019 年 7 月.

10. 李文莉. 证券发行注册制改革：法理基础与实现路径［J］. 法商研究，2014 年第 5 期.

11. 陈洁．科创板注册制的实施机制与风险防范［J］．法学，2019 年第 1 期．

12. 冷静．科创板注册制下交易所发行上市审核权能的变革［J］．财经法学，2019 年第 4 期．

13. 白芸．差异化表决权结构下的"创始人—投资者天平"——兼评科创板中的差异化表决权结构．微信公众号北京大学金融法研究中心．

14. 傅穹，卫恒志．表决权差异安排与科创板治理［J］．现代法学，2019 年 11 月第 41 卷第 6 期．

15. 中国证监会网站，http：//www.csrc.gov.cn/pub/newsite/．

16. 上海证券交易所网站，http：//www.sse.com.cn/．